형법종합연습

제2판

김성천

도서출판 **소진**

2018

제2판 머리말

2010년에 형법종합연습 초판을 발행하고 그간 개정판을 발간하여야 한다는 생각은 여러 차례 하였지만 참으로 오랜 시간이 걸려서 이제야 새로운 연습서를 출판하게 되었다. 초판을 발행할 때는 법학전문대학원 체계가 출범한 초창기이고 사법시험도 병존하던 시절이었다. 이제는 법전원에 신입생이 11기가 입학하는 때가 되었다. 사법시험도 더는 실시되지 않는다.

사법시험 시절 제1차는 선택형으로 그리고 제2차는 사례형으로 치러지던 것을 이제는 선택형, 사례형, 기록형을 한꺼번에 변호사시험에서 보고 있다. 중간에 하루 쉬고 4일 동안 진행되는 변시는 체력을 고갈시킨다. 사실 3년 공부를 해서 변호사가 된다는 것은 상당히 버거운 일이다. 3년 내내 잠자는 시간과 밥 먹는 시간만 빼고 나머지 시간에는 공부만 한다면 모를까 힘든 일임은 분명하다. 그래서 체력이 강해야 한다.

선택형, 사례형, 기록형 가운데 가장 점수를 받기 좋은 것은 아무래도 사례형 일 것으로 생각된다. 그냥 풀면 되니까. 하지만 개념은 외워야 한다. 3년 동안 매일처럼 개념을 외워야 우리는 법조인이 될 수 있다. 5번을 외우고 잊어버리고 다시 외우면 더 이상 머릿속 기록에서 지워지지 않는다고 하는데, 강의를 스물다섯 번 정도 반복하니까 이제야 개념들이 자동으로 나오는 것 같기는 하다.

사례형이 점수 따기 쉬운 이유는 그냥 가르쳐 준 대로 풀기만 하면 되기 때문인데, 그 중에서도 형법이 가장 정형적인 틀로 풀 수 있는 과목이다. 가장 정형적일 수밖에 없는 것은 범죄 성립 여부에 대한 결론은 같은 사건에 대해서 같아야만 하기 때문이다. 어쨌거나 결론이 공정해야 하기 때문에 판에 박힌 검토 틀을 가지고 있어야 하니까 형법은 사례 풀기가 제일 좋은 과목이다.

사례를 풀 때 사례 해체작업부터 하는데 그 작업도 그저 순서에 따라서 정해진 대로 하면 된다. 해체가 끝나면 범죄구성3원론 체계를 가지고 차근차근 가벌성 여부를 따져 나가면 된다. 그게 말이 쉽지 아무나 잘 되겠냐 싶기는 하겠지만 실제로 시키는 대로만 하면 아무나 다 잘 할 수 있는 일이다.

문제는 시키는 대로 따라서 할 생각이 없는 사람한테서 발생한다. 아무리 가르쳐도 배움을 거부하는 사람이 있기는 하다. 그런 사람을 법학 부적격자라고 하면 되는데 법학전문대학원에 들어온 사람 중에도 가끔 보인다. 법학을 잘 할 사람을 법학에 대해서는 한 마디도 물어보지 말고 선발해야 하는 현행 법전원 입시전형은 참으로 재미있는 제도이다. 그래도 대부분은 법학에 적성이 맞는 사람이 들어오니 신기할 뿐이다.

이렇게 주절거리며 하고자 하는 말은 그냥 시키는 대로 하면 된다는 것을 좀 더 쉽게 설명하고자 만든 책이 이것이라는 거다. 이 책을 사든 빌리든 읽기로 작정했다면 제1장(사례 해결의 길잡이)은 그냥 읽어도 되는데, 제2장(사례 해결의 연습)은 답은 가리고 문제만 보고 스스로 풀어 본 다음에 예시답안과 비교해 보시기를 부탁한다. 그냥 소설책 읽듯 처음부터 끝까지 읽어 내려가면 그야말로 '연습'이 거의 안 될 것임을 장담한다.

이번에 형법종합연습이 출간되기 까지 도움을 주신 많은 분들께 감사드리고, 특히 방학 중인데도 원고의 교정에 힘을 써준 김민주, 박재현, 백민주, 신재연, 양호민, 조수현 그리고 출판을 맡아준 도서출판 소진의 강도구 동문에게 고맙다는 인사를 전한다.

2018년 12월
저 자

초판 머리말

학부생 시절 내가 접했던 형법은 정말 난해한 학문이었다. 학설이 왜 그리도 많은지? 도대체 왜 그렇게 복잡한 논쟁을 하고 있는 것인지? 그야말로 안개 속을 헤매는 느낌이었다. 어쩌다 이런 저런 학자의 이름을 거명하면서 어느 이론이 어떻고 또 어떠하다는 이야기를 늘어놓는 사람을 보면 어안이 벙벙해지곤 하였다. 저렇게 쓸 데 없는 학설을 어떻게 머리에 넣고 다닐 수가 있을까? 석사학위 논문을 쓸 때까지도 이 의문은 해소되지 않았다.

그러던 어느 날 지도교수님의 권유에 따라 독일로 유학을 가기로 작정하게 되었다. 남산에 있는 괴테인스티튜트에 다니면서 열심히 독일어 공부를 할 때도 여전히 나는 형법의 학설이 왜 필요한지를 모르고 있었다. 딱히 어느 교수 밑에서 지도를 받겠다거나 어느 학파의 일원이 되고 싶다거나 하는 생각이 전혀 없는 상태이었기에 입학허가서를 제일 먼저 보내 준 학교를 선택하였다. 바로 노르트라인베스트팔렌 주의 빌레펠트 대학이다.

장기 등반용 배낭과 이민가방을 가지고 무작정 독일로 가서 한 학기 어학과정을 마쳤다. 지도교수가 정해지지 않은 상태에서 형법(1) 강의를 듣기 시작하였다. 그저 막연한 믿음이 한 가지는 있었다. 독일 사람들이 아주 합리적이라고 하니 형법의 수많은 학설을 만들어 놓은 이유 정도는 분명히 있을 것이다. 하여간 한 번 강의를 들어보자!

빌레펠트 대학 법학과 1학년 1학기 형법 첫 수업시간. 키가 상당히 크고 우리가 보기에 얼굴이 위 아래로 길며 안경을 쓰신 교수님이 들어오셨다. 수업을 시작하면서 다짜고짜 프린트한 사례를 나눠주신다. 그 뒤로도 계속 사례를 나눠주고 그 사례에 관련된 이론 설명이 전개되었다. 매 시간!

몇 번 째 강의이었는지 기억이 나지 않지만 학기가 시작한 지 얼마가 되지 않아 드디어 학설이 등장하였다. 처벌을 해야 할지 말아야 할 지 결론을 내려야 하는데 학설에 따라 답이 달라진다. 어떻게 해야 할 것인가? 동전을 던지나? 무조건 통설에 따라 갈까? 판례를 따르면 되나? 학설을 어떻게 다루어야 하는지에 대한 설명이 이어졌다.

독일어 실력이 신통치 않아서 듣고도 제대로 이해하지를 못해서인지 그 수업을 듣고도 별 깨달음이 없었다. 그러고도 시간이 좀 지나 학기가 중반을 넘어섰을 때 학교 벤치에 앉아 독일 사람들이 왜 이렇게 복잡한 형법 이론을 만들었을까에 대한 의문과 답변을 글로 정리하다가 문득 해답이 떠올랐다. 학설을 만든 이유는 사례를 해결하기 위해서이다!

그 때까지는 완전히 거꾸로 생각하고 있었다. 이론을 위해서 사례가 존재하는 것으로 알고 있었으니까. 이론을 먼저, 학설을 주로 알려주고 사례는 이론과 학설을 설명하기 위한 예로 간간히 사용되었을 뿐이었기 때문일 것이다. 그런데 독일에서 들어본 형법강의는 사례를 제시하고 학설은 그 문제를 해결하기 위한 한도 내에서만 사용되고 있었다. 그러니까 학설은 필요한 것이었다. 사례를 해결하기 위해서. 반대로 사례 해결과 관계가 없는 것은 쓸 데 없는 이론이었다.

의문이 해소되었다. 사건과 학설 중 무엇이 먼저이고 이론이 존재하는 이유가 무엇인지를 고국의 후배들에게 알려주고 싶었다. 사례 해결 방법론을 기쁨에 들뜬 마음으로 열심히 공부했다. 박사학위를 마치고 우리나라로 돌아와 1993년부터 지금까지 형사사례 해결방법론을 반복적으로 강의해왔다. 최근 몇 년 전부터는 본강의만으로는 부족함을 느끼고 케이스보강도 시작하였다.

이제 형법종합연습이라는 제목의 책을 출간하는 이유는 케이스보강만으로도 무언가 좀 부족함을 느끼고 있기 때문이다. 어차피 형사사례분석이라는 낯선 작업에 익숙해지기 위해서는 어느 정도는 스스로 공부를 하는 수밖에 없고 그것을 위해서 필요한 자료를 제공해 주어야 하겠다는 생각이 들었다.

이 책을 처음부터 끝까지 천천히 읽으면서 연습을 따라 하면 어느 사이엔가 형사사례분석 방법론에 통달할 수 있도록 교재를 만들어보고자 한다. 어쨌든 이 책은 그러한 용도로 만들어진 것이다. 다시 한 번 말하지만 형법의 학설은 사건을 해결하기 위해서만 존재한다! 그러니 사건을 해결하지 못한다면 학설은 아무 짝에도 쓸 데 없는 물건일 뿐이다.

형법종합연습을 출간할 때까지 많은 분들이 도움을 주셨다. 형법학을 전공할 수 있도록 이끌어 주신 모교의 박정근 교수님과 형법의 본질을 접하게 해 주신 베를린 훔볼트 대학교의 클라우스 막센 교수님께 우선 감사를 드리고 싶다. 박 교수님은 이미 오래 전에 퇴임하셨고 막센 교수님 역시 이제 정년퇴임을 하신다. 홀로 서야만 하는 내게는 앞길이 아직 멀어만 보인다. 책의 디자인과 교정작업에 수고를 아끼지 않아준 박사과정의 정혜욱 선생과 학부생 성낙근·정민영 군 그리고 출판을 맡아준 도서출판 소진의 강도구 동문에게도 감사의 마음을 전한다.

2010년 연초에

중앙대학교 법과대학 연구실에서

김 성 천

차 례

● 머리말 / iii
● 약자 목록 / xii
● 법령약자 목록 / xv
● 주요 참고문헌 목록 / xviii

제 1 장 사례 해결의 길잡이

제1절 사례분석의 기초논리 ······ 1

Ⅰ. 사례분석의 목적 ······ 1

Ⅱ. 성공적인 사례분석의 전제 ······ 2

1. 사례분석의 종사자 ······ 2
2. 수험생의 목표, 채점자의 특성 그리고 범죄론 체계 ······ 3
3. 목적지향적 답안 작성 ······ 4

제2절 사례 해결의 기량 ······ 8

Ⅰ. 준비단계 ······ 8

1. 사실관계의 해체 ······ 9
2. 행위자 나누기 ······ 9
3. 행위 나누기 ······ 11
4. 처벌조항 나열하기 ······ 13
5. 서론 작성하기 ······ 15

Ⅱ. 검토단계 ······ 17

1. 포섭이란 ······ 17
2. 범죄성립요소에 대한 개별적·단계적 포섭작업 ······ 17
3. 포섭작업의 전체 구조 ······ 24
4. 명확한 표현 사용하기 ······ 26

Ⅲ. 사례분석틀 ······ 29

1. 고의범 ······ 29
2. 과실범 ······ 31
3. 결과적 가중범 ······ 32
4. 부진정 부작위범 ······ 33
5. 진정 부작위범 ······ 34
6. 정당행위 ······ 35
7. 정당방위 ······ 36
8. 긴급피난 ······ 37
9. 자구행위 ······ 38
10. 피해자의 승낙 ······ 39
11. 추정적 승낙 ······ 40
12. 책임능력 ······ 41
13. 원인에 있어서 자유로운 행위 ······ 42
14. 금지착오 ······ 43
15. 기대가능성 ······ 44
16. 장애미수 ······ 45
17. 중지미수 / 착수미수 ······ 46
18. 중지미수 / 실행미수 ······ 47
19. 불능미수 ······ 48
20. 예비 ······ 49
21. 공동정범 ······ 50
22. 간접정범 ······ 51
23. 교사범 ······ 52
24. 종범 ······ 53

제 2 장 사례 해결의 연습

제1절 단순한 사례 풀어보기 ………… 54

[사례 1] 비정한 삼촌 ………… 54
부진정 부작위범, 인과관계

[사례 2] 착오의 연못 ………… 57
고의, 인과관계의 착오

[사례 3] 퓨즈코크 ………… 60
객관적 귀속 신이론, 객관적 예견가능성

[사례 4] 심야의 행패 ………… 64
정당방위

[사례 5] 내인성 정신질환 ………… 67
오상방위, 심신상실

[사례 6] 일제 드라이버 ………… 70
교사

[사례 7] 고속도로 주유소 ………… 71
사기, 절도, 횡령

[사례 8] 안락사 ………… 75
부진정 부작위범, 정당행위

[사례 9] 정도령의 호화주택 ………… 79
원인에 있어서 자유로운 행위

제2절 복잡한 사례 풀어보기 ………… 83

[사례 10] 아내의 애인 ………… 83
살인, 상해, 결과적 가중범, 부진정 부작위범, 현행범 체포, 정당방위

[사례 11] 기도원 ………… 89
상해미수, 살인미수, 인과관계, 미필적 고의

[사례 12] 장물아비와 해결사 ………… 97
살인, 사체유기, 횡령, 공동정범, 인과관계의 착오, 불능미수

[사례 13] 칼에 찔려 얼어 죽은 태국인 ………… 105
살인, 부진정 부작위범, 오상방위, 심신상실, 방조

[사례 14] 부당노동행위 ······ 112
주거침입, 업무방해, 뇌물공여, 횡령, 쟁의행위, 정당방위, 교사

[사례 15] 임페리얼 ······ 125
주취중 운전, 혈중 알코올 농도, 원인에 있어서 자유로운 행위

[사례 16] 죽음의 구출작전 ······ 130
체포·감금, 현주건조물 방화 치사, 주거침입, 교사, 공모공동정범, 방조

[사례 17] 쇠고기 수입 ······ 136
사기, 심신미약, 간접정범

[사례 18] 실패한 방화 ······ 143
일반건조물 방화, 사기, 재산의 개념, 미수, 교사

[사례 19] IMF ······ 149
상해, 중지미수, 실행의 착수

[사례 20] 색마살해 ······ 156
주거침입, 살인, 강도, 특수강도, 강도살인, 긴급피난, 정당방위, 원인에 있어서 자유로운 행위, 불능미수, 공동정범, 방조

[사례 21] 도박기계 ······ 168
컴퓨터 손괴 등 업무방해, 업무상 비밀누설, 절도, 저작권 침해, 사기, 편의시설 부정이용, 컴퓨터 등 사용 사기, 교사

[사례 22] 술 취한 화물차 운전자 ······ 175
업무상 과실치사, 주취 중 운전, 살인미수, 상해, 공무집행방해, 오상방위, 책임능력, 원인에 있어서 자유로운 행위

[사례 23] ○○마트 ······ 181
주거침입, 사기, 절도, 준강도, 강도

[사례 24] 화폐수집품 ······ 185
주거침입, 주거수색, 배임, 절도, 횡령, 사기, 장물취득

[사례 25] 부정행위 ······ 194
사문서 위조·변조, 재물손괴, 위계에 의한 공무집행 방해, 절도, 교사

[사례 26] 한밤의 질주 ······ 200
공무집행방해, 강요, 과실치사, 살인미수, 중상해, 피해자의 승낙, 책임능력

[사례 27] 위증 ······ 205
위증, 위계에 의한 공무집행 방해, 강요, 긴급피난, 교사, 방조

[사례 28] 폭주족 강도 ······ 212
강도, 특수강도, 주거침입, 상해, 준강도, 미수, 예비, 공동정범, 방조

[사례 29] 차량전문 절도범 ········ 217
주거침입, 주거수색, 공문서 위조, 절도, 상습절도, 준강도, 상해, 강도상해, 살인미수, 공무집행방해, 특수공무집행방해, 위험한 물건, 휴대, 방조

[사례 30] 화물차 운전자와 강제집행 ········ 224
강제집행면탈, 공정증서원본 부실기재, 사기, 절도, 준강도, 배임, 폭행, 강요, 장물운반, 미수, 간접정범, 공동정범, 방조

[사례 31] 사라진 보석 세트 ········ 232
감금, 위계에 의한 공무집행 방해, 사기, 업무방해, 무고, 명예훼손, 부진정 부작위범, 미수, 간접정범

[사례 32] 착유기 ········ 238
위증, 사기, 성분의 동일성, 교사

[사례 33] 재수 없는 강도 ········ 244
주거침입, 특수주거침입, 살인, 구성요건적 착오, 부진정 부작위범, 긴급피난, 오상피난, 정당방위, 원인에 있어서 자유로운 행위, 중지미수, 공동정범, 교사, 방조

[사례 34] 짜깁기 ········ 253
절도, 상습절도, 사문서 변조, 주거침입, 사기 미수, 업무방해, 정당행위, 추정적 승낙

[사례 35] 아내 강간 ········ 261
강간, 특수강간, 상해, 폭행, 협박, 중지미수, 장애미수

[사례 36] 성매매 업소 ········ 265
음행매개, 성매매처벌법 위반, 사기, 부당이득, 감금, 뇌물공여, 공무상 비밀 누설, 횡령, 무고, 공동정범, 교사

[사례 37] 이웃집 오토바이 ········ 272
강도, 자동차 등 불법사용, 살인미수, 긴급피난, 정당방위

[사례 38] 은행원 ········ 277
사인 부정사용, 사문서 위조, 위조사문서 행사, 사기, 횡령, 업무방해, 주거침입, 재물손괴, 사전자기록 변작, 살인, 중지미수

[사례 39] 아내 살해 ········ 284
살인, 체포·감금치사, 강도, 강도치사, 사체유기, 미수, 예비, 공동정범,

[사례 40] 방화 ········ 292
현주건조물 방화, 현주건조물 방화 치사, 현주건조물 방화 치상, 재물손괴, 사기, 부진정 부작위범, 미수, 교사

[사례 41] 나이트클럽 ········ 298
도주, 특수도주, 도주원조, 주거침입, 특수주거침입, 상해, 중상해, 무고, 감금, 정당방위, 긴급피난, 교사, 방조, 방조의 교사, 간접정범

[사례 42] △△일보 ······ 306
명예훼손, 모욕, 출판물 등에 의한 명예훼손, 제310조의 위법성 조각사유

[사례 43] 조선족 절도단 ······ 312
공문서 위조, 위조 공문서 행사, 출입국관리법 위반, 절도, 특수절도, 주거침입, 장물, 사기, 횡령, 체포, 교사, 공동정범, 간접정범

[사례 44] 질투의 끝 ······ 318
살인, 불능미수, 중지미수, 공동정범, 방조

[사례 45] 음주난동 ······ 323
주취 중 운전, 중상해, 상해, 공무집행방해, 특수공무방해, 정당방위, 심신미약, 금지착오

[사례 46] 뒷조사와 오리발 ······ 328
직권남용, 공문서 위조, 주거침입, 비공개 대화 녹음, 간통, 강요, 강간, 긴급피난, 정당행위, 교사, 간접교사

[사례 47] 가스총 ······ 334
일반교통방해, 강요, 폭행, 강도, 특수강도, 상해, 절도, 점유이탈물 횡령, 자동차 등 불법사용, 주취 중 운전, 횡령, 미수, 공동정범

[사례 48] 큰손과 해결사 ······ 340
실명등기법 위반, 횡령, 배임, 체포·감금, 상해, 살인, 강도살인, 미수, 예비

[사례 49] 원조교제 ······ 345
미성년자 위계 간음, 청소년성보호법상 위계 간음, 원조교제, 성매매, 간통, 사기, 폭행, 절도

[사례 50] 동네깡패 ······ 352
협박, 공갈, 살인, 위증, 부진정부작위범, 강요된 행위, 미수, 공동정범, 방조

제3절 기출문제 풀어보기 ······ 358

[사례 51] 소매치기와 날치기 ······ 358
변호사시험 제1회(2012년) 형사법 사례형 제1문

[사례 52] 절도범과 경찰 ······ 366
변호사시험 제2회(2013년) 형사법 사례형 제1문

[사례 53] 아리랑치기 ······ 376
변호사시험 제2회(2013년) 형사법 사례형 제2문

[사례 54] 도박장 ······ 379
변호사시험 제3회(2014년) 형사법 사례형 제1문

[사례 55] 대포통장 ······ 385
변호사시험 제3회(2014년) 형사법 사례형 제2문

[사례 56] 명의신탁 ······ 393
변호사시험 제4회(2015년) 형사법 사례형 제1문

[사례 57] 대리자수 ······ 401
변호사시험 제4회(2015년) 형사법 사례형 제2문

[사례 58] 실패한 강간 ······ 410
변호사시험 제5회(2016년) 형사법 사례형 제1문

[사례 59] 프로포폴 ······ 417
변호사시험 제5회(2016년) 형사법 사례형 제2문

[사례 60] 리베이트 ······ 422
변호사시험 제6회(2017년) 형사법 사례형 제1문

[사례 61] 좀도둑 ······ 430
변호사시험 제6회(2017년) 형사법 사례형 제2문

[사례 62] 잃어버린 핸드폰 ······ 439
변호사시험 제7회(2018년) 형사법 사례형 제1문

[사례 63] 약속어음 ······ 445
변호사시험 제7회(2018년) 형사법 사례형 제2문

약자 목록

aaO	am angegebenen Ort (앞에서 인용한 문헌)
AK	Kommentar zum StGB (Reihe Alternativkommentare, hrsg. von Wassermann). Bd. 3 (§§ 80-145d), 1986, bearb. von Jung, Ostendorf, Schild, Sonnen, Wolter und Zielinski
AT	Allgemeiner Teil (총론)
BT	Besonderer Teil (각론)
Aufl.	Auflage (판 / 版)
BGH	Entscheidungen des Bundesgerichtshofs (연방법원 판결)
BGHR	BGH-Rechtsprechung Strafsachen (연방법원 형사판례), hrsg. von Richtern des Bundesgerichtshofs (Paragraph, Stichwort, Nummer 순으로 인용)
BGHSt	Entscheidungen des Bundesgerichtshofs in Strafsachen (연방법원 형사 판결: Band, Seite 순으로 인용)
BGHZ	Entscheidungen des Bundesgerichtshofs in Zivilsachen (연방법원 민사 판결: Band, Seite 순으로 인용)
BVerfGE	Entscheidungen des Bundesverfassungsgerichts (연방헌법재판소 판결: Band, Seite 순으로 인용)
DJT-FS I, II	Festschrift zum hundertjährigen Bestehen des Deutschen Juristentages (100주년 법학자의 날 기념 논문집), Bd. I und II, 1960
ed.	edition (판 / 版)
FamRZ	Ehe und Familie im privaten und öffentlichen Recht
FG	Festgabe (축하논문집)
FS	Festschrift (기념논문집)
GA	Archiv für Strafrecht (형법 문헌집), begründet von Goltdammer (1953년 이전은 Band, Seite 이후는 Jahr, Seite 순으로 인용)
GS	Der Gerichtssaal (법정: Band, Seite 순으로 인용)

JA	Juristische Arbeitsblätter (Jahr, Seite 순으로 인용)
JR	Juristische Rundschau (법률평론: Jahr, Seite 순으로 인용)
JZ	Juristenzeitung (법률신문: Jahr, Seite 순으로 인용)
KG	Kammergericht (베를린 州최고법원)
LK	Strafgesetzbuch(형법), Leipziger Kommentar, begründet von Ebermayer, Lobe, Rosenberg, 10. Aufl.
MedR	Medizinrecht (의료법: Jahr, Seite 순으로 인용)
NJW	Neue Juristische Wochenschrift (주간 법률: Jahr, Seite 순으로 인용)
OLGSt	Entscheidungen der Oberlandesgerichte zum Straf-u. Strafverfahrensrecht (Paragraph, Seite 순으로 인용, 신판은 Paragraph, Nummer 순으로 인용)
RGSt	Entscheidungen des Reichsgerichts in Strafsachen (Band, Seite 순으로 인용)
Rn.	Randnummer
ROW	Recht in Ost und West. Zeitschrift für Rechtsvergleichung und interzonale Rechtsprobleme (Jahr, Seite 순으로 인용)
SchwZStR	Schweizerische Zeitschrift für Strafrecht (Band, Seite 순으로 인용)
StrAbh.	Strafrechtliche Abhandlungen
StV	Strafverteidiger (Jahr, Seite 순으로 인용)
VDA	Vergleichende Darstellung des deutschen und aus- ländischen Strafrechts, Allgemeiner Teil
Vor.	Vorbemerkung
wistra	Zeitschrift für Wirtschaft, Steuer, Strafrecht (Jahr, Seite 순으로 인용)
日最判(決)……, 刑集……	일본 최고재판소 판례(결정) ……, 최고재판소 형사판례집 …… (日最判 뒤의 숫자는 판결 연월일, 刑集 뒤의 숫자는 권, 호, 페이지)

※ 독일의 州 최고법원 (Oberlandesgericht) 판결은 최고법원이 위치한 도시 이름을 표시하는 방식으로 인용함.

법령 약자 목록

마약류관리법	마약류 관리에 관한 법률
성폭력처벌법	성폭력범죄의 처벌 등에 관한 특례법
성매매처벌법	성매매 알선 등 행위의 처벌에 관한 법률
실명등기법	부동산실권리자명의등기에 관한 법률
여전법	여신전문금융업법
청소년성보호법	청소년의 성보호에 관한 법률
특가법	특정범죄 가중처벌 등에 관한 법률
특경법	특정경제범죄 가중처벌 등에 관한 법률
폭처법	폭력행위 등 처벌에 관한 법률
형소법	형사소송법

주요 참고문헌 목록

※ 괄호 안에 표기한 형식으로 인용함.

1. 국내문헌

강구진, 형법강의 - 각론 Ⅰ, 박영사, 1983 [강구진, 각론]

김성돈, 형법총론, 제2판, 성균관대학교 출판부, 2009 [김성돈]

김성천, 형법, 도서출판 소진, 2009 [김성천]

김용욱, 형법연습, 법문사, 1999 [김용욱, 연습]

김일수·서보학, 형법총론, 제10판, 박영사, 2004 [김일수·서보학]

______, 한국형법 Ⅰ Ⅱ Ⅲ Ⅳ Ⅴ, 박영사, 1992 [김일수 Ⅰ Ⅱ Ⅲ Ⅳ Ⅴ]

______, 형법각론, 제4판, 박영사, 2001 [김일수, 각론]

______, 형법연습, 두성사, 1997 [김일수, 연습]

김종원, 형법각론(상), 법문사, 1971 [김종원, 각론]

남흥우, 형법총론, 박영사, 1983 [남흥우]

박동희, 형법학총론, 법문사, 1977 [박동희]

박상기, 형법총론, 제6판, 박영사, 2004 [박상기]

______, 형법각론, 전정판, 박영사, 1999 [박상기, 각론]

______, 형법연습, 박영사, 2001 [박상기, 연습]

백남억, 형법총론, 법문사, 1963 [백남억]

배종대, 형법총론, 제7판, 홍문사, 2004 [배종대]

______, 형법각론, 제3판, 홍문사, 1999 [배종대, 각론]

삼손 (Samson) / 성낙현 역, 독일형법의 이론과 연습 (Strafrecht I), 법문사, 1998 [삼손/성낙현]

서일교, 형법각론, 박영사, 1982 [서일교, 각론]

손동권, 형법총론, 개정판, 율곡출판사, 2004 [손동권]

손해목, 형법총론, 법문사, 1996 [손해목]

신동운, 형사총론, 법문사, 2001 [신동운]
안동준, 형법총론, 학현사, 1998 [안동준]
오영근, 형법총론, 대명출판사, 2001 [오영근]
______, 형법각론, 박영사, 2005 [오영근, 각론]
______, 형법연습, 박영사, 2004 [오영근, 연습]
유기천, 형법학 - 총론강의, 일조각, 1983 [유기천]
______, 형법학 - 각론강의 상·하, 일조각, 1982 [유기천, 각론 상·하]
이건호, 형법학개론, 고대출판부, 1977 [이건호]
이영란, 한국형법학, 숙대출판부, 2002 [이영란]
이재상, 형법총론, 제5판, 박영사, 2003 [이재상]
______, 형법각론, 제4판, 박영사, 2000 [이재상, 각론]
______, 형법연습, 신조사, 1998 [이재상, 연습]
이정원, 형법총론, 법지사, 1999 [이정원]
______, 형법각론, 법지사, 1999 [이정원, 각론]
이형국, 형법총론, 제3판, 법문사, 2003 [이형국]
______, 형법총론연구 Ⅰ·Ⅱ, 법문사, 1984·1986 [이형국 연구 Ⅰ·Ⅱ]
______, 형법각론연구(Ⅰ), 법문사, 1997 [이형국 Ⅰ]
______, 형법각론연구(Ⅱ), 법문사, 2005 [이형국 Ⅱ]
임 웅, 형법총론, 법문사, 2000 [임웅]
______, 형법각론(상), 법문사, 2000 [임웅, 각론]
정성근, 형법총론, 전정판, 법지사, 1996 [정성근]
______, 형법각론, 전정판, 법지사, 1996 [정성근, 각론]
정성근·박광민, 형법총론, 삼지원, 2001 [정성근·박광민]
____________, 형법각론, 삼지원, 2006 [정성근·박광민, 각론]
정영석, 형법총론, 제5전정판, 법문사, 1987 [정영석]
______, 형법각론, 법문사, 1983 [정영석, 각론]
조준현, 형법총론, 법원사, 1998 [조준현]
진계호, 형법총론, 제5판, 대왕사, 1996 [진계호]
______, 형법각론, 제3판, 대왕사, 1996 [진계호, 각론]
차용석, 형법총론강의 Ⅰ, 고시연구사, 1988 [차용석]

하태훈, 형법강의 - 총론(사례중심), 법원사, 1998 [하태훈]

허일태, 독일형법총론, 법문사, 1991 [허일태]

황산덕, 형법총론, 제7정판, 방문사, 1982 [황산덕]

______, 형법각론, 제5전정판, 방문사, 1983 [황산덕, 각론]

2. 국외문헌

Gössel, Karl Heinz: Fälle und Lösungen nach höchstrichterlichen Entscheidungen, 6. Aufl., 1992 [Gössel]

Hilgendorf, Eric: Fallsammlung zum Strafrecht, 3. Aufl., 1998 [Hilgendorf]

Marxen, Klaus: Kompaktkurs Strafrecht Allgemeiner Teil, 1. Aufl., 2003 [Marxen, AT]

__________: Kompaktkurs Strafrecht Besonderer Teil, 1. Aufl., 2004 [Marxen, BT]

Rudolphi, Hans-Joachim: Fälle zum Strafrecht Allgemeiner Teil, 5. Aufl., 2000 [Rudolphi]

Schmitz, Günther / Hüßtege, Rainer: Strafrechtliche Musterklausuren für die Assessorprüfung, 4. Aufl., 2000 [Schmitz / Hüßtege]

Schönke, Adolf / Schröder, Horst: Strafgesetzbuch Kommentar, 24. Aufl., 1991 [Verf. in: Schönke-Schröder, §, Rn.]

Tiedemann, Klaus: Die Anfängerübung im Strafrecht, 4. Aufl., 1999 [Tiedemann]

Wagner, Heinz: Fälle zum Strafrecht Besonderer Teil, 4. Aufl., 1998 [Wagner]

Wessels, Johannes: Strafrecht, Allgemeiner Teil, 16. Aufl., 1986 [Wessels]

______________: Strafrecht, Besonderer Teil-1, 15. Aufl., 1991; Teil-2, 14. Aufl., 1991 [Wessels I·II]

제 1 장 사례 해결의 길잡이

제 1 절 사례 분석의 기초 논리

Ⅰ. 사례 분석의 목적

우리가 법규와 학설을 동원해서 사례를 분석하는 목적은 특정 행위의 가벌성을 판단하는 것이다. 형벌이 부과될 것인가 말 것인가의 문제는 당사자에게는 개인적으로 매우 중요한 일이다. 그렇다고 사회적인 측면에서 덜 중요하다고 할 수 없다. 범죄인을 가려내어 처벌을 해야만 사회가 유지되기 때문이다. 이러한 두 가지 측면이 서로 균형을 이루어야 하기 때문에 사례를 해결하기 위한 방법론은 엄밀하면서도 효율적이어야 한다. 오랜 세월 동안 많은 형법 학자들이 이러한 조건을 충족시킬 분석틀을 개발하기 위해서 노력을 기울여 왔다.

그러니까 사례 분석의 목표는 진실의 발견이 아니라 마땅히 처벌되어야 할 속성의 행위인가에 대한 당위성(가치) 판단을 가장 정의롭게 하는 것이다. 사례분석틀이 진실을 발견하기 위한 인식 틀과는 근본적으로 다를 수밖에 없는 이유이다.

어쨌건 형법학자들은 3단계(또는 2단계) 구조의 독특한 사례 분석틀을 개발하였다. ① 가벌성 판단의 엄정성, ② 판단구조의 간결성과 명확성, ③ 판단구조의 정형화 등 형사법체계가 요구하는 조건을 모두 충족하는 분석틀로서 현재까지 개발된 것 가운데는 최상의 해결책이다.

예를 들면 근대 이전에는 밝은 지혜를 가진 자가 자신의 직관에 따라 백성들의 유・무죄를 판단한다는 방법론이 사용된 바 있으나 고의 또는 착오에 의한 판단오류와 그에 따른 기본권 침해라는 폐단이 심각한 것으로 드러났다.

가벌성 판단의 논리는 글로 전개하기 마련인데, 분석틀이라는 것을 가만히 들여다보면 일반적인 '좋은 글' 쓰기와는 좀 다르다는 걸 알 수 있다. 무엇보다 분석틀을 기초로 한 글쓰기에는 창조성 또는 실험정신이라는 것이 별로 발 디딜 틈이 없다. 그보다는 오히려 창조적인 글을 쓰면 안된다. 예를 들어 검토틀을 마음대로 바꾸는 것은 수험생으로서는 상당히 위험한 행동이다. 분석틀의 객관화와 정형화라는 기본 전제를 부인하는 것으로서 좋은 점수와는 거리가 멀어질 것이기 때문이다.

요약
- 사례 분석의 목적은 가벌성 판단이다.
- 사례 분석틀은 객관화 · 정형화 되어 있어야 한다.

Ⅱ. 성공적인 사례 분석의 전제

1. 사례분석의 종사자

형사법 분야에 종사하는 사람의 기본적인 임무는 사례 분석틀을 이용해서 가벌성 여부에 대한 논증 작업을 수행하는 것이다. 이러한 작업을 가장 많이 하는 것은 검사나 판사와 같은 **실무가**들일 것이다. 한 달에 300건 정도를 처리한다고 하니 매일 문제를 열 개 이상 풀고 있는 셈이다. 그 다음으로 이 작업을 많이 하는 것은 분명 수험생일 것이다. 그리고 형법을 연구하거나 강의에 종사하는 **형법학자**들도 이 일을 많이 하고 있다.

이 책의 목적은 사례 분석틀을 아주 잘 다루는 사람이 되도록 도와주는 것인데 그건 아무래도 **수험생**들에게 해당되는 일인 듯하다. 실무가들은 이미 그 능력을 인정받아서 실제로 활용을 하고 있는 사람들이기 때문에 본인 스스로 형법연습 과목 강의를 맡게 되기 전에는 이러한 종류의 책을 들쳐 보지는 않을 것으로 생각된다.

2. 수험생의 목표, 채점자의 특성 그리고 범죄론 체계

수험생들의 목표는 형법을 근거로 공정한 가벌성 판단을 할 수 있는 능력을 인정받아 실무가의 자격을 취득하는 것이다. 능력이 있는가의 여부는 수험생이 작성한 답안지를 읽어보고 가벌성 판단에 대한 논증이 제대로 되어 있는가에 따른 채점을 해서 결론지어진다.

채점을 하는 사람은 형법 교수와 실무가를 3:1 정도의 비율로 혼합한 출제위원팀이 될 것이다. 수험생의 입장에서 보면 독자가 상당히 고수들인 셈이다. 한 가지 일을 계속 하다보면 그에 맞추어서 성격마저도 적응되어 버릴 수 있는데 대략 출제위원 정도가 되면 그런 사람들이기 마련이다. 성공적인 글쓰기를 하려면 독자가 누구인가를 분명하게 인식하고 있어야 할 것이다. 출제위원들의 속성을 이해해 보자.

형법을 포함한 법학자들의 고질병 중 하나는 체계 지향적이라는 점이다. 체계가 엉망인 글을 읽으면 이들은 심지어 분노하기도 한다. 이들 독자를 위한 첫 번째 배려는 체계적인 내용의 답안을 작성하는 것이다. 정말 다행스러운 것은 답안이 갖추어야 할 체계가 이미 정해져 있다는 점이다. 바로 **범죄론 체계**가 그것이다. 따라서 범죄론 체계를 무시하지 말아야 한다(같은 취지: 김일수, 연습, 31면; 오영근, 연습, 사례문제해결방법 10면).

범죄론 체계를 무시하는 답안을 종종 접하게 된다. 예를 들면 구성요건에 해당되는가에 대한 검토도 하지 않은 채 정당방위를 논하는 식의 답안지가 그러한 경우이다.

3. 목적지향적 답안 작성

(1) 유일한 목적은 가벌성 판단

두 번째로 생각해야 할 점은 글을 쓰는 목적을 분명히 인식하고 있어야 한다는 것이다. 형사사례분석의 목적은 가벌성 판단이다. 실무를 하고 있을 경우에는 ① 사실관계를 확정하고 ② 가벌성 판단을 하고 나서 ③ 양형까지 해야 한다. 하지만 형법 사례분석의 경우에는 ②번 작업만 하면 된다. 사실관계는 이미 확정되어 있음을 전제로 가벌성 판단만 하는 것이므로 사실에 대하여 언급하는 것은 원칙적으로 해서는 안 될 일이다. 형량이 어느 정도이어야 한다는 언급도 마찬가지이다(참조: 박상기, 연습, 7면).

따라서 사례분석의 마무리는 "이 부분 甲의 행위는 형법 제329조를 근거로 가벌성이 인정된다." 또는 "이 부분 甲의 행위는 형법 제250조 제1항의 구성요건에는 해당되나 정당방위(형법 제21조)를 근거로 위법성이 조각되어 가벌성이 부인된다."는 식의 판단이어야 한다.

"甲의 행위는 절도죄에 해당되므로 6년 이하의 징역 또는 1천만원 이하의 벌금에 처해진다."는 식의 형량에 대한 언급은 불필요하다. 심지어 법전에 있는 법조문의 내용을 그대로 베껴서 쓰는 답안지도 있는데 채점자에게 전혀 좋은 인상을 주지 않는다. 예를 들면 절도죄 성립 여부를 검토하면서 도입부분에 "형법 제329조 (절도) 타인의 재물을 …… 처한다."고 조문 내용을 그대로 적어 놓고 시작하는 경우이다. 형법 사례문제는 수험생의 조문 베껴 쓰기 능력을 검증하는 시험이 아니다.

(2) 예외적인 사실관계 언급

예외적으로 사실관계가 불확실하고 그것이 어느 쪽으로 결정되는가에 따라 법적 판단이 달라질 상황일 때에는 그에 대하여 언급할 필요가 있게 된다.

예를 들어 "甲과 乙 두 사람이 3시간 동안 소주 5병을 나눠 마시고 얼큰한 상태에서 길을 가던 중 …… 심신장애 가 있었음은 확실하나 그것이 심신상실에 이르렀는가는 확인할 수 없다."는 식으로 사실관계가 특정 법률관계와 관련하여 불분명할 경우에는 피고인에게 유리한 쪽으로 확정하면 될 것이다. 그러한 경우에 한하여 사실관계에 대한 언급이 허용된다.

어느 쪽이 피고인에게 유리한지 잘 모를 경우에는 두 가지로 경우를 나누어 풀어본 후에 어느 쪽으로 가야할 지를 결정하면 된다.

"낙태를 한다는 의도로 유도분만을 했는데 모태 밖으로 나온 아이가 움직임을 보였다. 의사는 살아있다고 생각하고 살해하고자 염화칼륨을 주사하였고 아이는 잠시 후 움직임을 멈추었다. 그런데 아이가 모태 밖으로 나오면서 생명을 유지하였는지는 확인할 수 없다. 몸의 움직임은 밖으로 나오면서 있게 된 반사작용이었을 가능성이 있다."

이러한 사례가 주어졌다면 언뜻 어느 쪽이 피고인에게 유리한 사실관계인가 판단하기가 힘들다. 이 때는 고민할 필요 없이 살아서 태어났던 경우와 사산이었던 경우로 나누어서 문제를 풀어보고 어느 쪽이 유리한지 결론을 내리면 된다.

(3) 사실관계 변경・추측・상상 등 창의적 발상의 금지

사실관계를 수험생 스스로 변경하는 것은 더욱 더 있을 수 없는 일이다(참조: 김용욱, 연습, 12면 이하). 그럼에도 가끔 그런 답안지를 볼 수 있다.

예를 들어 사례에서 "甲은 乙이 사망할 가능성에 대하여 인식하지 못하였다."고 하고 있으면 그것을 사실관계로 인정하여야 한다. 그러한 상황에서 사망의 가능성을 인식하지 못하였을 리가 없다고 생각해서 가능성 인식을 전제로 답안을 작성하는 것은 무모한 행동이다. 이는 객관적 증거가 아니라 자신의 집착을 근거로 사건을 해결하려 하는 위험한 인물임을 보여주는 것일 뿐이다.

사실관계가 불확실한 정도가 아니라 아예 언급 자체가 되어 있지 않지만 그 부분이 어떻게 진행되었는가에 따라 결론이 달라질 경우에는 어떻게 해야 하는가? 사례를 분석하는 과정에서 가장 논란이 많고 힘들어 하는 부분이다.

예를 들어 보자. "미혼모에게서 태어난 甲은 乙의 집에서 데려다 친자로 출생신고 하고 키워짐으로써 실제 부모가 누군지 모르고 자라게 되었다." 이 사례에서 후일 甲이 乙을 살해하였는데, 甲은 乙이 자신의 친부라고 알고 있었는지, 아니면 친부가 따로 있다는 점은 알고 있었지만 그것이 누구인지는 모르고 있었던 것인지, 그러니까 행위객체의 속성에 대한 착오가 있었는지 없었는지에 대한 언급이 없다면 사실관계를 어떻게 이해하여야 할 것인가?

사실관계는 일반적인 인과의 진행과정을 거치는 것으로 보는 것이 원칙이다(참조: 김용욱, 연습, 10면 이하). 따라서 사건 전개가 일반적인 틀을 벗어났을 경우에는 그에 대하여 특별히 언급하도록 되어 있다. 결국 특별한 언급이 없는 한 일반적인 수순에 따라 사건이 전개되었다고 보면 된다는 말이다. 사실관계 가운데 언급이 빠져 있는 부분은 일반적인 사건전개가 이루어진 것이다.

물론 무엇이 일반적인가도 매우 불확정적이기는 하다. 하지만 달리 이 문제를 해결할 방법은 없다. 위 사례의 경우 혈연을 중시하는 우리 사회의 일반적인 정서에 따라 乙은 甲이 주워 온 아이라는 사실을 본인에게 알려주지 않았을 것으로 보는 것이 타당하다. 안 그럴 수도 있지 않느냐고 주장할 필요는 없다. 충분히 안 그럴 수 있지만 그것은 예외적인 상황이므로 명시적으로 그렇다고 적혀 있는 경우에만 그렇게 보면 된다.

그렇다면 사실관계에 대한 언급이 끝난 뒤에도 사건이 자연스럽게 전개되어 나갔을 것을 감안해서 사례를 풀어야 하는가?

예를 들자면 "甲은 乙과 丙이 낫으로 온몸을 마구 찌르고 각목으로 때려 중상을 입고 심하게 피를 흘리며 병원으로 실려 갔다."는 것으로 사례가 마감된 경우이다. 일이 이렇게 되었을 경우에는 피해자가 목숨을 부지하지 못하는 것이 일반적이라고 하여 甲이 사망한 것을 전제로 사례를 해결하여야 하는가? 그렇지 않다.

시간적인 측면에서 사실관계에 대한 언급이 끝난 뒷부분에 대해서는 검토를 할 이유가 전혀 없다. 더 이상 논의를 진전시키지 말고 사례에서 제공하고 있는 사실관계까지만 검토하면 될 일이다.

(4) 양형은 판사의 임무

한편 양형에 관해서 생각해 보자. 양형은 사법기관에 근무하는 사람들이 마지막으로 처리하여야 할 일이다. 이들이 적정한 양형을 하기 위해서는 피고인과 사건에 관한 광범위한 자료가 필요하다.

하지만 사례에는 결코 그러한 내용이 주어지지 않는다. 따라서 적절한 양형을 하는 것이 불가능한 상황이다. 사례를 분석하는 수험생은 피고인이 어느 정도로 처벌되어야 할 것인가에 대해서는 입을 다물어야 한다. 형량에 대해서 구체적인 언급을 하는 것은 월권이다. 형량에 대한 언급은 가중 또는 감경처벌의 요건이 존재하는 경우에 그게 그렇다고 서술하는 선에서 그쳐야 한다.

예를 들면 "甲의 행위는 심신미약 상태에서 이루어진 것이므로 형법 제10조 제2항을 근거로 감경처벌 된다." 또는 "甲의 절도행위는 야간에 주거침입한 상태에서 이루어졌으므로 형법 제330조에 따라 가중처벌 대상이 된다."고 쓰는 정도이다. 이 선을 넘어서서는 안 된다.

요약

- 채점자가 체계 지향적이므로 체계적인 답안이 점수를 잘 받게 된다.
- 사실관계에 대해서는 언급하지 않는 것이 원칙이다.
- 형량에 대한 언급도 불필요하다.
- 따라서 딱 한 가지 가벌성 여부만 판단하면 된다.
- 예외적으로 사실관계가 불확실하고 어느 쪽인가에 따라 법적 판단이 달라질 경우에는 그에 대한 언급이 허용된다. 피고인에게 유리한 쪽으로 사실관계를 확정하면 된다.
- 어느 것이 피고인에게 유리한지 모를 때는 일단 양쪽으로 다 풀어보고 결론을 내리면 된다.
- 사실관계에 대한 언급이 아예 없는 경우에는 일반적인 사건의 흐름에 따라 일이 진행된 것으로 보면 된다. 그렇지 않을 경우에는 사례가 그렇지 않다고 설명하고 있으므로 걱정할 필요가 없다.

제2절 사례 해결의 기량

Ⅰ. 준비단계

사례를 해결해 나가는 방법을 습득하기 위해서 다음 문제를 한 번 같이 풀어보자.

화물차 운전을 하는 甲은 자주 거래를 하던 회사의 직원인 乙(여)과 친해져서 사귀다가 乙에게 자취방에서 나와 자신의 임대아파트에서 함께 살자고 제안하였다. 乙이 이에 응해 동거를 하게 되었는데 얼마 지나지 않아 甲은 채권자 丙에게 700만원을 변제하라는 최고장을 받았다. 강제집행을 당하게 될 것이 걱정이 된 甲은 자신의 화물자동차와 임대아파트 내의 물건 전체를 乙에게 매도한다는 계약서를 각각 작성해서 자신의 도장을 찍고 乙에게 건네주며 그렇게 하자고 하였다. 乙도 좋은 생각이라고 하면서 도장을 찍었고 자동차는 乙 소유로 변경 등록되었다.
그 후 甲은 화물 운송 때문에 오래 동안 지방에 가 있게 되었고, 乙에게 혹시 강제집행을 하러 오면 계약서를 보여주면서 甲의 물건이 아니라고 단호하게 대처하라는 부탁을 하였다. 혼자 있게 된 乙은 카바레를 갔다가 丁을 만나 서로 사귀게 되었다. 丁이 더 마음에 들게 된 乙은 甲과의 관계를 끝내기로 작정하고 새로 방을 구해 나가기로 하였다. 그 방에서 장차 丁과 동거하기로 되어 있었다. 乙이 짐을 옮기는 날 丁이 자신의 자동차를 가지고 와서 이를 도와주었는데 乙은 甲이 자신과 동거를 시작하기 직전에 구입한 텔레비전까지 가지고 가려고 하였다. 乙이 문제의 텔레비전을 들고 나오는데 평소 乙을 안 좋게 생각하던 옆집에 사는 아줌마가 이를 저지하였다. 그 아줌마는 텔레비전을 甲이 구입했었다는 점을 분명하게 알고 있었다. 乙이 비키라고 하며 실랑이가 벌어지고 있을 때 丁이 올라와 이 광경을 보고는 아줌마가 뭔데 나서냐고 하며 세게 밀쳐서 쓰러졌고 그 사이에 乙과 丁은 텔레비전까지 차에 싣고 아파트를 떠났다. 丁은 그 텔레비전이 甲의 것이라고 알고 있었다.

[문] 甲・乙・丁의 죄책을 논하시오.

1. 사실관계의 해체

사례가 그다지 길지는 않지만 케이스 문제를 처음 접하는 사람이 주눅 들기에는 충분한 길이와 내용을 가지고 있다. 이 문제를 직관적인 판단에 따라 단번에 해결하기는 불가능하다.

자고로 상대방이 수적으로 우세하다고 판단되면 그들을 요령껏 분리시켜 한 사람씩 대적하는 것이 가장 바람직한 공격방법일 것이다. 사례 문제도 마찬가지이다. 일단 결합되어 있는 사실관계를 전부 해체해서 하나씩 검토할 수 있는 수준으로 만들어 두는 작업이 필요하다.

복잡한 문제를 앞에 놓고 멍해 져 있을 일이 아니라 재빨리 해체하는 작업을 시작해야 한다. 일단 해체를 해놓고 나면 사례문제도 만만해 보이게 될 것이다. 그 단계가 되면 한 번 해볼 만한 작업이 된다.

어떻게 해체를 할 것인가? 형법 케이스 문제와 관련해서는 그것도 다 정해져 있다. 그래서 사례 풀기가 제일 좋은 과목이 형법이라고 한다. 사례 해체 작업은 다음과 같이 3단계로 진행된다.

2. 행위자 나누기

앞의 사례 문제는 甲・乙・丁 세 사람의 형사책임을 묻고 있다. 많은 등장인물 가운데 누구의 죄책을 검토해야 하는지를 문제 자체가 적시하고 있을 때는 일이 간단해 진다. 그 순서대로 일단 행위자를 분류하면 되기 때문이다.

그렇지 않을 경우에는 사례를 보고 형사책임을 지워야 할 사람을 선별해 내야 한다. 형사실무를 할 경우에는 그 작업을 직접 하는 수밖에 없다. 하지만 국내에서 출제되는 모든 사례형 문제는 누구의 죄책을 검토하여야 할 것인가를 명시하고 있기 때문에 신경 쓸 일이 없다.

행위자를 굳이 한 사람 단위로 일일이 분류하는 것은 근대 이후에 확립된 **개인책임의 원칙** 때문이다. 근대 이전에는 연좌제에 의한 집단책임이 인정되어 자신이 직접 행하지 않은 일에 대해서도 종종 책임을 질 일이 있었지만 이제는 더 이상 그러한 법실무가 허용되지 않는다.

여러 사람의 형사책임을 한꺼번에 검토하는 것은 개인책임의 원칙에 위배되는 일이다.

앞의 사례에서 乙과 丁이 힘을 합쳐서 갑의 텔레비전을 가져가기는 했지만 그렇다고 해서 이 부분에 대한 두 사람의 죄책을 한꺼번에 검토하는 것은 곤란하다. 예를 들어 '乙과 丁의 죄책'이라는 제목을 붙이고 두 사람의 행위에 대한 가벌성 검토를 단번에 하는 것은 피해야 한다는 말이다.

이 사례의 경우에는 어차피 乙과 丁의 죄책이 전부 일치할 수는 없기 때문에 한꺼번에 검토하는 것이 무리지만, 같은 처벌규정에 해당될 것으로 판단되는 경우에도 검토는 별도로 해야 한다. 예를 들어 두 사람이 함께 절도 행위를 해서 절도 공동정범이 될 것으로 보이는 경우에도 죄책은 따로 검토하여야 한다.

누구부터 검토해야 할 것인가에 대해서는 고민할 필요가 없다. 문제에서 요구하는 순서에 따라 작업을 진행시키면 되기 때문이다. 중요한 인물부터 검토하기 위해서 행위의 경중을 따져보는 일은 불필요하다. 거의 그럴 일은 없지만 만약 죄책을 검토해야할 대상이 문제에서 지목되어 있지 않을 경우에는 그저 등장 순서대로 서술하면 된다.

사례 분석 과정에서 무엇이든 순서를 정하는 가장 중요한 원칙은 제일 덜 헷갈리는 순으로 나열한다는 것이다. 검토해야 할 사항을 누락시키면 그 부분에 대한 점수를 받을 수 없게 되는데 무언가를 빠뜨리는 일은 헷갈릴 때 발생한다. 그래서 헷갈리지 않게 해주는 순서 정하기 방법이 필요한 것이다.

행위자를 나열하는 순서와 관련해서 한 가지 예외가 있다. 번거로움을 피하기 위해서 교사범이나 방조범 등 공범의 경우에는 정범의 행위를 먼저 검토하는 것이 편리하다는 점이다.

예를 들어 장물아비 甲이 절도범 乙에게 일제 드라이버를 사서 주면서 '노니 뭐하나? 일을 계속해라! 물건을 가져오면 잘 처리해 줄께!'라는 취지의 이야기를 하였고 실제로 乙이 어떤 물건을 훔쳐 왔다고 해보자. 甲의 행위는 도저히 공동정범에 해당한다고 하기 힘들고 교사가 될 가능성이 크다. 이러한 경우에는 문제가 甲과 乙의 죄책을 묻고 있더라도 정범인 乙의 행위를 먼저 검토하는 것이 편리하다. 공범의 종속성 때문에 乙의 행위에 대한 평가 결과에 甲의 가벌성이 얽매이기 때문이다.

3. 행위 나누기

행위자 분류가 끝나면 다음으로 할 일은 검토대상인 행위를 뜯어내서 정리하는 것이다. 주어진 사례는 사실관계를 설명하기 위해 소설을 길게 써놓고 있다. 이들 내용이 모두 다 검토의 대상이 되는 것은 분명 아니다.

예를 들어 앞의 사례에서 甲이 여친 乙에게 자신의 임대아파트에서 함께 지내자고 제의한 행위는 도저히 처벌대상이 될 수 없다. 다만 甲과 乙의 관계가 어떠하였는지에 대한 설명을 위해서 필요하기 때문에 언급이 되어 있는 것일 뿐이다.

甲과 관련하여 처음으로 문제가 되는 것은 700만원을 변제하라는 최고장을 받고 나서 강제집행을 피하기 위하여 자기 자동차의 명의를 乙에게로 이전하고자 일을 꾸미는 부분부터이다.

가장 바람직한 방법은 사례를 읽으면서 문제의 소지가 있는 행위부분에 밑줄 등으로 표시를 하는 것이다. 그리고 나서 각 행위자별로 문제가 될 만한 행위들의 목록을 작성하여야 한다. 앞의 사례와 관련해서 실제로 리스트를 만들어 보면 대략 아래와 같이 될 것이다.

첫 번째, 甲의 죄책
- 최고장을 받고 자기 화물자동차와 아파트 내 물건의 소유권 명의를 乙로 변경한 행위
- 강제집행 나오면 자신의 물건이 아니라고 말 하도록 시킨 행위

두 번째, 乙의 죄책
- 甲의 소유물을 자신의 명의로 변경하는데 동참한 행위

- 텔레비전을 가져간 행위

세 번째, 丁의 죄책

- 乙이 물건을 옮기는 데 가담한 행위
- 텔레비전을 가져가지 못하도록 저지하는 아줌마를 밀친 행위
- 甲의 물건을 차에 싣고 간 행위

행위를 나열하는 순서는 그야말로 시간의 진행과정에 맞추면 된다. 만약 중요한 행위부터 열거하려고 한다면 무언가를 빼먹게 될 가능성이 높아지므로 절대 그럴 필요가 없다. 이것도 가장 덜 헷갈리는 것이 최선이다.

행위별 분류를 할 때 가장 큰 문제는 어디까지를 하나의 행위로 볼 것인가 하는 점이다. 아마도 행위를 끊는 것이 형법에서 가장 어려운 작업인 듯하다. 이에 관한 이론은 형법총론의 마지막 부분인 죄수론에서 나오는데 일반적으로 강의가 자세히 이루어지지 않는 곳이고, 설령 꼼꼼히 강의를 한다고 해도 알아듣기가 쉽지 않은 영역이다. 사람의 행위는 영속적으로 이어져 있는데 그것을 인위적으로 끊으려 하니 태생적으로 어려울 수밖에 없는 일이다. 어떻게 끊어야 할 것인가에 대한 정답도 없고 보는 시각에 따라 결론은 얼마든지 달라질 수 있다.

어쨌건 어느 범죄구성요건에 해당되는가를 판단하기 위해서 검토대상 행위를 정해두는 기초작업이므로 구성요건적 행위단위를 기준으로 끊어내는 수밖에 없다. 더 이상의 요령은 없고 연습문제를 많이 풀어봄으로써 감각을 익히는 것이 도움이 될 것이라는 말밖에 할 수가 없다. 죄수론을 다시 연구해 본다고 하더라도 큰 도움은 안 될 것으로 생각된다.

4. 처벌조항 나열하기

사례를 행위자별로 나누고 행위단위를 구별했으면 이제 검토대상이 확정된 것이므로 그에 대한 검토만 하면 된다. 이 검토작업을 '포섭(Subsumtion)'이라고 부르는데 작업의 명칭이 무엇이건 상관없이 여기서 해야 할 일은 검토대상 행위와 처벌규정을 비교해서 그에 해당되는지 판단하는 것이다.

그러니까 판단의 한 쪽 대상인 행위단위는 특정되었고 이제 다른 한 쪽인 처벌조항이 비교선상에 올라와야 하는 것이다. 비교대상의 다른 한 쪽을 형성하는 작업은 각각의 문제되는 행위가 어느 처벌규정에 해당될 만한지 생각해서 그 조항을 나열하는 식으로 진행하면 된다.

처벌규정을 나열하는 순서는 '생각나는 대로' 이다(다른 견해: 김용욱, 연습, 35면). 물론 변형구성요건보다 기본구성요건이 앞서야 한다는 정도의 원칙은 있다. 하여간 범죄가 성립될 것인가 여부에 대해서 의문의 여지가 있는 모든 조항을 일단 죄다 적어놓고 볼 일이다. 검토할 필요가 없는 것을 검토하는 데 대해서는 감점이 없지만, 반대로 검토해야 할 것을 누락시키면 감점이 되기 때문이다. 그러나 전혀 검토할 필요가 없는 것을 검토하는 일은 시간관리 측면에서 피해야 하겠다.

앞의 사례와 관련해서 각 행위자별, 행위별 처벌조항을 생각나는 대로 적어보면 대충 다음과 같이 될 것이다.

첫 번째, 甲의 죄책

– 최고장을 받고 자기 화물자동차와 아파트 내 물건의 소유권 명의를 乙로 변경한 행위
  - 강제집행면탈 (형법 제327조)
  - 공정증서원본 부실기재 (형법 제228조 제1항)
  - 사기 미수 (형법 제347조, 제352조)

- 강제집행 나오면 자신의 물건이 아니라고 말 하도록 시킨 행위
  - 사기 교사 미수 (형법 제347조, 제352조, 제31조)

두 번째, 乙의 죄책
- 甲의 소유물을 자신의 명의로 변경하는데 동참한 행위
  - 강제집행 면탈 공동정범 (형법 제327조, 제30조)
  - 공정증서원본 부실기재 공동정범 (형법 제228조 제1항, 제30조)
  - 사기 미수 공동정범 (형법 제347조, 제352조, 제30조)
- 텔레비전을 가져간 행위
  - 절도 (형법 제329조)
  - 횡령 (형법 제355조 제1항)
  - 배임 (형법 제355조 제2항)
  - 준강도 공동정범 (형법 제335조, 제30조)

세 번째, 丁의 죄책
- 乙이 물건을 옮기는 데 가담한 행위
  - 절도 공동정범 (형법 제329조, 제30조)
  - 절도 방조 (형법 제329조, 제31조)
  - 횡령 공동정범 (형법 제355조 제1항, 제30조)
  - 횡령 방조 (형법 제355조 제1항, 제31조)
  - 배임 공동정범 (형법 제355조 제2항, 제30조)
  - 배임 방조 (형법 제355조 제2항, 제31조)
- 텔레비전을 가져가지 못하도록 저지하는 아줌마를 밀친 행위
  - 폭행 (형법 제260조 제1항)
  - 준강도 (형법 제335조)
  - 강요 (형법 제324조)
- 甲의 물건을 차에 싣고 간 행위
  - 장물운반 (형법 제362조)

이 목록은 초안이고 실제 답안을 작성하는 과정에서 얼마든지 수정이 가능하기 때문에 내용을 써내려 가는데 전혀 주저할 이유가 없다. 신경 쓸 일은 혹시 빠진 것이 없는가 하는 점뿐이다. 일단 이렇게 목록을 작성해 놓고 답안을 적어 내려가면서 불필요한 죄

목은 삭제하고 다시 불현듯 생각 난 것은 추가하면 된다.

5. 서론 작성하기

가벌성 검토 과정에서 서론은 완전히 사족이다(같은 취지: 김용욱, 연습, 83면; Gössel, S. 19). 대부분 무엇이 논점이고 문제점이므로 어떤 것에 대해서 검토하겠다는 내용으로 채워지는데, 그걸 쓰고 있을 시간에 그에 대한 검토를 시작하는 것이 합당한 태도이다. 무엇에 대하여 검토하겠다는 선언이 필요한 것이 아니라 그에 대한 검토가 필요한 내용이기 때문이다(Gössel, S. 19).

어떤 주제에 대해서 논술을 하는 시험이라면 서론을 통해서 논점을 정리하는 것이 의미가 있다. 무엇에 대하여 어떠한 방향으로 논증하려는가에 대하여 명확하게 선을 그음으로써 글의 맥락을 파악하는데 큰 도움을 주기 때문이다. 그러나 사례를 분석하는 시험의 경우에는 필요 없는 부분이다.

그럼에도 불구하고 모든 답안이 서론을 작성하고 있다. 그리고 다수의 채점자들이 서론에 대해서도 점수를 주고 있다. 따라서 타당성 여부와 관계없이 서론은 작성하여야 할 상황이다. 이러한 관행은 '……에 대하여 논하라'는 식의 논술형 문제가 출제되던 시절로부터 물려받은 유산이 아닌가 생각된다.

어쨌건 서론은 별로 장황할 필요가 없다. 중요한 것은 가벌성을 검토하는 본문이기 때문이다.

사례를 해체해서 처벌조항 나열하기까지 마친 상태이면 문제의 중점이 대략 눈에 띄게 된다. 앞에서 예로 들었던 [화물차 운전자와 강제집행] 사례의 경우를 보면 전반적으로 각론상의 구성요건 성립 여부가 주된 쟁점임을 알 수 있다. 위법성이나 책임과 관련된 사항은 찾아볼 수가 없다.

그러면 각론상의 논점들만 간략하게 나열하면 훌륭한 서론이 될 것이다. 그러니까 각론만 문제될 만한 경우에는 어떠한 처벌규정에 대하여 검토하겠다고만 하면 된다는 말이다. 만약 위법성이나 책임 조각사유의 성립 여부가 문제될 것으로 보이면 그것에 대해서도 검토하겠다고 하면 된다.

여하튼 처벌조항 나열하기까지 마치고 나서 자신이 작성한 초안 목록을 다시 한 번 감상하면서 그 내용을 아주 간략하게 요약해서 적으면 서론이 될 것이다.

요약

- 준비단계에서 제일 먼저 해야 할 일은 사례가 만만하게 보일 수 있는 수준으로 해체하는 것이다.
- 해체작업은 [행위자 분류 → 행위 분류 → 처벌규정 열거]의 순서로 진행된다.
- 행위자는 한 사람씩 차례로 검토하여야 한다. 그렇지 않으면 개인책임의 원칙에 위배된다.
- 행위자를 나열하는 순서는 문제에서 요구하는 대로 하면 된다. 문제에서 요구하는 바가 없으면 등장하는 순서대로 서술하면 될 것이다.
- 각 행위자별로 문제의 소지가 있는 행위를 적출해서 시간 진행 순서대로 열거한다. 한 행위자의 한 행위단위가 검토의 대상이다.
- 각 행위별로 적용 가능해 보이는 처벌규정을 나열한다. 순서는 '생각나는 대로'이다.
- 서론은 처벌규정 나열하기까지 끝난 후에 초안 목록을 조감하면서 그 내용을 간략하게 서술하는 것으로 갈음하면 된다.

Ⅱ. 검토단계

1. 포섭이란

사례분석 작업에서 검토의 대상은 '특정 행위가 특정 처벌규정에 해당되는가'하는 점이다. 여기서 검토의 객체는 '행위단위와 처벌규정'이다. 사례를 해체해서 가져다 놓은 행위와 각 처벌규정을 1:1로 비교해서 일치하는가를 검토하는 것이 '포섭' 작업인 것이다.

내려야 할 결론	이 행위가 이 처벌규정에 해당되는가?	검토의 대상
비교할 객체	이 행위 ↔ 이 처벌규정	검토의 객체

2. 범죄성립요소에 대한 개별적・단계적 포섭작업

(1) 복잡한 현실과 간단한 규정

현실세계에서 발생하는 사건은 구체적인 모습을 가지고 있다. 앞의 사례에서 일부를 예로 들어보자.

화물차 운전을 하는 甲은 자주 거래를 하던 회사의 직원인 乙(여)과 친해져서 사귀다가 乙에게 자취방에서 나와 자신의 임대아파트에서 함께 살자고 제안하였다. 乙이 이에 응해 동거를 하게 되었는데 얼마 지나지 않아 甲은 채권자 丙에게 700만원을 변제하라는 최고장을 받았다. 강제집행을 당하게 될 것이 걱정이 된 甲은 자신의 화물자동차와 임대

아파트 내의 물건 전체를 乙에게 매도한다는 계약서를 각각 작성해서 자신의 도장을 찍고 乙에게 건네주며 그렇게 하자고 하였다. 乙도 좋은 생각이라고 하면서 도장을 찍었고 자동차는 乙 소유로 변경 등록되었다.

이마저도 상당히 축약된 것이다. 법적 검토에 필요하다고 생각되는 부분만 추려서 사례를 꾸민 것이기 때문이다. 법학을 전공하지 않은 사람이 사건 내용을 설명하게 되면 이것보다 훨씬 더 복잡하고 장황하게 된다. 사실 그렇게 길고 복잡하고 풍부한 것이 현실세계의 모습이다.

이에 비해 검토의 또 한 쪽 객체인 처벌규정은 매우 간단하다. 위 사례의 행위와 관련해서 문제가 되는 강제집행면탈죄 규정(형법 제327조)을 보면 다음과 같다.

"강제집행을 면할 목적으로 재산을 은닉, 손괴, 허위양도 또는 허위의 채무를 부담하여 채권자를 해한 자……"

사례 분석(포섭) 작업은 처벌조항이라는 일정한 잣대(aggregate)를 가지고 현실세계의 사건에 대해서 판단·분별하는 일이다. 간단하게 추상화 되어 있는 잣대를 기준으로 복잡다기한 현실사건을 판단한다는 것은 결코 쉬운 일이 아니다.

(2) 처벌규정 내용의 분해

따라서 처벌규정을 그냥 그대로 가지고 특정행위와 비교해서 해당 여부를 판단하는 것은 불가능하다. 이 작업이 가능하도록 하기 위해서는 판단기준 자체도 분해하여야 한다. 그렇게 해서 해체되어 단위행위로 나누어진 검토의 객체를 다시 또 처벌규정의 내용이 분해되어 만들어진 길다란 체크리스트에 집어넣고 요건을 충족시키는지 하나씩 짚어봐야 하는 것이다.

구성요건 단계에서 가장 일반적으로 사용되는 성립요건 분해방법이 일단 객관적 구성요건과 주관적 구성요건으로 분리하고 그것을 다시 또 적절한 기준에 따라 나누는 것이다. 이 분류법에 따라 형법 제327조의 성립요소를 펼쳐서 사용 가능한 체크리스트로 만들면 다음과 같다.

이와 같은 체크리스트는 모든 종류의 형법교과서에서 쉽게 구할 수 있다. 다만 시험 볼 때는 교과서를 참고할 수 없기 때문에 머릿속에 넣어 두어야 한다는 점이 문제일 뿐이다.

[형법 제327조 성립요건에 대한 체크리스트]

<table>
<tr><td rowspan="4">객관적 구성요건</td><td>행위상황</td><td>강제집행이 이루어질 만한 상황</td></tr>
<tr><td>행위주체</td><td>채무자 (제3자도 포함된다는 견해 있음)</td></tr>
<tr><td>행위객체</td><td>채무자 소유의 재산 (민사집행법 제195조에 따라 강제집행이 금지된 물건은 제외)</td></tr>
<tr><td>행위</td><td>은닉, 손괴, 허위양도, 허위 채무 부담</td></tr>
<tr><td rowspan="2">주관적 구성요건</td><td>구성요건적 고의</td><td>객관적 구성요건 요소에 대한 인식과 의도</td></tr>
<tr><td>목적</td><td>강제집행을 면할 목적</td></tr>
</table>

(3) 개별적 · 단계적 검토와 논증방법

검토단계에서 제일 먼저 해야 할 일은 문제의 행위가 이와 같은 체크리스트상의 각 개별적 범죄성립요소를 충족시키는가 하는 점을 하나씩 짚어나가는 것이다.

체크리스트를 보면 이 사례의 경우에 제일 우선적으로 내려야 할 결론은 강제집행이 이루어질 만한 상황이었는가 하는 점이라는 것을 알 수 있다. 요건 충족 여부에 대한 검토는 일반적으로 4단계 논법에 따라 이루어진다. 예를 들자면 다음과 같이 논리가 전개될 것이다.

① 700만원을 변제하라는 최고장을 받은 것이 과연 '강제집행이 이루어질 만한 상황'에 포함되는가 하는 점이 문제된다. (논점 정리)

② 형법 제327조에서 말하는 '강제집행'이란 민사상의 강제집행만을 의미한다. 나아가 제327조상의 행위상황은 이러한 강제집행의 출발점으로서의 민사절차가 시작되기 직전의 상황이 형성된 경우를 뜻한다. (판단기준 정리)

③ 민사절차는 소송제기를 통해서 시작되며 소송이라는 법적 절차를 시작하기 위해서 준비를 하는 과정에서 가장 먼저 하는 작업이 통상적으로 상대방에게 마지막 기회를 주기 위한 최고장 발송 등의 행위이다. (판단작업 수행)

④ 따라서 甲에게 최고장이 발송된 것은 제327조에서 말하는 강제집행이 이루어질 만한 상황에 해당된다. (결론 정리)

사례분석 과정에서 이 4단계의 작업에서 벗어나는 것은 할 일이 없다. 아무리 반복적으로 많은 작업을 하더라도 기본적으로 '포섭'은 이 논리구조를 벗어나지 않는다. 이와 같은 논리전개와 관계가 없는 사항은 답안지에서 언급할 필요가 없다.

예를 들면 강제집행면탈죄에 대한 비교법적 고찰 같은 유형의 논의는 법해석 작업인 사례분석 과정에 들어올 여지가 없다. 4단계 논리전개와 관계없는 문장은 과감하게 삭제되어야 한다. 가끔 그와 같은 논의(연혁, 외국 입법례 등)를 장황하게 적어 내려가는 답안을 볼 수 있는데 채점자의 입장에서는 점수를 부여할 수 없어서 안타까울 뿐이다. 아무리 외운 것이 아깝더라도 사례문제의 답안지에는 쓸 일이 아니다. 의의, 요건, 효과 등의 논의도 형법 사례형 서술에는 필요가 없다.

한 가지 주의해야 할 점은 각각의 개별 범죄성립요소들 하나하나를 문제된 행위와 비교해서 차례로 해당 여부를 판단해 나가야 한다는 점이다. 개별적 검토는 매우 중요하며 반드시 그렇게 해야 한다. 예를 들어 성립요건 전체를 다 설명한 후에 '사안의 해결' 하면서 '이 사례의 경우 甲의 행위는 이에 해당된다'는 식으로 결론만을 쓰는 답안지는 이러한 측면에서 분명히 문제가 있다.

논증과정이 생략된 채 판단기준과 행위내용이 서로 분리·고립된 상태에서 결론만 내려져 있기 때문이다. 그렇게 되면 논증과정이 맞았는지 틀렸는지 알 수가 없게 된다. 그것을 알 수 없게 되면 채점을 할 수가 없다. 채점을 못하면 점수를 줄 수 없을 것이다.

물론 성립요건 해당 여부가 아주 명백한 경우에는 논증 자체를 약식으로 할 수는 있다. 그러나 논증 자체가 생략될 수는 없다.

예를 들어 앞의 사례에서 화물자동차의 소유권 이전 행위는 명백한 고의에 의해서 이루어진 것이므로 간략하게 다음과 같이 논증하고 넘어가도 무방할 것이다: "甲은 이 부분 행위를 명백한 의도를 가지고 수행하였으므로 주관적 구성요건으로서의 고의도 인정된다." 이는 다음과 같은 4단계 논증의 축약이다.

① 甲이 최고장을 받고 나서 乙에게 자동차의 소유권을 넘겨두자고 제의하고 이를 실행에 옮긴 것이 강제집행면탈죄를 행하고자 하는 고의에 해당되는지 검토해 보아야 하겠다. (논점 정리)

② 고의란 행위상황에 대한 인식과 이를 실행에 옮기겠다는 의도를 의미한다. (판단기준 정리)

③ 甲은 자신이 최고장을 받았다는 사실, 자신이 채무자라는 사실, 자신의 화물자동차의 소유권을 乙에게 이전시킨다는 사실 등 객관적 구성요건 요소에 해당되는 사실에 대하여 명백하게 인식하고 있었으며 이를 실행에 옮길 의도 역시 명백한 형태로 가지고 있었다. (판단작업 수행)

④ 따라서 이 부분 甲의 행위는 주관적 구성요건 요소인 고의에 해당된다. (결론 정리)

사례분석 과정에서 모든 논증을 4단계로 완벽하게 하면서 넘어가기는 힘들다. 시간이 제한되어 있기 때문이다. 또한 적절한 곳에서 적정하게 축약을 하는 것은 읽는 사람에게 좋은 인상을 준다. 그러나 그와 같은 경지는 모든 논증을 4단계로 철저하게 수행할 수 있는 능력을 가진 사람만 도달할 수 있다. 따라서 연습의 시작단계에서는 4단계 논증을 끊임없이 반복해보아야 할 것이다.

(4) 학설의 취급

사례분석을 하다보면 4단계 논증과정 중에서 두 번째에 해당하는 판단기준이 하나로 통일되지 않는 경우가 종종 발생한다. 사람들 생각이 다 다르기 때문에 올바른 판단기준이 무엇인가에 대한 견해가 자주 불일치하는 것이 그 원인이다. 이렇게 대립되는 견해를 '학설'이라고 부르는데 학설이 없는 경우는 없지 않을까 싶을 정도로 학설이 난무하여 수험생을 시험에 들게 한다.

학설은 어느 학설에 따르는가에 따라 결론이 달라질 경우에만 언급하면 된다. 예를 들어 보자.

甲은 살해의 고의를 가지고 乙의 가슴을 칼로 찔렀다. 그러나 피가 흐르는 모습을 보고 놀라고 두려워 곧바로 공격행위를 중단하고 119에 신고를 한 후에 숨어서 지켜보다가 구급차에 실려 가는 것을 확인한 후 도주하였다. 乙은 병원으로 옮겨져 치료를 받고 목숨을 구할 수 있었다.

이 사례에서 문제되는 甲의 행위는 乙을 칼로 찌른 것이고, 살인중지미수(형법 제250조 제1항, 제254조, 제26조)에 해당되는지가 문제될 것이다. 이 경우 구성요건 검토구조는 다음과 같이 된다.

[살인중지미수의 성립요건에 대한 체크리스트]

주관적 구성요건	구성요건적 고의	
	구성요건 실현 중지의 자의성	객관설, 주관설, Frank의 공식, 규범설, 절충설
객관적 구성요건	실행의 착수	객관설(형식적 객관설, 실질적 객관설) 주관설, 절충설
	방지행위	
	인과관계	

이 가운데 두 번째 성립요건인 '구성요건 실현 중지의 자의성'이 충족되는지 검토해보자.

① 사례에서 甲이 놀라고 두려워서 공격행위를 멈춘 것이 자의에 의한 구성요건 실현의 중지에 해당되는지 문제된다. (논점 정리)

여기서 논증의 2번으로 넘어가지 전에 당장 문제되는 것이 판단기준이 시중에 여러 개가 나와 있다는 점이다. 그리고 언뜻 보아도 학설에 따라 결론이 달라질 여지가 있어 보인다. 바로 그러한 경우에는 학설에 대한 언급을 하여야 한다. 학설에 대한 언급은 3단계로 이루어진다. [학설에 따라 결론이 달라질 수 있다는 멘트 → 학설에 대한 간략한 소개 → 타당한 학설 선택]

논증의 두 번째 단계가 판단기준의 정리인데 단일한 잣대가 마련되지 않는 한 다음 단계의 결론을 내릴 수가 없기 때문에 학설 언급의 목표는 학설을 하나만 고르는 것이다.

어떻게 고를 것인가? 학설에 절대적 진리는 없기 때문에 그저 마음에 드는 것을 고르면 된다. 다만 그 학설이 왜 타당한가에 대해서는 근거를 제시하여야 한다.

근거 없이 아무 학설이나 고르는 것은 합리성을 상실한 행동이다. 합리적 논증을 하지 못하는 답안은 좋은 점수를 받을 수 없다. 수험생이 흔히 범하는 오류는 판례 또는 다수설이기 때문에 타당하다는 논거를 제시하는 것이다. 심지어는 어느 교과서에 그렇게 쓰여 있기 때문에 그 학설이 타당하다고 주장하는 사람도 보인다. 모두 타당한 근거 제시라고 할 수 없다.

사실 어느 학설이 왜 타당한가에 대한 근거를 찾는 문제는 해결하기가 별로 어렵지 않은 축에 속한다. 어느 학설이 왜 타당한가 하는 근거는 모든 학설이 스스로 내포하고 있기 때문이다. 그러니까 일단 감정적 판단으로 학설 한 가지를 고르고 그것이 왜 타당한가에 대한 설명은 그 학설이 내포하고 있는 논거를 그대로 반복하면 되는 것이다.

> 그래도 나름대로의 논증을 하고 싶으면 어떻게 하는가? 말릴 수는 없는 일이겠지만 그와 같은 작업은 박사과정 이후에나 할 일에 속한다. 취미로 가끔 어느 학설이 옳을까에 대한 생각에 잠기는 것은 몰라도 모든 학설을 부여잡고 고민에 빠진다면 실무가로서의 인증을 받는 길은 아주 멀어지고 말 것이다.

이제 학설에 대해서 실제로 한 번 언급을 해보자.

> ② 甲의 행위가 자의에 의한 중지인가의 여부는 학설에 따라 결론이 달라질 여지가 있다. → 중지의 자의성에 관한 학설은 다음과 같다. 객관설은 ……, 주관설은 ……, Frank의 공식은 ……, 규범설은 …… 현재 다수설과 판례의 입장인 절충설은 ……견해이다. → 구성요건의 실현이 자의에 의해서 중지되었다고 하기 위해서는 행위자가 구성요건을 실현할 것인가 말 것인가를 선택할 여지가 있었어야 한다. 이는 결국 구성요건 실현 여부를 심리적으로 자유롭게 결정할 수 있는 상황을 의미한다. …… 따라서 심리적 판단기준인 절충설이 타당하다. 이에 따라 판단하기로 하겠다. (판단기준 정리)

> ③ 가슴에서 피가 흐르게 된다는 상황은 일반 사회관념상 범죄수행에 장애가 될 사유라고 보기 힘들다. 보통 살해의 고의를 가지고 칼로 찌르는 사람은 피해자에게서 피가 흐르더라도 공격을 계속하기 마련이기 때문이다. (판단작업 수행)

④ 따라서 甲의 행위는 자의에 의한 중지에 해당된다. (결론 정리)

이렇게 해서 학설 언급이라는 비교적 힘든 과정을 거쳐서 4단계 논증이 완성되었다. 힘들지만 어쩔 수 없이 거쳐야 하는 과정이다. 대부분의 배점이 이 부분에 모이므로 좋은 성적을 위해서는 반드시 체득해야 할 영역이다.

반면 이 사례에서 '실행의 착수' 여부는 어느 학설에 의하더라도 문제없이 인정이 될 상황이다. 이러한 경우에는 학설이 있더라도 언급할 필요가 없다(언급하더라도 배점이 없어서 점수가 되지 않는다).

이 부분은 축약해서 '甲은 구성요건에 해당되는 행위를 이미 실현하였으므로 어느 학설에 의하더라도 실행의 착수가 인정된다'고 언급하면 될 것이다.

3. 포섭작업의 전체 구조

각 범죄성립요건 하나하나가 모여서 전체 사례분석틀을 구성하는데 이 가벌성 검토구조의 전체적인 모습도 크게 보면 4단계의 논증으로 이루어져 있다. 여기서 전체 구조란 가벌성 검토의 한 단위를 의미한다. 그리고 가벌성 검토는 처벌규정 별로 이루어지므로 사례 해체(행위자 나누기 → 행위 나누기 → 처벌조항 나열하기)가 완료되고 나서 각 처벌규정 단위 별 검토가 수행되는 구조를 말한다.

앞에서 예로 들었던 [화물차 운전자와 강제집행] 사례의 경우를 예로 들면 甲의 첫 번째 행위(최고장을 받고 자기 화물자동차와 아파트 내 물건의 소유권 명의를 乙로 변경한 행위)가 강제집행면탈죄(형법 제327조)에 해당되어 가벌성이 인정되는가에 대한 판단이 포섭작업의 전체 구조를 띄게 되는 것이다.

범죄구성3원론의 견지에서 이 전체 구조는 다음과 같은 4단계 논증체계를 가지게 된다.

① 이 부분 甲의 행위는 강제집행면탈죄(형법 제327조)에 해당되어 가벌성이 인정될 것인가 하는 점에서 문제가 된다. (논점 정리)

② 강제집행면탈죄(형법 제327조)를 근거로 한 가벌성은 甲의 행위가 형법 제327조의 구성요건에 해당되고 위법하며 유책한 경우에 인정된다. (판단기준 정리)

③ 甲의 행위는 형법 제327조의 구성요건을 충족하고 위법성과 책임을 배제할 사유도 가지고 있지 않다. (판단작업 수행)

④ 따라서 이 부분 甲의 행위에 대해서는 형법 제327조를 근거로 가벌성이 인정된다. (결론 정리)

포섭작업의 전체 구조가 개별적 성립요건 검토의 경우와 마찬가지로 4단계 논증체계를 가지고 있다는 점이 실질적으로 큰 중요성을 가지지는 않는다.

사례분석 작업을 할 때 논증구조의 ①번은 제목의 형태로 축약되는 것이 일반적인 관행이다. 처벌규정을 나열한 것 바로 그 모습 그대로 표현되는 것이다.

여기서 처벌규정 앞에 관행적으로 쓰이고 있는 '강제집행면탈죄' 등의 죄명은 사실 쓰지 않더라도 감점대상이라고 할 수 없다. 피고인은 처벌규정에 위반했기 때문에 처벌받는 것이어서 처벌규정만 적시하면 처벌근거로는 충분하기 때문이다.

반대로 죄명만 적고 처벌규정은 적시하지 않는 경우에는 분명히 감점대상이어야 한다. 아무리 나쁜 행위라 하더라도 행위당시에 그에 대한 처벌규정이 존재하지 않았다면 처벌할 수 없다는 죄형법정주의 원칙을 무시하는 처사이기 때문이다(참조: 김용욱, 연습, 86면).

논증체계의 ②번은 범죄구성3원론을 취하는 한 너무 당연하기 때문에 사례검토 과정에서 언급이 생략된다. 대신 [Ⅰ. 구성요건 → Ⅱ. 위법성 → Ⅲ. 책임]으로 이루어지는 검토구조로 표현된다. 가벌성 검토의 구조는 모두 이 3단계 체제를 가진다. 어떠한 범죄이던 마찬가지이다. 범죄유형에 따라 달라지는 것은 3단계 기본구조 내에서 검토해야 할 성립요소의 구체적인 내용뿐이다.

범죄유형에 따른 사례분석틀(다음 Ⅲ.에서 정리함)의 내용은 형법적 검토를 능숙하게 하기 위해서 반드시 숙지하고 있어야 한다. 처음 볼 때는 다양한 범죄유형 때문에 양이 많아서 암기하기에 버거워 보이지만 반복되는 연습과 함께 자연스럽게 체득되는 내용이므로 크게 걱정할 일은 아니라고 생각한다. 여하튼 지속적인 연습이 중요하다.

포섭작업의 전체 구조를 다시 표로 정리하면 다음과 같다.

[포섭작업의 전체 구조 / 기본 틀]

제목 달기	죄명 (처벌규정, 기타 관련규정) 예: 살인중지미수 (형법 제250조 제1항, 제254조, 제26조)
범죄성립요건 검토	Ⅰ. 구성요건 Ⅱ. 위법성 Ⅲ. 책임
결론 쓰기	검토의 객체 (행위 / 관련규정), 가벌성 여부 예: 이 부분 甲의 행위는 살인중지미수(제250조 제1항, 제254조, 제26조)를 근거로 가벌성이 인정된다. 예: 이 부분 甲의 행위는 살인중지미수(제250조 제1항, 제254조, 제26조)의 구성요건에는 해당되지만 정당방위(제21조)를 근거로 가벌성이 부인된다. 예: 이 부분 甲의 행위는 살인중지미수(제250조 제1항, 제254조, 제26조)의 구성요건에 해당되고 위법하지만 심신미약(제10조 제2항)을 근거로 감경처벌의 대상이 된다.

4. 명확한 표현 사용하기

사례분석의 목표는 가벌성 여부를 판단하는 것이다. 각 개별적 성립요건에 대한 4단계 논증이 집적되어서 각 행위자의 행위에 대한 가벌성 여부가 결론지어진다. 각 개별적 논증의 결론은 어떠한 요건을 충족시킨다 아니면 그렇지 않다 둘 중 하나이다. “예”와 “아니오” 가운데 한 가지로 명확하게 결론이 나와야 한다.

‘어떠한 요건에 해당될 가능성이 있다’ 또는 예를 들어 ‘금지착오 여부가 문제될 수 있다’는 식의 결론은 너무 무책임한 것이다. 채점자 보고 결론을 내리라는 말인가? 형법 실무를 담당하려면 주어진 시간 내에 주어진 사건에 대한 결론을 내릴 수 있음을 보여주어야 한다.

그럼에도 불구하고 결론을 흩트려 버리는 무책임한 답안지를 자주 발견하게 된다. 논점을 파악했다는 것만을 근거로 점수를 줄 수는 없는 일이다. 문제가 요구하는 것은 가벌성을 판단하라는 것인데 이를 유보하였다면 점수를 받을 자격이 없는 답안이다.

요약

- 검토단계에서 해야 할 일은 특정 행위와 특정 처벌규정을 1:1로 비교하여 해당 여부에 대한 결론을 내리는 것이다.
- 범죄성립요건 충족 여부를 검토하기 위해서는 우선 성립요건을 분해하여 사용가능한 길다란 체크리스트로 바꾸어야 한다. 다행스럽게도 그 작업은 다른 사람이 다 해서 형법교과서에 빼곡히 실려 있다.
- 반드시 체크리스트 항목마다 하나씩 단계적으로 개별적 검토가 이루어져야 한다. 체크리스트 전체의 내용을 주르륵 쓰고 나서 결론만 내리는 답안은 곤란하다.
- 각 개별 성립요건의 충족 여부는 [논점 정리 → 판단기준 정리 → 판단작업 수행 → 결론 정리]의 순서로 논증한다. 명백할 경우에는 이 논증과정을 축약할 수 있다.
- 학설은 그에 따라 결론이 달라질 사안의 경우에만 언급한다. 학설 언급의 목표는 판단기준을 하나로 정리하는 것이다.
- 학설 언급은 [학설에 따라 결론이 달라진다는 멘트 → 학설 소개 → 학설 선택]의 순서로 진행한다.
- 포섭작업의 전체구조는 [처벌규정] [구성요건 / 위법성 / 책임] [결론]의 순서로 구성되어 있다.
- 범죄유형별 사례분석틀은 형법 사례 해결의 기본지식이므로 암기하고 있어야 한다.

- 검토과정에서 결론은 '해당된다' 또는 '해당되지 않는다'는 식의 명확한 문장으로 표현되어야 한다.

Ⅲ. 사례분석틀

1. 고의범

Ⅰ. 구성요건
  1. 객관적 구성요건 (범죄유형에 따라 필요한 것만 언급함)
    (1) 행위주체
    (2) 행위객체
    (3) 행위
    (4) 결과의 발생
    (5) 인과관계
  2. 주관적 구성요건
    (1) 구성요건적 고의
    (2) 부가적 주관적 구성요건요소
Ⅱ. 위법성
  1. 객관적 요건
  2. 주관적 요건
Ⅲ. 책임
  1. 책임능력
      제9조(형사미성년자)
      제10조(심신장애자)
      제11조(농아자)
  2. 개별적 비난가능성
    (1) 위법성의 인식
    (2) 책임조각사유
        강요된 행위(제12조)

과잉방위(제21조 제3항)

과잉피난(제22조 제3항)

Ⅳ. 처벌조건

1. 객관적 처벌조건

2. 인적 처벌조각사유

Ⅴ. 소추조건

1. 친고죄

2. 반의사 불벌죄

2. 과실범

I. 구성요건
  1. 객관적 구성요건
    (1) 행위주체
    (2) 행위객체
    (3) 결과의 발생
    (4) 인과관계
    (5) 객관적 예견가능성
  2. 주관적 구성요건: 객관적 주의의무 위반
Ⅱ. 위법성
  1. 객관적 요건
  2. 주관적 요건
Ⅲ. 책임
  1. 책임능력
  2. 개별적 비난가능성
    (1) 위법성의 인식
    (2) 책임조각사유
Ⅳ. 처벌조건
  1. 객관적 처벌조건
  2. 인적 처벌조각사유
Ⅴ. 소추조건
  1. 친고죄
  2. 반의사 불벌죄

3. 결과적 가중범

I. 구성요건
  1. 기본범죄
    (1) 객관적 구성요건
    (2) 주관적 구성요건
  2. 중한 결과
    (1) 객관적 구성요건
      1) 중한 결과의 발생
      2) 인과관계(객관적 귀속)
      3) 객관적 예견가능성
    (2) 주관적 구성요건: 고의 또는 과실

Ⅱ. 위법성

Ⅲ. 책임

Ⅳ. 처벌조건

Ⅴ. 소추조건

4. 부진정 부작위범

I. 구성요건
  1. 객관적 구성요건
    (1) 행위상황
      1) 작위의무의 존재: 보증인적 지위
      2) 작위의무 이행가능성
    (3) 행위(작위의무 불이행)
    (4) 결과의 발생
    (5) 인과관계(객관적 귀속)
    (6) 부작위의 동가치성
  2. 주관적 구성요건
    (1) 구성요건적 고의
    (2) 기타 주관적 구성요건 요소

Ⅱ. 위법성

Ⅲ. 책임

Ⅳ. 처벌조건

Ⅴ. 소추조건

5. 진정 부작위범

Ⅰ. 구성요건
  1. 객관적 구성요건
    (1) 행위주체
    (2) 행위상황
      1) 작위의무의 존재
      2) 작위의무 이행가능성
    (3) 행위: 작위의무 불이행
  2. 주관적 구성요건

Ⅱ. 위법성

Ⅲ. 책임

Ⅳ. 처벌조건

Ⅴ. 소추조건

6. 정당행위

Ⅰ. 구성요건
  1. 객관적 구성요건
  2. 주관적 구성요건
Ⅱ. 위법성
  — 정당행위(형법 제20조)를 근거로 한 위법성 배제 여부 —
  1. 객관적 요건
    (1) 정당행위 상황
    (2) 정당행위
  2. 주관적 요건
Ⅲ. 책임

Ⅳ. 처벌조건

Ⅴ. 소추조건

7. 정당방위

Ⅰ. 구성요건

1. 객관적 구성요건
2. 주관적 구성요건

Ⅱ. 위법성

— 정당방위(형법 제21조)를 근거로 한 위법성 배제 여부 —

1. 객관적 요건
   (1) 정당방위 상황
      1) 침해
      2) 침해의 현재성
      3) 침해의 부당성
   (2) 정당방위 행위
      1) 방위행위
      2) 상당성
2. 주관적 요건(방위의사)

Ⅲ. 책임

Ⅳ. 처벌조건

Ⅴ. 소추조건

8. 긴급피난

Ⅰ. 구성요건
  1. 객관적 구성요건
  2. 주관적 구성요건
Ⅱ. 위법성
  — 긴급피난(형법 제22조)를 근거로 한 위법성 배제 여부 —
  1. 객관적 요건
    (1) 긴급피난 상황
      1) 위난
      2) 위난의 현재성
    (2) 긴급피난 행위
      1) 피난행위
      2) 상당성
        가. 유일한 수단(보충성)
        나. 보호되는 이익의 본질적 우월성
        다. 수단의 사회윤리적 적합성
  2. 주관적 요건(피난의사)
Ⅲ. 책임

Ⅳ. 처벌조건

Ⅴ. 소추조건

9. 자구행위

I. 구성요건

1. 객관적 구성요건

2. 주관적 구성요건

II. 위법성

— 자구행위(형법 제23조)를 근거로 한 위법성 배제 여부 —

1. 객관적 요건

(1) 자구행위 상황

1) 청구권

2) 청구권에 대한 부당한 침해

3) 긴급성(보충성)

(2) 자구행위

1) 청구권 보전행위

2) 상당성

2. 주관적 요건(자구의사)

III. 책임

IV. 처벌조건

V. 소추조건

10. 피해자의 승낙

I. 구성요건
  1. 객관적 구성요건
  2. 주관적 구성요건
Ⅱ. 위법성
— 피해자의 승낙(형법 제24조)에 따른 위법성 배제 여부 —
  1. 객관적 요건
    (1) 승낙
      1) 승낙의 표시
        가. 행위 전 승낙
        나. 승낙의사의 전달
      2) 승낙의 유효성
        가. 법익의 처분가능성
        나. 승낙능력
        다. 자유의사에 의한 승낙
    (2) 승낙에 따른 행위
  2. 주관적 요건
Ⅲ. 책임

Ⅳ. 처벌조건

Ⅴ. 소추조건

11. 추정적 승낙

I. 구성요건
  1. 객관적 구성요건
  2. 주관적 구성요건
II. 위법성
— 피해자의 승낙(형법 제24조)에 따른 위법성 배제 여부 —
  1. 객관적 요건
    (1) 정당행위 상황
      1) 법익의 처분가능성
      2) 현실적 승낙이 불가능한 상황
      3) 객관적으로 승낙이 추정되는 상황
    (2) 정당행위
  2. 주관적 요건
Ⅲ. 책임

Ⅳ. 처벌조건

Ⅴ. 소추조건

12. 책임능력

I. 구성요건
  1. 객관적 구성요건
  2. 주관적 구성요건
Ⅱ. 위법성
  1. 객관적 요건
  2. 주관적 요건
Ⅲ. 책임
— 심신상실(형법 제10조 제1항)을 근거로 한 면책 여부 —
  1. 생물학적 요소: 심신장애
  2. 심리학적 요소: 사물변별 능력 / 의사결정 능력

Ⅳ. 처벌조건

Ⅴ. 소추조건

13. 원인에 있어서 자유로운 행위

I. 구성요건
  1. 객관적 구성요건
    (1) 심신상실(심신미약)상태 야기
    (2) 심신상실(심신미약)상태에서 범죄행위 실행
  2. 주관적 구성요건(이중고의)
    (1) 심신상실(심신미약)상태를 야기하는 데 대한 고의
    (2) 심신상실(심신미약)상태에서의 범죄행위 실행 대한 고의
Ⅱ. 위법성
  1. 객관적 요건
  2. 주관적 요건
Ⅲ. 책임
  원인설정 행위를 할 때 책임능력을 갖추고 있었다.
Ⅳ. 처벌조건

Ⅴ. 소추조건

14. 금지착오

I. 구성요건
1. 객관적 구성요건
2. 주관적 구성요건

Ⅱ. 위법성
객관적 전제에 대한 착오 확인

Ⅲ. 책임
— 금지착오(형법 제16조) —
1. 금지착오 해당여부
2. 정당한 이유 해당 여부
(1) 규범적 계기(의심의 여지)
(2) 조회의무의 이행(모든 인지수단 동원)

Ⅳ. 처벌조건

Ⅴ. 소추조건

15. 기대가능성

I. 구성요건
1. 객관적 구성요건
2. 주관적 구성요건

Ⅱ. 위법성
1. 객관적 요건
2. 주관적 요건

Ⅲ. 책임
1. 기대가능성 학설 정리
① 행위자 표준설, ② 평균인 표준설, ③ 국가 표준설
2. 학설 선택
3. 선택한 학설에 따른 기대가능성 판단

Ⅳ. 처벌조건

Ⅴ. 소추조건

16. 장애미수

※ 사전검토 ① 기수에 이르지 않았음
② 미수범 처벌 규정 있음

I. 구성요건
1. 주관적 구성요건
(1) 행위주체에 대한 인식·의도
(2) 행위객체에 대한 인식·의도
(3) 행위에 대한 인식·의도
(4) 결과의 발생에 대한 인식·의도
(5) 인과관계에 대한 인식·의도
2. 객관적 구성요건: 실행의 착수

II. 위법성

III. 책임

IV. 처벌조건

V. 소추조건

17. 중지미수 / 착수미수

※ 사전검토 ① 기수에 이르지 않았음
② 미수범 처벌 규정 있음

I. 구성요건
  1. 주관적 구성요건
    (1) 구성요건적 고의
      1) 행위주체에 대한 인식・의도
      2) 행위객체에 대한 인식・의도
      3) 행위에 대한 인식・의도
      4) 결과의 발생에 대한 인식・의도
      5) 인과관계에 대한 인식・의도
    (2) 실행행위 중지의 자의성
  2. 객관적 구성요건
    (1) 실행의 착수
    (2) 실행행위의 중지

II. 위법성

III. 책임

IV. 처벌조건

V. 소추조건

18. 중지미수 / 실행미수

※ 사전검토 ① 기수에 이르지 않았음
② 미수범 처벌 규정 있음

I. 구성요건
1. 주관적 구성요건
(1) 구성요건적 고의
1) 행위주체에 대한 인식・의도
2) 행위객체에 대한 인식・의도
3) 행위에 대한 인식・의도
4) 결과의 발생에 대한 인식・의도
5) 인과관계에 대한 인식・의도
(2) 실행행위 중지의 자의성
2. 객관적 구성요건
(1) 실행의 착수
(2) 방지행위
(3) 인과관계

II. 위법성

III. 책임

IV. 처벌조건

V. 소추조건

19. 불능미수

※ 사전검토 ① 기수에 이르지 않았음
② 미수범 처벌 규정 있음

I. 구성요건

1. 주관적 구성요건
   (1) 행위주체에 대한 인식 · 의도
   (2) 행위객체에 대한 인식 · 의도
   (3) 행위에 대한 인식 · 의도
   (4) 결과의 발생에 대한 인식 · 의도
   (5) 인과관계에 대한 인식 · 의도
2. 객관적 구성요건
   (1) 실행의 착수
   (2) 결과발생의 불가능
   (3) 위험성

II. 위법성

III. 책임

IV. 처벌조건

V. 소추조건

20. 예비

※ 사전검토 ① 실행의 착수에 이르지 않았음
② 예비 처벌 규정 있음

I. 구성요건

1. 주관적 구성요건

(1) 기본범죄에 대한 고의

(2) 기본범죄를 범할 목적

2. 객관적 구성요건: 객관적으로 기본범죄를 실현하기 위한 행위임이 명확하고 범죄실현에 적합한 준비행위

II. 위법성

III. 책임

IV. 처벌조건

V. 소추조건

21. 공동정범

I. 구성요건
  1. 객관적 구성요건(공동의 실행행위)
    (1) 행위주체: 형법 제33조(공범과 신분)에 따라 처리
    (2) 행위객체
    (3) 행위: 기능적 역할 분담에 의한 행위지배
  2. 주관적 구성요건(공동실행의 의사)
    (1) 구성요건적 고의
    (2) 부가적 주관적 구성요건요소

II. 위법성

III. 책임

IV. 처벌조건

V. 소추조건

22. 간접정범

I. 구성요건
 1. 객관적 구성요건
  (1) 피이용자의 행위
   1) 구성요건
   2) 위법성
  (2) 이용자의 행위(이용행위)
 2. 주관적 구성요건

II. 위법성

III. 책임

IV. 처벌조건

V. 소추조건

23. 교사범

I. 구성요건
  1. 객관적 구성요건
    (1) 피교사범죄
      1) 구성요건
      2) 위법성
    (2) 교사행위
      1) 교사
      2) 피교사자의 범죄결의
  2. 주관적 구성요건

II. 위법성

III. 책임

IV. 처벌조건

V. 소추조건

24. 종범

I. 구성요건
  1. 객관적 구성요건
    (1) 피방조범죄
      1) 구성요건
      2) 위법성
    (2) 방조행위
  2. 주관적 구성요건

II. 위법성

III. 책임

IV. 처벌조건

V. 소추조건

제 2 장 사례 해결의 연습

제 1 절 단순한 사례 풀어보기

[사례 1] 비정한 삼촌

甲은 자신의 10살짜리 조카 J를 살해하기로 작정하고 저수지로 데리고 가서 미끄러지기 쉬운 제방 쪽으로 유인하여 함께 걷다가 J가 정말로 물에 빠지자 쉽게 구해줄 수 있는 상황임에도 불구하고 그를 구호하지 않고 익사하게 놔두었다.

[문] 甲의 죄책을 논하시오.

• 사례출처: 대법원 1992. 2. 11. 91도2951

부가설명 이 사례는 피고인도 한 사람뿐이고 문제될 만한 행위도 하나뿐이다. 따라서 행위자 나누기와 행위 나누기는 생략해도 된다. 그러면 적용법조는 무엇이 있을까? 일단 사람이 죽었으니 살인죄(제250조 제1항)를 생각해 볼 수 있을 것이다. 부조를 요하는 자를 그대로 놔뒀으니 유기(제271조 제1항)는 안될까? 유기해서 죽게 만들었으니 유기치사(제275조 제1항)도 될 것 같은데? 하지만 일단 살인죄가 성립된다면 나머지 처벌규정은 굳이 적용할 필요가 없어 보인다. 그러니 일단 살인죄를 검토해보자.

❖ 부진정 부작위에 의한 살인 (형법 제250조 제1항, 제18조)

Ⅰ. 구성요건

1. 객관적 구성요건

(1) 행위상황

1) 작위의무의 존재: 무엇보다도 이 사례에서 먼저 확인되어야 하는 것은 甲에게 J를 구호하여야 할 작위의무가 있었는가 하는 점이다(논점 정리). 부진정 부작위범의 경우에 작위의무는 보증인적 지

위를 가지고 있다는 점을 근거로 인정될 수 있다. 그리고 보증인적 지위는 법령, 계약, 선행행위 또는 긴밀한 생활공동관계가 존재할 때 인정된다(판단기준 정리). 사례에서 甲은 J를 데리고 저수지로 가서 미끄러운 제방 쪽으로 유인하여 함께 걸음으로써 위험을 야기하였다. 자기의 행위로 인하여 위험발생의 원인을 야기한 자는 형법 제18조에 따라 그 위험발생을 방지하여야 할 의무를 가지게 된다(판단작업 수행). 따라서 甲에게는 선행행위를 근거로 J를 구호하여야 할 보증인적 지위가 인정되고 이에 따라 작위의무가 발생된다(결론 정리).

2) 작위의무 이행가능성: 쉽게 구해줄 수 있는 상황이었으므로 작위의무 이행가능성은 당연히 인정된다.

부가설명 이 부분은 비교적 명확하기 때문에 논증과정을 축약해도 무방하다. 그리고 사례에서 "쉽게 구해줄 수 있는 상황"이라고 언급하고 있으면 이를 그대로 사실관계로 인정하여야 한다. 그래도 그렇지 혹시 구조가 어려운 상황은 아니었을까? 하는 의문을 제기하는 것은 사례분석 작업에서는 전혀 필요 없는 발상이다.

(3) 행위(작위의무의 불이행): 부작위범에서의 작위의무 불이행은 완전불이행을 의미한다(판단기준 정리). 甲은 아무 조치도 취하지 않았다(판단작업 수행). 따라서 甲의 행위는 작위의무 불이행에 해당된다(결론 정리).

(4) 결과의 발생: J가 익사하였다. 따라서 제250조 제1항에서 말하는 사망이라는 결과가 발생하였다.

(5) 인과관계(객관적 귀속): 만약 甲이 구호행위를 하였다면 J가 목숨을 구할 수 있었을 상황이었음이 사실이어야만 甲의 행위(작위의무 불이행)와 결과(사망) 사이의 인과관계를 인정할 수 있다(판단기준 정리). 사례를 보면 쉽게 구해줄 수 있는 상황이라고 하고 있다. 이는 甲이 구조를 하였다면 J가 목숨을 구할 수 있었음을 의미한다(판단작업 수행). 따라서 甲의 부작위와 J의 사망 사이에는 인과관계가 인정된다(결론 정리). 또한 객관적 귀속을 배제할 사유도 찾을 수 없다.

(6) 부작위의 동가치성: 작위로 살해한 경우와 같은 정도의 행위반가치가 인정되는 경우에 한하여 부진정 부작위범의 성립이 인정

된다(판단기준 정리). 사례의 경우 甲은 의도적으로 J를 위험한 곳으로 유인하여 중력이라는 자연법칙의 작용에 의해서 J가 물에 빠져 익사하도록 만들었다. 이는 뒤에서 밀어서 중력의 법칙에 따라 물로 떨어져 가라앉아서 익사하도록 만드는 것과 행위반가치 면에서 다를 바가 없다(판단작업 수행). 따라서 甲의 행위는 부작위의 동가치성을 가지고 있다(결론 정리).

부가설명 반복해서 볼 수 있듯 '논점 정리'는 소제목을 통해서 대치할 수 있다. 따라서 소제목을 통해 논점을 제시하고 나서 [판단기준 정리 → 판단작업 수행 → 결론 정리] 과정을 거듭함으로써 전체 결론을 향해 나아갈 수 있을 것이다.

2. 주관적 구성요건: 甲은 행위상황을 명백하게 인식하고 있었으며 결과발생에 대해서도 확고한 의지를 가지고 있었다. 따라서 확정적 형태의 고의가 인정된다.

Ⅱ. 위법성과 책임을 배제할 사유가 없다.

부가설명 사례를 보면 위법성 조각사유도 책임 조각사유도 없음이 명백하다. 이러할 경우에는 아주 간략하게 위법성과 책임을 배제할 사유가 없다는 결론만 적으면 된다.

Ⅲ. 이 부분 甲의 행위는 부진정 부작위에 의한 살인(형법 제250조 제1항)을 근거로 가벌성이 인정된다.

부가설명 네 줄짜리 사례에 대한 답안이 60줄 정도로 늘어났지만 차근차근 사례분석틀에 따라 검증을 해나가다 보면 흡족한 전체 결론에 도달할 수 있음을 알 수 있다. 꾸준히 연습만 한다면 형법 사례 문제는 내 손 안에 쥘 수 있다.

[사례 2] 착오의 연못

甲은 P를 살해하고자 목을 졸랐다. 잠시 후 P의 사지가 축 늘어지자 甲은 P가 죽은 줄 알고 시체를 숨기기 위해서 연못에 던졌다. 그런데 사실은 그 때까지 P는 죽지 않았었고 연못에 빠져서 비로소 죽었다.

[문] 甲의 죄책을 논하시오.

- 사례출처: BGHSt 14, 193 (Jauchegruben-Fall)

부가설명 다시 또 사람이 죽었다. 행위자는 분명 한 사람이니 나눌 필요가 없다. 헌데 행위가 하나인지 두 개인지 헷갈린다. 우리만 혼돈스러운 것이 아니기 때문인지 학설이 나뉘어 있다. 하는 수 없이 행위 나누기 단계에서부터 학설 이야기를 꺼내야 한다.

❖ 들어가는 말

이 사례는 행위를 두 개로 나누는가 아니면 하나로 보는가에 따라 법적 평가가 달라질 수 있으므로 우선 이에 대한 검토가 필요하다(학설에 따라 결론이 달라진다는 멘트).

사례와 같은 인과관계의 착오가 있었던 경우에 대해서는 ① 행위를 두 개로 나누어 처리하여야 한다는 견해와 ② 인과의 진행이 본질적인 부분에서 궤도를 벗어난 경우와 그렇지 않은 경우를 구별해서 전자의 경우에는 두 개의 행위로 후자의 경우에는 하나의 행위로 취급하자는 견해로 나뉘어 있다(학설 소개).

본래 인간의 행위는 연속되어 있는 것임에도 불구하고 우리가 사례분석을 위해서 인위적으로 나누는 것이다. 그리고 그 나누는 기준은 행위의 속성이 본질적으로 구별이 되는가 하는 점이다. 따라서 행위속성의 본질적 변화가 있는가에 따라 행위를 나눌지 말지를 결정하는 ②번 견해가 타당하다(학설 선택).

사례의 경우에는 사람을 살해하고 그 시체를 유기한다는 일련의 행위가 진행되는 과정에서 본질적인 궤도의 변화가 없었다(판단작업 수행). 그러므로 하나의 행위로 보고 평가하는 것이 합당하다(결론 정리).

❖ 살인 (형법 제250조 제1항)

Ⅰ. 구성요건

1. 객관적 구성요건

(1) 결과의 발생: 어찌 되었건 P가 사망하였으므로 제250조 제1항이 예정하고 있는 결과는 발생하였다.

부가설명 사례에서 P가 사망하였다고 하고 있으므로 이에 대해서는 논의할 필요가 없다.

(2) 인과관계(객관적 귀속): 甲이 P를 연못에 빠뜨린 행위와 P가 사망한 결과 사이의 인과의 진행은 합법칙성의 범주를 벗어나지 않는다. 따라서 인과의 연결을 인정할 수 있다. 또한 객관적 귀속을 배제할 사유도 없다.

부가설명 사실적인 측면에서 인과의 연결이 인정되는가 하는 점은 행위와 결과 사이의 인과의 진행이 합법칙성의 범주를 벗어났는가 하는 기준에 따라 평가하도록 되어 있다. 이러한 평가기준에 대한 언급을 생략하였다.

한편 사실적 측면에서 인과의 연결이 인정되더라도 객관적 귀속을 시키지 말아야 하는 경우도 있는데, 그러한 사유가 전혀 해당될 여지가 없을 때에는 간단하게 위와 같이 결론만 적어도 무방하다.

2. 주관적 구성요건: 甲이 본래 의도하였던 인과의 진행과 실제로 진행된 인과의 과정이 서로 달랐기 때문에 그러함에도 고의를 인정할 것인가 하는 점에서 문제의 소지가 있다(논점 정리).

이 사건처럼 본래 의도했던 제1의 조치가 아니라 제2의 조치에 의해서 결과가 발생된 경우에 대해서는 앞에서 언급한 것 같이 일률적으로 두 개의 행위로 나누어 처리하는 견해와 인과의 진행이 본질적 부분에서 궤도를 벗어났는가에 따라 처리하는 입장의 대립이 있다. 그 가운데 두 번째 견해가 타당함은 이미 말하였다(판단기준 정리).

제2설에 따르면 이 경우에 대해서는 이른바 '개괄적 고의'가 인정된다(판단작업 수행). 고의에 의한 살인이라고 할 수 있는 것이다(결론 정리).

Ⅱ. 위법성과 책임을 배제할 사유가 없다.

Ⅲ. 이 부분 甲의 행위는 살인(형법 제250조 제1항)을 근거로 가벌성이 인정된다.

[사례 3] 퓨즈코크

다가구 주택의 하나를 임대하여 거주하던 甲은 이사를 가면서 외부에 설치되어 각 세대에 대한 가스공급을 개별적으로 차단할 수 있는 주밸브를 잠근 다음, 자신의 비용으로 설치하였던 퓨즈코크를 떼어갔다. 뒤를 이어 주택을 임차한 M은 외부로부터 공급되는 가스는 사용하지 않고 야외용 취사기구만 사용하던 중 누군가 외부에 설치된 주밸브를 열어서 가스가 내부로 누출되어 체류하고 있는 상태에서 취사를 하려다 폭발이 일어나 함께 있던 P가 사망하였다.

[문] 甲의 죄책을 논하시오.

• 사례출처: 대법원 2001. 6. 1. 99도5086

[부가설명] 이 사례 또한 등장인물도 한 사람이고 문제되는 행위도 한 가지이어서 행위자와 행위 나누기를 할 필요는 없겠다. 다음과 같이 문제의 행위와 처벌규정을 한꺼번에 적시하면 될 것이다.

❖ 퓨즈코크를 제거한 행위의 과실치사(형법 제267조) 해당 여부

Ⅰ. 구성요건

1. 객관적 구성요건

(1) 결과의 발생: P가 사망하였으므로 제267조에서 예정하고 있는 결과의 발생이 인정된다.

(2) 인과관계

1) 사실적 측면: 행위와 결과 사이의 인과의 진행이 합법칙성의 범주를 벗어나지 않으면 사실적 측면의 인과의 연결이 인정된다(판단기준 정리). 사례의 경우에 甲이 주밸브를 잠근 후 퓨즈코크를 제거하였고 제3자가 다시 주밸브를 열었기 때문에 가스가 유입되었으며 그 상태에서 M이 취사를 시작하여 폭발이 일어난 결과 P가 사망하였다. 누구에게 책임이 있는가의 여부를 떠나 이와 같은 일은 충분히 발생할 수 있는 일이다. 그러므로 인과의 진행이 합법칙성의 범주를 벗어나지 않았다고 할 수 있다(판단작업 수행). 따라서 甲의 행위와 P의 사망 사이에는 사실적 측면의 인과의 연결이 인정된다(결론 정리).

2) 규범적 측면: 문제는 객관적 귀속도 인정하여야 하는가 하는 점이다.

가. 이와 관련하여 누군가 밖에서 외부밸브를 열어 가스가 유입될 수 있는 상황을 조성하였으므로, 우선 이처럼 **유책한 제3자의 행위**가 개입되었을 경우에 객관적 귀속을 인정할 것인가 문제이다(논점 정리).

규범의 보호영역과 관련하여 자기책임성 원리에 따라 누구든지 본인이 야기한 결과에 대해서만 책임을 지는 것이 원칙이다. 그런데 위험을 야기한 것은 사실이지만 그 위험의 범주 내에서 최종 결과를 발생시킨 원인을 제공한 유책한 제3자가 있을 경우에는 이를 어떻게 처리할 것인가에 대해서는 견해가 일치하지 않고 있다.

생각해 보건데 피해자의 유책한 자기 위태화(간접적 위험야기)의 경우와는 달리 유책한 제3자의 행위가 개입(직접적 위험야기)한 경우에는 최초 원인 설정자와 제3자 누구도 서로 전적으로 다른 사람에게 결과회피의무를 전가할 수 없다고 보는 것이 타당하다. 객관적 귀속을 인정하는 견해가 합리적이라고 생각한다(판단기준 정리).

사례에서 甲의 경우는 퓨즈코크를 제거하고 나서 더 이상 아무런 안전조치도 취하지 않아 언제든 주밸브만 열리면 가스가 실내로 유입되어 폭발사고가 날 수 있도록 가능성을 열었던 것이므로 직접적 위험야기의 경우에 해당된다(판단작업 수행).

따라서 甲의 행위와 P의 사망 사이의 인과의 진행에 대해서는 객관적 귀속을 배제할 사유가 인정되지 않는다(결론 정리).

나. 또 한 가지 문제의 소지가 있는 점은 **적법한 대체행위**를 통해서도 결과회피 가능성이 없는 경우에 해당하는가 하는 것이다(논점 정리).

주의의무를 제대로 이행했어도 어차피 같은 결과가 발생했을 것으로 인정되는 경우에도 객관적 귀속을 시키는 것은 부당한 일이다. 어차피 발생될 결과이었다면 행위자의 주의의무 위반 행위가 해당 법익에 대한 위험을 실현시킨 것이라고 볼 수 없기 때문이다. 위험위반관련성이 없는 것이다(판단기준 정리).

사례의 경우 적법한 대체행위는 가스공급회사에 연락하여 퓨즈코크를 철거하는 것과 관련하여 적절한 안전조치를 요청하는 것이었다. 가스시설은 매우 위험하기 때문에 이용자가 직접 조치를 취하면 곤란하고 반드시 전문가에게 작업을 의뢰하여야 하기 때문이다. 甲이 가스공급회사에 연락하여 이사에 따른 적절한 조치를 의뢰하였다면 폭발사고로 인한 사망이라는 결과의 회피가 가능하였을 것인가에 대해서는 두 가지 방향으로 생각해 볼 여지가 있다.

첫째, 적법한 대체행위를 했다면 가스공급회사의 직원이 적절한 시기에 출장을 나와서 안전하게 퓨즈코크를 철거하고 가스관을 봉인하여 새로운 세입자가 위험에 노출되지 않았을 것이라고 생각할 수 있다. 적법한 대체행위를 통해 결과회피가 가능하다는 결론에 도달한다.

둘째, 적법한 대체행위를 했더라도 조치의뢰를 받은 가스공급회사 직원이 예를 들어 '고객 자신이 설치한 퓨즈코크는 이사 할 때 그냥 떼어서 가져가면 된다'고 답변하고 마는 등 적절한 조치를 취하지 않아 새로운 세입자가 위험에 노출될 가능성이 사라지지 않을 수 있다. 이 경우 적법한 대체행위를 통해서도 결과회피가 불가능하다는 결론에 도달한다.

이렇게 서로 상반되는 두 가지 결론이 모두 가능한 상황에서 어느 쪽 결론을 취할 것인가 하는 곤란한 문제가 생긴다. 이 문제는 상상의 범위를 제한함으로써 해결되어야 한다. 행위자 이외의 다른 사람이 불법을 행할 가능성은 상상의 범위에서 제외시켜야 한다는 말이다. 행위자가 적절한 안전조치를 의뢰하였다면 의뢰를 받은 사람이 정상이라면 자신이 담당하는 직무를 제대로 수행할 것이다. 그렇지 않을 경우까지 상상하게 되면 적법한 대체행위를 통해서 결과회피가 가능한 경우는 존재할 수 없게 되므로 곤란하다. 이 사례의 경우에는 적법한 대체행위를 통해서 결과회피가 가능하였다는 결론이 타당하다

(판단작업 수행).

따라서 甲의 행위와 P의 사망 사이의 인과의 진행에 대해서는 객관적 귀속을 배제할 사유가 인정되지 않는다(결론 정리).

(3) 객관적 예견가능성: 행위 당시의 상황에서 행위자가 인식하였거나 인식할 수 있었던 상황을 기초로 객관적 측면에서 문제의 구체적 결과 발생이 예견 가능하였다면 인정된다(판단기준 정리).

사례에서 甲은 행위 당시에 주밸브를 잠근 후 가스관의 끝을 절단하고 더 이상의 조치는 취하지 않는다는 점에 대해서 모두 인식하고 있었다. 외부에 설치된 주밸브는 일반인의 접근이 차단되어 있지 않기 때문에 누구든지 이를 개폐할 수 있다. 외부의 주밸브가 함부로 조작될 가능성은 일반인의 수준에서 충분히 예견가능하다. 또한 우리 사회의 안전의식 수준을 감안하면 새로 이사를 해서 입주하는 세입자가 가스관과 관련하여 안전 여부를 확인하는 등 조치를 취하지 않은 채 위험한 상황에서 생활하게 될 가능성도 충분히 예견 가능하다(판단작업 수행).

따라서 사례의 결과는 객관적으로 예견이 가능하다고 보는 것이 타당하다(결론 정리).

2. 주관적 구성요건 : 甲은 이와 같은 결과의 발생 가능성을 예견하고, 이를 회피하기 위해서 가스공급회사에 연락하여 적절한 안전조치를 의뢰하는 내용의 의무를 이행하여야 함에도 그러하지 아니하였으므로 과실이 인정된다.

Ⅱ. 이 부분 甲의 행위는 과실치사죄(형법 제267조)를 근거로 가벌성이 인정된다.

[사례 4] 심야의 행패

야근을 마치고 차로 귀가를 하던 甲은 자신의 차량 앞으로 갑자기 뛰어드는 취객 乙로 인해서 급정차하였다. 이어서 乙이 함부로 차에 타려고 하기에 甲이 내려서 그러지 말라고 하자 乙은 甲의 바지춤을 잡고 끌어당기면서 행패를 부리다 스스로 넘어졌다. 甲은 넘어진 乙의 등에 올라타 오른팔을 꺾어서 잡고 전화로 112에 신고를 한 후 경찰관이 도착할 때까지 乙이 움직이지 못하게 하였다.

[문] 甲의 죄책을 논하시오.

• 사례출처: 대법원 1999. 6. 11. 99도943

부가설명 甲의 행위로서 문제가 되는 것은 乙이 움직이지 못하도록 팔을 꺾어서 누른 행위 한 가지이다. 이 행위에 적용할 수 있을만한 처벌규정은 폭행(제260조), 체포(제276조 제1항), 강요(제324조) 등이다. 그냥 그 순서대로 검토해도 문제가 없을 것으로 보인다.

❖ 乙이 움직이지 못하도록 한 행위의 폭행죄(형법 제260조) 해당 여부

Ⅰ. 구성요건

오른팔을 힘을 사용하여 꺾어서 움직이지 못하도록 한 것은 신체에 대한 유형력의 행사로서 제260조의 폭행에 해당된다. 甲은 그와 같은 행위를 명백한 고의를 가지고 하였다.

부가설명 이 부분은 워낙 명백하고 논란의 여지도 전혀 없으므로 이처럼 아주 간략하게 객관적 구성요건과 주관적 구성요건 요소가 충족된다는 점을 서술하면 된다.

Ⅱ. 위법성

— 정당방위(형법 제21조)를 근거로 한 위법성 배제 여부 —

부가설명 논점 정리를 이와 같이 간소한 형태로 하는 것이 바람직 할 것으로 보인다. 물론 '이 부분 甲의 행위는 구성요건에는 해당되지만 정당방위(형법 제21조)를 근거로 위법성이 배제될 가능성이 있으므로 이에 대하여 검토하기로 한다.'는 식의 문장으로 논점을 제시하여도 무방하다. 하지만 아무래도 시간이 조금 더 소요될 것으로 생각된다.

1. 객관적 요건

(1) 정당방위 상황: 乙이 바지춤을 잡고 끌어당기는 등 甲의 신체에 대한 직접적 유형력 행사를 하고 있었으므로 '신체적 안온상태'라는 법익에 대한 침해가 있었다. 그와 같은 침해는 계속 진행 중이었으므로 침해가 급박한 시점부터 완전히 종료된 시점 사이에 놓여 있어서 현재성이 인정된다. 또한 乙의 행위는 나름대로의 정당성을 찾아볼 수 없으므로 침해의 부당성도 인정되는 상황이었다. 따라서 침해, 침해의 현재성 그리고 침해의 부당성 등 요건이 모두 충족되어 정당방위 상황이 인정된다.

부가설명 정당방위 상황이 인정되는가에 대해서 크게 논란의 여지가 없기 때문에 간략하게 서술하였다. 정당방위 상황의 판단기준과 관련해서 문제가 되는 부분도 없으므로 모두 생략하고 '판단작업 수행'과 '결론 정리'만 반복함으로써 정당방위 상황이 충족된다는 중간결론에 도달하였다.

(2) 정당방위 행위

1) 방위행위: 자신의 신체에 대해서 더 이상 공격행위를 하지 못하도록 움직이지 못하게 만드는 행위는 공격적 방어로서 방위행위로서의 속성을 가지고 있다.

2) 상당성: 형법 제21조 제1항에서 말하는 '상당한 이유'는 방어행위가 사회통념상 허용될 만한 정도에 그치고 있을 때 인정된다(판단기준). 차량을 운행할 수 없도록 방해하고 바지춤을 잡아당기는 등의 행패를 부리는 데 대해서 더 이상 자신을 공격하지 못하도록 제압한 상태에서 경찰관을 불러 인계하는 행위는 일반인의 견지에서 볼 때 도저히 비난할 수 없는 행동이다. 오히려 행패를 부린 乙의 행위가 문제가 있을 뿐이다(판단). 따라서 甲의 행위는 상당성까지 갖추고 있다고 보아야 하겠다(결론).

2. 주관적 요건: 甲은 행위상황을 정확하게 인식하고 있었으며 오로지 乙이 자신을 공격하지 못하도록 방어한다는 의도만 가지고 있었다. 따라서 방위의사를 인정하는 데에도 문제가 없다.

부가설명 일단 하나의 위법성 조각사유가 성립하는 것으로 확인되면 다른 위법성 조각사유의 성립 여부에 대해서는 검토할 필요가 없다.

Ⅲ. 이 부분 甲의 행위는 폭행죄(형법 제260조)의 구성요건에 해당되지만 정당방위(형법 제21조)에 해당되어 위법성이 배제되므로 가벌성을 인정할 수 없다.

❖ 체포(형법 제276조 제1항)

甲의 행위는 乙이 움직이지 못하도록 하여 신체활동의 자유를 박탈함으로써 제276조 제1항의 객관적 구성요건에 해당되고 확정적 형태의 고의도 있었음이 인정된다. 하지만 앞에서 확인한 것처럼 정당방위(제21조)에 해당되어 위법성이 배제되므로 가벌성을 인정할 수 없다.

❖ 강요(형법 제324조)

甲의 행위는 폭행을 사용하여 乙이 자신의 의사에 반하여 꼼짝하지 못하도록 만든 것으로서 제324조의 객관적 구성요건에 해당되고 확정적 형태의 고의도 있었음이 인정된다. 하지만 앞에서 확인한 것처럼 정당방위(제21조)에 해당되어 위법성이 배제되므로 가벌성을 인정할 수 없다.

❖ 결론

甲의 행위는 폭행(제260조), 체포(제276조 제1항) 그리고 강요(제324조) 등의 구성요건에는 해당되지만 정당방위(제21조)를 근거로 위법성이 배제되기 때문에 가벌성이 없다.

[사례 5] 내인성 정신질환

독신으로 생활하던 甲은 누군가 자신을 암살하려 한다는 환상을 갖게 되었다. 甲은 상상 속의 암살자로부터 자신을 방어하기 위해서 고춧가루와 칼을 구입하였다. 고춧가루를 암살자에게 뿌리고 칼로 찔러 죽이겠다는 생각이었다. 어느 날 지하철역에서 오래 동안 보지 못했던 친구 乙과 마주쳤다. 乙은 왼 손을 주머니에 집어넣은 상태에서 甲에게 악수를 청하였다. 甲은 그 행동이 자신을 공격하려는 것으로 착각하였다. 갑자기 甲은 乙의 눈에 고춧가루를 뿌리고 그가 자신의 공격에 의해서 죽을 수도 있다는 가능성을 인식하고 그러한 결과를 내심상 용인하면서 칼로 배를 찔렀다. 甲은 지하철 경찰관에 의해서 붙잡혔고 乙은 입원하였다.

[문] 甲의 죄책을 논하시오.

• 사례출처: BGH, Beschl. v. 24. 7. 1997 – 1 StR 351/97 (LG München I), StV 1/98, S. 15

❖ 살인미수 (형법 제250조 제1항, 제254조)

※ 사전검토 ① 乙이 사망하지 않았기 때문에 제250조 제1항에서 예정하고 있는 결과는 발생하지 않았다. ② 그리고 제254조에 미수범 처벌규정이 있으므로 미수의 성립 여부를 검토하여야 하겠다.

[부가설명] 칼로 배를 찔렀으므로 입원을 해서 치료를 받게 되더라도 사망하게 될 가능성이 있지 않는가 하는 점에 대해서는 언급을 할 필요가 없다. 시간적인 측면에서 사실관계에 대한 언급이 끝난 뒷부분에 대해서는 검토를 할 이유가 전혀 없다. 사실관계에 대해서는 변경・추측・상상 등 모든 창의적 발상이 다 금지된다.

Ⅰ. 구성요건

1. 주관적 구성요건: 사망이라는 결과 발생의 가능성을 인식하고 있었으며 이를 용인하고 있었으므로 살인에 대한 미필적 형태의 고의가 인정된다.

2. 객관적 구성요건(실행의 착수): 구성요건에 해당되는 행위를 이미 수행하였으므로 어느 학설에 의하더라도 실행의 착수를 인정하는데 문제가 없다.

Ⅱ. 위법성: 실제로 乙이 공격을 하려던 것이 아니므로 정당방위(제

21조) 또는 긴급피난(제22조)을 할 수 있는 상황이 인정되지 않는다.

Ⅲ. 책임

— 위법성 조각사유의 객관적 전제에 대한 착오(오상방위) —

1. 甲은 乙이 자신을 살해하려는 사람이 아님에도 불구하고 그렇다고 오해하고 있었다. 위법성 조각사유가 성립하기 위한 객관적 전제에 대해서 착오를 일으킨 것이다.

위법성 조각사유의 객관적 전제에 대한 착오가 있었던 경우에는 그 착오가 사실이었다고 가정할 때 나머지 위법성 조각사유의 요건을 충족시킴을 전제로 각 학설에 따른 처리가 이루어지므로 먼저 그에 대하여 확인해보아야 하겠다.

2. 甲의 상상이 사실이라면 그는 생명이라는 법익에 대한 현재의 부당한 침해를 받고 있었다. 따라서 정당방위 상황이 인정된다.

자신을 살해하려는 사람을 칼로 찌르는 행위는 공격적 방어로서 방위행위로서의 속성이 인정된다. 또한 생명이라는 법익을 지키기 위해서 공격적 방어를 시도한 것이고 실제로는 상대방을 살해하는 결과도 발생하지 않았기 때문에 사회통념상 허용될 만한 정도의 수준에서 그치고 있어 상당성도 인정된다.

甲에게는 명백한 방위의사도 있었으므로 정당방위(제21조)가 인정될 상황이었다. 따라서 위법성 조각사유의 객관적 전제에 대한 착오로서 학설에 따른 처리를 하여야 하겠다.

3. 위법성 조각사유의 객관적 전제에 대한 착오를 어떻게 처리하여야 할 것인가에 대해서는 ① 금지착오로 처리하여야 한다는 엄격책임설, ② 범죄구성2원론의 입장으로서 구성요건적 착오 규정(제15조)을 직접 적용하여야 한다는 소극적 구성요건 요소 이론, ③ 제한책임설의 일종으로서 구성요건적 착오 규정(제15조)을 유추적용하여야 한다는 유추적용설 그리고 ④ 역시 제한책임설의 일종으로 법효과 측면에서만 구성요건적 착오의 경우처럼 취급하여 고의책임만을 부인하자는 법효과 제한설 등의 학설이 대립되고 있다. 이 가운데 범죄론 체계

측면에서 별 무리가 없는 법효과제한설이 가장 타당하다고 생각한다.

이에 따라 甲에게는 고의책임을 물을 수 없게 된다.

Ⅳ. 결론: 甲의 행위는 살인미수(제250조 제1항, 제254조)의 구성요건에 해당되고 위법성도 갖추고 있으나 위법성 조각사유의 객관적 전제에 대한 착오에 해당되기 때문에 고의책임을 물을 수 없다. 따라서 고의에 의한 살인미수를 근거로 가벌성을 인정할 수 없다.

❖ 과실치상 (형법 제266조)

Ⅰ. 구성요건

1. 객관적 구성요건: 칼에 찔려 상처를 입었으므로 상해의 결과가 발생하였으며 이는 甲의 행위가 직접적인 원인이 되어 발생한 것이다. 객관적 귀속을 배제할 사유도 없다. 또한 주의를 잘 기울이지 않으면 엄한 사람을 칼로 찔러 다치게 할 가능성이 있다는 것은 누구나 예견가능하다.

2. 주관적 구성요건: 누군가 자신을 암살하려 한다는 황당한 상상을 하여 방어행위를 준비하게 되면 괜한 사람을 해치게 될 가능성이 있으므로 이를 예견하고 회피하기 위한 조치를 취하여야 함에도 이와 관련하여 아무런 조치를 취하지 않았다. 따라서 과실이 인정된다.

Ⅱ. 위법성은 앞에서 확인한 것처럼 배제할 수 없다.

Ⅲ. 책임: 甲은 현실과 상상을 구별하지 못하는 이른바 내인성 정신질환을 앓고 있었다. 이는 형법 제10조 제1항에서 말하는 심신장애에 해당된다. 이로 인하여 그는 상황을 제대로 인식할 수 없는 상태가 되었다. 사물을 변별할 능력이 저하되어 있었던 것이다. 그리고 그 저하의 수준은 사건과 관련해서 볼 때 완전히 상실된 것으로 판단된다. 악수를 청하는 모습을 자신에 대한 공격으로 인식할 정도이었기 때문이다. 따라서 甲은 행위당시에 심신상실로서 책임무능력 상태이었다고 보아야 한다.

Ⅳ. 이 부분 甲의 행위는 과실치상(제266조)의 구성요건에 해당되고

위법성도 갖추고 있으나 책임이 조각되어 제10조 제1항에 따라 형벌이 면제되어야 한다.

[사례 6] 일제 드라이버

甲은 乙, 丙, 丁이 훔쳐온 물건을 계속 처리해 주다가 丁이 체포되자 乙과 丙에게 일제 드라이버를 1개 사 주면서 丁이 체포되어 돈이 필요할 테니 열심히 일을 하라고 하였다. 드라이버를 받은 乙과 丙은 다시 물건을 훔쳐 甲에게 가져다주었다.

[문] 甲의 죄책을 논하시오.

- 사례출처: 대법원 1991. 5. 14. 91도542

❖ 특수절도 교사 (형법 제331조 제2항, 제31조)

Ⅰ. 구성요건

1. 객관적 구성요건

(1) 피교사범죄: 乙과 丙이 함께 물건을 훔쳤으므로 시간적·공간적 합동성이 인정된다. 따라서 제331조 제2항의 특수절도 구성요건에 해당된다. 또한 위법성을 배제할 사유도 찾을 수 없다.

[부가설명] 사례에서 乙과 丙이 함께 절도행위를 했는지 아니면 각자 물건을 훔쳐서 甲에게 가져다주었는지에 대해서 명시적으로 언급하지 않고 있다. 사실관계는 일반적인 모습으로 전개됨을 전제로 하여야 한다. 사건이 예외적으로 전개될 경우에는 그에 대한 언급을 하도록 되어 있다. 따라서 이 사례의 경우에는 일반적인 절도범들이 그러듯이 함께 작업을 한 것으로 보고 사례를 분석하는 것이 타당하다.

(2) 교사행위: 교사행위가 성립하기 위해서는 교사자의 교사에 의해서 피교사자가 비로소 범죄의 결의를 하였어야 한다.

사례에서 乙과 丙은 직업적인 절도범으로서 평소에 기꺼이 타인의 재물을 절취할 생각을 가지고 있던 사람들이다. 하지만 동료가 체포되면 혹시 자신들에게 수사망이 좁혀 올 것이 우려가 되어 잠시 범행을 자제하게 마련이다. 동료가 자신들의 수법과 범행지역 등을 수사기관에 말해줄 수 있는 일이기 때문이다. 그러한 상태에서 甲은 이들이 절도행위를 재개할 수 있도록 일제 드라이버를 선물하면서 용기를 불어넣어 주었다. 이에 따라 乙과 丙은 새롭게 결심을 하게 된 것으로 볼 수 있다.

따라서 甲의 교사에 의해서 乙과 丙이 비로소 범행의 결의를 하게 된 것으로 평가된다.

[부가설명] 여기서도 일반적인 사건의 전개를 바탕으로 판단작업을 하였다.

2. 주관적 구성요건: 甲은 乙과 丙을 교사하여 범죄행위를 결의하게 만들고 수행하게 하겠다는 고의를 명백한 형태로 가지고 있었다.

Ⅱ. 위법성과 책임을 배제할 사유도 없다. 따라서 이 부분 甲의 행위는 특수절도 교사(형법 제331조 제2항, 제31조)를 근거로 가벌성이 인정된다.

[사례 7] 고속도로 주유소

고속도로를 달리던 甲은 기름이 얼마 남지 않은 상태에서 휴게소로 들어가 주유소로 갔다. 마침 주유기 가운데 제일 앞에 위치한 주유기 옆에 정차하였다. 곧 직원이 와서 얼마나 주유할 것인가 물어보고 가득 넣어달라고 답하였다. 주유가 시작되고 잠시 후에 툭 하는 소리와 함께 가득 주유가 되어 주유가 멈추었으나 혼자 일하고 있던 직원이 너무 바빠서 나머지 주유기들 사이를 정신없이 돌아다니고 있는 것이 보였다. 甲은 갑자기 이 기회를 이용해서 계산을 하지 않고 달아나자는 생각을 하게 되었다. 甲은 차에서 내려 주유기 노즐을 걸어놓고는 재빠르게 차에 올라타서 시동을 걸고 그대로 주유소를 빠져나와 도주하였다.

[문] 甲의 죄책을 논하시오.

- 사례출처: BGH NJW 1983, 2827; OLG Düsseldorf NStZ 1982, 249; OLG Hamm NStZ 1983, 266

○ 행위 1: 차에 주유한 부분

❖ 사기 (형법 제347조 제1항)

I. 구성요건

1. 객관적 구성요건: 甲의 행위는 우선 사기죄의 첫 번째 성립요소인 기망에 해당되는가 하는 점이 문제된다. 만약 甲이 처음부터 돈을 내지 않고 주유를 할 작정이었는데도 불구하고 정상적으로 돈을 내고 주유를 하러 들어온 것처럼 행동하였다면 기망이 성립된다. 그러나 甲은 겉으로 보기에도 그렇고 속으로도 적어도 처음에는 정상적으로 주유하고 돈 내고 갈 작정이었다. 따라서 기망이 성립되지 않는다.

[부가설명] 일반적으로 주유소에 차를 몰고 들어가는 사람은 주유를 하고 그 대금을 결제할 생각을 하고 있음이 당연하다. 그렇지 않은 경우가 예외적인 것이므로 만약 사례에서 甲이 처음부터 계산을 할 생각이 없었다면 이에 대하여 언급이 있어야 한다. 그렇지 않으면 보통의 경우처럼 그도 대금지급을 할 생각이었다고 보아야 한다. 게다가 뒷부분에 甲이 갑자기 그냥 달아나려는 생각을 하게 되었다는 설명도 있으므로 처음부터 돈을 내지 않겠다는 생각이 없었음은 분명하다.

2. 甲의 행위는 사기죄의 객관적 구성요건조차 충족시키지 않는다.

II. 이 부분 甲의 행위는 사기죄(제347조)의 구성요건을 충족하지 못하여 가벌성이 인정되지 않는다.

❖ 절도 (형법 제329조)

I. 구성요건

1. 객관적 구성요건

(1) 행위객체(타인의 재물): 甲이 차에 넣은 휘발유가 타인의 재물이라는 점은 확실하다.

(2) 행위(절취): 문제는 점유자의 의사에 반하여 휘발유의 점유를 배제하고 새로운 점유를 취득하였는가 하는 점이다. 주유소 직원 스스로가 甲의 주문에 따라 휘발유를 넣었기 때문에 휘발유를 넣어 받은 행위는 점유자의 의사에 반하는 행위가 아니다. 甲의 행위는 절취로 볼 수 없다.

2. 이 부분 甲의 행위는 타인의 재물을 절취한 것에 해당되지 않으므로 객관적 구성요건이 충족되지 않는다.

II. 甲의 행위에 대해서는 제329조(절도)를 근거로 가벌성이 인정될 수 없다.

❖ 소결

이 부분 甲의 행위는 가벌성이 없다.

○ 행위 2: 차타고 달아난 부분

❖ 횡령 (형법 제355조 제1항)

I. 구성요건

1. 객관적 구성요건: 횡령죄가 성립하기 위해서는 우선 甲이 차에 싣고 도주한 휘발유가 타인의 재물이어야 한다. 휘발유 탱크에 주유

된 휘발유가 타인의 재물인가에 대해서는 민법을 기준으로 판단하여야 하겠다. 동산에 대한 소유권의 양도는 그 동산을 (물권적 합의와 함께) 인도하면 효력이 발생된다(민법 제188조 제1항). 그런데 주유소 직원이 주유를 해 준 것은 동산을 인도한다는 의사표시로 해석된다. 일반적으로 가격표시를 해서 진열하는 것은 청약으로 해석된다. 소비자가 이러한 물건을 선택하면 승낙을 하는 것이므로 계약이 성립되고 소비자가 물건을 수중에 넣게 되면서 소유권은 이전된다. 남은 것은 소비자가 대금을 지급해야 하는 의무뿐이다. 매도인이 이와 다른 생각을 가지고 있다면 가격 표시 외에 이에 대하여 명시적인 표현을 해두어야 한다.

따라서 甲이 차를 출발시킬 때에는 이미 그 휘발유에 대한 소유권을 그가 취득했다고 보아야 한다. 甲이 가지고 간 것은 타인의 재물이 아니다.

2. 휘발유가 타인의 재물이 아닌 상태이었기 때문에 횡령죄의 객관적 구성요건이 충족되지 않는다.

Ⅱ. 이 부분 甲의 행위는 횡령(제355조 제1항)을 근거로 가벌성이 인정되지 않는다.

○ **결론**

甲의 행위는 가벌성이 없다.

[사례 8] 안락사

75살의 이 아무개 할머니는 뇌기능이 상당히 손상된 상태로 요양소에서 생활하고 있었다. 이 할머니의 건강상태는 심장마비를 일으키면서 더욱 급속도로 악화되었다. 심장마비로 쓰러진 이 할머니는 심장마사지로 겨우 소생되었고 중환자실로 옮겨져 인공호흡기를 이용하여 생명을 유지할 수 있었다. 이 과정에서 이 할머니의 뇌는 더욱 심각한 손상을 입었다. 이 할머니는 더 이상 이야기도 못하고 걷지도 서지도 못하게 되었다. 외부자극에 대해서는 단지 얼굴 근육을 움직여 반응을 보일 뿐이었다. 음식도 먹을 수 없는 상태이어서 호스를 통해 위로 영양분을 공급하여 연명하였다. 종합적으로 이 할머니의 생명유지기능은 점점 약해져 가는 상황이었다. 사망에 이르기까지는 약 3 ~ 4주 정도가 남은 것으로 판단되었다.

담당의사 甲은 이 상황에서 영양분 공급을 중단하고 보리차만을 공급하였다. 이에 따라 이 할머니는 담당의사가 원하는 대로 고통을 느끼지 않는 상태로 10일 후에 사망하였다. 이러한 조치를 취하는데 대해서 담당의사는 이 할머니의 아들로부터 동의를 받았다. 이 할머니의 아들은 자신의 어머니로부터 전에 들은 얘기가 있기 때문에 담당의사의 조치에 동의하였던 것이다. 약 8년 전에 이 아들과 할머니가 같이 텔레비전을 보고 있었는데 그때 전신이 마비되고 부상을 당한 상태에서 인공적으로 생명이 유지되고 있는 환자의 모습이 방영되었다. 이를 본 이 할머니는 아들에게 자신은 그런 식으로 고생하다가 죽고 싶지 않다고 말하였다. 자신의 어머니가 그러한 의사표시를 했었다는 사실을 이 아들은 역시 담당의사에게 전했고 의사의 조치에 찬성하였다.

[문] 담당의사 甲의 죄책을 논하시오.

• 사례출처: BGHSt 40, 257

부가설명 사례의 내용이 꽤 길기는 하지만 대부분의 내용이 사망한 피해자의 진정한 의사를 파악하기 위한 자료에 불과하기 때문에 복잡한 사건은 아니다. 형사책임이 문제되고 있는 등장인물도 한 사람 뿐이다.

○ **들어가는 말**

이 사건은 우선 영양분 공급을 중단하도록 조치한 행위가 적극적인 행동으로서 작위라고 볼 수 있는지 문제가 된다.

작위는 금지규범을 위반하여 하지 말아야 할 행위를 한 경우이고, 부작위는 명령규범을 어겨서 하여야 할 행위를 하지 않은 경우를 말한다. 인과관계의 진행과 관련해서 생각해 보면 작위는 인과의 진행에 개입을 하여 영향을 미친 경우이고 반대로 부작위는 자연적인 또는 누군가에 의해서 유발된 인과의 진행을 그대로 놔둔 경우이다.

사례의 경우를 보면 노화현상에 따라 생명의 위험이 발생한 상태에서 의료적 조치가 취해져서 인공적으로 생명이 유지되고 있었다. 이 상태에서 의료적 조치를 중단하게 되면 자연상태에서 진행 중이던 죽음으로의 길로 복귀하게 된다. 의료적 조치가 인과의 진행에 개입하는 것이고 그러한 조치의 중단이 인과의 진행을 방치하는 것이다.

따라서 영양분은 더 이상 공급하지 말고 보리차만 공급하라는 담당의사의 지시행위는 의료적 조치를 중단시키는 것으로서 인과의 진행을 흐르는 대로 놔두게 하는 것이기 때문에 부작위에 해당된다.

○ **의료조치 중단 행위의 가벌성 여부**

❖ **부진정 부작위에 의한 살인 (형법 제250조 제1항, 제18조)**

I. 구성요건

1. 객관적 구성요건

(1) 행위상황

1) 작위의무의 존재: 보증인적 지위를 인정하여 법적 작위의무를 부과할 수 있는 근거는 법령, 계약, 선행행위, 긴밀한 공동생활 관계 등 네 가지로 요약된다. 甲은 담당의사로서 의료적 조치를 취해야 할 계약상의 의무를 부담하고 있었다. 따라서 甲은 계약을 근거로 보증인적 지위가 인정되어 의료조치를 취하여야 할 작위의무를 부담한

다.

2) 작위의무 이행가능성 측면에서 아무런 장애사유가 없었으므로 의료조치를 계속 취하도록 하는 것이 분명히 가능하였다.

(2) 행위(작위의무 불이행): 그럼에도 불구하고 영양분을 공급해서 생명을 유지시킨다는 의료조치를 취하지 않았다.

(3) 결과의 발생과 인과관계(객관적 귀속): 이에 따라 할머니는 사망하였다. 영양분을 계속 공급하였다면 생명이 유지될 상황이었으므로 의료조치를 중단한 것과 피해자의 사망 사이에는 인과관계가 연결되며 객관적 귀속을 배제할 사유도 없다.

(4) 부작위의 동가치성: 의료적 조치에 의해서 생명의 유지가 필요한 사람을 구호하여야 할 의무를 가진 자가 그 의무를 이행하지 않아 사망하게 만드는 것은 작위에 의해서 생명을 단축시키는 것과 같은 수준의 행위반가치를 가진다.

2. 주관적 구성요건: 이와 같은 행위를 甲은 명백한 고의를 가지고 수행하였다.

II. 위법성

— 형법 제20조(정당행위: 의사의 안락사 시술행위, 치료행위 중단이라는 소극적 안락사)를 근거로 한 위법성 배제 여부 —

1. 객관적 요건

(1) 정당행위 상황

1) 환자가 불치병으로 인해 죽을 시기가 3~4주 정도로 임박한 상황이었으며, 호스를 통해 음식물을 투여하는 등 고통스러운 상태이었다.

2) 환자의 의식이 명료할 경우에는 본인의 진지한 촉탁 또는 승낙, 그렇지 않을 경우에는 가족의 동의, 가족도 없을 경우에는 본인의 촉탁·승낙이 추정될만한 상황일 것이 요구된다.

사례의 경우 일단 본인의 요청이 있기는 했었지만 8년 전에 있었던 일이기 때문에 유효한 촉탁·승낙이라고 볼 수 없다. 대신 가족인 아들의 동의가 있었다.

(2) 정당행위: 환자에게 고통을 주지 않는 방법으로 시술되어야 하는데 사례에서 언급되어 있듯이 고통을 느끼지 않는 상태로 사망하게 되었다.

2. 주관적 요건: 이와 같은 객관적 요건에 대한 인식과 이러한 사정에 따라 행위를 한다는 의지가 있었다.

3. 따라서 위법성을 배제할 사유가 성립된다.

III. 결론: 담당의사의 행위는 형법 제250조 제1항의 구성요건에는 해당되지만 위법성이 배제되기 때문에 처벌대상이 되지 않는다.

[사례 9] 정도령의 호화주택

甲은 서울 근교의 숲에 있는 호화 주택에 사는 종합금융사 대표 丁의 식구가 여행을 가면서 실수로 건물 뒷편 문 하나를 잠그지 않고 떠났다는 사실을 숲을 지나다가 우연히 발견하였다. 甲은 한밤중에 그 집을 털기로 작정하였다. 그날 한밤중까지의 비는 시간을 때우기 위해 甲은 단골 술집으로 갔다. 마침 술집에는 술친구들이 모여 있어서 주거니 받거니 소주를 마시기 시작하였다. 甲은 丁의 집을 미리 꼼꼼히 살펴보았기 때문에 술을 한 잔 하더라도 다시 찾아가 일을 정확하게 수행하는데 아무 지장이 없을 것이라고 생각하였다. 12시가 넘어서 甲은 먼저 가겠다며 술자리에서 빠져나왔다. 취한 상태이었지만 그는 丁의 집 담을 넘어 들어가 열려있는 뒷문을 통해 집안으로 침입하여 5천만원 상당의 귀금속과 보석을 찾아 준비해간 자루에 담았다. 취기 때문에 대담해진 甲은 현관문을 열고 밖으로 나와 정원을 지나다가 丁이 직접 써서 정원 입구에 붙여둔 현판을 발견하였다. 甲은 다시 집안으로 들어가 지하실에서 빨간색 페인트와 붓을 들고 와서는 한자로 쓰여 있어서 무슨 내용인지 알 수 없는 현판에다 "정도령 잘 먹고 잘 살아라 오늘 대도가 다녀간다"는 글을 떡칠하듯 써놓았다. 그러는 사이 이웃집 할아버지가 이 광경을 목격하고 경찰에 신고하였다. 甲은 경찰이 도착하기 전에 집을 빠져나왔으나 날이 밝기 전에 경찰에 체포되었다.

행위당시 甲의 혈중알코올 농도는 체포이후에 검사가 이루어지지 않아 정확하게 판단하기 힘든 상태가 되었다. 법의학자의 소견에 따르면 甲은 행위시 알코올로 인하여 책임무능력 상태이었을 가능성이 상당히 높지만 한정책임능력 상태이었을 가능성도 배제할 수는 없다고 한다.

[문] 甲의 죄책을 논하시오.

- 사례출처: BGHSt 21, 381; 32, 48

[부가설명] 이 사례도 역시 설명은 길지만 중요한 논점은 결국 한 가지 밖에 없는 단순한 사건이다. 행위가 타인의 주거에 들어가서 물건을 훔친 것 외에 현판에 페인트로 글씨를 써 놓는 것이 추가되어 있기는 하지만 그것이 사건을 복잡하게 만들지는 않고 있다. 두 개의 행위에 대해서 차례로 검토하면 될 것이다.

○ 행위 1: 丁의 집에 들어가 귀금속과 보석을 훔친 부분

❖ 절도 (형법 제329조, 제10조 제1항)

I. 구성요건

1. 객관적 구성요건

(1) 행위객체(타인의 재물): 甲이 훔친 5천만원 상당의 귀금속과 보석이 타인의 재물이라는 점은 확실하다.

(2) 행위(절취): 甲은 점유자인 丁의 귀금속과 보석을 丁의 의사에 반해 그 점유를 배제하고 자기의 점유로 옮겼다. 소유권자가 집에 없다고 하더라도 잠재적 형태의 지배의사가 인정되므로 丁이 여전히 점유자라고 할 수 있다.

2. 주관적 구성요건

(1) 구성요건적 고의: 범죄구성요건을 실현시킬 객관적 행위상황에 대한 인식과 범죄구성요건을 실현하고자 하는 의사가 있었다.

(2) 불법영득의사: 권리자를 배제하고 그 타인의 물건을 자기의 소유물처럼 경제적 용법에 따라 사용·수익·처분하고자 하는 의사를 가지고 있었다.

II. 위법성: 배제할 사유 없다.

III. 책임: 행위 당시에 책임무능력 상태이었는지 아니면 한정책임능력 상태이었는지 확실하지 않다. 이러한 경우에는 피고인에게 유리하도록 책임무능력 상태이었다고 보아야 한다(in dubio pro reo).

IV. 甲의 행위는 책임무능력 상태에서 이루어진 것이기 때문에 제10조 제1항에 의거 가벌성이 부인된다.

❖ 원인에 있어서 자유로운 행위로서의 절도 (형법 제329조, 제10조 제3항)

I. 구성요건

1. 객관적 구성요건

(1)심신상실 상태 야기: 술집에서 만난 술친구들과 주거니 받거니 하면서 술을 마셔 심신상실상태를 야기하였다.

(2) 그리고 甲은 그 상태에서 타인의 재물을 절취하였다.

2. 주관적 구성요건

(1) 심신상실 상태를 스스로 야기한다는 인식: 스스로 시간을 때우기 위해 술을 마신다는 의도를 가지고 있었다. 확실하게 심신상실 상태까지 야기한다는 생각을 가지고 있었는지는 모르지만 적어도 미필적 고의는 인정된다.

(2) 심신상실 상태에서 절도행위를 하게 될 것이라는 상황에 대한 인식과 그러한 행위를 하겠다는 의사: 술을 마시면서도 자신이 애초에 의도했던 일을 잘 수행할 수 있을 것이라고 생각하고 있었다.

II. 위법성: 배제할 사유 없다.

III. 책임: 심신상실 상태를 야기하기 시작할 때 책임능력을 갖추고 있었다.

Ⅳ. 이 부분 甲의 행위는 원인에 있어서 자유로운 행위로서의 절도(형법 제329조, 제10조 제1항·제3항)를 근거로 가벌성이 인정된다.

❖ 원인에 있어서 자유로운 행위로서의 주거침입 (형법 제319조 제1항, 제10조 제3항)

스스로 심신상실상태를 야기하고 그 상태에서 타인의 주거를 침입하였으며 그에 대하여 고의도 가지고 있었다. 또한 위법성과 책임을 배제할 사유도 없으므로 이 부분 甲의 행위는 원인에 있어서 자유로운 행위로서의 주거침입(형법 제319조 제1항, 제10조 제3항)을 근거로 가벌성이 인정된다.

❖ 원인에 있어서 자유로운 행위로서의 야간주거침입 절도 (형법 제330조, 제10조 제3항)

앞의 두 가지 범죄가 결합하여 제330조의 가중구성요건이 충족된다.

○ **행위 2: 현판에 페인트로 글씨를 쓴 부분**

❖ **원인에 있어서 자유로운 행위로서의 재물손괴 (형법 제366조, 제10조 제3항)**

I. 구성요건

1. 객관적 구성요건

(1) 심신상실 상태 야기: 술집에서 만난 술친구들과 주거니 받거니 하면서 술을 마셔 심신상실상태를 야기하였다.

(2) 그 상태에서 타인의 재물 손괴: 그 상태에서 정 아무개의 집 정원에 있는 현판에 페인트로 글씨를 마구 써 놨다. 이는 현판으로서의 이용가능성을 침해하는 행위이다.

2. 주관적 구성요건

(1) 심신상실 상태를 스스로 야기한다는 인식: 스스로 시간을 때우기 위해 술을 마신다는 의도를 가지고 있었다. 확실하게 심신상실 상태까지 야기한다는 생각을 가지고 있었는지는 모르지만 적어도 미필적 고의는 인정된다.

(2) 심신상실 상태에서 손괴행위를 하게 될 것이라는 상황에 대한 인식과 그러한 행위를 하겠다는 의사를 가지고 있지 않았다. 술을 마시면서 甲이 하려고 했던 행위는 절도뿐이다. 손괴행위에 대한 고의는 가지고 있지 않았다.

II. 고의에 의한 재물손괴(제366조)는 성립되지 않는다. 또한 재물손괴는 과실범 처벌규정도 없다.

○ **결론**

甲의 행위는 원인에 있어서 자유로운 행위로서의 야간주거침입 절도(제330조, 제10조 제3항)에 해당되어 가벌성이 인정된다.

제 2 절 복잡한 사례 풀어보기

[사례 10] 아내의 애인

평소에 부인이 바람을 피운다는 의심을 하던 甲은 어느 날 거짓으로 출장을 간다고 하며 집을 나가서 대문이 잘 보이는 곳에 숨어 감시를 하였다. 시간이 어느 정도 흐르자 하얀 색 승용차가 집 앞에 주차를 하더니 젊은 남자 한 사람(乙)이 차에서 내려 주위를 둘러보다가 초인종을 눌렀고 甲의 처가 나와 반갑게 맞아 들였다. 甲은 즉시 간통현장을 잡았다고 경찰에 신고를 하고는 준비했던 야구방망이를 들고 집으로 들어갔다. 안방에 가 보니 처와 乙이 거의 다 벗은 상태에서 침대 위를 함께 뒹굴고 있었다. 갑자기 甲이 나타나자 놀란 乙은 바지와 셔츠를 들고 도망하려 하였다. 甲은 경찰이 도착할 때까지 범인을 잡아두어야 한다는 생각에 乙이 도망하지 못하도록 저지한다는 목적으로 그리고 배신당했다는 데 대한 분노가 폭발하면서 도망하려는 乙을 야구방망이로 마구 두들겨 팼다. 그리고 나서는 새파랗게 질려서 떨고 있는 부인을 주먹과 발로 마구 때려 이빨 두 개가 부러지고 온몸에 피멍이 들게 만들었다. 어느 정도 분이 풀린 甲은 집에 있던 양주 세 병을 꺼내 다 마셔버리고 혼수상태가 되었다. 乙은 숨골 등 두 군데에 뇌출혈을 일으켜 치명적인 상태이었는데 경찰이 1시간이 지나서야 나타나는 바람에 응급조치를 취할 시기를 놓쳐서 병원에 도착한 후 만 하루가 지나 사망하였다. 만약 경찰이 즉각 출동을 해서 곧바로 병원으로 옮겼다면 乙의 생명은 구할 수 있는 상황이었다.

[문] 甲의 죄책을 논하시오.

• 사례출처: OLG Hamm NJW 1965, 1928

○ 들어가는 말

甲의 행위 가운데 문제되는 것은 乙을 마구 때려 뇌출혈 상태에 빠지게 하고 결국 죽게 한 행위와 부인을 때려 이빨 두 개를 부러뜨리고 온몸에 피멍이 들게 한 행위이다.

○ 행위1: 乙을 때려 뇌출혈 상태로 만들고 결국 죽게 한 부분

❖ 살인 (형법 제250조 제1항)

乙은 병원으로 옮겨진 후 만 하루만에 사망하였다. 甲이 야구방망이로 때린 행위와 乙이 사망한 결과 사이에는 직접적인 인과의 연결이 인정된다. 또 객관적 귀속을 시키지 않을 사유도 없다. 따라서 제250조 제1항의 객관적 구성요건은 성립된다.

그러나 甲이 乙을 야구방망이로 때릴 때 살인의 고의를 가지고 있었는가 하는 점은 문제이다. 화풀이를 한다는 심정 이상은 가지고 있지 않았을 것으로 판단된다. 乙이 죽을 가능성을 인식하면서 행동했다는 점이 확인되지 않기 때문에 미필적 형태의 고의도 인정할 수 없다.

[부가설명] 검토구조가 매우 간단하고 결론도 거의 분명할 경우에는 이렇게 소제목을 생략하고 써도 무방하다. 그러나 소제목 없이 한 페이지 이상을 적어 내려가는 것은 채점자를 힘들게 하는 일로써 피해야 할 것이다.

❖ 상해치사 (형법 제259조 제1항, 제20조, 형사소송법 제211조·212조, 형법 제21조)

I. 구성요건

1. 기본범죄: 뇌출혈 상태는 제259조 제1항이 의미하는 상해에 분명히 해당된다. 甲의 행위와 상해의 결과 사이에는 직접적 인과관계의 연결이 있었고 객관적 귀속을 배제할 사유도 없다. 또 이러한 결과를 야기한다는 고의를 확실한 형태로 가지고 있었다.

2. 중한 결과

(1) 객관적 구성요건

1) 중한 결과의 발생: 피해자 乙이 사망하였다. 제259조 제1항이 예정하고 있는 중한 결과가 발생한 것이다.

2) 인과관계: 甲이 초래한 뇌출혈 상태는 乙이 사망하는 직

접적인 원인이 되었다. 경찰이 늦게 출동했다는 것도 객관적 귀속을 배제할 사유가 되지 않는다.

3) 객관적 예견가능성: 사람을 야구방망이로 마구 팰 경우 이로 인하여 사망의 결과가 발생할 수 있다는 점은 충분히 객관적으로 예견 가능하다.

(2) 주관적 구성요건: 자신의 행위로부터 발생할 수 있는 보호법익(생명)에 대한 위험을 인식할 의무(예견의무)와 구성요건적 결과(사망)의 발생을 방지하기 위해 적절한 방어조치를 취할 의무(결과회피의무)를 이행하지 않았다.

II. 위법성

— 형법 제20조(정당행위), 형사소송법 제211조・제212조(현행범 체포)를 근거로 한 위법성 배제 여부 —

1. 객관적 요건

(1) 정당행위 상황: 乙은 간통(제241조)을 하다가 도주하려는 사람이었으므로 형사소송법 제211조에서 말하는 "범죄의 실행중이거나 실행의 즉후인 자"에 해당된다. 현행범인은 형사소송법 제212조 규정에 따라 "누구든지" 영장 없이 체포할 수 있다. 따라서 현행범인을 체포한다는 정당행위 상황이 성립된다.

(2) 정당행위: 甲은 검사나 사법경찰관리가 아니기 때문에 현행범인을 체포할 때 준수해야 할 절차는 없다. 그러나 체포과정에서 이루어진 행위가 상당성의 정도를 넘어서지는 말아야 한다. 체포를 하기 위해서 사람이 죽게 만드는 것은 분명히 상당성을 넘어선다.

2. 위법성이 배제되기 위한 객관적 요건이 충족되지 못한다. 따라서 형법 제20조와 형사소송법 제211・212조를 근거로 해서는 위법성을 배제할 수 없다.

— 형법 제21조(정당방위)를 근거로 한 위법성 배제 여부 —

1. 객관적 요건

(1) 정당방위 상황

1) 침해: 甲이 자신의 행위를 통해 보호하고자 했던 법익은 부부관계이다. 부부관계의 불가침성은 법이 보호하는 이익이다. 이를 침해하는 행위(간통)에 대해서 형사처벌 규정(제241조 제1항)까지 마련되어 있으므로 이는 분명하다.

그런데 간통에 대한 처벌규정은 형식적으로는 사회적 법익을 보호하기 위한 규정으로 분류되고 있다. 그러나 간통죄 규정은 그보다는 오히려 개인적 법익을 보호하기 위한 규정으로서의 성격을 더 강하게 가지고 있다. 우리나라의 일반적 법의식도 간통은 개인적 이익을 침해하는 범죄행위로 인식하고 있다. 부부관계는 개인적 법익으로 봄이 마땅하다. 따라서 부부관계는 정당방위가 가능한 법적 이익으로 판단된다.

2) 침해의 현재성: 당시 상황은 간통행위를 시작하다가 남편이 나타나는 바람에 더 이상 일을 진전시키지 못하고 달아나려고 하던 상태이다. 乙은 간통행위를 진전시키지 않고 종국적으로 포기한 상태이므로 침해가 계속되고 있는 상태라고 볼 수 없다.

(2) 침해의 현재성이 인정되지 않으므로 정당방위를 할 수 있는 상황이라고 할 수 없다.

2. 형법 제21조의 정당방위를 근거로 위법성을 배제할 수 없다.

III. 책임을 배제할 사유도 없다. 甲의 행위는 제259조 제1항(상해치사)을 근거로 가벌성이 인정된다.

❖ 부진정 부작위 살인 (형법 제250조 제1항)

I. 구성요건

1. 객관적 구성요건

(1) 행위상황

1) 작위의무의 존재: 甲은 乙을 야구방망이로 마구 때림으로써 구호조치를 곧바로 취하지 않으면 乙이 죽게 될 상황을 직접 야기

하였다. 이러한 선행행위를 근거로 甲에게는 乙을 구조해야 할 작위의무가 인정된다.

2) 작위의무 이행가능성: 甲은 두 사람을 구타하고 나서 양주를 마시고 혼수상태에 빠졌다. 그 상태에서는 분명히 구호행위를 할 수 없다. 그러나 양주를 마시기 전에는 119에 연락을 하는 등 구조조치를 취하는 데 아무런 장애사유도 없었다. 따라서 작위의무 이행가능성이 인정된다.

(2) 행위(작위의무 불이행): 甲은 乙을 구조해야 하는 작위의무를 이행하지 않고 그냥 술만 마셨다. 야구방망이를 꺼내 들고 집으로 들어가기 전에 경찰에 신고를 하기는 했지만 이는 乙과 자기 처의 범죄행위에 대한 증거를 확보하겠다는 행동이었을 뿐이다. 구급차를 부른 것은 아니기 때문에 구조의무를 이행한 것으로 볼 수 없다.

(3) 결과의 발생: 乙이 병원으로 옮겨지고 나서 만 하루만에 사망하였다.

(4) 인과관계(객관적 귀속): 乙의 당시 상태는 곧바로 병원으로 옮겨졌다면 생명을 구할 수 있는 것이었다. 甲이 만약 乙을 즉시 병원으로 이송시켰다면 그가 죽지 않았을 것이기 때문에 甲의 작위의무 불이행과 결과의 발생 사이에는 인과의 연결이 인정된다.

(5) 부작위의 동가치성: 제250조 제1항은 사람의 생명을 침해한다는 결과반가치를 주된 불법의 내용으로 하는 규정이다. 甲의 부작위 행위가 가지는 행위반가치 문제는 검토할 필요가 별로 없는 경우이다.

2. 주관적 구성요건

甲은 자신의 처와 간통하려 했던 乙을 야구방망이로 마구 두들겨 패고 자신의 처도 주먹과 발을 이용해 마구 때리고 나서는 분이 어느 정도 풀렸다. 그 상태에서 심리적 고통을 진정시키려고 양주를 꺼내 세 병을 내리 마셔버렸다. 양주를 마시고 있을 때의 甲의 심리상태는 모든 것을 잠시 잊어버리고 싶다는 것이었다. 그렇기 때문에 乙의 상태에 대해서는 신경을 쓸 여지가 없었다고 판단된다. 乙이 죽게 될 가능성이 있다는 데 대한 인식도 없었으므로 甲에게는 乙을 죽게 만든다는 고의가 미필적 형태로도 있었다고 할 수 없다.

Ⅱ. 이 부분 甲의 행위는 부진정 부작위 살인(형법 제250조 제1항)을 근거로 가벌성이 인정되지 않는다.

❍ 행위 2: 처를 때려 다치게 한 부분

❖ 상해 (형법 제257조 제1항)

I. 구성요건

이빨 두 개가 부러지고 온몸에 피멍이 드는 결과는 제257조 제1항이 의미하는 상해에 해당된다. 이러한 결과는 甲의 구타행위와 직접적인 연결이 인정되며 객관적 귀속을 배제할 사유도 없다.

문제는 고의인데 화가 있는 대로 나서 마구 때릴 때에는 갈 때까지 가자는 생각을 하고 있기 마련이다. 따라서 상해의 결과가 있게 될 가능성에 대한 인식이 있었다고 볼 수 있고 이러한 결과를 내심상 감수하면서 구타를 계속하였으므로 적어도 미필적 형태의 상해 고의는 인정된다.

II. 위법성과 책임을 배제할 사유는 없다. 간통하는 처를 징계하거나 그 자리에서 복수의 의미로 구타하는 것은 법적으로 인정된 위법성 조각사유에 해당되지 않는 행위이다.

Ⅲ. 따라서 이 부분 甲의 행위는 상해(형법 제257조 제1항)를 근거로 가벌성이 인정된다.

[사례 11] 기도원

몽고 출신 여성 甲은 한국으로 유학을 와서 대학을 다니다가 친하게 지내게 된 친구 乙(여성)이 아는 사람의 아는 사람을 소개하게 되어 7살 연상의 남성 M과 사귀게 되었고 결혼을 하였으며 대한민국 국적을 취득하였다. 두 사람은 아들을 낳았으며 잘 살고 있었다. 그러던 중 M이 사업에 실패하면서 술을 마시기 시작하고 술을 마신 날이면 집에 들어와 행패를 부리는 일이 잦아지면서 문제가 심각해졌다.

우울하게 지내던 어느 날 甲은 오래간만에 친구 乙을 만나기 위해서 아들(만 10세)을 데리고 나갔다가 밤 12시를 넘겨서 집에 들어왔다. 그 날도 M은 술을 마시고 늦게 들어왔는데 집에 와보니 부인 甲이 기다리고 있지 않다는 사실에 몹시 화가 나 있었는데 잠시 후에 甲이 들어오는 것을 보자 자는 아이를 안고 들어오는 甲에게 소리를 지르고 물건을 집어 던지기 시작하였다. 甲은 어쩌다가 한 번 늦게 들어온 것을 가지고 행패를 부리는 M을 보고 기가 막혀 대꾸도 하지 않고 방으로 들어가 깨서 우는 아이를 눕히고 잠을 재웠다. 그러한 반응에 더 화가 난 M은 식칼을 들고 와 죽여버리겠다고 소리를 질렀다. 놀란 甲은 간신히 피해서 아들을 데리고 乙의 오피스텔로 달려갔다.

그 동안의 일을 모두 늘어놓자 사태가 너무 심각하다고 판단한 乙은 무언가 실효성 있는 조치를 취해야겠다고 생각하였다. 甲과 乙은 문제해결을 위해서 한참 궁리를 했는데, 乙이 한 가지 제안을 하였다. 일단 술을 끊게 해야 하니까 기도원에 보내서 치료를 시키자는 것이었다. 甲도 동의를 했고 다음 날 甲은 乙이 수소문해서 알아낸 기도원으로 전화를 해서 상황을 설명하고 상담을 하였다. 설명을 다 들은 기도원 책임자 丙은 '잘 치료를 해 주겠다'고 대답하고, 다른 직원 두 사람과 함께 乙의 오피스텔 앞으로 와서 甲으로부터 동의서와 계약금을 받은 후에 甲·乙과 함께 M을 데려가기 위해 집으로 이동하였다. 집에 도착한 기도원 사람들은 숙취 때문에 쓰러져 있던 M을 업어서 차에 태워 기도원으로 옮겼다. 이후 甲은 乙에게 고맙다고 인사를 하고 함께 점심식사를 한 후 오후에 아들을 데리고 친정이 있는 몽고로 갔다.

M을 데려간 丙의 기도원은 뒤쪽이 절벽이고 앞은 높은 담으로 막혀 있으며 정문이 항상 통제되고 있어서 허가 없이는 기도원 밖으로 나갈

수 없는 상태이었다. 기도원 안에서는 비교적 자유롭게 돌아다닐 수 있었지만 취침시간에 점호에 제대로 응하지 않는 등 통제에 따르지 않으면 심하게 혼이 나고 하루는 밥을 굶어야 하였다.

그러던 중 M은 며칠 동안 기도원의 통제에 응하지 않아서 사흘을 굶게 되었다. 허기진 상태에서 기도원 안을 돌아다니던 M은 쓰러져서 머리를 다치고 갈비뼈가 부러졌다. 그날부터 M은 극심한 고통에 시달리게 되었다. 丙은 M이 병원치료를 필요로 하는 상태이지만 병원으로 옮길 경우 기도원 운영상의 문제점이 드러나는 등 곤란한 일이 생길 수도 있다는 생각에 계속 방치하면서 먹을 것만 챙겨주고 진통제만 놓아주었다. 점차 기력이 쇠해지면서 방에 누워 겨우 생명만 이어나가던 M은 뼈와 가죽만 남고 혼자 힘으로 일어서서 걷지도 못하는 지경에 이르렀으며 그와 같은 상태는 치료를 하더라도 거의 회복이 불가능한 수준이 되었다.

[문] 甲과 丙의 죄책을 논하시오.

• 사례출처: 대법원 2013. 6. 20. 2010도14328

❑ 들어가는 말

甲과 관련해서는 친권자 한 사람으로서 또 다른 친권자의 동의가 없는 상태에서 아이를 데리고 간 행위와 기도원에 강제로 입원시킨 행위가 문제의 소지가 있다. 丙의 경우에는 M을 장소적으로 통제하면서 다치고 난 뒤에는 제대로 치료를 해주지 않은 점이 문제가 된다.

❑ 甲의 죄책

○ 아이를 데리고 친정집으로 간 행위

❖ 미성년자 약취·유인 (형법 제287조)

Ⅰ. 구성요건

1. 객관적 구성요건

(1) 행위주체 : 미성년자 약취·유인죄가 일반범으로서 행위주체에 제한이 없는가 하는 점에 대해서는 보호법익을 무엇으로 볼 것

인가와 관련하여 결론이 달라질 수 있다. 미성년자 약취·유인죄의 보호법익이 무엇인가에 대해서는 다음과 같은 견해의 대립이 있다.

① 약취·유인되는 자의 신체적 자유라는 견해

② 약취·유인되는 자의 신체적 자유와 그가 미성년자인 경우 보호자의 보호권 두 가지 모두라고 하는 견해

③ 약취·유인되는 자의 신체적 자유와 보호자의 보호권은 물론 약취·유인되는 자의 생명·신체의 안전도 포함된다는 견해

사람은 일반적으로 항상 더불어 살게 마련이므로 보호자가 있는 경우가 보통이라고 할 수 있다. 그러한 면에서 약취·유인은 일반적으로 누군가로부터 사람을 납치해 가는 것을 의미하고 따라서 보호법익은 약취·유인되는 자의 신체적 자유와 보호자의 보호권 두 가지 모두라고 하는 것이 타당하다고 생각한다. ②번 견해가 타당하다.

친권자도 미성년자 자신의 자유 또는 보호자의 보호권을 침해하는 경우에는 행위주체가 된다고 보아야 할 것이다. 따라서 생모로서 친권자인 甲도 행위주체에 포함된다.

(2) 행위 : 보호권은 친권자라고 하더라도 미성년자인 자가 그와 함께 생활을 하는 것이 또 다른 친권자와 생활하는 경우보다 불리할 때 위협을 받는 것으로 볼 수 있다. 보호의 정도와 범위가 높은 수준에서 낮은 수준으로 변경되면 그만큼 보호가 박탈되었다고 보아야 하기 때문이다.

이 사건의 경우에는 친권자인 부가 노동력의 상당부분이 감소되고 주사가 심하여 자주 폭력을 행사하는 지경에 이르렀으나, 친권자인 모는 매우 정상적인 생활을 하고 있었기 때문에 미성년인 자는 부보다 모와 함께 생활하는 것이 더 유리한 상황이었다. 적어도 더 불리한 상황이라고 보기는 어렵다. 따라서 甲이 아이를 데리고 간 행위는 보호권을 침해하는 것이라고 할 수 없다.

2. 甲의 행위는 미성년자 약취·유인죄의 객관적 구성요건을 충족하지 않는다.

Ⅱ. 구성요건 해당성이 없기 때문에 이 부분 甲의 행위는 가벌성이 없다.

○ M을 기도원으로 데려가게 한 행위

❖ 감금 교사 (형법 제276조 제1항, 제31조)

Ⅰ. 구성요건

1. 객관적 구성요건

(1) 피교사 범죄 : 감금이란 '일정한 장소에서 밖으로 나가지 못하도록 가두는 것'을 말한다. 감금의 방법에는 제한이 없다. 기도원이라는 장소에서 밖으로 나가는 것이 가능한 곳은 정문뿐이었는데, 기도원 관계자들이 이곳을 가로막고 함부로 나갈 수 없도록 통제하고 있었으므로 감금에 해당한다.

그렇게 감금하는데 대해서 비록 피해자 M의 부인인 甲이 이를 동의하였지만, M의 신체활동의 자유를 처분할 권한이 甲에게 있다고 보기는 어려우므로 이를 근거로 위법성이 조각될 수 없다. 또한 M의 주사가 심해서 가족들의 생명·신체에 대한 위난이 있었다고 볼 여지가 있으나, 기도원에 감금하여 치료를 받도록 하는 것이 유일한 피난수단이었다고 볼 수 없어서 이를 근거로 위법성이 조각될 수도 없다.

(2) 교사행위 : 교사란 '새로운 범죄를 결의하게 만드는 것'을 말한다. 甲은 기도원으로 전화를 해서 상담을 하고 책임자인 丙이 직원들과 함께 남편 M을 데려가도록 안내하였다. 甲의 의뢰를 받고 비로소 丙이 M을 감금한 상태에서 치료하겠다는 의사결정을 하였으므로 새로운 범죄 결의에 해당한다.

2. 주관적 구성요건 : 甲은 남편 M의 중독상태를 치료할 기도원이 효과적인 치료를 위해서 함부로 밖으로 나가지 못하게 한 상태에서 치료를 한다는 점을 잘 알고 그와 같은 치료를 의뢰하였다. 확정적 고의가 인정된다.

Ⅱ. 위법성과 책임을 조각할 사유도 없으므로 이 부분 甲의 행위는

감금 교사를 근거로 가벌성이 인정된다.

○ **결론**

甲의 행위는 감금 교사(제276조, 제31조)에 해당한다.

❑ **丙의 죄책**

○ **M을 기도원으로 데려간 행위**

❖ **감금 (제276조 제1항)**

Ⅰ. 구성요건

1. 객관적 구성요건 : 감금이란 '일정한 장소에서 밖으로 나가지 못하도록 가두는 것'을 말한다. 丙은 기도원 책임자로서 정문을 통제하도록 조치함으로써 M을 감금하였다.

2. 주관적 구성요건 : 丙은 이러한 행위를 확정적 고의를 가지고 실행하였다.

Ⅱ. 위법성과 책임을 조각할 사유도 없으므로 이 부분 丙의 행위는 감금을 근거로 가벌성이 인정된다.

❖ **폭력행위 등 처벌에 관한 법률 제2조 제2항 위반**

丙의 행위는 다른 기도원 직원과 합동으로 이루어졌으므로 제276조 제1항에 대한 가중 구성요건인 「폭력행위 등 처벌에 관한 법률」 제2조 제2항에 해당하여 가중처벌 대상이 된다.

○ **M을 굶겨서 쓰러지게 한 행위**

❖ **유기치상 (제275조 제1항)**

I. 구성요건

1. 유기치상이 성립하기 위해서는 먼저 기본범죄인 유기가 성립하여야 한다. 유기가 성립하려면 행위주체가 '법령상 또는 계약상의 보호의무'를 가지고 있어야 한다. 丙은 甲의 위탁을 받아 M을 보호하고 있었다. 따라서 丙은 M을 보호하여야 할 계약상 의무를 가진 자에 해당한다.

2. 나아가 행위객체가 '부조를 요하는 자'에 해당하여야 한다. 부조를 요하는 자란 '타인의 도움 없이는 생명이나 신체의 안전을 유지할 수 없는 사람'을 말한다. M이 비록 알코올 중독이라는 질병을 앓고 있었지만 술을 마시지 못함으로써 나타나는 금단현상이 생명이나 신체의 안전을 침해하는 것은 아니고, M이 그 밖의 이유로 스스로를 위험에서 지킬 수 없을 정도의 상태는 아니었다. 행위객체에 해당하지 않는다.

Ⅱ. 기본범죄인 유기 자체가 성립하지 않는다. 따라서 유기치상을 근거로 가벌성을 인정할 수 없다.

❖ 부작위에 의한 상해 (제257조 제1항)

I. 사람이 사흘 동안 밥을 먹지 않게 되면 노폐물이 배출되어 오히려 건강이 개선될 가능성이 있다. 사흘 정도 밥을 먹지 않는다고 해서 생리적 기능이 훼손되는 것은 아니다.

II. 사흘 정도 밥을 굶은 것 자체로는 생리적 기능 훼손이라고 볼 수 없으므로 상해가 성립하지 않는다.

○ 다친 M을 방치한 행위

❖ 부작위에 의한 중상해 (제258조 제1항)

I. 구성요건

1. 기본범죄 : 상해

(1) 객관적 구성요건

1) 작위의무 : 丙은 기도원 책임자로서 M의 치료를 위탁받은 사람이므로 다친 M을 병원으로 데려가 치료를 받도록 조치할 계약상의 작위의무가 존재하였다. 이러한 작위의무를 이행하는데 실질적 장애요소는 없었다. 그럼에도 불구하고 丙은 자신의 작위의무를 이행하지 아니하였다.

2) 결과의 발생 : M은 머리를 다치고 갈비뼈가 부러져서 거동이 힘든 상황에서 기력이 점차 쇠약해지고 있었다. 병적 현상이 점점 강해지고 있었던 것이므로 상해의 결과에 해당한다.

3) 인과관계 : 병원치료를 받지 않게 방치한 행위와 기력이 쇠약해 진 결과 사이의 인과의 진행은 합법칙성의 범주를 벗어나지 않았다. 갈비뼈가 부러져 거동이 힘든 상황 정도이면 병원 치료를 통해서 회복하는 것이 얼마든지 가능한 일이기 때문이다.

4) 부작위의 동가치성 : 자신의 보호 아래 있는 환자를 그대로 놔두면 상태가 더 악화하리라는 점을 잘 알면서 그대로 방치하여 병세가 더 악화되도록 하는 행위는 작위에 의한 상해와 같은 정도의 반가치를 가진다고 할 수 있다.

(2) 주관적 구성요건 : 병원치료를 받아야 하는 상태라는 점을 분명히 알고 있었지만 섣불리 조치를 취하면 기도원 운영상의 문제점이 드러나서 곤란해질까 봐 그냥 방치하였다.

2. 중한 결과 : 불치나 난치의 질병

(1) 객관적 구성요건 : M은 혼자 힘으로 일어서서 걷기도 힘든 심각한 병적 상태에 도달하였고 이러한 상태는 치료를 하더라도 거의 회복이 불가능하게 되었다. 불치나 난치의 질병(병적 상태)을 얻게 된 것이다. 부상이 심하고 병적 상태가 점차 악화되고 있는 사람을 그대로 방치한 행위와 치료가 거의 불가능한 병적 상태에 도달한 결과 사이의 인과의 진행은 합법칙성의 범주를 벗어나지 않았다. 병세가 악화되는데 그대로 놔두게 되면 치료가 불가능한 상태에 도달할 수 있

는 일이기 때문이다. 그리고 그와 같은 병세의 악화는 객관적으로 예견할 수 있는 일이다.

(2) 주관적 구성요건 : 丙은 병세가 악화될 수 있다는 점을 예견하고 이러한 결과를 방지하기 위해서 병원으로 옮기는 등 회피를 위한 조치를 취하였어야 함에도 불구하고 그러하지 아니하였다. 과실이 인정된다.

II. 위법성과 책임을 배제할 사유도 없으므로 중상해를 근거로 가벌성이 인정된다.

○ 결론

丙의 행위는 폭처법 제2조 제2항 위반(특수감금)과 부작위에 의한 중상해(제258조 제1항)에 해당한다.

[사례 12] 장물아비와 해결사

보석상 甲은 고급주택 전문 털이범인 乙이 훔쳐온 보석을 맡아서 처리하는 일을 계속하였다. 乙은 甲과의 오랜 신뢰관계를 믿고 보석을 털기만 하면 그냥 甲에게 맡기고 돈은 처분이 끝난 후에 받아가곤 하였다.

보석이 한참 많이 모이게 된 어느 날 甲은 문득 乙을 없애고 10억 원 정도 되는 분량의 보석과 고급 시계들을 독차지할 생각을 하게 되었다. 甲은 해결사가 직업인 처남 丙을 불렀다. 두 사람은 乙을 보석상으로 부른 후 지하에 있는 비밀장소로 유인하여 망치로 뒤통수를 때려죽이고 시체를 차에 실어 한강에 버리자고 합의하였다. 추후에 보석과 고급 시계 등을 판 돈은 반씩 나누기로 하였다. 범행 과정에서 甲은 지하실에서 비명소리 등이 밖으로 새어나와 범행을 들키는 것을 방지하기 위해서 지하실 입구 문틈을 테이프로 바르고 환기구를 담요로 막는 등 준비를 하고, 丙은 지하실에서 기다리다가 乙이 들어오면 망치로 뒤통수를 때리는 일을 하고, 시체는 두 사람이 함께 운반하여 강물에 돌을 달아 빠뜨리기로 하였다.

甲이 乙에게 돈을 줄 테니 보석상으로 오라고 전화를 하자 乙은 곧바로 보석상으로 왔다. 보석상에 나타난 乙을 보고 甲은 평소에 비밀거래를 하던 지하실에 잠깐 가서 기다리라고 하였다. 乙은 아무 의심 없이 지하실로 내려갔다. 乙이 지하실로 들어오자 丙은 그대로 뒤에서 乙의 머리를 두 차례 망치로 내리쳤고 乙은 바닥에 쓰러졌다. 丙은 乙이 죽었다고 생각하고 준비했던 자루에 집어넣고 묶었다. 한편 지하실 입구 문틈을 테이프로 바르고 환기구를 담요로 막는 등 준비를 하기로 했던 甲은 마침 손님들이 보석상에 줄줄이 나타나는 바람에 그 일을 전혀 하지 못했다.

가게 문을 닫을 시간이 되어 甲은 셔터를 내리고 丙과 함께 자루에 담겨진 乙을 건물 뒷문을 통해 들어내어 丙의 자동차 트렁크에 실었다. 甲은 乙의 차를 처리하는 일을 깜빡했다고 하면서 자기는 乙의 차를 멀리 끌고 가 세워 놓고 올테니까 시체를 혼자 처리하라고 丙에게 말하였다. 그리하여 乙의 차는 甲이 처리하고 丙 혼자서 乙을 한강에 버리는 일을 하였다.

처음에 丙이 乙을 망치로 때렸을 때 乙은 사망하지 않았고 기절한 상태이었다. 그러나 여러 시간 피를 흘리는 상태에서 차가운 지하실 바닥에 그대로 놔두어 강물에 던질 때가 되어서는 거의 빈사상태이었고 궁극적으로 물에 빠져 익사하였다.

[문] 甲과 丙의 형사책임을 논하시오.

❏ 甲의 형사책임

❖ 살인 공동정범 (형법 제250조 제1항, 제30조)

I. 구성요건

1. 객관적 구성요건(공동의 실행행위)

(1) 결과의 발생: 乙이 사망하였다.

(2) 인과관계(객관적 귀속): 머리를 망치로 두 차례 때려 기절하고 피를 흐르게 만들었으며, 자루에 넣어 묶어 놓았다가 강물에 던져버린 행위와 乙의 사망 사이의 인과의 연결은 합법칙성의 범주를 벗어나지 않는다. 그리고 객관적 귀속을 배제할 사유도 없다.

(3) 이 과정에서 甲은 乙을 보석상으로 불러냈고 丙이 기다리고 있는 지하실로 내려가도록 유도하였다. 이는 전체 범행 계획상 매우 중요한 부분이다. 甲의 행위는 두 사람이 함께 한 乙에 대한 살해행위에서 빠질 수 없는 부분으로서 기능적 행위지배가 인정되기에 충분한 행위이다. 다만 비명소리가 밖으로 새나가지 못하게 하는 일을 수행하지 않았지만 그렇다고 해서 甲의 행위에 대한 평가가 달라질 이유가 되지는 않는다.

2. 주관적 구성요건(공동실행의 의사)

(1) 망치로 때려서 乙을 살해하겠다고 작정했었고 乙이 망치에 맞아 쓰러지자 죽었다고 생각하기도 하였다. 그러나 실제로 乙은 나중에 강물에 던졌을 때 익사하였다.

이는 '행위자가 여러 단계의 행동을 통해 결국 목적했던 결과를 발생시키기는 하였지만, 당초에 결과발생을 목표로 취했던 행동으로 인해서가 아니라 엉뚱한 행위로 인해서 결과가 야기된 경우'로서 구성요건적 착오 가운데 인과관계의 착오에 해당된다. 그런데 이 경우에는 인과의 진행이 본질적인 부분에서 궤도를 벗어난 것으로 볼 수 없다. 따라서 개괄적 고의 형태의 고의가 인정된다.

(2) 두 사람이 범행에 대하여 미리 공모를 하였고 끝까지 함께 상의하면서 일을 진행시켰다. 공동실행의 의사가 인정된다.

Ⅱ. 위법성과 책임을 배제할 사유가 없다.

Ⅲ. 공동의 실행행위와 공동의 실행의사를 갖추고 있으므로 甲의 행위는 丙의 행위와 함께 살인(제250조 제1항)의 공동정범에 해당되어 가벌성이 인정된다.

❖ 사체유기 불능미수 공동정범 (형법 제161조 제1항, 제162조, 제27조, 제30조)

※ 사전검토 ① 행위객체가 사체가 아니었기 때문에 결과가 발생할 수 없었다. ② 그런데 미수범 처벌규정이 제162조에 있으므로 미수를 검토하여야 할 사안이다.

I. 구성요건

1. 주관적 구성요건(공동실행의 의사)

(1) 행위객체: 乙이 이미 죽은 것으로 생각하였다.

(2) 행위: 시체를 강물에 던져 버린다는 생각을 하였다. 이는 사체를 사회적·종교적인 측면에서 매장이라고 볼 수 없는 방법으로 내버리는 행위에 해당된다.

(3) 공동실행: 두 사람은 이와 같은 행위를 함께 처리한다는 생각을 분명히 가지고 있었다.

2. 객관적 구성요건(공동의 실행행위)

(1) 실행의 착수: 자신의 범행계획에 따른 구성요건 실현을 직접 시작하였다.

(2) 결과발생의 불가능: 대상의 착오로 인하여 결과의 발생이

불가능한 것이었다.

(3) 위험성: 위험성이 있었는가의 여부는 이를 판단하는 학설에 따라 결론이 달라질 수 있다. 학설을 간단하게 살펴보자.

① 舊객관설: 결과발생이 불가능한 경우를 절대적으로 불가능한 경우와 상대적으로 불가능한 경우로 나누어 절대적 불능의 경우는 불능범으로 상대적 불능의 경우는 불능미수로 처리한다는 견해이다. 절대적으로 불가능한가 아니면 상대적으로 불가능한가 하는 점은 판단하는 사람의 시각에 따라 달라질 수 있다. 명확하게 구별할 수 있는 개념이 아니다.

② 법률적 불능·사실적 불능설: 결과발생 불가능의 유형을 법률적 불능과 사실적 불능으로 구별하고 법률적 불능은 불능범으로 사실적 불능은 불능미수로 보자는 견해이다. 이 학설은 구객관설보다 더 구별기준이 불명확하다.

③ 구체적 위험설(新객관설): 구체적 위험성이 존재했는가의 여부에 따라 불능범과 불능미수를 구별하는 견해이다. 구체적 위험이 존재하였는가 하는 판단은 행위 당시에 행위자가 인식한 사실과 일반인이 인식할 수 있었던 사정을 기초로 일반적 경험법칙에 따라 사후에 객관적으로 한다는 입장이다. 이 학설은 행위 당시에 행위자가 인식한 사실과 일반인이 인식할 수 있었던 사정이 서로 다를 경우에 어떻게 해결할 것인가에 대한 해답을 주지 못한다는 문제점을 가지고 있다.

④ 추상적 위험설: 행위 당시 행위자가 인식한 사실을 기초로 행위자가 생각한 대로 사정이 존재했다면 일반인의 판단기준으로 볼 때 결과발생의 위험성이 있었는가에 따라 판단하자는 견해이다. 판단기준이 가장 명확하고 합리적이다.

⑤ 주관설: 주관적으로 확실하게 범죄의사가 표현된 이상 객관적으로 결과발생이 절대 불가능하더라도 처벌해야 한다는 견해이다. 위험성이 있어야 불능미수를 처벌한다는 명문의 규정을 가지고 있는

우리나라의 경우에는 적용할 수 없는 학설이다.

⑥ 인상설: 행위자가 자신의 행위를 통해 범죄적 의도와 법적대적 성향을 표출하였고 사회 전반에 대하여 부정적인 심리적 영향을 미쳤으면 위험성을 인정하여 불능미수로 처벌하고 아니면 처벌하지 말자는 견해이다. 불능미수는 구성요건 해당행위를 하고자 시도를 했다는 것 자체만으로 행위자의 법 적대성과 부정적인 사회심리적 효과를 인정받는 유형이 아니다. 부가적으로 위험성이라는 요소를 더 갖추고 있어야만 처벌이 가능한 미수범인 것이다. 인상설은 이러한 불능미수의 특수성을 도외시하고 있다.

추상적 위험설이 가장 합리적이라고 생각한다. 이에 따라 판단하면 행위자는 사체를 유기한다는 생각을 가지고 있었고 따라서 행위자가 생각했던 대로 사정이 존재했었다고 가정할 때 충분한 위험성을 인정할 수 있다.

(4) 공동실행: 이 과정에서 甲은 丙과 함께 乙을 들고 지하실에서 자동차 트렁크까지 운반하였다. 다만 한강까지 같이 가서 강물에 집어던지는 일은 함께 하지 않았다. 대신 그 사이에 乙이 타고 온 자동차를 멀리 떨어진 곳에 가져다 놓고 왔다. 乙을 살해하고 그 시신을 처리한다는 전체 계획의 중요한 일부를 담당하였으므로 공동의 실행행위를 한 것으로 볼 수 있다.

II. 이 부분 행위는 사체유기 불능미수 공동정범(형법 제161조 제1항, 제162조, 제27조, 제30조)에 해당되며 형법 제27조 단서규정에 따라 형벌이 감경 또는 면제될 수 있다.

❖ 자동차 등 불법사용 (형법 제331조의2)

자동차를 사용할 권한을 가진 사람은 죽은 乙과 그 상속인이었다. 甲은 이들 권리자의 동의 없이 명백한 고의를 가지고 차를 함부로 사용하였으며 이에 대해서는 위법성과 책임을 배제할 사유도 없다. 제331조의2를 근거로 가벌성이 인정된다.

❖ **장물 취득 (형법 제362조)**

乙이 재산범죄(절도)를 통해 가져 온 재물의 점유를 확정적 고의 아래 이전 받아 그 장물에 대한 사실상의 처분권을 획득하였고 위법성과 책임을 배제할 사유도 없으므로 제362조를 근거로 가벌성이 인정된다.

❖ **횡령 (형법 제355조 제1항)**

I. 구성요건

1. 객관적 구성요건: 제355조 제1항에 따라 횡령죄의 행위주체가 되기 위해서는 타인의 재물을 보관하는 자에 해당하여야 한다.

(1) 타인의 재물: 甲이 보관하고 있던 보석과 시계의 소유권은 그 물건들을 절취 당한 원래의 소유권자에게 계속 유지되고 있었다. 문제의 보석과 시계는 분명히 타인의 재물이었다.

(2) 보관: 횡령죄의 본질을 어떻게 이해하는가에 따라 행위주체를 인정하는 범위가 달라진다. 횡령죄의 본질이 신뢰관계를 위배하여 타인의 재물을 영득하는 것으로 이해하게 되면 배신성을 강조하게 되어 타인의 재물을 우연히 보관하게 되는 경우 등은 제외하고 위탁관계에 의해서 보관하는 경우만 행위주체에 포함하게 된다. 반대로 신뢰관계를 위배하는 범죄로 보지 않게 되면 어떤 경로를 통해서든 다른 사람의 재물을 보관하게 된 사람은 모두 다 횡령죄의 행위주체가 된다.

타인의 재물을 보관하게 되는 경우는 세 가지로 분류할 수 있다. 첫째, 재물의 소유자와 보관자 사이에 전혀 신뢰관계가 형성되어 있지 않은 경우, 그러니까 우연히 타인의 재물을 보관하는 경우가 이에 해당된다. 이 때 타인의 재물을 횡령하는 행위는 제360조(점유이탈물횡령)의 처벌대상이 될 것이다. 둘째, 강한 신뢰관계가 전제되는 경우이다. 타인의 재물을 관리·처분할 권한을 가진 자가 이에 해당되고 제355조 제2항(배임)이 규율 대상으로 하고 있다. 그렇다면 세 번째 유형은 중간 정도의 신뢰관계를 기반으로 타인의 물건을 보관하는 경우가 된다. 타인의 물건을 우연히 보관하거나 강한 신뢰관계를 바탕으로 타인의 물건을 보관하는 경우가 아닌 나머지 경우는 모두 이에 해당되며 제355조 제1항(횡령)의 규율 대상이 된다.

사례의 경우 원 소유주인 절도 피해자들과 甲 사이에는 전혀 신뢰관계가 존재하지 않으므로 甲의 행위는 횡령죄(제355조 제1항)의 규율 대상이 되지 않는다.

2. 신뢰관계가 존재하지 않아 횡령죄의 주체가 될 수 없으므로 객관적 구성요건의 성립을 인정할 수 없다.

Ⅱ. 이 부분 甲의 행위는 횡령(제355조 제1항)을 근거로 가벌성이 인정되지 않는다.

❖ 점유이탈물 횡령 (형법 제360조 제1항)

훔친 물건은 제360조 제1항이 말하는 "점유를 이탈한 재물"에 해당된다. 이 물건들을 착복하려 했으므로 영득의사의 객관적 표출이 있었다. 따라서 점유이탈물 횡령죄가 성립된다.

❖ 결론

甲의 행위는 살인 공동정범(제250조 제1항, 제30조), 사체유기 불능미수 공동정범(제161조 제1항, 제162조, 제27조, 제30조), 자동차 등 부정사용(제331조의2), 장물 취득(제362조) 그리고 점유이탈물 횡령(제360조 제1항)에 해당된다.

❑ 丙의 형사책임

❖ 살인 공동정범 (형법 제250조 제1항, 제30조)

앞에서 살펴 본 바와 같이 丙의 행위는 甲의 행위와 함께 살인 공동정범에 해당된다.

❖ 사체유기 불능미수 공동정범 (형법 제161조 제1항, 제162조, 제27조, 제30조)

이 부분도 앞에서 확인하였다.

❖ 자동차 등 부정사용 공동정범 (형법 제331조의2)

이에 대해서는 공동의 실행행위도 공동의 실행의사도 없었다. 공동정범의 성립을 인정할 수 없다.

❖ 장물 취득 (형법 제362조)

甲이 장물 취득 행위를 할 때 丙이 관여한 바 없다. 따라서 장물취득을 근거로 가벌성을 인정할 수 없다.

❖ 점유이탈물 횡령 공동정범 (형법 제360조 제1항, 제30조, 제33조)

甲이 점유를 이탈한 재물을 착복하는 행위를 하는 데 적극적으로 가담하였다. 丙의 행위는 훔쳐 온 물건을 착복한다는 계획을 실현하는 데 필수 불가결한 것이었다. 따라서 공동의 실행행위가 있었고 공동의 실행의사도 있었다. 공동정범이 성립된다.

❖ 결론

丙의 행위는 살인 공동정범(제250조 제1항, 제30조), 사체유기 불능미수 공동정범(제161조 제1항, 제162조, 제27조, 제30조) 그리고 점유이탈물 횡령 공동정범(제360조 제1항, 제30조)에 해당된다.

[사례 13] 칼에 찔려 얼어 죽은 태국인

피고인 甲과 상피고인 乙은 1996년 3월 어느 날 새벽 03:15 경 한 술집에서 술을 마시고 나오다가 그 동네에서 처음 보는 사람이고 심하게 취한 태국인 T와 마주쳤다. T는 두 사람을 보자 좋은 물건을 하나 보여줄테니 따라오라고 하였다. 두 사람이 T를 따라나섰는지 30분 정도 지났는데도 T가 계속 따라오라고 하며 횡설수설하자 두 피고인은 T가 자신을 엿먹이려 하고 있다고 생각하고 화가 났다. 甲은 乙에게 자신들을 "엿 먹이고 있는" T를 "개 박살 내겠다"고 하였다. 이에 乙도 합세하여 T를 "개 박살 내겠다"고 하였다.

그 때 마침 T가 길에 떨어져 있던 이상하게 생긴 막대기를 집어들고 두 피고인 쪽으로 몸을 돌렸다. 乙은 "드디어 이 자식이 덤비는구나"라고 생각하고 발로 T의 손을 차서 막대기를 떨어뜨리고 나서 T의 멱살을 잡아 흔들어서 벽에 부딪히게 하고는 가지고 있던 칼을 꺼내 칼의 손잡이로 얼굴을 때렸다. 이에 T는 땅에 쓰러졌다.

싸우는 등 흥분하면 이성을 잃고 자신도 모르는 사이에 극도의 폭력성을 보이는 이상 성격의 소유자인 乙은 병적으로 공격성이 상승된 상태에서 T의 머리를 칼로 두 차례 찔렀다. 이 일을 약 1 ~ 2 m 떨어진 곳에서 보고 있던 甲이 乙에게 그만 하라고 소리를 질렀다. 그 소리를 듣고 정신을 차린 乙은 손을 멈추었다. 甲은 즉시 T를 도와 일으켜 줬는데 상처가 심해서 피가 많이 흐르고 있는 것을 발견하였다. 일어선 T는 강가 길을 따라 기찻길 밑 쪽으로 갔다. 甲과 乙은 잠시 119나 다른 곳에 도움을 청할 것인가에 대하여 상의하였다. 甲은 만약 도움을 요청하면 경찰이 오게 될 테니까 그냥 놔두는 것이 좋겠다고 하였다. 乙도 경찰이 올 것을 염려해서 도움을 요청하지 않는 데 곧바로 동의하였다. T는 강물로 피를 씻으려고 하다가 무릎 깊이의 물로 들어가게 되었다. 甲과 乙은 자신들의 옷에 피를 묻히지 않기 위해서 피해자를 적극적으로 물에서 꺼내주는 행동은 하지 않고 T가 스스로의 힘으로 물 밖으로 나올 수 있도록 해주기 위해 물가의 계단이 있는 곳까지 끌어서 옮겨주었다. 甲과 乙은 T가 계속 심하게 피를 흘리고 있으며 옷이 적어도 무릎 부분까지는 젖어 있고 체온이 떨어져 있음을 알았다. 그들은 또다시 어떻게 해야 할 것인지를 논의하였다. 甲은 T가 얼어 죽거나 피를 흘려 죽을 가능성이 있다고 이야기하였다. 그러자 乙은 甲에게 T는 살아날 수 있는 상황이니 너무 과민반응을 보일 것 없다고 하였다. 피고인들은 경찰에 잡힐 것을 두려워하여 아무 도움도 요청하지 않고 집으로 도망갔다. T는 강물 밖으로 겨우 기어나와 힘을 완전히 잃을 때까지 어디론가 기어갔다. 그는 약간의 서리가 내려 있는 상태에서 어느 집 담장에 기대고 더 이상 움직일 수 없었다. 그곳에서 그는 체온 강하와 출혈 그리고 체내 알코올 등이 원인이 되어 그날 아침에 사망하였다.

[문] 甲과 乙의 형사책임을 논하시오.

• 사례출처: BGH, StV 1998, 125.

❑ 들어가는 말

피해자 T가 죽게 하는 데 주로 기여한 자는 乙이다. 甲은 옆에 같이 있었고 부수적인 역할을 하였으므로 乙의 형사책임을 먼저 검토해 본다.

❑ 제1부: 乙의 형사책임

❖ 작위에 의한 살인 (형법 제250조 제1항)

I. 구성요건

1. 객관적 구성요건: 피해자인 T가 사망하였으므로 제250조 제1항에서 예정하고 있는 결과가 발생하였으며 乙의 행위와 T의 사망이라는 결과 사이의 인과의 진행은 합법칙성의 범주를 벗어나지 않았다. 또한 객관적 귀속을 배제할 사유도 없다. 따라서 제250조 제1항의 객관적 구성요건은 성립된다.

2. 주관적 구성요건: 머리는 매우 위험한 신체부위이며 이 곳을 칼로 두 차례 찌른 행위는 살해의 고의를 가진 것으로 평가된다.

II. 위법성을 배제할 사유는 없다. T가 땅에 떨어져 있는 막대기를 집어 든 것은 장난스러운 행동일 뿐 乙을 공격하기 위한 행위가 아니었다. 乙의 신체에 대한 공격 자체가 없었으므로 정당방위(제21조)가 성립될 여지가 없다.

III. 책임

- 오상방위를 근거로 한 고의 책임 부인 여부 -

乙이 생각했던 것처럼 T가 땅에 떨어져 있는 막대기를 집어들고 공격해 온 것이라면 정당방위 상황이 인정된다. 발로 막대기를 들고 있는 손을 차서 떨어뜨리게 하고 칼의 손잡이로 때려 넘어지자 다시 칼로 찌르는 일련의 행위는 乙의 생각이 사실이었다면 방위를 위한 행위로 인정된다. 그러나 상당성까지 인정하기는 곤란하다. 칼로 찔러서 죽기까지 하도록 만든 것은 상당성을 초과하는 방위행위이다.

오상방위는 착오 속에 이루어진 방위행위가 상당성을 넘어서지 않는 경우에 한하여 의미를 가진다. 이 경우는 그렇지 않기 때문에 고의책임을 부인할 사유로 인정될 수 없다.

- 극도의 흥분상태로 인한 심신상실(제10조 제1항)을 근거로 한 책임 배제 여부 -

형법 제10조 제1항은 단순히 심신장애라고만 규정하고 있어서 심신장애가 구체적으로 어떤 증상을 말하는 것인지 명확하지 않다. 그런데 우리 형법 제10조 1항과 유사한 조문인 독일 형법 제20조는 이를 병적 정신장애, 심한 의식장애, 정신박약 또는 그 밖의 중대한 정신적 변성으로 규정하고 있다.

우리 형법상의 "심신장애"도 대체로 이러한 범주에서 이해되고 있다. 극도의 흥분상태는 이 가운데 심한 의식장애에 해당될 수 있다. 흥분상태가 심해져서 의식장애에까지 도달하였다고 하기 위해서는 ① 외부의 자극에 영향을 받지 않을 정도로 의식이 한 군데로 집중되어 있고 나머지 부분에서는 상실되어 있다, ② 극도의 혼란상태가 갑자기 발생되었기 때문에 그 상태에 이르기까지 의식변화의 단계가 확인 불가능하다, ③ 흥분상태에서의 자신의 행동에 대한 기억을 못하거나 토막난 몇 장면만 기억한다는 등의 증상이 확인되어야 한다.

이 사건에서 乙은 상당히 흥분한 상태에 빠져 있기는 하였다. 그러나 피고인 甲이 옆에서 멈추라고 소리를 지르자 곧바로 공격을 중지하였다는 점에서 외부의 자극에 영향을 받지 않을 정도에까지는 이르지 않은 것으로 판단된다. 심신장애라고 할 수 있는 심한 의식장애(극도의 흥분)가 없었으므로 乙의 행위에 대해서는 제10조 제1항을 적용할 수 없다.

— 음주상태로 인한 심신미약(제10조 제2항)을 근거로 한 책임 감경 여부 —

T를 만났을 때 상피고인 乙은 이미 술을 마시고 난 상태이었다. 그러나 술을 마셔서 취했다고 판단할 수 있는 증상은 전혀 안 나타나고 있다. 따라서 음주로 인한 심신미약도 인정할 여지가 없다. 乙의 행위는 책임능력이 있는 상태에서 이루어진 것으로 판단된다.

Ⅳ. 이 부분 乙의 행위는 살인(형법 제250조 제1항)을 근거로 가벌성이 인정된다.

❖ 부진정 부작위 살인 (형법 제250조 제1항)

I. 구성요건

1. 객관적 구성요건

(1) 행위상황

1) 작위의무의 존재: 乙은 T의 머리를 칼로 찔러서 사망의 위험을 발생시킨 사람이므로 그러한 결과가 발생되지 않도록 방지할 작위의무를 가지게 된다. 이른바 선행행위를 근거로 보증인적 지위를 가지는 것이다.

2) 작위의무 이행가능성: 당시 상황에 乙은 쉽게 구조를 요청해 줄 수 있었다.

3) 행위: 그런데도 불구하고 필요한 조치를 취하지 않았다.

(2) 결과의 발생과 인과관계: T가 사망하였으므로 제250조 제1항이 예정하는 결과가 발생하였다. 또한 T는 칼에 찔리고 나서도 한

참 동안 살아있었으며 사망 원인이 출혈만이 아니라 체온 강하도 복합원인이었으므로 곧바로 구조조치가 취해졌더라면 충분히 목숨을 살릴 수 있는 상황이었다. 따라서 乙의 부작위와 T의 사망 사이에는 인과관계가 연결된다. 객관적 귀속을 배제할 사유도 없다.

2. 주관적 구성요건: 甲이 사망 가능성에 대해 이야기했을 때 乙이 살아날 수 있는 상황이라는 말을 하기는 하였다. 그러나 일단 甲의 이야기에서 뿐 아니라 당시 상황이 乙 스스로도 사망의 가능성을 인식할 수 있었다. 乙이 이 문제를 가볍게 생각한 것이 아님은 계속 그 일이 경찰에 알려지게 될까봐 두려워했다는 점에서 확인이 된다. 자신이 큰 일을 저지른 것이 아니라고 생각했다면 T를 도와줬을 수도 있다. 그러나 乙은 경찰에 잡힐 것을 두려워하여 아무 도움도 요청하지 않고 집으로 도망갔다. 乙은 T가 사망할 가능성을 인식하였고 그러한 결과가 일어날 것을 감수하면서 T를 그냥 놔두고 도망한 것이다. 따라서 미필적 형태로 고의가 인정된다.

II. 위법성과 책임을 배제할 사유도 없다.

III. 따라서 이 부분 乙의 행위는 부진정 부작위에 의한 살인(형법 제250조 제1항)을 근거로 가벌성이 인정된다.

❖ 결론

乙의 행위는 작위에 의한 살인(제250조 제1항)과 부진정 부작위에 의한 살인(제250조 제1항) 두 가지를 모두 충족시킨다. 같은 구성요건을 작위와 부작위 모두에 의해서 충족시킨 경우에는 부작위가 보충성을 가지므로 작위에 의한 살인만 적용이 된다.

❑ 甲의 형사책임

○ 행위 1: 피해자 T를 위해 도움을 요청하지 말자고 제안한 부분

❖ **부진정 부작위 살인 (형법 제250조 제1항)**

부진정 부작위 살인이 성립하기 위해서는 우선 甲이 보증인적 지위를 가지고 있어야 한다. 그러나 乙과는 달리 甲은 위험의 원인을 야기한 사람이 아니다. 따라서 보증인적 지위를 가지지 않는다.

❖ **부진정 부작위 살인 방조 (형법 제250조 제1항, 제32조)**

I. 구성요건

1. 객관적 구성요건

(1) 피방조범죄: 乙의 행위는 앞에서 살펴보았듯이 부진정 부작위 살인의 구성요건과 위법성을 갖추고 있다.

(2) 방조행위: 방조란 피방조범죄의 실행을 가능하게 만들어 주거나 법익침해를 강화해 주거나 실행을 쉽게 해 줌으로써 피방조범죄를 촉진하는 행위를 의미한다. 甲은 乙에게 만약 도움을 요청하면 경찰이 오게 될 테니까 그냥 놔두는 것이 좋겠다고 함으로써 실행을 북돋워 주었다. 이는 피방조범죄를 촉진하는 전형적인 행위이다.

2. 甲은 위와 같은 행위를 하는 데 대한 인식과 의도를 명백한 형태로 가지고 있었다.

II. 위법성과 책임을 배제할 사유가 없다.

III. 따라서 이 부분 甲의 행위는 부진정 부작위 살인 방조(형법 제250조 제1항, 제32조)를 근거로 가벌성이 인정된다.

○ 행위 2: 같이 상의하여 다시 한 번 T를 위해 도움을 요청하지 말자고 결정한 부분

❖ **부진정 부작위 살인 공동정범 (형법 제250조 제1항, 제30조)**

甲은 워낙 T를 구조할 작위의무가 없었다. 작위의무가 없어서 보증인이 아닌 사람이 정범과 똑같은 내용의 행위(부작위)를 하기로 합의했다고 해서 보증인적 지위가 발생하는 것은 아니다. 보증인적 지위는 법령, 계약, 선행행위 또는 긴밀한 생활공동관계 등 명확한 근거가 있을 때 인정되는 것이다. 甲은 乙의 구조의무 불이행(부작위)을 한 번 촉진한 바 있지만 이것이 사망의 원인이었다고 할 수도 없으므로 선행행위를 근거로 작위의무를 인정할 수 없다.

❍ 결론

甲의 행위는 부진정 부작위 살인 방조(제250조 제1항, 제32조)에 해당한다.

[사례 14] 부당노동행위

2008년 11월부터 2009년 1월 사이에 ××주식회사는 경영악화를 핑계로 그 동안 노조활동에 참여한 사실이 있는 직원 121명에게 사표제출을 강요하였다. 이 가운데 87명은 회사측의 강압을 이기지 못하고 사표를 제출하였다. 그러나 노조원 甲을 비롯한 나머지 34명은 끝까지 사표제출을 거부하고 1999년 2월 1일부터 본사 로비를 점거하여 농성을 시작하였다. 1999. 2. 2. 회사측은 회사의 업무를 방해했다는 것을 이유로 이들 34명을 즉시 해고하였다. 해고된 34명은 지방노동위원회에 부당노동행위 구제신청을 하는 한편 사장실을 점거하고 장기농성에 들어갔다.

화가 난 사장 己가 총무이사 戊에게 "야! 저 인간들 빨리 처리하지 못해?"라고 신경질을 내자 戊 이사는 평소에 잘 알고 지내던 조직폭력배 癸에게 연락을 하였다. 연락을 받고 戊를 만난 癸는 농성중인 해고근로자들을 끌어내서 손 좀 봐주라는 부탁과 함께 3백만 원을 받았다. 癸는 1999. 2. 4. 부하들을 이끌고 회사 경비원 두 사람과 함께 사장실로 들어가 각목과 쇠파이프를 휘둘러 34명의 근로자를 모두 밖으로 몰아내고 가장 심하게 저항하던 노조원 甲을 심하게 때려 오른쪽 팔과 갈비뼈 두 대가 부러지는 상처를 입혔다. 癸는 옛날에도 종종 구사대로 동원되어 노동자들을 다치게 한 적이 있고 이러한 사실을 戊도 알고 있었다.

이 일이 있고 난 다음 날 戊와 癸가 함께 있는 모습을 목격한 해고근로자의 신고로 癸는 경찰에 체포되었다. 곤란해 진 戊는 관할 경찰서 수사계장을 잘 알고 있는 경리과의 庚을 불러 수사계장을 접대하고 봉투를 찔러주라고 하며 경리과장으로 하여금 회사 비자금 2백만 원을 가져오게 하여 이를 건네주었다. 이 과정에서 戊 이사는 己 사장에게 비자금 사용을 승낙 받았다.

庚은 관할경찰서 수사계장을 불러내 자기 회사 사건을 잘 부탁한다고 하면서 술을 사주고 100만 원의 현금을 봉투에 담아 건네주었다. 술값은 2차비용까지 합쳐서 70만 원 정도가 나왔고 돈이 30만 원 정도 남았는데 庚은 이를 반납하지 않고 그냥 가져버렸다.

[문] 甲, 癸, 庚, 戊, 己의 형사책임을 논하시오.

❑ 甲의 형사책임

본사 로비를 점거하여 농성한 행위와 사장실을 점거해서 농성한 행위는 서로 성격이 약간 다른 법익에 대한 행위이고 장소적·시간적으로도 서로 분리되어 있으므로 별개의 평가단위로 볼 수 있다. 이에 두 개의 행위를 나누어서 살펴본다.

❍ 행위 1: 본사 로비를 점거하여 농성한 부분

❖ 주거침입 (형법 제319조 제1항)

I. 구성요건

1. 객관적 구성요건

(1) 행위객체: 제319조 제1항에 의하면 "사람의 주거, 관리하는 건조물, 선박이나 항공기 또는 점유하는 방실"이 행위객체이다. 이 가운데 관리하는 건조물이란 '사실상 사람이 관리·지배하는 건조물로서 함부로 타인이 침입하는 것을 방지할 물적 또는 인적 설비가 있는 것'을 의미한다. ××주식회사의 본사 로비는 이러한 요건을 갖추고 있으므로 제319조 제1항의 행위객체로 인정된다.

(2) 행위: '침입'이란 주거권자의 의사에 반해서 들어가는 행위를 말한다. 사례에서 甲은 본사 로비라는 장소에 대한 주거권을 가지고 있는 사람이 아니다. 그러면서 주거권자의 동의를 받지 않은 상태에서 로비로 들어갔다. 로비라는 장소는 일반적으로 출입이 허용되는 장소이다. 이러한 장소의 경우에는 주거권자로부터 사실상의 동의가 없었더라도 출입이 일반적 허용의 범위를 벗어나지 않는 한 무방하다.

일반적 허용범위를 벗어나는 경우로 볼 수 있는 것은 ① 출입이 허용되지 않는 시간에 들어가는 경우와 ② 출입방법이 비정상적인 경우. 예를 들어 담을 넘어 창문으로 들어가거나, 강도행위를 하기 위해 복면을 하고 흉기를 들고 난입하는 경우 등이다.

한편 출입방법은 정상적이지만 범죄의 목적을 가지고 있는 경우, 예를 들어 절도를 목적으로 백화점에 들어갔을 때에는 어떻게 보아야 하는가에 대하여 판례는 일반적 허용범위를 벗어나 주거침입이 성립된다고 보고 통설은 그렇지 않다고 본다. 제319조 제1항의 보호법익은 주거의 평온이므로 출입방법 자체가 주거의 평온을 사실상 해치지 않는 정상적인 방법이라면 주거침입이 성립하지 않는다고 보아야 할 것이다.

사례에서 甲이 다른 근로자 33명과 함께 폭력적인 방법으로 본사 로비로 밀려들어가 그 장소를 점거하였다면 모르겠으나 그렇지 않은 이상 이들이 그 장소에 들어간 목적이 무엇이었는가 하는 점과는 관계없이 주거침입의 구성요건에 해당되지 않는다고 보아야 하겠다.

II. 甲의 행위는 제319조 제1항(주거침입)의 구성요건에 해당되지 않는다.

❖ 업무방해 (형법 제314조 제1항)

Ⅰ. 구성요건

1. 객관적 구성요건

(1) 제314조 제1항의 행위객체는 '사람의 업무'이다. 여기서 사람의 업무란 당연히 정당한 업무를 말한다. 업무의 주체는 반드시 자연인일 필요가 없다. 법인이나 법인격 없는 단체도 이에 포함된다. 주식회사의 일반업무는 정당한 업무로서 보호대상이 된다.

(2) 제314조 제1항의 구성요건은 정당한 업무의 집행을 허위사실 유포, 위계 또는 위력이라는 방법을 동원하여 방해하면 성립된다. 여기서 위력이란 폭행·협박을 의미한다. 또한 폭행은 신체에 대한 직접적 유형력 행사인데 그러한 행위는 甲과 33인의 근로자가 하지 않았다. 그리고 농성을 통해 사표제출을 강요하지 말라는 요구는 하였겠지만 자신들의 주장을 받아들이지 않을 경우에는 어떠한 해악을 가하겠다는 식의 협박을 했다는 점은 확인이 되지 않는다. 따라서 甲

은 제314조 제1항에 해당되는 행위를 하지 않았다고 보아야 한다.

II. 甲의 행위는 제314조 제1항(업무방해)의 구성요건에 해당되지 않는다.

○ 행위 2: 사장실을 점거하여 농성한 부분

❖ 주거침입 (형법 제319조 제1항)

I. 구성요건

1. 객관적 구성요건

(1) 행위객체: 제319조에 의하면 "사람의 주거, 관리하는 건조물, 선박이나 항공기 또는 점유하는 방실"이 행위객체이다. 이 가운데 점유하는 방실이란 '건물 내에서 사실상 지배·관리하는 구획'을 의미한다. ××주식회사의 사장실은 이러한 요건을 갖추고 있으므로 제319조 제1항의 행위객체로 인정된다.

(2) 행위: '침입'이란 주거권자의 의사에 반해서 들어가는 행위를 말한다. 사례에서 甲은 주거권자인 사장의 동의를 받지 않은 상태에서 사장실로 들어갔다. 사장실은 로비와는 달리 일반적으로 출입이 허용되는 장소가 아니다. 따라서 사실상의 동의가 없는 상태에서 들어가게 되면 주거침입의 구성요건에 해당된다.

2. 주관적 구성요건

범죄구성요건을 실현시킬 객관적 행위상황에 대한 인식과 범죄구성요건을 실현하고자 하는 의사가 있었다.

II. 위법성

— 형법 제20조(정당행위)를 근거로 한 위법성 배제 여부 —

단체교섭 과정이 아니었기 때문에 노동쟁의로 인정될 여지가 없다.

그렇다고 기타 사회상규에 위배되지 않는 행위라고 보기도 힘들다. 甲의 행위가 정당한 행위라는 사회적 공감을 얻을 수 있을 정도에 해당하는 것이라고 볼 수 없기 때문이다.

III. 책임을 배제할 사유도 없다. 따라서 甲의 행위는 형법 제319조

제1항(주거침입)을 근거로 가벌성이 인정된다.

❖ 특수주거침입 (형법 제320조)

甲은 해고된 노동자 33명과 함께 사장실로 들어갔다. 34명 규모의 집단은 제320조에서 말하는 다중이라고 보기에 충분하다.

이들이 사장실에 진입하면서 이들을 저지하는 사람의 신체에 직접적 유형력을 가하거나 그렇지 않더라도 협박을 하지는 않았는지에 대하여 사례에서는 언급이 없다. 그러나 일반적으로 사장실에는 직원이 있게 마련이기 때문에 누군가가 저지했을 것이라는 가능성을 배제할 수 없다. 따라서 이 경우에는 사실관계를 두 가지로 나누어서 해결해야 하겠다.

첫 번째, 사장실에 아무도 없었던 경우: 폭행·협박을 할 수 없는 상황이므로 제320조가 성립되지 않는다.

두 번째, 누구든지 이들을 저지했을 경우: 제320조의 구성요건을 충족시킨다. 위법성과 책임을 배제할 사유도 없으므로 이 때에는 가벌성이 인정된다.

❖ 업무방해 (형법 제314조 제1항)

Ⅰ. 구성요건

1. 객관적 구성요건

(1) 행위객체: 제314조 제1항의 행위객체는 '사람의 업무'이다. 여기서 사람의 업무란 당연히 정당한 업무를 말한다. 주식회사의 사장과 사장실 직원이 처리하는 일반업무는 정당한 업무로서 보호대상이 된다.

(2) 행위: 제314조 제1항의 구성요건은 정당한 업무의 집행을 허위사실 유포, 위계 또는 위력이라는 방법을 동원하여 방해하면 성립된다. 여기서 위력이란 폭행·협박을 의미한다. 甲은 33명의 해고노조원들과 함께 사장실을 점거하였다. 점거는 물리적인 힘을 사용하여 일정한 장소를 자신의 지배 아래 두는 것을 의미한다. 이는 바로 폭

행・협박의 사용에 해당된다. 넓은 회사 로비의 일부를 차지하고 앉아서 농성을 하는 것과 사장실을 점거하는 것은 행위 유형이 아주 다르다. 사장실 점거는 제314조 제1항의 위력을 행사한 것으로 해석된다.

(3) 결과의 발생: 판례는 제314조 제1항의 범죄를 추상적 위험범으로 보아 업무가 실제로 방해되는 결과가 있어야 할 필요는 없고 업무를 방해할 위험성을 가진 행위를 하기만 하면 충분하다고 보고 있다. 그러나 규정 자체가 "업무를 방해한 자"로 되어있는데도 불구하고 업무를 방해했다는 결과를 발생시키지도 않았는데 업무방해죄를 인정하는 것은 부당하다. 제314조 제1항은 결과범으로 해석하는 것이 옳다.

제314조 제1항이 예정하고 있는 결과는 '업무수행의 자유를 현저하게 침해하는 것'이라고 보아야 한다. 예를 들어 시험시간에 옆 사람의 답안지를 살짝 보고 한 문제를 같은 답으로 쓴 경우를 학교가 공정한 학사업무를 수행하지 못하도록 방해한 것이라고 보아 업무방해죄로 처벌하는 것은 합당하지 못하다.

사례의 경우 사장실에 34명의 해고 근로자가 들어앉아 있었는데 이로써 사장실의 업무가 상당한 불편을 겪었으리라는 점은 충분히 인정할 수 있다. 그러나 사장실의 집기를 전부 들어내거나 직원들이 출입을 하지 못하게 막는 등의 행위를 하지 않은 이상 이것이 사장실의 업무수행의 자유를 현저하게 침해한 것이라고는 할 수 없다.

II. 甲의 행위는 형법 제314조 제1항의 구성요건에 해당되지 않는다.

❑ 조직폭력배 癸의 형사책임

○ 행위 1: 사장실의 노동자들을 밖으로 몰아 낸 부분

❖ 폭행 (형법 제260조 제1항)

I. 구성요건

농성 중인 근로자들에게 쇠파이프와 각목을 휘두른 행위는 타인의 신체에 대한 직접적인 유형력 행사에 해당된다. 이는 제260조 제1항에서 말하는 폭행의 객관적 구성요건의 범위에 속한다. 또 癸는 자신이 어떠한 행위를 하는지 분명히 인식하고 있었으므로 주관적 구성요건도 성립한다.

II. 위법성

− 형법 제21조 제1항(정당방위)을 근거로 한 위법성 배제 여부 −

1. 객관적 요건

(1) 정당방위 상황

1) 침해: 사장실의 주거권자가 가지고 있는 주거권은 법적으로 보호되는 이익이다. 그런데 34명의 해고 노조원이 무단으로 사장실을 점거하고 있었으므로 법적으로 보호되는 이익에 대한 침해가 존재하였다.

2) 침해의 현재성: 癸가 행동을 시작했을 때 34명이 계속 사장실을 점거하고 있었으므로 침해의 현재성이 인정된다.

3) 침해의 부당성: 34명의 점거행위는 그들 나름대로 정당화 사유를 가지고 있지 않았고 법적으로 보호되는 이익을 침해하는 행위이었으므로 침해의 부당성도 인정된다.

(2) 정당방위 행위

1) 방위행위: 쇠파이프와 각목을 휘두름으로써 근로자들이 힘에 밀려 밖으로 나가게 한 것은 주거권을 보호하기 위한 방위행위로서의 성격을 가진다.

2) 상당성: 상해의 결과를 발생시키지 않고 공포 분위기를 조성하는 정도에서 그친 것은 상당성이 인정된다.

2. 주관적 요건: 방위의사도 가지고 있었다.

III. 癸의 행위는 형법 제260조 제1항(폭행)의 구성요건에 해당되지만 위법성이 배제되어 처벌할 수 없다.

○ **행위 2: 甲에게 부상을 입힌 부분**

❖ **상해 (형법 제257조 제1항)**

I. 구성요건

1. 객관적 구성요건

팔과 갈비뼈가 부러진 것은 제257조 제1항에서 말하는 상해에 해당되는 결과이다. 그러나 중상해의 결과라고 볼 수는 없다. 생명에 대한 위험을 발생시키거나 불구를 만든 것은 아니기 때문이다.

또 癸의 구타행위와 甲가 상해를 입은 결과 사이의 인과관계는 직접적으로 연결된다.

2. 주관적 구성요건

범죄구성요건을 실현시킬 객관적 행위상황에 대한 인식과 범죄구성요건을 실현하고자 하는 의사가 있었다.

II. 위법성

— 형법 제21조 제1항(정당방위)을 근거로 한 위법성 배제 여부 —

나머지 33명의 근로자에 대한 폭행의 경우와 마찬가지로 정당방위가 성립하기 위한 요건 가운데 방위행위까지는 충족이 된다. 그러나 주거권을 지키기 위해서 쇠파이프와 각목을 휘둘러 팔과 갈비뼈가 부러지게 한 것은 상당성이 있다고 보기 어렵다.

III. 癸의 행위는 책임을 배제할 사유도 없다. 따라서 癸의 행위에 대해서는 형법 제257조 제1항을 근거로 가벌성이 인정된다.

❖ **폭력행위 등 처벌에 관한 법률 제2조 제2항 위반**

癸는 부하들을 이끌고 쇠파이프를 휴대하여 제257조 제1항의 범죄행위를 했으므로 그의 이 부분 행위는 "2인 이상이 공동하여 제1항에 열거된 죄를 범한 때"에 해당된다.

❑ 경리직원 庚의 형사책임

❍ 행위 1: 관할 경찰서 수사계장을 접대하고 봉투를 찔러준 부분

❖ 뇌물 공여 (형법 제133조 제1항)

I. 구성요건

1. 객관적 구성요건

(1) 뇌물

뇌물이란 '공무원의 직무관련 행위에 대한 대가로 제공되는 불법한 이익'을 의미한다.

1) 직무: 여기서 직무란 '공무원이 그 직위에 따라 담당하는 일체의 집무'를 말한다. 이 사례에서 뇌물공여의 상대방이 된 자는 경찰서 수사계장이고 수사는 수사계장이 그 직위에 따라 담당하는 가장 주된 집무 내용이다.

2) 직무관련 행위: 직무관련 행위란 사실상 권한 범위 내의 행위를 의미한다. 이에는 ① 권한에 속하는 직무행위, ② 권한과 밀접한 관계가 있는 행위, ③ 권한 내의 행위와 관련하여 사실상 처리하던 행위 등이 모두 포함된다. 이 사안의 경우에는 바로 그 수사계장의 권한에 속하는 직무행위가 문제된다.

3) 대가관계: 직무관련 행위와 제공되는 이익이 서로 관계가 있어야 뇌물죄가 성립되는데 양 당사자 사이에 어느 정도의 합의가 있어야 하는가 하는 측면에서 뇌물을 일방적으로 제공하는 경우에는 상대방의 동의를 이끌어 내고자 하는 의지가 포함되어 있어야 한다. 庚이 수사계장에게 술을 사주고 2차 비용까지 대주면서 봉투를 건네준 것은 수사활동을 회사에 유리한 방향으로 이끌고 가겠다는 동의를 이끌어 내고자 하는 의지를 가지고 있었던 것이라고 보기에 충분하

다.

이 과정에서 상대방인 공무원이 대가로 해야 할 행위 내용이 언제, 어떠한 내용을, 어떠한 방식을 취할 것인가 하는 등 세부 사항까지 구체화될 필요는 없다.

4) 불법한 이익: 불법한 이익이란 '대가로 제공되는 모든 유형의 이익으로서 객관적 측정이 가능한 것'을 말한다. 재산적 이익으로서 현금, 유가증권, 양복, 자동차 등 금품을 제공하는 경우와 비재산적 이익으로서 술, 이성간의 교제 등 향응제공이 모두 포함된다. 이 사례에서 庚은 두 가지 유형의 불법한 이익을 모두 제공하였다.

(2) 약속, 공여 또는 공여의 의사표시: 庚은 술을 사주고 2차 비용을 대주며 또 돈 100만원을 봉투에 담아 건네줌으로써 뇌물을 공여하였다.

2. 주관적 구성요건

범죄구성요건을 실현시킬 객관적 행위상황에 대한 인식과 범죄구성요건을 실현하고자 하는 의사가 있었다.

II. 위법성과 책임을 배제할 사유가 없다.

III. 따라서 庚의 행위에 대해서는 형법 제133조 제1항을 근거로 가벌성이 인정된다.

○ 행위 2: 30만원을 반납하지 않고 그냥 가져버린 부분

❖ 횡령 (형법 제355조 제1항)

I. 구성요건

1. 객관적 구성요건

(1) 행위주체: 타인의 재물을 보관하는 자

1) 타인의 재물: 200만 원을 주면서 그 돈으로 접대도 하고 돈봉투도 만들어서 찔러주라고 시켰다면 그로서 200만 원의 소유권은 받는 사람에게 넘어간 것이다. 왜냐하면 소유권 이전의 합의와 점유

의 이전이 있었기 때문이다. 따라서 庚은 타인의 재물을 가진 것이 아니라 자신의 재물을 챙긴 것이다.

❏ 총무이사 戊의 형사책임

○ 행위 1: 농성 근로자를 손봐주라고 한 부분

❖ 폭력행위 등 처벌에 관한 법률 제2조 제2항 위반 교사 (폭처법 제2조 제2항, 형법 제31조)

I. 구성요건

1. 객관적 구성요건

(1) 피교사범죄: 癸의 행위는 앞에서 확인한 것처럼 폭처법 제2조 제2항 위반죄의 구성요건에 해당되고 위법성도 인정된다.

(2) 교사행위: 부탁을 통하여 癸가 농성 근로자에게 폭력을 행사하여 사장실 밖으로 몰아내는 행위를 하겠다는 의사를 형성하게 만들었다. 癸는 전에도 종종 구사대로 동원되어 노동자들을 다치게 한 적이 있는 사람이다. 따라서 저항하는 노동자를 폭력을 이용해서 몰아낸다는 것은 그들을 다치게 한다는 것도 포함되는 일이다.

2. 주관적 구성요건

癸로 하여금 상해 행위를 하게 만든다는 데 대한 인식과 의도가 확정적인 형태로 있었다고는 볼 수 없을 수 있다. 그러나 戊는 癸가 어떤 사람이고 어떠한 일을 해왔다는 것을 잘 알고 있기 때문에 적어도 미필적 형태로는 癸가 상해 행위를 하게 만든다는 데 대한 인식이 있었다고 보아야 한다.

II. 위법성과 책임을 배제할 사유가 없다.

○ 행위 2: 수사계장을 접대하고 돈봉투를 주라고 한 부분

❖ 뇌물 공여 교사 (형법 제133조 제1항, 제31조)

I. 구성요건

1. 객관적 구성요건

(1) 피교사범죄: 庚의 행위는 앞에서 확인한 것처럼 뇌물공여죄의 구성요건에 해당되고 위법성도 인정된다.

(2) 교사행위: 지시를 통하여 庚이 뇌물공여 행위를 하겠다는 의사를 형성하게 만들었다.

2. 주관적 구성요건: 庚으로 하여금 뇌물공여 행위를 하게 만든다는 데 대한 인식과 의도가 있었다.

II. 위법성과 책임을 배제할 사유가 없다. 따라서 戊의 이 부분 행위는 형법 제133조 제1항과 제31조(뇌물공여 교사)를 근거로 가벌성이 인정된다.

❑ 사장 己의 형사책임

○ 행위 1: 총무이사에게 농성 노동자들을 처리하라고 지시한 부분

❖ 상해 교사 (형법 제257조 제1항, 제31조)

I. 구성요건

1. 객관적 구성요건

(1) 피교사범죄: 피교사자 癸의 행위는 상해죄의 구성요건과 위법성을 충족시킨다.

(2) 교사행위: 지시를 통하여 戊가 농성 근로자들을 사장실 밖으로 몰아내겠다는 의사를 형성하게 만들었다. 그런데 戊는 직접 농성 근로자를 몰아내는 행위를 하지 않고 다시 癸를 시켜서 일을 마무리하였다. 이른바 간접교사가 된 것이다. 간접교사가 되었다 하더라도 교사를 인정하지 않을 이유가 없으므로 교사행위는 성립된다고 하여야 한다.

2. 주관적 구성요건

戊로 하여금 농성 근로자를 몰아내는 행위를 하게 만든다는 데 대한 인식과 의도가 있었다. 그리고 회사의 이사가 그러한 일을 몸소 나서서 할 리가 없는 것이므로 다시 다른 사람을 시켜서 일을 처리할 것이라는 것도 己가 몰랐을 리 없다. 다만 상해의 결과까지 야기될 것인가에 대해서도 己가 인식하고 있었을 것인가 하는 점은 문제이다. 그 점까지 인식하고 있었다고 말하기는 곤란하다.

❍ 행위 2: 비자금 사용을 승낙한 부분

❖ 뇌물공여 교사 방조 (형법 제133조 제1항, 제31조, 제32조)

戊가 이미 작정하고 있던 뇌물공여 교사 행위를 승낙함으로써 촉진시켜 주었다.

[사례 15] 임페리얼

甲은 단골 카페에서 저녁 7시부터 새벽 2시까지 임페리얼을 양주잔으로 19잔을 마시고 나서 마무리한다며 맥주 5잔을 더 마셨다. 때마침 甲의 부인이 만삭인 상태에서 차를 끌고 와 카페에 나타남으로써 술자리는 끝이 났다. 집에 가기 위하여 밖으로 나온 甲은 부인이 만류함에도 불구하고 자신이 운전하겠다며 열쇠를 빼앗아 운전석에 앉았다. 말리기를 포기한 부인은 조수석에 앉았다. 甲의 부인이 甲을 데려가기 위해 단골카페에 차를 끌고 오는 것은 종종 있는 일이었다. 甲도 술을 마시기 시작할 때부터 부인이 차를 가지고 데리러 올 것이라는 생각을 하고 있었다.

시속 50 ~ 60 km로 차를 운전하던 甲은 길가에 주차중이던 차를 제때 인식하지 못하고 자기 차의 오른 쪽 앞부분으로 주차되어 있던 차의 왼쪽 뒷부분을 들이받았다. 이 사고로 주차되어 있던 차량의 범퍼 왼쪽 귀퉁이가 찌그러져 약 20만원의 재산피해가 발생하였다.

사고가 있고 나서 3시간 후에 甲의 혈액은 의사에 의하여 채집되었고, 검사결과 채혈 당시 혈중알코올농도는 0.19 %이었다.

[문] 甲의 죄책을 논하시오.

• 사례출처: OLG Stuttgart VRS 50, 265 / NJW 1976, 1904

❖ 주취 중 운전 (도로교통법 제44조 제1항·제4항, 제150조 제1호; 형법 제10조 제1항)

I. 구성요건

1. 객관적 구성요건

(1) 취한 상태: 도로교통법 제44조 제1항에서 말하는 취한 상태란 같은 법 제44조 제4항에 따라 혈중 알코올 농도 0.05% 이상인 경우를 말한다.

그런데 운전 직후에 혈중알코올 농도를 측정하지 않고 3시간 뒤에 혈액 채취가 이루어졌다. 그러면 행위 당시에는 혈중 알코올 농도가 얼마였는지는 역산을 통해 추정할 수밖에 없다.

알코올은 체내에서 계속 분해된다. 따라서 현행범 상황에서 혈중알코올 농도 측정이 이루어지지 않았을 때에는 항상 행위시의 혈중알코올 농도를 분해속도를 기준으로 역산을 해서 정하게 된다. 문제는 알코올 분해 속도는 개인에 따라 다 다르고 같은 사람의 경우에도 상황에 따라 달라진다는 점이다. 바로 행위가 있고 나서 그 당시에 어느 속도로 알코올이 분해되고 있었는지를 확인할 수 있는 방법은 없다. 따라서 일반적인 계산방법을 따르는 수밖에 없다.

일반적인 계산방법을 보자. 계산방법은 피고인에게 유리한 방향이어야 한다. 그런데 경우에 따라 알코올 농도가 높은 것이 유리할 수도 있고 반대로 낮은 것이 유리할 수도 있다.

첫째, 가능한 한 혈중알코올 농도가 높았던 것으로 계산해야 할 경우(책임 무능력 또는 한정책임능력 상태를 인정하기 위해서)

① 행위 후에 혈중알코올 농도를 측정한 경우: 시간 당 0.02%가 감소한 것으로 보고 덤으로 0.02%가 더 감소한 것으로 계산한다. 최대치의 감소율을 적용하는 것이다.

② 혈중알코올 농도를 측정하지 않아 행위 이전의 음주량을 기준으로 계산해야 하는 경우

－ 우선 음주량을 바탕으로 음주 종료시의 혈중알코올 농도를 정한다.

－ 시간 당 0.01%가 감소하는 것으로 계산한다. 흡수장애로 인한 알코올 손실량도 최소치인 10%로 본다. 최소치의 감소율을 적용하는 것이다. 여기서 흡수장애란 호흡・오줌・땀 등을 통해 알코올이 체외로 배출되는 것을 이야기한다. 많은 양을 급히 마시게 되면 체내 흡수장애가 30%까지 올라갈 수 있다.

둘째, 가능한 한 혈중알코올 농도가 낮았던 것으로 계산해야 할 경우(음주 자체 때문에 가벌성이 인정되는 경우)에는 위와는 반대로 행위 후의 감소치는 최소로 행위 전의 감소치는 최대로 보아야 한다.

이 사례에서는 3시간의 알코올 분해를 거친 상태에서도 이미 혈중알코올 농도가 0.19%이었다. 0.05%는 이미 훨씬 넘는 상황이기 때문에 어차피 주취중 운전 사실은 부인할 수 없는 상태이다. 따라서 책임 무능력을 주장하기 위해 가능한 한 혈중알코올 농도가 높았던 것으로 계산해야 하겠다.

$$0.19 + 0.02 \cdot 3 + 0.02 = 0.27\ (\%)$$

혈중알코올 농도가 최소치가 되도록 계산하는 경우(0.19 + 0.01 · 3 = 0.22)와 비교해 보면 0.05%의 차이가 있다. 어쨌든 취한 상태이었다는 점은 확실하다.

(2) 자동차 운전: 그 상태에서 시속 50 ~ 60 ㎞로 운전을 하였다.

2. 주관적 구성요건: 범죄구성요건을 실현시킬 객관적 행위상황에 대한 인식과 범죄구성요건을 실현하고자 하는 의사가 있었다.

Ⅱ. 위법성을 배제할 사유가 없다.

Ⅲ. 책임

행위당시에 甲은 명정상태 때문에 책임능력이 없는 상태이었을 수 있다.

혈중알코올 농도에 따른 명정상태를 분류해 보면 다음과 같다.

① 약도 명정: 0.05 ~ 0.1 % 한 잔 걸친 상태

② 경도 명정: 0.1 ~ 0.15 % 얼큰한 상태

③ 중등도 명정: 0.15 ~ 0.25 % 비틀거리는 상태

④ 고도 명정: 0.25 ~ 0.35 % 인사불성 상태

고도 명정의 중간 정도인 혈중알코올 농도 0.3% 정도이면 책임능력이 없는 상태가 확실하다. 이 경우는 0.27%이기 때문에 확실한 책임무능력 상태는 아니었다.

또 행위 당시의 행태도 고려해야 한다. 차를 운전할 정도이었기 때

문에 완전히 판단능력이 마비된 책임무능력 상태이었다고 보기는 힘들다. 따라서 한정책임능력 상태이었던 것으로 판단된다.

한정책임능력 상태이었기 때문에 甲의 행위는 형벌이 감경된다. 그러나 원인에 있어서 자유로운 행위에 해당되어 제10조 제2항의 적용이 배제되는지를 확인해야 한다.

❖ 원인에 있어서 자유로운 행위로서의 주취중 운전 (도로교통법 제44조 제1항 · 제4항, 제150조 제1호; 형법 제10조 제2항 · 제3항)

I. 구성요건

1. 객관적 구성요건

단골 술집에서 스스로 술을 마셔 심신미약 상태를 야기하였으며, 그 상태에서 주취 운전을 하였다.

2. 주관적 구성요건

(1) 심신미약 상태를 스스로 야기한다는 인식: 스스로 즐겁게 술을 마신다는 의도를 가지고 있었다. 확실하게 심신미약 상태까지 야기한다는 생각을 가지고 있었는지는 모르지만 적어도 미필적 고의는 인정된다.

(2) 심신미약 상태에서 주취 운전 행위를 하게 될 것이라는 상황에 대한 인식과 그러한 행위를 하겠다는 의사는 확정적인 형태로는 가지고 있지 않았다. 그러면 미필적 형태로는 가지고 있었는지 확인이 필요하다.

甲은 술을 마시기 시작할 때부터 부인이 차를 가지고 데리러 올 것이라는 점을 알고 있었다. 그리고는 부인이 차를 가지고 오자 막무가내로 자신이 운전을 하였다. 운전을 할 욕망으로 가득 차 있었던 것으로서 자신이 운전할 가능성을 충분히 인식하였고 이를 용인한 것으로 볼 수 있다. 미필적 형태의 고의가 인정된다.

Ⅱ. 위법성을 배제할 사유가 없다.

Ⅲ. 책임: 심신상실 상태를 야기하기 시작할 때 책임능력을 갖추고

있었다.

Ⅳ. 따라서 이 부분 甲의 행위는 원인에 있어서 자유로운 행위로서의 주취중 운전(도로교통법 제41조 제1항 · 제4항, 제107조의2 제1항; 형법 제10조 제2항 · 제3항)을 근거로 가벌성이 인정된다.

❖ 업무상 과실 손괴 (도로교통법 제151조)

도로교통상황에서 다른 사람의 차량을 파손하여 이용가능성을 침해하였으며, 술에 취하여 운전을 할 경우 과실로 손괴의 결과를 야기할 가능성이 있음은 누구나 인식할 수 있는 상황에서 이를 회피하고자 하는 노력을 전혀 기울이지 않았으므로 업무상 과실 손괴의 구성요건에 해당된다. 위법성을 배제할 사유는 없으나 한정책임능력 상태이었기에 제10조 제2항에 따라 형벌이 감경된다. 그러나 원인에 있어서 자유로운 행위이었는지를 확인해야 한다.

❖ 원인에 있어서 자유로운 행위로서의 업무상 과실 손괴 (도로교통법 제151조, 형법 제10조 제2항 · 제3항)

甲은 앞에서 확인한 것처럼 스스로 술을 마셔 심신미약 상태를 야기하였고 그 상태에서 업무상 과실에 의한 손괴행위를 하였다.

나아가 심신미약 상태를 야기한다는 인식을 가지고 있었으며, 술을 마시고 취하게 되면 과실손괴와 같은 부정적인 결과를 야기하는 행위를 하는 것은 어느 때이고 가능한 일인데, 이를 예견하고 회피하기 위한 조치를 취하지 않았다. 주의의무 위반이 인정된다.

위법성을 배제할 사유가 없으며 심신상실 상태를 야기하기 시작할 때 책임능력을 갖추고 있었기 때문에 가벌성이 인정된다.

❖ 결론

이 부분 甲의 행위는 원인에 있어서 자유로운 행위로서 주취 중 운전(도 · 교 제44조 제1항 · 제4항, 제150조 제1호; 형법 제10조 제2항 · 제3항)과 업무상 과실 손괴(도 · 교 제151조, 형법 제10조 제2항 · 제3항)에 해당한다.

[사례 16] 죽음의 구출작전

甲・乙・丙 세 사람은 함께 시위를 주최하였다. 시위대는 가두시위 도중에 진압경찰 5명을 강제로 붙잡아 자신들의 학교 도서관건물 내의 세미나실에 가두었다. 甲・乙・丙 세 사람은 이 과정에 직접 참여하지는 않았으나 시위와 농성 전체를 계속 지휘하였다. 부하 경찰관의 석방을 위한 설득작업이 실패하자 진압경찰의 지휘관 丁은 학교 당국의 허락도 영장을 발부 받지도 않은 상태에서 건물로 진입하여 억류중인 경찰관을 구출하도록 명령하였다. 경찰이 진입하자 농성장소로 향하는 계단을 지키고 있던 乙과 丙을 포함한 다수의 학생이 진입경찰을 향해 돌・의자 등을 던지고 乙과 丙은 화염병을 던졌다. 그 결과 두 사람의 경찰관이 돌에 맞아 부상을 입었고 한 사람의 경찰관은 바닥에 넘어져 많이 다쳤으며 한 사람은 화염병에 의해 건물에 불이 난 후 제 때 빠져나가지 못하여 사망하였다. 甲・乙・丙 세 사람은 시위 주도자로서 농성과정에서 억류한 경찰관을 시위학생이 석방될 때까지 풀어주지 말 것 그리고 경찰이 건물로 진입해 들어올 경우에 이를 구체적으로 어떻게 저지할 것인가 등을 결정하는 회의에서 주도적인 역할을 하였다.

[문] 甲・乙 그리고 丁의 형사책임은?

❑ 甲의 형사책임

○ 행위 1: 진압경찰 5명을 감금한 부분

❖ 체포・감금 교사 (제276조 제1항, 제32조 제1항)

피교사자인 시위대가 진압경찰을 강제로 붙잡아 세미나실에 가둔 행위는 신체활동과 장소이동의 자유를 박탈한 것으로서 제276조 제1항(체포・감금)의 구성요건에 해당된다.

그러나 甲은 이 행위에 직접 가담하지 않았고 단지 시위와 농성 전체를 지휘하였을 뿐이다. 교사행위가 되려면 범죄의사를 가지고 있지 않은 사람으로 하여금 범죄의사를 가지도록 만들어야 하는데 시위에 대한 총괄적 지휘는 뚜렷한 조직체계를 갖춘 집단의 지도급 인물이 하수인의 행동을 지시한 것과는 달리 구체적 범죄행위 내용에 대한 지시가 없기 때문에 범죄의사를 새롭게 생성시킨 것으로 볼 수 없다. 사례의 내용만으로는 교사가 성립된다고 볼 수 없다.

❖ 체포·감금 공모공동정범 (제276조 제1항, 제30조)

한편 판례는 실행행위에 가담하지 않았더라도 공모 단계에 참여했던 자에 대하여 공동정범의 성립을 인정하고 있다. 그러나 甲의 경우 사전에 체포·감금과 관련한 공모를 한 바도 없다. 체포·감금의 공모공동정범도 성립되지 않는다.

○ 행위 2: 진압경찰 5명을 계속 억류하자는 회의를 주도한 부분

❖ 체포·감금 공모공동정범 (제276조 제1항, 제30조)

진압경찰을 강제로 세미나실에 가둔 행위와는 별개로 강제 억류된 경찰을 계속 풀어주지 않고 붙잡아 두는 행위는 시위대의 지휘부와 해당 행동대원에 의하여 이루어졌다. 이들을 풀어주지 말자는 의사결정은 대책회의에서 결정되었고 甲은 분명히 이 회의에서 주도적인 역할을 하였다. 비록 경찰이 도망치지 못하도록 지키는 행위를 甲이 하지는 않았지만 공모에는 참여한 것이다.

공동정범이 성립되기 위해서는 어떠한 형태든지 행위지배가 있어야 한다. 공동정범의 경우에는 기능적 역할분담의 형태로 행위지배가 있게 되고 이에 따라 자신이 직접 행하지 않은 부분에 대해서도 전체 범죄행위에 대한 정범으로서의 책임을 지게 되는 것이다. 甲이 했던 역할은 대책회의를 주도하는 것이었다. 당시 상황을 바탕으로 판단해 볼 때 감금이 지속되도록 하는데 매우 중요한 의미를 가지는 역할을 甲이 했다는 것은 사실이다. 그러나 감금이 지속되는데 꼭 필요한 역할을 수행한 것은 아니다. 甲의 행위는 기능적 역할분담에 의한 행위지배가 없기 때문에 감금에 대한 공동정범이 성립되지 않는다. 공모에 참여하였다면 기능적 역할분담에 의한 행위지배가 없더라도 모두 공동정범이 된다는 판례의 태도는 설득력이 없다.

❖ 감금 방조 (제276조 제1항, 제32조 제1항)

甲이 감금의 실행행위에 직접 가담하지는 않았지만 계속 억류한다는 결정이 이루어지는 회의에서 의견을 모으는 과정에 주도적인 역할을 하였다. 이로써 감금이 지속되도록 실질적으로 중요한 도움을 주었다. 따라서 甲의 이 행위는 감금 방조에 해당된다.

❍ 행위 3: 진압경찰이 부상을 당하게 된 부분

❖ 상해 방조 (제257조 제1항, 제32조 제1항)

진압경찰이 부상을 당하게 된 결과는 대책회의에서 결정된 지침에 따라 농성자들이 행동함으로써 야기된 것이다. 따라서 이 회의에서 주도적인 역할을 한 甲의 행위는 발생된 결과에 대한 방조죄를 구성한다. 이 부분 甲의 행위는 제257조 제1항 및 제32조 제1항을 근거로 가벌성이 인정된다.

❍ 행위 4: 진압경찰이 사망한 부분

❖ 현주건조물 방화 치사 방조 (제164조 제2항, 제32조 제1항)

I. 구성요건

1. 피방조범죄

(1) 기본범죄: 시위대의 일부가 화염병을 던져 "사람이 현존하는 건조물"에 불이 붙어 독립 연소하도록 만들었으므로 제164조 제1항의 구성요건에 해당되는 행위가 있었다.

(2) 중한 결과의 발생: 경찰 한 사람이 미처 대피하지 못하여 죽게 되는 결과가 발생하였다. 이는 사람이 있는 것을 뻔히 보고 불을 붙인 것으로서 이와 같은 중대한 결과가 야기될 수 있다는 점은 객관적으로 충분히 예견이 가능하다. 이렇게 사람이 사망하는 결과가

발생될 수도 있음을 예견하고 이를 회피하도록 행동했어야 함에도 불구하고 그러하지 않았으므로 또한 이 부분 과실이 인정된다.

2. 방조행위: 진압경찰 가운데 한 사람이 죽음을 당하게 된 결과는 대책회의에서 결정된 지침에 따라 농성자들이 행동함으로써 야기된 것이다. 따라서 이 회의에서 주도적인 역할을 한 甲의 행위는 발생된 결과에 대한 방조죄를 구성한다.

❑ 乙의 형사책임

❍ 행위 1: 진압경찰 5명을 계속 억류하자는 회의를 주도한 부분

甲의 경우와 마찬가지로 乙의 이 부분 행위도 감금 방조죄(제276조 제1항, 제32조 제1항)를 구성한다.

❍ 행위 2: 진압경찰이 부상을 당하게 된 부분

❖ 상해 공동정범 (제257조 제1항, 제30조)

乙은 甲과는 달리 경찰이 진입할 때 이를 저지하기 위한 행동에 직접 나섰다. 돌과 의자를 던지는 행동은 하지 않았지만 이들 저지조의 행위는 전체로서 하나의 불법을 구성한다. 그 가운데에서 乙은 화염병을 던진다는 역할을 분담함으로써 기능적 행위지배를 하였다. 따라서 乙은 상해의 결과에 대하여 공동정범으로서의 책임을 져야 한다.

❍ 행위 3: 진압경찰이 사망한 부분

직접 화염병을 던진 결과 경찰 한 사람이 사망하도록 만들었으므로 현주건조물방화치사죄(제164조 제2항, 제32조 제1항)의 정범이 된다. 이 부분 乙의 행위는 가벌성이 인정된다.

❑ 丁의 형사책임

❖ 주거침입 교사 (제319조 제1항, 제31조 제1항)

I. 구성요건

1. 피교사자의 행위

(1) 주거침입: 경찰은 "관리하는 건조물"인 학교 도서관 건물에 주거권자의 동의가 없는 상태에서 들어갔다. 학교 도서관은 누구나 출입할 수 있도록 허용된 공개된 장소가 아니다. 또 일상적으로 경찰이 진압작전을 하기 위하여 건물에 진입하는 행위형태는 매우 거칠고 폭력적이다. 따라서 제319조 제1항의 구성요건에 충분히 해당되는 행위가 있었다.

(2) 정당행위(제20조)의 성립 여부

– 경찰관 직무집행법 제7조 제1항에 의한 행위: "인명・신체 또는 재산에 대한 위해가 절박한 때에는" 경찰관은 "그 위해를 방지하거나 피해자를 구조하기 위하여 부득이 하다"면 "필요한 한도 내에서" 타인의 주거에 출입할 수 있다. 그러나 이 사례의 경우에는 시위대가 경찰관을 감금하고 있기는 했지만 그들의 생명・신체에 대한 급박한 위험이 있었던 상황은 아니다. 단지 구속된 학생과 교환하자고 하며 억류하고 있었을 뿐이다. 따라서 이 규정을 근거로 정당행위가 인정될 수는 없다.

(3) 정당방위(제21조)의 성립 여부

① 정당방위 상황: 경찰관 5명의 법익이 계속 부당하게 침해당하고 있는 상황이었다. 따라서 분명히 정당방위가 가능한 경우이다.

② 경찰관 5명에 대한 침해를 제거하기 위하여 필요한 행위로서 진압작전을 실시하였다. 문제는 상당성이다. 억류된 사람을 구하기 위해서 타인의 주거에 마음대로 들어가는 것이 사회적으로 상당한 행위인가? 그 정도는 별 문제가 되지 않는 것으로 생각된다.

(4) 정범의 행위는 제319조 제1항의 구성요건에는 해당되지만

위법성이 배제된다.

2. 정범의 행위가 위법성을 갖추고 있지 않으므로 교사행위의 성립 여부는 검토할 필요가 없다. 丁의 행위는 가벌성이 없다.

[사례 17] 쇠고기 수입

무역업과 식자재 공급업을 하던 중 자금압박을 받게 된 甲은 미국 쇠고기 수입이 전면 자유화 된다는 소식을 듣고는 월령 30개월이 넘는 값싼 미국 쇠고기를 들여와 고기의 등급과 월령 등을 속여서 많은 이익을 볼 작정을 하였다. 甲은 미국의 무역업자 乙과 2008년 5월부터 10개월간 매달 5톤씩 합계 50톤의 쇠고기를 톤당 2천5백달러에 수입하는 계약을 체결하였다. 계약상 甲은 자신의 거래은행을 통해 신용장을 개설할 의무를 부담하였는데, 역시 자금사정이 여의치 않던 수출상 乙은 신용장이 개설되면 이를 이용해 자금을 융통해 보려는 계획을 가지고 있었다. 甲은 쇠고기를 매달 5톤씩 수입하면서 그 대금을 지급하는 일은 자신의 능력에 비추어 매우 힘든 일이었지만 계약의무를 전혀 이행하지 않을 생각은 아니었다. 그런데 乙 쪽에서 은행의 보증을 받아내지 못하는 바람에 甲은 신용장 개설을 하지 않게 되었다. 乙에 대한 은행의 보증이 있어야 신용장을 개설한다는 점은 계약내용에 포함되어 있었다. 乙을 통해 쇠고기를 수입하여 많은 차익을 얻으려던 계획에 차질이 빚어짐으로 인하여 甲은 자신의 거래처 상당부분을 상실하게 되었다.

거래처를 잃게 됨으로써 甲은 지급불능 상태가 되었는데 甲의 회사에 납품을 해오던 丙은 대금결제가 3개월 째 밀렸는데도 불구하고 납품을 계속하였다. 甲은 상황이 좋지 않아 丙에게 대금을 지급할 수 없을 것이라고 생각하면서도 거래처를 모두 상실할 수는 없는 일이라서 아무 말도 하지 않고 납품을 계속 받았다. 물론 기적 같은 일이 일어나면 돈을 갚을 수도 있을 것이라는 생각도 하였다. 그러던 중 대금결재가 6개월 째 밀리자 丙이 대금 지급을 심하게 재촉하였다.

답답해진 甲은 고등학교 동창 丁을 만나 한우 고기를 안주로 해서 함께 낮술을 마시기 시작하였다. 丁은 마침 딱지어음 장사를 하고 있었다. 두 사람이 소주 다섯 병을 마신 상태가 되어 모두 혀가 잘 돌아가지 않을 정도로 취했을 때 丁이 액면가 5천만원의 딱지어음 한 장을 꺼내서 甲에게 주었다. 甲이 무어냐고 묻자 "야! 뭐긴 뭐냐? 어음이지. 5천만원 짜리 어음이다. 너 한테 그냥 주는 거니까 맘대로 해라"고 대답하였다. 甲은 회사의 자금담당 상무를 곧바로 술집으로 불러 어음을 넘겨주고 丙에게 주라고 하였다. 자금담당 상무는 혹시 딱지어음 아닌가 하는 의심을 했지만 아무 말도 하지 않고 어음을 받아들고 회사로 돌아왔다.
[문] 甲의 형사책임을 논하시오.

○ 행위 1: 乙과 계약을 체결한 행위

❖ 사기죄 (형법 제347조)

I. 구성요건

1. 객관적 구성요건

(1) 기망: 계약을 체결하는 행위는 그 행동 자체가 일정한 설명을 내포하고 있기 때문에 별다른 설명이 없는 한 계약 내용을 이행하겠다는 의사표시로 이해된다. 이렇게 일정한 추론을 유도하는 행동을 하는 것도 기망에 해당된다(묵시적 기망).

甲은 乙과 쇠고기 수입계약을 체결하면서 별다른 이야기를 하지 않았다. 이는 계약 내용대로 매달 5톤씩 모두 50톤을 수입하고 정상적으로 대금을 지급하겠다는 의사표시로 해석된다. 그런데 이는 사실과 다른 것이었다. 따라서 상대방을 기망하는 행위에 해당된다.

(2) 착오: 상대방인 乙은 甲이 계약내용을 이행할 것이라고 믿음으로써 착오를 일으키게 되었다.

(3) 재산적 처분행위: 이러한 착오를 기반으로 乙은 甲과 계약을 체결하였다. 계약을 체결함으로써 乙은 甲에게 쇠고기를 공급할 채무를 부담하게 되었다. 이는 재산적 처분행위에 해당된다.

(4) 재산상의 손해: 문제는 재산적 손해가 발생했는가 하는 부분이다. 재산적 손해는 재산 감소가 실제로 일어나야만 인정되는 것이 아니고, 상대방에게 불리한 계약이 체결되면 그것으로서도 이미 발생된 것으로 평가된다.

그렇다면 甲과 乙 사이에 체결된 계약이 乙에게 불리한 것이었는지를 검토해야 하겠다. 만약 중간에 아무런 통제장치도 없이 곧바로 乙이 자신의 의무를 이행하여야 하도록 계약내용이 되어 있었다면 乙에게 불리한 계약이 성립된 것이라고 할 수 있을 것이다.

그러나 이 사안에서는 乙에 대한 은행의 보증이 이루어지고 나서 甲에 대한 신용장이 개설된 뒤에야 비로소 수출 쇠고기를 선적하도록 되어있다. 신용장이 개설되면 그 발행은행이 수입업자의 신용을 보증해주므로 수출업자는 확실하게 대금을 받을 수 있게 된다. 이와 같은 조건을 충족시키며 계약이 이행되는 경우에는 일방적으로 상대방에게 불리한 계약이 성립된 것이라고 말하기가 곤란하다.

이 부분 甲의 행위는 제347조의 사기에 해당되지 않는다.

❍ 행위 2: 丙의 납품을 계속 받은 행위

❖ 사기죄 (형법 제347조)

I. 구성요건

1. 객관적 구성요건

(1) 기망 : 기망은 작위에 의해서만 가능한 것이 아니라 부작위를 통해서도 가능하다. 부작위에 의한 기망이 성립하기 위해서는 ① 행위자에게 상대방의 재산적 손해를 유발할 착오를 방지해야 할 법적 의무와 ② 방지할 수 있는 실질적 가능성 그리고 ③ 행위자의 부작위가 작위에 의한 기망의 경우와 같은 수준의 행위반가치를 가지고 있어야 한다.

우선 상대방의 착오를 방지해야 할 보증인적 지위는 법령, 계약 또는 선행행위 등을 근거로 인정될 수 있다. 이 사안의 경우에는 계약을 근거로 법적 설명의무가 발생되는가 하는 점이 문제된다.

계약을 근거로 한 보증인적 지위는 특별한 신뢰관계가 바탕이 되는 경우에만 인정된다. 따라서 ① 문제의 사실이 상대방의 의사결정에 본질적으로 중요한 요소임이 분명하고, ② 이를 알리지 않으면 상대방에게 상당한 재산적 손해가 가해질 것이 확실하거나, ③ 상대방이 무경험자이어서 그 사실을 말해주지 않으면 성급하게 계약을 체결할 것이 명백한 경우이어야 법적 설명의무가 인정된다고 할 수 있다.

이 사안의 경우를 생각해보면, 우선 지급불능 상태가 되었다는 점은 상대방의 의사결정에 분명히 본질적인 요소라고 할 수 있다. 또한 이를 상대방에게 알리지 않게 되면 납품을 하고서도 대금을 지급받지 못하게 되어 재산적 손해가 가해질 것이 확실한 상황이었다. 그러므로 甲에게는 자신이 지급불능 상태에 빠졌다는 사실을 설명할 작위의무가 있었다고 보아야 한다.

나아가 지급불능 상태가 된 후에도 3개월 동안이나 그대로 납품을 받았으므로 자신이 파산지경에 이르렀다는 설명을 할 수 있는 시간적·실질적 가능성이 분명히 존재하였다.

또한 작위에 의한 기망의 경우와 비교해 봐도 행위반가치가 결코 뒤지지 않는다고 할 수 있다. 甲의 행위는 부작위에 의한 기망에 해당된다.

(2) 착오: 甲의 기망행위에 의해 丙은 사실을 모르고 있었고 이에 착오에 빠진 것이다.

(3) 재산적 처분행위: 이러한 착오로 인하여 丙은 납품을 계속하였으므로 재산상의 처분행위가 인정된다.

(4) 재산상의 손해: 또한 납품대금을 받지 못했으므로 재산상의 손해도 발생하였다.

2. 이상의 행위에 대하여 甲이 고의를 가지고 있었음은 분명하다.

II. 그리고 위법성과 책임을 배제할 사유도 존재하지 않는다.

III. 이 부분 甲의 행위는 사기죄(형법 제347조)를 근거로 가벌성이 인정된다.

❍ 행위 3: 자금담당 상무에게 어음을 건네주라고 지시한 행위

❖ 사기 간접정범 미수 (형법 제347조, 제352조, 제25조)

I. 구성요건

※ 사전검토 ① 甲이 자금담당 상무에게 딱지어음을 건네주었고 이를 받은 상무가 회사로 돌아오는 상황까지 사건이 진행되었다. 丙에

게 어음이 전달되는 단계까지 이르지 않았으므로 기수가 성립된다고 할 수 없다.

② 제347조의 행위에 대해서는 제352조에 미수범 처벌규정이 마련되어 있다. 따라서 미수를 검토할 사안이 된다.

1. 주관적 구성요건

(1) 피이용자의 행위 : 甲이 의도했던 피이용자의 행위는 딱지어음을 丙에게 전달하는 것이었다. 이를 객관적 구성요건 부분에서 살펴보면, ① 변제의사가 내재되어 있는 어음인 것처럼 보이게 행동을 하는 것이므로 기망행위가 성립하며, ② 상대방이 이를 사실로 믿도록 하겠다는 것이기에 착오를 유발하는 것에 해당되고, ③ 5천만원의 채무를 면제해주는 것이므로 재산상의 처분행위가 성립되며, ④ 전혀 가치가 없는 어음을 받고 그 반대 급부로 채무를 면제해 주었으므로 재산상의 손해가 발생되는 것이다.

피이용자인 상무는 주관적 구성요건 측면에서 자신이 건네주는 어음이 딱지어음이 아닐까 하는 의심을 하기는 하였지만 더 이상은 이에 대해서 생각을 하지 않았다. 범죄 성립의 가능성에 대한 인식은 있었지만 구성요건을 실현한다는 데 대한 의지는 전혀 찾아볼 수 없는 상태이었다. 따라서 구성요건적 고의가 인정되지 않는다. 피이용자의 행위는 구성요건에 해당되지 않는 것이었다.

(2) 이용행위

甲은 친구 丁에게 딱지어음이 아니냐고 물어보았고 丁이 이에 대하여 부정하지 않았으므로 딱지어음이라는 사실을 인식하고 있었다. 따라서 이상과 같이 구성요건에 해당되지 않아 처벌되지 않는 행위인 자금담당 상무의 행위를 이용해서 딱지어음을 丙에게 전달하고 액면가만큼 채무를 면제받고자 하는 고의가 인정된다.

2. 객관적 구성요건

문제는 실행의 착수가 있었는가 하는 부분이다. 간접정범의 경우 실행의 착수시기를 언제로 볼 것인가에 관하여 학설이 나뉘어 있다.

이를 살펴보면 첫째, 피이용자가 구성요건 실행행위를 개시한 시점에 실행의 착수가 있다고 보아야 하며 착수시기를 전혀 앞당겨서는 안된다는 견해가 있다.

둘째, 이용자가 피이용자를 이용하기 시작한 때로 실행의 착수시기를 일률적으로 앞당겨야 한다는 견해가 있다. 피이용자는 단순히 (살아있는) 도구로 이용되는 것이므로 전체 사건 진행에서 평가의 대상이 되는 행위는 이용자의 행위만이라는 것이다.

셋째, 피이용자가 선의인가 악의인가에 따라 구별해야 한다는 견해가 있다. 피이용자가 선의인 경우에는 이용행위가 이용자의 의도대로 진행되도록 되어 있기 때문에 이용행위를 할 때로 실행의 착수시기를 앞당겨야 하고, 피이용자가 악의인 경우에는 피이용자의 의도에 따라 사건진행이 달라질 수 있기 때문에 피이용자가 구성요건 실현행위를 시작할 때를 실행의 착수시기로 보아야 한다는 것이다.

넷째, 간접정범의 경우에도 실행의 착수시기를 판단하는 일반원칙 (절충설의 입장)에 따라 보호객체에 대한 직접적 위험 야기가 어느 시점에 있게 되는가 하는 실질적인 측면을 고려하여 구체적 사안마다 실행의 착수시기를 결정해야 한다는 견해가 있다. 이에 따르면 이용자가 더 이상 아무런 조치를 취하지 않더라도 구성요건이 실행될 상황이 된 때를 실행의 착수시기로 보게 된다. 실행의 착수가 언제인가 하는 문제는 구성요건을 떠나서 생각할 수 없는 것이므로 이 견해가 가장 합당하다고 생각한다.

네 번째 견해에 따라 판단해 보면 당시 이 회사의 상황이 丙으로부터 대금 결제를 해달라는 압박을 많이 받고 있는 상태이었기 때문에, 자금담당 상무가 아무 생각 없이 곧바로 丙에게 연락을 해서 어음을 건네 줄 사정이었다. 이용자인 甲이 더 이상 아무런 조치를 취하지 않더라도 구성요건이 실행될 상황이었다. 따라서 실행의 착수가 인정된다.

II. 이에 구성요건이 성립되고 위법성을 배제할 사유도 없다.

III. 책임

행위 당시 甲은 대략 소주 2병 반 정도를 마셨고 혀가 잘 돌아가지 않아 어느 정도 취기가 있는 상태이었다. 그런데 甲의 당시 행동거지를 보면 丁이 내어주는 액면가 5천만원의 어음을 보고 그것이 무엇인가에 대해서 의아해 하였으며, 자금담당 상무를 불러내어 업무지시까지 하였다. 이는 정상적인 행동거지라고 볼 수 있다. 사물을 변별할 능력이나 의사에 따른 행동을 할 능력이 감소되어 있었다고 보기 힘들다. 이에 책임도 인정된다.

IV. 이 부분 甲의 행위는 사기 간접정범 미수(형법 제347조, 제352조, 제25조)를 근거로 가벌성이 인정된다.

○ **결론**

甲의 행위는 사기죄와 사기 간접정범 미수에 해당된다. 두 범죄는 실체적으로 경합된다.

[사례 18] 실패한 방화

채무가 많아져 힘들어진 甲은 자신의 주택에서 약 500m 정도 떨어진 그리고 주변에 다른 건물이 전혀 없는 장소에 위치한 자기 소유의 창고에 불을 질러 보험금을 타내기로 작정하였다. 甲은 스스로 방화를 하지 않고 자신과 마찬가지로 채무에 허덕이고 있는 乙에게 불 지르는 일을 시키기로 하였다. 乙을 만난 甲은 자신의 계획을 그대로 이야기 해주고 한밤중에 자신의 창고에 불을 질러주었으면 한다고 말하였다. 乙이 동의를 하면 착수금으로 일단 100만원을 주고 일이 끝나면 다시 300만원을 제공하겠다고 제안하였다. 乙은 이에 동의를 하고 일단 그날 100만원을 받은 후 다음 날 밤 석유를 한 통 준비해서 불을 지르러 갔다. 그런데 乙은 착오를 일으켜 甲의 창고가 아닌 다른 곳에 위치한 丙의 창고에 불을 질렀다. 丙의 창고도 마찬가지로 보험에 가입되어 있었다. 불을 지르고 나서 乙은 곧 자신이 엉뚱한 창고에 불을 질렀다는 사실을 깨달았다. 실수를 만회하기 위해서 다시 甲의 창고에 불을 지르러 갈까 하다가 이미 불이 난 것이 들통이 난 상태일 것이라고 생각하고는 자신의 행위가 발각될까봐 겁이 나서 계획을 포기하였다. 대신 甲에게 가서 乙은 모든 일이 계획대로 진행되었다고 거짓말을 하면서 나머지 300만원을 달라고 하였다. 乙의 이야기를 듣고 나서 甲은 수고했다는 대꾸는 하였으나 300만원을 주지는 않았다. 甲은 본래 乙에게 나머지 300만원을 줄 생각이 없었다.

[문] 甲과 乙의 형사책임을 논하시오.

❑ 들어가는 말

甲이 乙을 시켜서 불을 질렀고 이에 따라 甲의 이 부분 행위는 乙의 범죄 성립 여부에 따라 종속적으로 결정되므로 乙의 행위를 먼저 검토한다.

❑ 乙의 형사책임

❍ 행위 1: 창고에 불을 지른 행위

❖ 일반건조물방화 (형법 제166조 제1항)

乙이 불을 지른 것은 丙의 창고로서 현주건조물과 공용건조물이 아닌 일반건조물에 해당된다. 乙은 명백한 고의를 가지고 행위를 하였으며 위법성과 책임을 배제할 사유도 없다. 따라서 이 부분 乙의 행위는 일반건조물 방화(형법 제166조 제1항)를 근거로 가벌성이 인정된다.

❍ 행위 2: 甲을 속이고자 한 행위

❖ 이미 지급한 100만원에 대한 사기 (형법 제347조)

Ⅰ. 구성요건

1. 객관적 구성요건

(1) 기망: 원래의 약속대로 甲의 창고에 불을 지른 것이 아님에도 불구하고 마치 그러한 것처럼 행동하여 甲을 기망하였다.

(2) 착오: 乙의 기망으로 인해서 甲은 실제로 乙이 자신의 창고에 불을 지른 것으로 오인하였다.

[부가설명] 甲이 수고했다는 말을 할 뿐 별다른 반응을 보이지 않았다는 것은 乙의 말을 믿었음을 의미한다. 보통의 일반인이라면 그렇게 행동할 것이므로 사건의 전개는 일반적일 것임을 전제로 이 경우에는 그러하게 사실관계를 파악하여야 할 것이다.

(3) 재산적 처분행위 : 甲은 乙의 말을 믿고 착수금 100만원을 회수하지 않았다. 100만원을 돌려받을 지위를 포기한 것이다. 이를 '재산'이라고 볼 수 있는가 하는 점은 재산의 개념을 어떻게 이해하는가에 따라 달라질 수 있다.

① 법적 재산개념은 법적으로 인정되는 재산권에 한하여 재산으로 인정한다. ② 경제적 재산개념은 법적으로 인정되는가의 여부를 떠나

모든 경제적 이익을 다 재산으로 본다. ③ 개인적 재산개념은 재산의 개념을 고려할 때 개인적인 특수한 입장을 감안하여야 한다는 견해이다. 마지막으로 ④ 법적 · 경제적 재산개념은 적어도 법이 금지하지는 않는 모든 경제적 가치를 재산으로 파악한다. 생각해 보면 법적 권리로 인정되는 것만을 재산으로 보는 것도 곤란하고, 그렇다고 모든 경제적 가치를 다 재산으로 보는 것도 법질서 내에서의 상호모순이라는 문제를 해결할 수 없어 곤란하므로, 법적으로 금지되는 것을 제외한 실현 가능한 경적 가치를 모두 재산으로 보는 법적 · 경제적 재산개념이 타당하다.

그렇다면 甲과 乙 사이의 계약은 반사회적 행위를 목적으로 하는 것으로서 무효이다. 범죄행위를 하는 대가로 돈을 지급하는 것이므로 법이 금지하는 이익이라고 볼 수 있다.

따라서 甲이 포기한 것이 재산이 아니므로 재산적 처분행위가 인정되지 않는다.

Ⅱ. 처음에 지급받은 100만원에 대해서는 사기죄(형법 제347조)가 성립되지 않는다.

❖ 새로 지급받고자 한 300만원에 대한 사기 미수 (형법 제347조, 제352조)

※ 사전검토: ① 300만원을 받아내지 못했으므로 기수에 도달하지 않았다. ② 또한 미수범 처벌규정이 제352조에 있으므로 미수를 검토해야 할 사안이다.

Ⅰ. 구성요건

1. 주관적 구성요건

(1) 구성요건적 고의: 약속대로 甲의 창고에 불을 지르지 않았으면서 그러했던 것처럼 행동하여 甲을 기망하고, 이로 인하여 甲이 정말 그렇게 믿고 착오를 일으켜서 300만원을 지급한다는 재산적 처분행위를 하도록 유도하고자 하는 인식과 의도를 가지고 있었다. 또

한 일단 甲이 乙에게 잔금 300만원을 주게 되면 불법원인급여가 되어 반환청구권도 인정되지 않는다. 재산적 손해가 확실하다. 따라서 사기의 고의가 모두 인정된다.

(2) 불법한 이득을 취하겠다는 의사도 명확하게 있었다.

2. 객관적 구성요건: 구성요건에 해당되는 행위를 이미 하였으므로 어느 학설에 의하더라도 실행의 착수가 인정된다.

Ⅱ. 위법성과 책임을 배제할 사유도 없다.

Ⅲ. 乙의 이 부분 행위는 사기미수(형법 제347조, 제352조)를 근거로 가벌성이 인정된다.

❑ 甲의 형사책임

❖ 일반건조물방화 교사 (형법 제166조 제1항, 제31조)

Ⅰ. 구성요건

1. 객관적 구성요건

(1) 피교사범죄: 앞에서 확인했듯이 일반건조물방화의 구성요건에 해당되고 위법성도 인정된다.

(2) 교사행위: 甲이 불지를 것을 부탁하여 방화행위가 이루어졌다.

2. 주관적 구성요건 : 엉뚱한 창고에 불을 지르게 되었으므로 이른바 '객체의 착오'에 해당된다. 甲은 자기소유건조물에 대한 방화를 교사하였는데, 乙이 일반건조물을 방화한 것이다.

이에 대하여 고의를 인정할 것인가의 문제는 학설에 따라 결론이 달라진다.

① 구체적 부합설은 의도한 사실과 발생한 사실이 서로 구체적으로 일치하여야 고의를 인정할 수 있다는 견해이다. ② 구성요건적 부합설은 의도한 사실과 발생한 사실이 같은 구성요건에 속하면 고의를 인정할 수 있다는 견해이다. ③ 죄질 부합설은 의도한 사실과 발생한

사실이 같은 죄질을 가지고 있으면 고의를 인정할 수 있다는 견해이다. 명확한 판단이 가능한 구체적 부합설이 타당하다. 이에 따라 판단해보면, 甲에 대해서는 일반건조물 방화 교사의 고의를 인정할 수 없다.

Ⅱ. 따라서 일반건조물 방화 교사를 근거로 가벌성을 인정할 수 없다.

❖ 주기로 했던 300만원에 대한 사기 미수 (형법 제347조, 제352조)

※ 사전검토: ① 시킨 일을 마치더라도 잔금인 300만원을 지급하지 않을 작정이었으나 乙이 시킨 일을 하지 않았기 때문에 기수에 도달하지 않았다. ② 또한 미수범 처벌규정이 제352조에 있으므로 미수를 검토하여야 할 사안이다.

Ⅰ. 구성요건

乙을 기망하여 착오를 일으키게 할 고의는 있었다. 그러나 乙로 하여금 받기로 했던 돈을 받지 못하게 만들고자 하였던 부분과 관련하여 그 돈에 대한 乙의 지위를 재산으로 볼 수는 없다.

Ⅱ. 따라서 사기미수를 근거로 가벌성을 인정할 수 없다.

❖ 보험회사에 대한 사기 미수 (형법 제347조, 제352조)

※ 사전검토 ① 보험금을 받아내려고 일을 시작하였으나 그러하지 못하였으므로 기수에 도달하지 않았다. ② 또한 미수범 처벌규정이 제352조에 있으므로 미수를 검토하여야 할 사안이다.

Ⅰ. 구성요건

1. 주관적 구성요건

일부러 자신의 창고에 불을 지르고도 그렇지 않은 것처럼 보험회사를 기망하여 착오에 빠뜨려서 보험금을 지급하는 재산적 처분행위를 하고 이로 인하여 보험회사가 불필요한 대금지급을 하였다는 측면의 재산적 손해를 발생시키고자 하는 고의를 가지고 있었다. 그리고 甲이 취하고자 했던 이익이 불법적임은 명백하다.

2. 객관적 구성요건: 보험금을 청구하지도 않았다. 실행의 착수를 인정할 수 없다. 중간에 극복해야 할 장애요소가 많이 남아 있었기 때문이다.

Ⅱ. 따라서 이 부분 甲의 행위는 사기미수(제347조, 제352조)를 근거로 가벌성을 인정할 수 없다.

[사례 19] 경제불황

甲은 경제불황이 계속되면서 직장을 잃고 생계를 이어가기가 너무 힘들어지자 자신의 아들 이름으로 상해보험에 가입한 후 일부러 아들이 다치게 하여 보험금을 받아내어 끼니라도 이어보자는 생각을 하게 되었다. 甲의 아들(만 10세)도 끼니조차 제대로 잇지 못하는 생활형편을 잘 알고 있는지라 아버지의 뜻에 따르기로 동의하였다.

보험료를 어렵게 마련하여 상해보험에 가입한 후 甲은 아들의 손가락이 문에 끼어 다친 것처럼 꾸미려고 아들의 손가락을 문에 대게 하고 힘껏 문을 닫았다. 그러나 아들이 그 순간 반사적으로 손을 빼버려 목적을 달성하지 못했다. 甲은 다시 한 번 두 사람이 처한 딱한 사정을 아들에게 이야기하고 두 번째로 손가락을 부러뜨리기 위한 시도로서 문을 세게 닫으려고 하였다. 그러자 아들은 무섭기도 하고 슬퍼서 눈물을 뚝뚝 흘리며 소리 없이 울었다. 이 모습을 보자 아버지도 자신의 신세가 한탄스럽고 너무 서러워 눈물을 흘리며 계획을 포기하면서 잡고 있던 문을 놓았다. 그런데 때마침 바람이 불어와 문이 닫히면서 甲의 아들은 손가락을 다쳤다. 살점이 조금 떨어져 나가고 피를 흘리는 상처를 입은 것이다. 뼈는 전혀 손상이 가지 않았고 집에 있던 약을 바른 후 반창고를 붙임으로써 해결되었다.

그래도 혹시나 하는 마음에 甲은 보험회사에 찾아가 물어봤으나 보험회사에서는 그 정도로는 보험금을 지급할 사안이 되지 않는다고 답변하였다.

[문] 甲의 형사책임을 논하시오.

○ 행위 1: 손가락을 부러뜨리기 위해 문을 닫았다가 실패하고 다시 하려다가 만 부분

같은 목표를 가지고 그 목표를 달성하기 위해 수차례 같은 행동을 반복한 것은 하나의 행위단위로 평가하는 것이 타당하다. 그러나 바람에 문이 닫힌 것은 일단 목표로 했던 행위를 포기한 다음에 벌어진 일이기 때문에 따로 분리해서 평가해야 한다.

❖ 상해 중지미수 (형법 제257조 제1항 · 제3항, 제26조)

※ 사전검토: ① 원래 의도한 것처럼 손가락을 부러뜨리는 결과가 발생하지 않아서 기수에 이르지 못하였다. ② 또한 미수범 처벌규정이 제257조 제3항에 마련되어 있으므로 미수를 검토하여야 할 사안이다.

I. 구성요건

1. 주관적 구성요건

(1) 구성요건적 고의: 손가락을 부러뜨리겠다는 생각을 가지고 일을 시작하였다. 그리고 문을 세게 닫음으로써 손가락을 부러뜨리는 결과를 야기하고자 하였으므로 인과관계에 대한 인식도 명백하였다.

(2) 구성요건 실현 중지의 자의성

1) 구성요건 실현 중지의 자의성에 관한 학설: 구성요건 실현 중지가 자의에 의한 것이었는가에 대한 판단은 학설에 따라 달라질 수 있다. 학설의 내용을 간단하게 살펴보자.

① 객관설은 외부적 사정과 내부적 동기를 구별해서 외부적 사정에 의해 구성요건 실현이 중단된 경우는 장애미수이고, 내부적 동기에 의해 중단된 경우는 중지미수라고 보는 견해이다.

그러나 실제적으로 외부적 사정이 전혀 존재하지 않는 경우가 있을 수 없음에도 불구하고 외부적 사정이 행위자의 의사결정에 조금이라도 영향을 미친 경우에는 자의성을 인정할 수 없다는 것은 곤란하다. 그 반대도 마찬가지이다.

② 주관설은 윤리적 동기(후회, 동정 등)에 의한 경우는 중지미수로 보고, 그 밖의 경우에는 장애미수로 보자는 견해이다. 그러나 윤리적인 결정과 자의에 의한 결정이 일치하는 개념이라고 볼 수는 없다.

③ Frank의 공식: 할 수 있었지만 하고 싶지 않아서 중지한 경우는 중지미수이고, 하려고 했지만 할 수가 없어서 중지된 경우는 장애미수라고 하는 견해이다. 이 견해는 중지미수와 장애미수의 개념을 설

명한 것 이상의 의미가 없다. 실제로 중지미수인지 장애미수인지를 판단하는 기준으로서의 기능을 할 수는 없는 공식이다.

④ 규범설: 자의성 문제를 행위자가 심리적으로 자유로운 상태에서(행위를 계속한다는 결정을 충분히 내릴 수도 있는 심리적 상태에서) 행위중지를 결정했는지 아닌지를 기준으로 해서 판단하지 말고, 자의성 여부를 규범적으로 평가하자는 견해이다. 다른 대부분의 형법 평가가 그렇듯이 자의성 여부도 순수한 규범적 판단(가치판단)의 문제라는 것이다. 규범설은 실행행위의 중지가 종국적이어야만 중지의 자의성을 인정한다.

⑤ 절충설은 다음과 같이 두 가지로 나눌 수 있다.

첫째, 일반 사회관념상 범죄수행에 장애가 될 사유가 있었던 경우는 장애미수로 보고 그러한 사유가 없었는데도 자기 의사에 의해 중지한 경우는 중지미수로 보는 견해이다. 현재 우리나라의 다수설과 판례의 입장이다.

둘째, 위의 객관설, 주관설, 프랑크의 공식을 심리학적 이론으로 보고 이 심리학적 고찰방법과 규범론의 고찰방법을 구체적인 사안에서 절충하여 자의성을 판단하여야 한다는 견해이다.

⑥ 결론: 구성요건 실현이 자의에 의해서 중지된 것이기 위해서는 행위자에게 구성요건을 실현할 것인가 실현하지 말 것인가를 선택할 수 있는 여지가 있었어야 한다. 그러한 여지가 전혀 없었다면 구성요건 실현 중지는 어쩔 수 없는 결론이었고 자의성은 인정될 수 없다. 결국 행위자가 구성요건 실현 여부를 심리적으로 자유롭게 결정할 수 있는 상황이었는데 더 이상 행위를 하지 않고 중단했다는 말이 된다.

구체적 사안이 이러한 경우에 해당되는가 해당되지 않는가에 대한 판단은 우리가 지금까지 습득한 인간심리에 대한 경험적 지식을 바탕으로 할 수밖에 없다. 우리나라의 다수설과 판례는 이에 대하여 '일반 사회관념상 범죄수행에 장애가 될 사유가 없었을 경우'라는 표현을 쓰고 있다.

2) 학설에 따른 판단: 甲은 아들이 우는 모습을 보고 자신의 신세를 한탄하며 행위를 중지하였다. 범죄적 성향을 가지고 있는 사람이라면 이 정도의 상황이 행위를 계속하는데 장애요소가 되지 않는다. 이는 자의에 의해서 중지한 사안에 해당된다.

2. 객관적 구성요건

(1) 실행의 착수: 甲의 범죄계획은 문을 세게 닫아서 아들의 손가락을 부러뜨리는 것이었다. 그 첫 번째 단계인 문을 세게 닫는 행위를 시작하였으므로 어느 학설에 의해도 실행의 착수가 인정되는데 문제가 없다.

(2) 실행행위의 중지: 실행행위를 더 이상 진전시키지 않았다.

II. 위법성

ㅡ 형법 제24조(피해자의 승낙)를 근거로 한 위법성 배제 여부

1. 객관적 요건

(1) 법익주체의 승낙: 신체는 개인적 법익이므로 문제될 일이 없다.

(2) 처분할 수 있는 법익에 대한 승낙: 생명 이외의 법익은 원칙적으로 처분이 가능하다. 그러나 사회상규에 위배되지 않는 범위 내에서만 처분이 허용된다.

병역기피를 위해 일부러 상해를 입히거나 이 사안과 같이 보험금을 받기 위해서 일부러 몸을 상하게 하는 것은 사회상규에 위반된다. 따라서 처분할 수 있는 범위를 벗어났다.

2. 피해자의 승낙을 근거로 위법성을 배제할 수 없다.

III. 책임을 배제할 사유도 없다.

IV. 따라서 이 부분 피고인의 행위는 상해 중지미수(형법 제257조 제1항・3항, 제26조)를 근거로 가벌성이 인정된다.

○ 행위 2: 포기하고 문을 놓았는데 바람에 닫혀 아들의 손을 다치게 한 부분

❖ 과실치상 (형법 제266조 제1항)

피를 흘리는 상처이더라도 약을 바르고 반창고를 부치는 정도에 그치는 경우는 상해의 결과가 발생한 것이라고 할 수 없다. 따라서 구성요건이 충족되지 않아 가벌성이 인정되지 않는다.

○ 행위 3: 보험금을 타내기 위해 일을 꾸민 부분

❖ 사기 미수 (형법 제347조 제1항, 제352조)

※ 사전검토: ① 보험금을 받아내는 단계에 이르지 못하여 기수에 도달하지 않았다. ② 또한 미수범 처벌규정이 제352조에 있으므로 미수를 검토하여야 할 사안이다.

I. 구성요건

1. 주관적 구성요건

(1) 기망의 의도: 고의로 다치게 하고도 그렇지 않은 것처럼 보험금을 청구하려고 하였다.

(2) 착오를 유발하려는 의도: 그리하여 보험회사가 진짜 사고에 의해 다친 것으로 착각하도록 만들고자 하였다.

(3) 재산상의 처분행위를 이끌어내기 위한 의도: 그에 따라 보험금을 지급하게 만들고자 하였다.

(4) 재산상의 손해를 발생시킬 의도: 결국 보험회사의 재산상의 손실을 유발하고자 하였다.

2. 객관적 구성요건: 실행의 착수

(1) 실행의 착수시기에 관한 학설: 실행의 착수가 있었는가에 대한 판단은 실행의 착수시기에 관한 학설에 따라 달라질 수 있다. 학설의 내용을 간단하게 살펴보자.

1) 객관설은 말 그대로 객관적 행위를 표준으로 예비와 미수를 구분하는 견해이다.

가. 형식적 객관설은 엄격한 의미에서의 구성요건에 해당

하는 행위를 시작했을 때를 실행의 착수시기로 파악하였다.

이 견해는 법치국가의 이념을 실현한다는 측면에서는 매우 우수한 이론이다. 하지만 실행의 착수를 너무 늦게 인정하게 되어 미수와 기수를 구별하기 힘들고, 명백하게 미수범을 처벌해야 할 필요성이 있는 것으로 판단되는 행위도 처벌할 수 없게 되는 문제가 있다.

나. 실질적 객관설은 구성요건적 행위와 필연적인 상관관계가 있어서 구성요건적 행위에 포함시키는 것이 자연스러워 보이는 행위도 구성요건의 개념 속으로 끌어들여서 해석하는 견해이다.

이 이론은 '보호객체에 대한 직접적 위험 야기'라는 판단기준이 후일 추가됨으로써 더욱 발전된 모습을 갖추었다.

2) 주관설은 행위자의 생각을 유일한 판단기준으로 실행의 착수시기를 결정하는 견해이다. 물론 주관설도 여러 가지 유형이 있지만 그 가운데서 대표적인 것은 '범죄의사가 그 수행행위에 의해 확정적으로 나타난 때'를 실행의 착수시기로 보는 견해이다. 예를 들어 칼을 가지고 강도행위를 하겠다고 숙소에서 나올 때부터를 실행의 착수시기로 보게 된다.

주관설은 객관설과는 반대로 실행의 착수시기를 너무 예비행위 쪽으로 깊숙이 앞당겨 놓는다는 난점을 가지고 있다.

3) 절충설: 객관설은 객관설대로 지나치게 경직된 해석을 하게 되고 주관설은 주관설대로 너무 실행의 착수시기를 앞당기는 결론을 내리게 하는 문제점을 극복하기 위하여 실질적 객관설과 주관설을 결합시킨 새로운 판단기준이 만들어지게 되었다.

이 견해에 의하면 예비와 미수를 구별하는 판단기준은 기본적으로는 '보호객체에 대한 직접적 위험 야기'가 있었는가(실질적 객관설의 요소) 하는 점이다. 그러면서 이러한 경우에 해당되는가 해당되지 않는가에 대한 판단작업을 행위자가 세웠던 범행계획의 시각에서 한다는 것이다(주관설의 요소). 한마디로 말하자면 '행위자의 전체 계획에 비추어 볼 때 보호객체에 대한 직접적 위험이 야기된 때'를 실행의 착수시기로 본다는 것이다. 이러한 의미에서 주관적 객관설이라고도 부른다.

직접적 위험 야기라는 개념이 명확하지 못하기 때문에 실행의 착수시기를 필요 이상 앞당기는 경우가 생기자 이 판단기준은 다시 '행위자의 범행 계획에 따른 구성요건 실현행위가 직접 시작된 때 '로 변하였고 독일 형법 제22조에 의해 명문으로 확정되었다.

행위자 개인의 개별적 계획을 판단의 기초로 한다는 의미에서 절충설을 개인적·객관적 이론이라고도 부른다.

이러한 절충적인 입장이 우리나라에서도 통설이다.

4) 결론: 절충설이 실행의 착수시기를 부당하게 앞당기지도 않고 또 너무 늦추지도 않아 예비와 미수의 경계를 가장 적절하게 설정해주는 판단기준이라고 생각된다. 절충설(개인적·객관적 이론)에 따라 판단한다.

(2) 학설에 따른 판단: 행위자의 범행 계획에 따르면 일단 고의로 손가락을 부러뜨리고 이어서 진짜 사고로 다친 것처럼 보험회사에 보험금을 청구하여 돈을 받아내고자 하였다. 구성요건 실현행위의 직접적인 시작은 상대방을 기망하는 행위를 하면서부터이다. 일부러 사고를 내는 것은 기망을 위한 준비행위로 볼 수는 있어도 직접 기망을 시작한 것으로 보기는 곤란하다. 준비행위를 시작한 단계에서 더 이상 일이 진전되지 않았다면 실행의 착수를 인정할 수 없다.

II. 실행의 착수가 없기 때문에 사기 미수는 성립되지 않는다. 사기 예비는 처벌규정이 없다. 따라서 이 부분 피고인의 행위는 가벌성이 없다.

[사례 20] 색마 살해

甲은 남편이 사망한 후 혼자 딸 乙을 키우면서 고생을 하다가 우연히 만나 자신과 딸에게 잘 대해주는 ××검찰청 직원 丙과 혼인하였다. 그러나 결혼을 한 뒤에는 丙이 평소와는 달리 甲의 과거를 들추며 수시로 구타하고 乙이 커서 중학생이 되자 甲이 모르게 여러 차례 강압적인 성관계를 가졌다. 乙이 조금이라도 거부하면 마구 때리고 그런 날이면 어머니인 甲에 대한 폭행도 더 심했다. 할 수 없이 乙은 丙이 시키는 대로 응하며 대학 진학할 때까지 살았다. 중간에 가출도 해보았으나 丙이 곧바로 찾아 내 잡혀 오게 되었고 그런 일이 있으면 또다시 가혹한 매질을 당하였다. 경찰에 신고도 해 보았으나 경찰은 검찰 직원인 丙의 말만 듣고 제대로 수사를 하지 않았다.

대학에 진학한 乙은 동아리에서 알게 되어 친하게 된 선배 丁에게 단둘이 만나 술을 마시는 기회에 그동안 당하고 산 이야기를 하였다. 흥분한 丁은 술을 마시면서 계속 열 받아 하다가 그런 놈은 가만히 놔둘 수 없다고 하면서 핸드폰으로 친구 戊를 불러냈다. 다른 곳에서 술을 마시다가 급한 일이라고 해서 乙・丁이 있는 곳을 온 戊도 역시 그냥 놔둘 수 없다는 데 동의했다. 丁과 戊는 그 자리에서 丙을 응징하기로 결정하고, 그 방법으로 강도로 위장하고 가서 칼로 찔러 죽이는 것을 택했다. 이 과정에서 乙은 아무 말도 안하고 그냥 술만 마시고 있었다.

밤 10시 30분 경에 술집에서 나온 丁・戊는 乙과 함께 乙의 집으로 향했다. 술집에서 나올 때 乙은 소주 1병 반, 丁과 戊는 소주 2병 정도를 마신 상태이었다. 술을 마시는 데 소요된 시간은 약 2시간 반 정도이다. 밤 11시 30분 경에 세 사람은 乙의 집에 도착했다. 乙은 열쇠로 문만 열어주고 근처 커피숍으로 가서 기다리고 있었다. 丁・戊는 丙 혼자 TV를 시청하고 있는 거실로 들어갔다. 갑자기 나타난 남자 둘을 보고 丙이 놀라서 누구냐고 하였다. 이에 丁이 나서서 욕을 하기 시작하였다. 그러자 화가 난 丙이 거실에 있던 골프채를 휘두르며 나가라고 소리를 질렀다. 그런데도 피하면서 계속 대들던 丁이 골프채로 맞고 쓰러지자 戊가 준비하고 있던 칼을 꺼내들고 丙을 공격해 丙의 옆구리를 찔렀고 丙이 쓰러진 뒤에도 칼로 여러 차례를 찔렀다. 그리고 나서는 강도로 위장하기 위해 집안을 뒤져 물건을 흩트려 놓고 현금을 조금 챙긴 후

丁을 부축해서 데리고 도망하였다. 어머니 甲은 친정에 가 있었기 때문에 아무 일도 모르고 있었다.

丙은 옷에 피를 흥건히 묻힌 상태로 丁을 부축해서 나오는 戊를 본 주민의 신고로 출동한 경찰에 의해 병원으로 옮겨졌으나 출혈이 심해서 의식불명 상태에 빠졌다. 丁·戊와 함께 밤을 샌 乙이 상황을 알아보자 丙이 아직 죽지 않은 상태로 병원에 있다는 것이 확인되었다. 걱정이 된 세 사람은 이왕 이렇게 된 것 끝장을 보자 하고는 약대를 다니는 동아리 친구 己에게 도움을 청했다. 자초지종을 들은 己는 흔적이 남지 않는 독약을 구해주었다. 독약을 사용하는 역할은 乙이 맡기로 하였다.

丙이 입원하고 있는 병원으로 간 乙은 어머니 甲에게 친구 집에서 잤다고 둘러댄 후 사람들이 방을 비운 사이에 링거액에 독약을 집어넣었다. 丙은 독약이 주입된 후 곧바로 죽지 않고 그 다음 날 아침에 사망하였다. 약대생 己가 계산을 잘못해서 즉사시킬 수 있을 정도 분량의 독이 주입되지 않았던 것이다. 사후 검사 결과 丙이 사망하도록 만든 주된 원인은 출혈과다임이 사실이나 乙이 독을 주입하지 않았다면 하루나 이틀 정도 생명을 더 유지할 수 있었을 가능성도 배제할 수는 없었던 것으로 밝혀졌다.

[문] 乙·丁·戊의 형사책임을 논하시오.

• 사례출처: 대법원 1992. 12. 22. 92도2540; BGH, Beschl. v. 29. 4. 1997 - 4. StR 158/97 (StV 10/98 S. 543)

❑ 들어가는 말

丙을 살해한다는 乙·丁·戊의 행위는 ① 사전모의 → ② 칼로 찌르기 → ③ 다시 모의 → ④ 독약 주입 등 4단계에 걸쳐서 완성되었다. 이 과정에서 세 사람이 실행에 옮긴 행동내용은 모두 다르다. 그러나 전부 합쳐져서 丙을 살해한다는 하나의 작품을 만들어 낸 것으로 평가될 수 있는 가능성이 있다.

또한 4단계에 의해 일이 진행되었으나 전체적으로 하나의 목표를 달성하기 위한 일련의 행위이고 피해자도 같기 때문에 하나의 행위로 볼 수도 있다. 하지만 칼로 찌르기까지의 행위와 뒤에 독을 주입한 행위는 목적과 행위상황이 서로 다르다. 앞의 행위는 술이 취한 상태에서 丙을 응징하겠다는 생각에서 취해진 것이고, 뒤의 행위는 丙이 의식을 되찾았을 때 자신들이 처벌받게 될 것을 걱정해서 저질렀다는 측면이 강하다. 따라서 독약을 주입한 부분은 별도의 법적 평가가 내려질 수도 있다.

우선 丙을 살해하고자 하는 목적에서 이루어진 앞부분의 행위를 乙과 丁은 직접 실행하지 않았으므로 이 부분에서 직접 행위를 한 戊의 형사책임을 먼저 확인하기로 한다. 적어도 이 부분에서는 戊의 행위가 어떠한 범죄를 성립시키는가에 따라 乙·丁의 형사책임 내용이 달라질 상황이기 때문이다.

❑ 戊의 형사책임

❍ 행위 1: 丙의 집에 들어간 부분

❖ 주거침입 (제319조 제1항)

I. 구성요건

1. 객관적 구성요건

(1) 행위객체: 제319조에 의하면 "사람의 주거, 관리하는 건조물, 선박이나 항공기 또는 점유하는 방실"이 행위객체이다. 이 가운데 '사람의 주거'란 '사람이 일상생활을 영위하기 위해 점거하는 장소'를 의미한다.

丙의 집이 사람의 주거에 해당된다는 것은 분명한 일이다.

(2) 행위: '침입'이란 주거권자의 의사에 반해서 들어가는 행위를 말한다. 사례에서 戊는 주거권자의 한사람인 乙이 열쇠로 문을 열어주어서 집안으로 들어갔다. 이러한 경우가 '침입'에 해당되는가에 대하여 이를 긍정하는 견해와 부정하는 견해가 대립되고 있다. 판례는 이 경우 주거침입이 성립된다는 입장이다.

제319조 제1항은 사실상의 주거의 평온을 보호법익으로 하는 규정이므로 '침입'에 해당되는가의 여부는 이러한 법익을 침해하였는가의 여부에 따라 결정되어야 한다. 예를 들어 간통을 목적으로 주거권자 가운데 한 사람인 婦의 동의만 있는 상태에서 주거에 들어가는 경우에는 사실상의 평온을 해치지 않는 것이기 때문에 '침입' 행위에 해당되지 않는다는 결론이 타당하다. 그러나 이 사안의 경우에는 사실상의 평온이라는 법익을 침해하는 형태의 행위라고 보는 것이 맞다. 戊의 행위는 침입에 해당되는 것으로 보아야 한다.

2. 주관적 구성요건

일부 주거권자인 乙의 동의만 있는 상태에서 다른 주거권자인 丙을 살해하기 위해 丙의 집에 들어간다는 데 대한 인식과 의사가 있었다.

II. 위법성

— 제22조(긴급피난)를 근거로 한 위법성 배제 여부 —

1. 객관적 요건

(1) 긴급피난 상황

1) 위난: 乙은 丙에게 일상적으로 강간과 매질을 당하고 있었다.

2) 위난의 현재성: 戊가 丙을 칼로 찌를 당시에는 강간이나 매질의 위험이 목전에 있지는 않았으나 이 위난은 항상 언제 있을지 모를 상태에 있었기 때문에 '계속위난'의 형태로 위난의 현재성이 인정된다.

(2) 긴급피난 행위

1) 피난행위: 가해자를 살해하는 것도 위난을 피하기 위한 방법의 하나에 속한다. 그 행위를 하기 위해 주거에 침입한 것이므로 전체적으로 같은 맥락의 행위라고 할 수 있다. 피난행위의 일환으로 인정된다.

2) 상당한 이유

가. 유일한 수단(보충성의 원칙): 살해하는 것 외에 다른 방법

이 강구될 수 있었다. 예를 들어 사회복지시설의 도움을 받을 수 있는 길이 있었다. 가해자를 살해하는 것이 유일한 수단이었다고 할 수 없다.

2. 제22조(긴급피난)를 근거로 위법성을 배제할 수 없다.

Ⅱ. 책임을 배제할 사유도 없으므로 이 부분 戊의 행위는 주거침입(제319조 제1항)을 근거로 가벌성이 인정된다.

○ 행위 2: 丙을 칼로 마구 찌른 부분

❖ 살인 (제250조 제1항, 제22조, 제21조, 제10조 제2항)

I. 구성요건

1. 객관적 구성요건

(1) 결과의 발생: 병원에 옮겨졌으나 치료 중 사망하였다.

(2) 인과관계(객관적 귀속)

1) 사실적 측면: 丙이 사망한 주된 원인은 戊가 칼로 찌른 행위에 의한 출혈과다이다. 그러나 독약을 주입하는 행위가 없었다면 丙은 며칠 동안 더 생명을 유지할 수 있었을 가능성이 있는 상황이었다. 만약 링거액에 주입한 독약의 분량이 충분해서 칼로 찌름으로써 야기된 죽음으로의 인과의 진행이 여기에서 차단되고 독자적으로 독약을 주입한 행위에 의해 결과가 발생된 것이라면 그 순간 인과관계가 단절된 것으로 보아야 한다(인과관계의 단절). 하지만 링거액에 주입한 독약의 양은 치사량에 미치지 못한 것이었다. 그래서 다만 죽음을 재촉했을 뿐이다. 칼로 찌른 행위와 丙의 죽음 사이를 연결하는 인과의 끈은 독약을 주입한 행위에 의해서 끊어지지 않았다고 보아야 한다.

또한 칼로 마구 찔러 피를 엄청나게 많이 흘리도록 만든 행위는 독자적으로 충분히 결과를 발생시킬 수 있을 정도의 원인력을 가진 행위이므로 독약을 주입한 행위와 합쳐져서 비로소 결과를 발생시킨 것이라고 볼 수도 없다(중첩적 인과관계).

2) 규범적 측면: 丙이 사망했다는 결과는 戊가 직접 실행한 마구 칼로 찌르는 행위에 의해서 발생된 위험의 범주 내에서 발생하였다. 따라서 객관적 귀속을 배제할 수 없다.

2. 주관적 구성요건: 칼로 마구 찔러서 죽게 만든다는 데 대한 인식과 의사가 있었다.

II. 위법성

― 제22조(긴급피난)를 근거로 한 위법성 배제 여부 ―

1. 객관적 요건

(1) 긴급피난 상황

1) 위난: 乙은 丙에게 일상적으로 강간과 매질을 당하고 있었다.

2) 위난의 현재성: 戊가 丙을 칼로 찌를 당시에는 강간이나 매질의 위험이 목전에 있지는 않았으나 이 위난은 항상 언제 있을지 모를 상태에 있었기 때문에 '계속위난'의 형태로 위난의 현재성이 인정된다.

(2) 긴급피난 행위

1) 피난행위: 가해자를 살해하는 것도 위난을 피하기 위한 방법의 하나에 속한다.

2) 상당한 이유: 살해하는 것 외에 다른 방법이 강구될 수 있었다. 예를 들어 사회복지시설의 도움을 받을 수 있는 길이 있었다. 보충성의 원칙이 충족되지 않아 상당성이 없다고 보아야 한다.

2. 제22조(긴급피난)를 근거로 위법성을 배제할 수 없다.

― 제21조(정당방위)를 근거로 한 위법성 배제 여부 ―

1. 객관적 요건

(1) 정당방위 상황

1) 침해: 丁이 골프채로 공격을 당하고 있었다.

2) 침해의 현재성: 丁이 골프채에 맞아 쓰러지기는 하였으나

그로서 丙으로부터의 공격이 완료된 것은 아니었다.

3) 침해의 부당성: 丁이 먼저 욕을 하며 약을 올리기는 하였으나 이를 근거로 丙의 공격행위가 정당화되지는 않는다.

(2) 정당방위 행위

1) 방위행위: 칼로 찔러 살해하는 것은 丁에 대한 공격을 막아내기 위한 행위로서의 속성을 분명히 가지고 있다.

2) 상당성: 골프채가 비록 위험한 물건이기는 하지만 丁은 욕을 함으로써 丙의 공격을 스스로 유발했던 것이기 때문에 상당성을 판단함에 있어서 보통의 경우보다 강한 인내의무가 요구되는 것으로 평가되어야 한다.

戊는 칼을 들고 丙에게 달려들어 일단 골프채를 내려놓도록 위협하고 나서 丁을 데리고 도망할 수 있는 상황이었는데도 불구하고 그렇게 행동하지 않고 丙을 마구 찔러서 죽게 한 것이다. 상당성을 인정하기 곤란하다.

2. 제21조(정당방위)를 근거로 해서도 위법성이 배제될 수 없다.

III. 책임

행위 당시에 戊는 소주 2병 정도를 마셔서 취기가 상당히 돌고 있는 상태이었다. 이에 따라 제10조 제2항(심신미약)을 근거로 책임이 감경된다.

하지만 제10조 제3항을 근거로 심신미약에 관한 규정의 적용이 배제되는지를 확인해야 한다.

❖ 원인에 있어서 자유로운 행위로서의 살인 (제250조 제1항, 제10조 제2항 · 제3항)

I. 구성요건

1. 객관적 구성요건

(1) 심신미약 상태 야기: 술집에서 乙 · 丁과 함께 술을 마셔 심신미약 상태를 야기하였다.

(2) 심신미약 상태에서 살인: 그 상태에서 丙을 살해하였다.

2. 주관적 구성요건

(1) 심신미약 상태를 스스로 야기한다는 인식: 확실하게 심신미약 상태까지 야기한다는 생각을 가지고 있었는지는 모르지만 적어도 미필적 고의는 인정된다.

(2) 심신미약 상태에서 살인행위를 하게 될 것이라는 상황에 대한 인식과 그러한 행위를 하겠다는 의사: 심신미약 상태에 이르기 이전에 이미 사람을 살해한다는 결의를 하지는 않았다. 이들의 응징 결의는 취기가 오른 다음에 이루어졌다.

II. 따라서 제10조 제3항을 근거로 제10조 제2항의 적용을 배제할 수 없다.

○ 행위 3: 丙의 링거액에 독약이 주입된 부분

❖ 살인 공동정범 (제250조, 제30조)

丙의 링거액에 독약을 주입하기로 모의하고 필요한 독약을 함께 노력해서 구했다. 그러나 독약을 주입하는 과정에서는 실행행위를 분담하지 않았다. 준비과정에만 참여한 것이다. 공동의 실행행위가 없으므로 공동정범이 성립될 수 없다.

❖ 살인 방조 (제250조, 제32조)

피방조범죄와 관련하여 객관적 구성요건에서 결과의 발생이 문제된다. 정범의 행위에 의해서 사망의 결과가 발생하여야 하는데, 독을 주입한 것 때문에 생명이 단축되었다는 점은 확실치가 못하다. 불확실할 경우에는 피고인에게 유리하게 판단해야 하므로 생명단축이라는 결과는 발생되지 않은 것으로 보아야 한다.

따라서 피방조범죄 자체가 성립되지 않는다.

❖ 살인 불능미수 방조 (제250조 제1항, 제254조, 제27조, 제32조)

I. 구성요건

1. 객관적 구성요건

(1) 피방조범죄: 乙은 링거액에 독약을 집어넣어 그것을 통해 확실하게 살해하고자 하였다. 이로써 살인(제250조 제1항)의 고의가 인정된다. 나아가 구성요건에 해당되는 행위를 이미 실현하였으므로 어느 학설에 의하더라도 실행의 착수가 인정된다. 하지만 독약을 통해서 생명을 단축시킬 수 없는 상황이었다. 결과의 발생이 불가능했던 것이다. 그렇지만 만약 乙이 상상했던 것처럼 독약으로 생명을 끊어야 하는 상황이었다면 그의 행위는 위험성을 분명하게 가지고 있었다. 따라서 살인 불능미수의 구성요건에 해당되며 위법성을 배제할 사유가 없다.

(2) 방조행위: 독약을 구하는데 힘을 합침으로써 정범의 행위가 가능하도록 만들어주었다. 이는 정범의 범죄를 촉진한 것으로서 방조에 해당된다.

2. 주관적 구성요건: 乙의 행위를 도와준다는 데 대한 인식과 의도가 명백한 형태로 존재하였다.

II. 위법성과 책임을 배제할 사유가 없다. 따라서 이 부분 戊의 행위는 살인 불능미수 방조(제250조 제1항, 제254조, 제27조, 제32조)를 근거로 가벌성이 인정된다.

○ 행위 4: 물건을 훔친 부분

❖ 강도 (제333조)

사람을 살해하는 것은 반항이 불가능하게 만드는 폭력에 해당된다. 가져간 물건이 타인의 재물임도 분명하다. 또한 명백한 고의도 있었고 위법성과 책임을 배제할 사유도 없으므로 이 부분 戊의 행위는 강도(형법 제333조)를 근거로 가벌성이 인정된다.

❖ **특수강도 (제334조)**

흉기를 휴대하고 2인 이상이 합동하여 강도행위를 하였으므로 제334조에 따라 가중처벌 대상이 된다.

❖ **강도살인 (제338조)**

위장하기 위해서이긴 하지만 강도를 하기 위해서 사람을 살해하였으므로 강도살인(제338조)을 근거로 가중처벌 대상이 된다.

❑ 乙의 형사책임

○ 행위 1: 丁・戊가 집에 들어가도록 문을 열어준 부분

❖ **주거침입 방조 (제319조 제1항, 제32조)**

I. 구성요건

1. 객관적 구성요건

(1) 피방조범죄: 앞에서 확인한 것처럼 정범인 丁과 戊의 행위는 주거침입의 구성요건에 해당되고 위법성이 배제되지 않는다.

(2) 방조행위: 문을 열어 줌으로써 침입행위가 가능하도록 해주었다. 정범의 행위를 가능하게 하여 촉진한 것으로서 방조에 해당된다.

2. 주관적 구성요건: 乙은 이와 같은 행위를 명백한 고의를 가지고 하였다.

II. 위법성과 책임을 배제할 사유가 없다. 따라서 이 부분 乙의 행위는 주거침입 방조(형법 제319조 제1항, 제32조)를 근거로 가벌성이 인정된다.

○ 행위 2: 丙이 칼에 찔려 죽게 된 부분

❖ **살인 공동정범 (제250조 제1항, 제30조)**

응징행위를 하기 위해서 丁・戊가 丙 혼자 있는 집으로 들어갈 때 함께 따라가지 않고 커피숍에서 기다리고 있었다. 망을 본 것도 아니므로 실행행위를 분담한 것으로 볼 수 없다.

❖ **살인 방조 (제250조 제1항, 제32조)**

문을 열어 줌으로써 범죄행위가 쉬워지도록 도와주었다. 따라서 살인 방조(제250조 제1항, 제32조)를 근거로 가벌성이 인정된다.

❖ **존속살인 방조 (제250조 제2항, 제32조)**

丙은 乙의 계부에 불과하므로 乙은 丙의 직계비속이 아니다.

○ **행위 3: 丙의 링거액에 독약을 주입한 행위**

❖ **주거침입 (제319조 제1항)**

乙은 피해자 가족이기 때문에 병실에 출입할 수 있도록 허용이 되어 있는 사람이었다. 주거권자의 동의가 있는 상태에서 들어간 것이기 때문에 '침입'이 되지 않는다.

❖ **살인 (제250조 제1항)**

앞에서 확인한 것처럼 여기서 독약을 주입한 행위는 살인(제250조 제1항)에 해당되지 않는다.

❖ **살인 불능미수 (제250조 제1항, 제254조, 제27조)**

앞에서 확인한 것처럼 이 부분 乙의 행위는 살인 불능미수에 해당되어 가벌성이 인정된다.

○ **행위 3: 물건 훔친 부분**

❖**특수강도 방조 (제334조, 제32조)**

피방조범죄가 가능하도록 기회를 제공해 주었다. 특수강도 방조에 해당되어 가벌성이 인정된다.

❖ 강도살인 방조 (제338조, 제32조)

피방조범죄가 가능하도록 기회를 제공해 주었다. 강도살인 방조에 해당되어 가벌성이 인정된다.

□ 丁의 형사책임

○ 행위 1: 丙이 죽게 된 부분

❖ 살인 공동정범 (제250조 제1항, 제30조)

응징행위를 하기 위해서 丙의 집으로 같이 들어갔다. 비록 丙이 휘두른 골프채에 맞아서 쓰러지기는 했지만 실행행위를 분담한 것으로 볼 수 있다.

○ 행위 2: 丙의 링거액에 독약이 주입된 부분

戊의 경우와 같다.

○ 행위 3: 물건을 훔친 부분

실행행위를 분담하지 않았다.

[사례 21] 도박기계

컴퓨터 프로그램에 대하여 일가견이 있는 甲과 乙은 성인용 오락실에 설치되어 있는 신종 전자식 도박기계를 이용해서 돈을 챙겨보기로 작정하였다. 이들 도박기계는 동전을 집어넣고 출발 스위치를 누르면 숫자의 조합들이 차례로 주르륵 바뀌어 나가기 시작하고, 다시 정지 스위치를 누르면 출발 스위치와 정지 스위치를 누른 시간 간격에 따라 일정하게 숫자의 조합이 바뀐 후 멈추고, 그 때 나온 숫자의 조합이 어느 종류에 해당되는가에 따라 화면의 그림이 결정되며, 당첨 여부와 당첨금액이 확정되도록 제작되어 있었다. 제작사는 승률조작을 방지하기 위해 숫자 조합의 차례와 당첨되는 숫자의 조합을 오락실 주인들에게도 비밀로 하였다. 숫자 조합을 포함한 운용 프로그램은 제작사가 자체 개발한 것으로서 칩에 저장되어 도박기계 내부에 장착되어 있었다.

甲과 乙은 인터넷 통신망을 통해 제작사의 전산망으로 들어가 문제의 숫자 조합을 포함한 신종 도박기계 운용 프로그램을 찾아보았으나 실패하였다. 甲과 乙은 로그파일을 삭제한 후 전산망을 빠져 나왔다. 생각을 바꾼 甲과 乙은 제작사에서 프로그램 관련 아르바이트를 하는 丙과 접촉하여 나중에 돈을 똑같이 나누기로 약속하고 프로그램을 구하였다.

프로그램을 분석한 甲과 乙은 스위치 누르는 요령을 알아내었고, 이를 통해 몇 군데 도박기계를 이용해서 약 9백만원의 돈을 벌었다. 甲과 乙은 각각 4백만 원씩 챙기고 丙에게는 얼마 벌지 못했다고 거짓말을 한 후 백만 원만 주었다.

[문] 甲의 형사책임을 논하시오.

• 사례출처: Hilgendorf, S. 79

○ 행위 1: 도박기계 제작사의 전산망에 침입한 부분

❖ 컴퓨터 손괴 등에 의한 업무방해 (형법 제314조 제2항)

1. 정보처리장치 또는 특수매체기록: 甲이 乙과 함께 통신망을 통해 접속한 것은 제작사의 서버 컴퓨터이다. 이는 제314조 제2항이 규정하고 있는 행위객체인 "정보처리장치"에 해당된다. 또한 접속자에

대한 정보를 기록하는 로그파일은 서버의 저장장치에 쓰여지게 되는데, 이를 삭제하였으므로 역시 제314조 제2항의 행위객체인 "특수매체기록"을 건드린 것이 된다.

2. 허위의 정보 또는 부정한 명령 입력: 제314조 제2항에서 말하는 "부정한 명령"이란 '사용권한을 가진 자가 허용하는 범위를 벗어나는 명령'을 의미한다. 甲은 제작사 서버의 사용권한을 가진 자로부터 어떠한 권한도 부여받지 않은 사람이다. 그러면서 마치 사용권한을 가진 자인 것처럼 명령을 입력하였다. 명백하게 부정한 명령에 해당된다.

3. 정보처리에 대한 장애발생: 로그파일을 삭제함으로써 보안시스템이 부분적으로 작동을 하지 못하도록 만들었다. 정보처리에 장애가 발생한 것이다.

4. 사람의 업무: 제작사의 업무는 정당성과 지속성을 모두 갖추고 있어서 분명히 보호의 대상이 된다.

5. 방해: 제작사의 전산업무가 부당하게 처리되도록 하는 형태로 방해를 하였다.

6. 甲은 이와 같은 행위를 확정적 고의를 가지고 행하였으며 위법성과 책임을 배제할 사유도 없으므로 제314조 제2항을 근거로 가벌성이 인정된다.

○ 행위 2: 丙을 설득해 프로그램을 빼낸 부분

❖ 업무상 비밀 누설 교사 (형법 제317조, 제31조)

프로그램 관련 아르바이트를 하는 사람은 제317조의 행위주체에 해당되지 않는다. 피교사범죄 자체가 성립될 수 없으므로 이에 대한 교사행위도 가벌성이 인정될 수 없다.

❖ 절도 교사 (형법 제329조, 제31조)

프로그램은 유체물도 아니고 관리할 수 있는 동력도 아니기 때문에 절도의 행위객체가 될 수 없다. 피교사범죄가 성립되지 않으므로 이에 대한 교사행위도 처벌할 수 없다.

❖ 저작권침해 교사 (저작권법 제136조 제1항)

제작사가 자체적으로 개발해서 도박기계에 사용하던 프로그램은 제작사가 저작권을 가지고 있는 컴퓨터프로그램저작물로서 저작권법의 보호대상이다. 丙은 이를 몰래 복사함으로써 '복제'라는 방법을 통해 컴퓨터프로그램 저작권을 침해하였다.

甲은 프로그램을 불법 복제할 생각을 전혀 하고 있지 않던 丙을 설득하여 범죄행위를 결의하게 만들었다. 이는 형법 제31조의 교사행위에 해당된다. 또한 甲의 모든 행위는 객관적 구성요건 요소에 해당되는 사실을 인식하고 의도적으로 이루어진 것으로서 주관적 구성요건도 충족된다.

甲의 이 부분 행위는 위법성과 책임을 배제할 사유도 갖추고 있지 않으므로 가벌성이 인정된다.

❍ 행위 3: 도박기계를 조작해서 돈을 번 부분

❖ 절도 (형법 제329조)

도박기계 속에 들어있는 동전은 유체물이기 때문에 제329조에서 말하는 재물로서 절도행위의 객체가 된다. 그리고 동전의 소유권은 오락실의 주인에게 있기 때문에 재물의 타인성도 인정된다.

문제는 절취행위에 해당되는가 하는 점이다. 절취란 '점유자의 의사에 반하여 점유를 배제하고 자기 또는 제3자의 점유로 옮기는 것'을 의미한다. 甲은 도박기계에 내장된 프로그램의 내용을 파악하고 있는 상태에서 게임을 함으로써 일반적인 고객과는 달리 많은 돈을 딸 수 있었는데, 이러한 식으로 돈을 따는 것이 기계 속의 동전의 점유자인 오락실 주인의 의사에 반하는 것인가 문제이다. 오락실 주인은 프로그램의 내용을 전혀 모르는 사람이 게임을 하다가 우연히 당첨이 되는 경우에만 동전의 소유권을 넘겨주겠다는 의사를 가지고 있다고도 할 수 있을 것이다. 그러나 점유자의 의사의 내용이 무엇인가를 이런 식으로 파악하는 것은 매우 곤란하다. 그렇게 되면 형사처벌 여부가 전적으로 기계를 설치한 자의 주관적 의사에 따라 결정되어 법적 안정성을 심각하게 해치는 결과를 가져오게 될 것이기 때문이다. 이 사안처럼 본래의 사용방법에 따라 그대로 기계를 이용해서 게임을 한 경우에는 점유자의 의사에 반하여 점유를 배제한 것이 아니라고 보는 것이 합당하다.

제329조에서 말하는 '절취'행위가 없었으므로 이를 근거로 가벌성을 인정할 수 없다.

❖ 편의시설부정이용 (형법 제348조의2)

제348조의2에서 말하는 유료자동설비란 '대가를 지불하면 기계적 또는 전자적 장치가 작동하여 일정한 물건이나 편익을 제공하는 기계'를 의미한다. 오락실에 설치되어 있는 도박기계는 동전을 넣어 대가를 지불하고 오락이라는 편익을 제공받는 것이므로 유료자동설비에 해당된다.

그러나 甲이 도박기계를 부정하게 이용했다고 보기는 힘들다. 동전을 집어넣고 게임을 했으므로 정당한 대가를 지불한 것이고 이는 부정이용에 해당되지 않는다. 제348조의2를 근거로 가벌성을 인정할 수 없다.

❖ 컴퓨터 등 사용 사기 (형법 제347조의2)

Ⅰ. 구성요건

1. 객관적 구성요건

(1) 행위객체: 오락실에 설치되어 있던 도박기계는 프로그램이 칩에 내장되어 있어서 출발 스위치와 정지 스위치를 통해 입력되는 정보를 처리하여 일정한 결과를 내놓는 방식으로 작동되는 것이었다. 이는 제347조의2에서 말하는 '정보처리장치'에 해당된다.

(2) 행위: 문제는 '허위의 정보나 부정한 명령을 입력하거나 권한 없이 정보를 입력·변경'한 것에 해당되는가 하는 점이다. 甲은 기계의 화면에 어떠한 그림이 나오는 경우에 어느 정도의 시간 길이로 스위치를 누르면 어떠한 결과가 나오게 되는지를 알고 있었다.

이는 마치 현금카드를 소지하고 비밀번호를 아는 상태에서 현금지급기를 이용하여 현금을 뽑아내는 것과 마찬가지가 된다. 비밀번호에 해당되는 숫자조합의 배열순서와 각 숫자조합의 의미는 승률조작을 방지하기 위해 제작사가 오락실 주인에게도 알려주지 않고 있는 것이었다. 이를 알려주는 것은 비밀번호를 알려주고 마음대로 돈을 빼가라고 하는 것과 마찬가지의 일이다.

甲은 비밀번호에 해당되는 숫자조합을 부정한 방법으로 프로그램을 입수함으로써 알아내었다. 이렇게 정당한 이용권한이 없는 정보를 이용하는 것은 곧 '권한 없이 정보를 입력·변경'하는 데 해당된다. 이를 통해 정보처리가 이루어졌고, 당첨금을 확보하였으므로 재산적 이익을 취득한 것이다.

2. 주관적 구성요건: 甲의 행위는 제347조의2가 정하고 있는 구성요건 요소를 고의를 가지고 실행한 것으로 평가된다.

Ⅱ. 또한 위법성과 책임을 배제할 사유도 없으므로 이 부분의 행위에 대해서는 컴퓨터 등 사용사기(형법 제347조의2)를 근거로 가벌성이 인정된다.

○ 행위 4: 丙에게 약속한 돈을 다 주지 않은 부분

❖ 사기 (형법 제347조)

1. 기망·착오·재산적 처분행위: 甲과 乙이 프로그램을 이용해서 번 돈은 모두 9백만 원이므로 원래 약속대로라면 丙에게 3백만 원을 지급했어야 한다. 그런데 마치 3백만 원밖에 벌지 못했다는 것처럼 말을 하였으므로 이는 '기망'에 해당된다. 또한 이를 丙이 사실로 믿었으므로 상대방이 '착오'를 일으킨 것이다. 그리고 3백만 원의 채무를

가지고 있는데 백만원만 받고 그 채무를 면제해 주었으므로 '재산적 처분행위'도 인정된다.

2. 재산적 손해: 문제는 재산적 손해 부분이다.

(1) 우선 '재산상의 손해'를 발생시킨다는 결과가 있어야만 사기죄의 성립을 인정할 것인가에 대하여 견해가 대립되어 있다. 이에 대하여 ① 재산상의 손해가 발생하지 않아도 된다는 견해, ② 재물의 교부가 있는 경우에는 손해발생이 필요 없고, 재산상의 이익 취득의 경우에는 손해발생이 필요하다는 견해 그리고 ③ 재산상의 손해가 발생해야 한다는 견해가 대립되어 있다. 판례는 재산상의 손해 발생이라는 결과가 없어도 사기가 성립된다고 보고 있다.

그러나 재산상의 손해 발생을 성립요건으로 보지 않는 것은 몇 가지 점에서 문제가 있다. 첫째, 사기는 전형적인 재산범죄로서 사기를 처벌하는 이유도 타인을 속여서 재산상의 손해를 가하기 때문이므로, 어떠한 측면에서도 재산상의 손해를 끼치지 않는 행위를 사기라고 해서 처벌한다는 것은 곤란하다.

둘째, 재산적 손해가 없어도 처벌하는 것은 행위자의 재산적 이익 취득이 피해자의 재산적 손해를 바탕으로 해서 이루어지는 경우에만 처벌대상이 된다는, 재산범죄에 있어서의 성분의 동일성 원칙에 위배되기 때문에 곤란하다.

따라서 제347조가 명문으로 규정하고 있지는 않지만 재산상의 손해라는 결과가 발생해야 사기는 성립한다고 보는 것이 타당하다.

(2) 그런데 이 사례의 경우에는 재산적 손해가 있었는가 하는 점 자체가 문제가 된다. 丙이 받게 되어 있는 돈 3백만원은 범죄행위를 통해 획득하는 것으로서 장물이다. 이를 재산의 개념에 포함시킬 것인가의 여부가 견해에 따라 달라지는 것이다. 이와 관련하여 ① 법적 재산 개념, ② 경제적 재산 개념, ③ 개인적 재산 개념 그리고 ④ 법적·경제적 재산 개념이 대립되고 있다. 생각해보면, 법적 권리로 인정되는 것만을 재산으로 보는 것도 곤란하고, 그렇다고 모든 경제적

가치를 다 재산으로 보는 것도 법질서 내에서의 상호모순이라는 문제를 해결할 수 없어 곤란하므로, 법적으로 금지되는 것을 제외한 실현가능한 경제적 가치를 모두 재산으로 보는 법적·경제적 재산 개념이 타당하다. 이에 따를 경우 丙이 입게 되는 사실상의 손해는 제347조가 성립되기 위한 전제인 '재산적 손해'로 볼 수 없다.

재산적 손해라는 요건이 갖추어지지 않았으므로 제347조의 범죄가 성립하기 위한 객관적 구성요건이 충족되었다고 할 수 없다. 이 부분의 행위는 가벌성이 인정되지 않는다.

○ 결론

甲의 행위는 乙과 공동정범(형법 제30조)으로서 컴퓨터프로그램보호법 위반 교사(컴퓨터프로그램보호법 제29조 제1항·제46조 제1항, 형법 제31조)와 컴퓨터 사용 사기(형법 제347조의2)에 해당되어 가벌성이 인정된다.

[사례 22] 술 취한 화물차 운전자

××청과물 시장에 도착하여 물건을 내린 화물차 운전사 甲은 다른 운전자들과 어울려 시장 안에서 소주를 마셨다. 상당히 많은 양의 술을 마신 甲은 그 상태에서 화물차를 몰고 시장을 빠져 나와 고속도로 진입로 방향으로 달렸다. 잠시 후 甲은 자신도 모르게 길가에 주차한 승용차의 운전석을 들이받았고 이로 인해 차안에 있던 운전자는 사망하였다. 충돌하는 소리를 듣기는 하였으나 자신이 무슨 짓을 했는지 인식하지 못한 甲은 그대로 20m 정도를 더 전진해서 정지신호를 보고 정차하였다. 이 때 도보로 순찰 중이던 경찰관 2명이 사고를 목격하고 달려와 운전석 손잡이를 잡아당기며 운전자 甲에게 차에서 내릴 것을 요구하였다. 그러나 술에 취한 甲은 정복을 입은 이들 경찰관도 알아보지 못하고 오히려 강도가 달려드는 것으로 오해해서 그대로 차를 출발시켜 도망하였다. 차 앞에 서 있던 경찰관은 다친 데 없이 급발진하는 화물차를 겨우 피할 수 있었고 운전석 손잡이를 잡고 있던 경찰관은 손바닥에 찰과상을 입었다.

30분 뒤에 고속도로 입구에서 체포된 甲의 혈중알코올 농도는 0.25%이었다. 甲은 평소에도 자주 술을 마신 상태에서 화물차를 운전한 바 있다.

[문] 甲의 형사책임을 논하시오.

• 사례출처: Hilgendorf, S. 86

○ 행위 1: 승용차를 들이받은 부분

❖ 업무상 과실치사 (형법 제268조, 제10조 제1항)

I. 구성요건

1. 객관적 구성요건: 甲은 자동차 운전자로서 제268조에서 말하는 업무를 수행하는 자에 해당된다. 그러한 甲이 승용차의 운전석 부분을 들이받은 행위로 인해서 운전자가 사망하였다. 이로서 제268조의 결과가 발생하였으며 직접적인 인과가 인정된다. 객관적 귀속을

배제할 사유도 없다. 술에 취한 상태에서 차를 운전하면 주의력이 떨어져 의도하지 않더라도 교통사고를 일으켜 사람을 죽게 할 수 있다는 점은 충분히 예견가능하다.

2. 주관적 구성요건: 그럼에도 불구하고 甲은 이와 같은 위험을 예견하고 회피하기 위한 조치를 전혀 취하지 않았으므로 과실이 인정된다.

II. 위법성을 배제할 사유가 없다.

III. 책임

사고가 있고 나서 30분 후에 측정한 甲의 혈중알코올 농도는 0.25%이었다. 이 시간 동안 체내에서 알코올이 분해되었을 것이므로 행위 당시의 혈중알코올 농도는 역산을 통해 계산을 해야 한다.

계산방법은 피고인에게 유리한 방향이어야 하고 이 사안의 경우에는 가능한 한 혈중알코올 농도가 높았던 것으로 계산해야 할 것이다. 주취중 운전(도로교통법 제44조 제1항·제150조 제1호) 문제도 있지만 도로교통법 시행령이 규정하고 있는 술 취한 상태인 0.05%는 이미 훨씬 넘어버린 경우이므로 가능한 한 알코올 농도가 높았던 쪽으로 결론을 내리면 되겠다.

체내 알코올의 시간당 감소율은 최저 0.01%이고 최고 0.02%이다. 이 가운데 최고치인 0.02%를 선택해야 하는데, 경과시간이 30분이었으므로 감소량은 0.01%가 된다. 이를 0.25%에 더하면 사고 당시의 혈중알코올 농도는 0.26%이었다는 결론이 내려진다.

혈중알코올 농도에 따른 명정상태를 분류해 보면 다음과 같다.

① 약도 명정: 0.05 ~ 0.1 % 한 잔 걸친 상태
② 경도 명정: 0.1 ~ 0.15 % 얼큰한 상태
③ 중등도 명정: 0.15 ~ 0.25 % 비틀거리는 상태
④ 고도 명정: 0.25 ~ 0.35 % 인사불성 상태

고도 명정의 중간 정도인 혈중알코올 농도 0.3% 정도이면 책임능력이 없는 상태가 확실하다. 그러나 이 경우는 0.26%이기 때문에 확실한 책임무능력 상태이었다고 할 수는 없다.

행위 당시의 행태도 함께 고려해서 판단해야 한다. 甲은 주차되어 있는 차를 들이받고도 무슨 일이 일어났는지를 몰랐으며, 정복을 입은 경찰이 하차할 것을 요구하는데도 그들이 경찰인줄을 몰랐다. 사물을 변별할 능력이 전혀 없었다고 할 만한 상황이었다. 甲은 행위 당시 책임무능력 상태에 있었다.

❖ 원인에 있어서 자유로운 행위로서의 업무상 과실치사 (형법 제268조, 제10조 제1항 · 제3항)

I. 구성요건

1. 객관적 구성요건: 甲은 스스로 심신장애 상태를 유발하였으며 그러한 상태에서 구성요건 해당행위를 실행하였다.

2. 주관적 구성요건: 甲에게는 심신장애 상태를 유발한다는 데 대한 고의가 있었으며, 심신장애 상태를 유발할 때 위험한 결과가 야기되지 않도록 주의를 기울이지 않음으로써 과실을 범하였다.

II. 위법성을 조각할 사유가 없다.

III. 책임: 심신장애를 유발하기 시작할 당시에는 책임능력에 아무 문제가 없었다. 따라서 이 부분 甲의 행위는 원인에 있어서 자유로운 행위로서의 업무상 과실치사(형법 제268조, 제10조 제1항 · 제3항)를 근거로 가벌성이 인정된다.

❖ 주취 중 운전 (도로교통법 제44조 · 제150조)

도로교통법 제44조 제4항은 혈중 알코올농도 0.05% 이상을 술에 취한 상태로 보고 있다. 甲은 혈중 알코올 농도 0.26%인 상태에서 차량을 운전하였다. 따라서 甲의 행위는 도로교통법 제44조가 금지하는 주취 중 운전에 해당된다.

이와 관련하여 위법성을 배제할 사유는 없으나, 술에 취하여 책임무능력 상태에 있었으므로 형법 제10조 제1항에 따르면 형벌이 면제된다. 그러나 제10조 제3항의 원인에 있어서 자유로운 행위에 해당되어 제10조 제1항의 적용이 배제될 수 있다.

❖ 원인에 있어서 자유로운 행위로서의 주취중 운전 (도로교통법 제44조 제1항 · 제150조 제1호, 형법 제10조 제1항 · 제3항)

甲은 스스로 심신장애를 야기하였으며 그 상태에서 운전을 하였다. 이렇게 술에 취하게 된다는데 대해서 스스로 고의를 가지고 있었으며 그 상태에서 운전을 하겠다는 생각도 명확하게 하고 있었다.

또한 위법성을 배제할 사유도 없고 심신장애를 야기하기 시작할 때 책임능력에 문제가 없는 상태이었으므로 이 부분 甲의 행위는 원인에 있어서 자유로운 행위로서의 주취 중 운전(도로교통법 제44조 제1항 · 제150조 제1호, 형법 제10조 제1항 · 제3항)을 근거로 가벌성이 인정된다.

○ 행위 2: 경찰의 하차요구를 무시하고 달린 부분

❖ 살인 미수 (형법 제250조 제1항, 제254조, 제10조 제1항)

※ 사전검토 ① 경찰관이 사망하지 않아 기수에 이르지 않았다. ② 또한 미수범 처벌규정이 형법 제254조에 있으므로 미수를 검토하여야 할 사안이다.

I. 구성요건

1. 주관적 구성요건: 사람이 앞에 서 있는데 화물차를 급발진해서 치게 되면 죽게 될 가능성이 매우 높다. 따라서 확정적 고의는 아니더라도 사망의 가능성을 인식하면서 강도로 오인하여 그 결과를 용인한 것으로서 미필적 형태의 고의가 인정된다.

2. 객관적 구성요건: 이미 행위를 하였으므로 어느 학설에 의하더라도 실행의 착수가 인정된다.

II. 위법성

— 형법 제21조(정당방위) —

강도가 공격해 오는 상황이 아니었다. 정당방위 상황이 인정되지 않는다.

III. 책임

— 위법성 조각사유의 객관적 전제에 대한 착오(오상방위) —

1. 甲은 강도가 공격하는 것이 아님에도 불구하고 그렇다고 오해하고 있었다. 위법성 조각사유가 성립하기 위한 객관적 전제에 대해서 착오를 일으킨 것이다.

위법성 조각사유의 객관적 전제에 대한 착오가 있었던 경우에는 그 착오가 사실이었다고 가정할 때 나머지 위법성 조각사유의 요건을 충족시킴을 전제로 각 학설에 따른 처리가 이루어지므로 먼저 그에 대하여 확인해보아야 하겠다.

2. 甲의 상상이 사실이라면 그는 생명・신체・재산이라는 법익에 대한 현재의 부당한 침해를 받고 있었다. 따라서 정당방위 상황이 인정된다.

자신에게 강도행위를 하려는 사람을 자동차를 급발진 시켜서 칠 뻔 하는 위험한 상황을 연출하는 행위는 공격적 방어로서 방위행위로서의 속성이 인정된다. 또한 생명・신체・재산이라는 법익을 지키기 위해서 공격적 방어를 시도한 것이고 실제로는 상대방을 살해하는 결과도 발생하지 않았기 때문에 사회통념상 허용될 만한 정도의 수준에서 그치고 있어 상당성도 인정된다.

甲에게는 명백한 방위의사도 있었으므로 정당방위(제21조)가 인정될 상황이었다. 따라서 위법성 조각사유의 객관적 전제에 대한 착오로서 학설에 따른 처리를 하여야 하겠다.

3. 위법성 조각사유의 객관적 전제에 대한 착오를 어떻게 처리하여야 할 것인가에 대해서는 ① 금지착오로 처리하여야 한다는 엄격책임설, ② 범죄구성2원론의 입장으로서 구성요건적 착오 규정(제15조)을 직접 적용하여야 한다는 소극적 구성요건 요소 이론, ③ 제한책임설의 일종으로서 구성요건적 착오 규정(제15조)을 유추적용하여야 한다

는 유추적용설 그리고 ④ 역시 제한책임설의 일종으로 법효과 측면에서만 구성요건적 착오의 경우처럼 취급하여 고의책임만을 부인하자는 법효과 제한설 등의 학설이 대립되고 있다. 이 가운데 범죄론 체계 측면에서 별 무리가 없는 법효과제한설이 가장 타당하다고 생각한다.

이에 따라 甲에게는 고의책임을 물을 수 없게 된다. 살인미수는 과실범 처벌이 불가능하므로 이 부분 甲의 행위는 가벌성이 인정되지 않는다.

❖ 상해 (형법 제257조 제1항)

운전석 손잡이를 잡고 있던 경찰관의 손바닥에 찰과상을 입혔는데 앞에서 살펴 본 것처럼 오상방위로서 고의책임을 인정할 수 없다.

❖ 원인에 있어서 자유로운 행위로서의 과실치상 (형법 제257조 제1항, 제10조 제1항)

과실이 인정되지만 책임무능력 상태이었기 때문에 제10조 제1항에 따르면 형벌이 면제된다.

그러나 스스로 명정상태를 유발하였고 그 상태에서 과실행위를 하였으며 심신장애를 유발한다는 데 대한 고의와 상해 부분에 대한 과실이 인정되므로, 이 부분 甲의 행위는 원인에 있어서 자유로운 행위로서의 과실치상(형법 제257조 제1항, 제10조 제1항)을 근거로 가벌성이 인정된다.

❖ 공무집행 방해 (형법 제136조)

오상방위로서 고의책임을 인정할 수 없는데, 이 범죄는 과실범 처벌규정이 없다.

[사례 23] ○○마트

甲은 ○○마트에 쇼핑카트를 끌고 들어갔다. CD가 진열된 곳에 도착한 甲은 주위를 둘러보고 나서 CD 한 장을 집어 카트바닥에 놓고 그 위를 광고전단으로 가려서 감추었다. 그리고는 다시 전자제품 코너로 가서 전자손목시계 하나를 집어 호주머니에 넣었다. 그 후 몇 가지 물건을 카트에 담고 카운터로 와서는 CD와 시계를 제외한 나머지 물건을 카운터에 올려놓아 계산을 하고 카트를 밀어 카운터를 통과하였다. 甲은 카운터 앞에서 자신이 계산한 물건들을 봉투에 담고 나서 광고전단 아래 숨겨져 있던 CD를 마저 집어넣었다. 그 때 甲의 행동을 처음부터 지켜보고 있던 경비원 乙이 다가와 훔친 물건을 내놓으라고 하였다. 甲은 CD와 함께 봉투를 통채로 乙에게 건네주었다. 그러자 乙은 호주머니 속에 있는 시계도 내놓으라고 하였다. 甲은 그 시계가 자기 것이라고 우기며 내놓기를 거절하였다. 乙은 무전기로 다른 경비원을 호출하고 계속 시계를 내놓으라고 하였다. 안되겠다는 생각이 든 甲은 경비원 乙을 갑자기 밀치면서 봉투를 빼앗아 들고 달아났다. 乙은 甲이 갑자기 밀치는 바람에 뒤로 넘어져 엉덩방아를 찧고 다시 일어났으나 甲을 놓쳐버렸다. 甲은 며칠 후에 경찰에 의해 체포되었다.

[문] 甲의 형사책임을 논하시오.

- 사례출처: Hilgendorf, S. 93

○ 행위 1: 마트에 들어간 부분

❖ 주거침입 (형법 제319조)

마트는 사람이 함부로 드나들지 못하도록 인적·물적 설비가 되어 있어서 제319조의 행위객체인 관리하는 건조물에 해당된다.

침입이란 주거권자의 의사에 반하여 들어가는 것을 의미한다. 그런데 마트는 영업시간 중에는 일반적으로 출입이 허용되어 있는 곳이어서 과연 주거권자의 의사에 반하여 들어간 것으로 볼 수 있는가 문제이다. 이와 관련하여 ① 출입이 허용되는 시간 중에 정상적인 방법으로 들어간 경우에는 침입이 아니라는 견해와 ② 그렇다고 하더라도 범죄를 목적으로 들어갔다면 침입이 된다는 견해가 대립되어 있다.

주거침입죄의 목적은 사실상의 주거의 평온을 보호하는 것이라고 생각한다. 그렇다면 일반적으로 출입이 허용되는 장소에 정상적인 출입방법으로 들어간 것은 사실상의 주거의 평온을 해치지 않는 것으로서 침입이 아니라고 보는 것이 맞다. ①번 견해가 타당하다.

이에 따라 판단하면 甲이 마트에 들어간 것 자체는 침입이 아니므로 가벌성이 인정되지 않는다.

○ 행위 2: CD를 가지고 나온 부분

❖ 사기 (형법 제347조 제1항)

甲은 계산할 물건이 더 있으면서도 그렇지 않은 것처럼 행동하였다. 상대방을 오인하게 하는 것으로서 기망에 해당된다. 또한 이로 인하여 상대방인 카운터 직원이 정말 더 계산할 것이 없는 것으로 착오를 일으켰다.

문제는 재물의 교부가 있었는가 하는 점이다. 이와 관련하여 피기망자에게 처분의사가 있어야 하는가에 대하여 견해의 대립이 있다. 여기서 처분의사가 없는 경우에도 사기가 성립한다고 하면 절도와 구별이 힘들어지기 때문에 처분의사 필요설이 타당하다고 생각한다.

따라서 계산대 직원이 甲의 행동에 대해서 전혀 인식을 하지 못하고 있었던 상황이므로 재물의 교부가 있었다고 보기 어렵다.

사기죄의 구성요건이 충족되지 않으므로 이 부분 甲의 행위에 대해서 형법 제347조를 근거로 가벌성을 인정할 수는 없다.

❖ 절도 (형법 제329조)

甲이 가져간 것은 마트가 소유권자이므로 타인의 재물이 확실하다. 그 물건을 가지고 계산대를 통과하였으므로 점유자의 의사에 반하여 점유를 배제하고 자신의 점유로 물건을 옮긴 것이 된다. 이와 같은 행위를 甲은 명백한 고의를 가지고 하였으며, 불법한 영득을 한다는 점에 대해서도 인식하고 있었다.

위법성과 책임을 배제할 사유도 없으므로 이 부분 甲의 행위는 절도(제329조)를 근거로 가벌성이 인정된다.

○ 행위 3: 시계를 가지고 나온 부분

❖ 절도 (형법 제329조)

甲이 호주머니에 넣어 가지고 나온 시계는 타인의 재물이 확실하며 점유자의 의사에 반하여 그 점유를 배제하고 자신의 점유로 옮김으로써 절취하였다. 또한 이러한 행위를 甲은 명백한 고의를 가지고 하였으며 불법한 영득을 하는 데 대한 인식도 있었다.

이로써 구성요건이 충족되고 위법성과 책임을 배제할 사유도 없으므로 이 부분 甲의 행위는 절도(제329조)를 이유로 가벌성이 인정된다.

○ 행위 4: 시계를 주지 않고 봉투를 빼앗아 달아난 부분

❖ 준강도 (형법 제335조)

앞에서 확인한 것처럼 甲은 절도행위를 한 자이다. 절도행위가 기수에 이른 바로 그 순간 경비원이 甲을 제지하였다. 시간적·공간적 근접성이 확실하기 때문에 현행범 상태임이 분명하다. 그 상태에서 재물의 탈환을 막기 위해서 밀쳐 넘어뜨리는 폭력을 사용하였다. 이는 항거가 불가능할 정도의 폭력에 해당된다. 나아가 甲은 이 모든 행위를 명백한 고의를 가지고 하였으며 불법영득의사도 있었다. 이에 구성요건이 충족되며 위법성과 책임을 배제할 사유도 없으므로 이 부분 甲의 행위는 준강도(형법 제335조)를 근거로 가벌성이 인정된다.

❖ 강도 (형법 제333조)

봉투의 점유는 일단 경비원에게 넘어간 상태이다. 이를 반항이 불가능할 정도의 폭행을 동원하여 고의로 빼앗아서 달아났으므로 제333조의 강도 구성요건에 해당된다. 위법성과 책임을 배제할 사유도 없으므로 이 부분 甲의 행위는 강도(제333조)를 근거로 가벌성이 인정된다.

[사례 24] 화폐수집품

노인 甲은 아들이 다른 도시로 이사를 간 후 2층집에 혼자 살게 되었다. 마침 집도 없이 혼자 파출부 생활을 하며 살던 乙이 이 집에서 방 한 칸을 사용하며 甲을 돌보게 되었다. 여러 해를 乙이 甲을 보살펴주며 생활을 하다가 甲이 사망하였다. 乙은 혹시나 하고 甲의 서류들을 뒤졌고 1년 전에 작성된 유서를 발견하였다. 몇 년 전에 甲이 자신에게 화폐수집품을 주겠다고 했기 때문에 기대를 하고 있었는데 유서에는 자신에 대한 언급이 전혀 없었다. 화가 나고 억울한 생각에 乙은 甲의 화폐수집품을 스스로 챙기겠다는 생각으로 자신의 방에 숨겼다.

乙은 시가가 5천만원 정도 되는 그 수집품을 직접 처분하지 않고 친구 丙에게 부탁하였다. 그러면서 이들 고화폐를 甲이 생전에 자신에게 선물하였다고 거짓말을 하였으나, 丙은 그 말을 믿지 않았다. 노인이 죽고 나서 乙이 몰래 챙긴 것이라고 생각하면서도 아무 말 하지 않고 丙은 처분하는 일을 넘겨받았다. 물건은 4천만원 아래로는 절대 처분하지 않기로 판매대금의 5%는 丙이 갖기로 약속하였다. 丙은 수집품을 들고 골동품 가게를 찾아보았으나 만족할 만한 가격을 제시하는 곳이 없었다.

아무튼 시가가 5천만원은 한다는 사실을 확인한 丙은 마음이 변해 자신이 스스로 그 수집품을 싼값에 챙기기로 작정하였다. 자신의 집에 수집품을 숨겨둔 후 丙은 乙에게 가서 겨우 고화폐들을 처분했는데 1천만원 밖에 받지 못했다고 하며 950만원을 건네주었다. 乙은 무지 화가 나고 황당해 했지만 어떻게 할 수도 없으므로 그냥 그 돈을 받았다.

[문] 乙과 丙의 형사책임을 논하시오.

• 사례출처: Hilgendorf, S. 104

❑ 乙의 형사책임

○ 행위 1: 서류를 뒤진 행위

❖ 주거수색 (형법 제321조)

I. 구성요건

1. 객관적 구성요건

(1) 행위객체: 제321조의 행위객체는 "사람의 신체, 주거, 관리하는 건조물, 자동차, 선박이나 항공기 또는 점유하는 방실"이다. 甲의 집이 '사람이 일상생활을 영위하기 위해 점거하는 장소'로서의 속성을 가지고 있음은 명백하다. 따라서 乙이 서류를 뒤진 장소는 제321조의 행위객체에 해당된다.

비록 甲이 사망하기 여러 해 전부터 함께 거주하고 있기는 했지만 그렇다고 해서 주거권을 획득하였다고 볼 수는 없다. 다만 함께 거주하는 것이 甲에 의해 허용되고 있었을 뿐이다. 乙에게 있어서 甲의 집은 여전히 타인의 주거이다. 게다가 행위 당시에 주거권자이던 甲은 이미 사망한 상태이었다. 이에 따라 주거권은 甲의 상속인에게 상속되어 있었다. 어느 면으로 보나 乙에게는 주거권이 인정되지 않는다.

(2) 행위: 수색이란 '사람 또는 물건을 발견하기 위해 사람의 신체나 일정한 장소를 뒤지는 행위'를 의미한다. 乙은 유서를 찾기 위해 甲의 방으로 들어가 서류를 뒤졌다.

그런데 乙은 평소 집 전체를 관리하면서 甲을 보살펴 왔으므로 물건을 정리하고 만지는 일은 그에게 허용되어 있는 일이었다. 그러나 甲이 사망한 상태에서는 평소의 양해가 더 이상 유효한 형태로 존재한다고 볼 수 없다.

乙의 행위는 제321조에 해당된다.

2. 주관적 구성요건

유서를 찾기 위해 甲의 방을 뒤진다는 인식과 의사를 가지고 있었다.

II. 위법성과 책임을 배제할 사유가 없다. 따라서 이 부분 乙의 행위는 주거수색(형법 제321조)을 근거로 가벌성이 인정된다.

❖주거침입 (형법 제319조 제1항)

주거권자인 甲의 아들이 乙의 존재를 알면서도 아무 말 없이 乙이 거주하는 것을 그대로 묵인하고 있었으므로 묵시적인 양해가 있었던 것으로 판단된다. 침입행위가 인정되지 않는다.

❍ 행위 2: 화폐수집품을 가져간 행위

❖배임 (형법 제355조 제2항)

제355조 제2항에서 말하는 행위주체는 "타인의 사무를 처리하는 자"이다. 여기에서 타인의 사무는 '재산상의 사무'에 한정된다. 또한 재산상의 사무는 ① 타인의 재산을 관리하는 사무와 ② 타인의 재산보전에 협력하는 사무 두 가지이다.

그런데 乙은 단지 甲을 보살펴주는 위치에 있던 사람이지 甲의 재산을 관리하거나 그의 재산 보전에 협력하는 사무를 수행하던 자는 아니었다. 제355조 제2항의 행위주체에 해당되지 않는다.

이 부분 乙의 행위는 배임(제355조 제2항)을 근거로 가벌성을 인정할 수 없다.

❖절도 (형법 제329조)

I. 구성요건

1. 객관적 구성요건

(1) 행위객체(타인의 재물): 甲이 몇 년 전에 문제의 화폐수집품을 乙에게 주겠다고 약속하기는 하였지만, 그렇다고 해서 甲의 사망과 함께 물건의 소유권이 乙에게 이전되는 것은 아니다. 화폐수집품은 乙의 입장에서 타인의 재물이다.

(2) 행위(절취): 절취란 '타인이 점유하고 있는 재물을 점유자의 의사에 반해 그 점유를 배제하고 자기 또는 제3자의 점유로 옮기는 행위'를 말한다. 행위 당시 본래의 점유자이었던 甲은 사망한 상태이

었다. 물론 죽은 사람의 점유의사도 잠재적 형태로 사회적·규범적 견지에서 인정될 수 있는 여지는 있다. 그러나 본 사안의 경우에는 甲이 사망한 후 상당한 시간이 지났기 때문에 이를 인정하는 견해에 의하더라도 점유가 계속되고 있다고 인정하기가 곤란하다.

그렇다면 甲의 상속인에게 점유가 인정되는가? 그렇다고 볼 수도 없다. 점유가 인정되기 위해서는 물건에 대한 사실상의 지배가 물리적·심리적 측면에서 확보되어야 하는데, 甲의 상속인은 이 화폐수집품에 대한 점유의사를 가지고 있지 않았다. 그가 이 물건에 대한 소유권을 취득했다고 볼 여지는 있지만 점유를 획득했다고 볼 수는 없다.

2. 타인의 점유를 배제하지 않았으므로 절취행위가 인정되지 않는다. 객관적 구성요건 자체가 충족되지 않는다.

Ⅱ. 따라서 이 부분 乙의 행위는 절도(제329조)를 근거로 가벌성을 인정할 수 없다.

❖ 횡령 (형법 제355조 제1항)

I. 구성요건

1. 객관적 구성요건

(1) 행위주체(타인의 재물을 보관하는 자)

1) 타인의 재물: 화폐수집품이 타인의 재물임은 명백하다.

2) 보관

가. 신뢰관계의 존재: 집안의 물건을 관리하도록 하였으므로 횡령죄가 성립하기 위한 정도의 신뢰관계는 있었다.

나. 보관: 횡령죄에 있어서 보관이란 민법상의 점유와 형법상의 점유 개념인 '재물에 대한 사실상의 지배'를 포괄하는 개념으로 해석된다.

甲이 사망하기 전 甲과 乙의 관계는 고용인과 피고용인처럼 상하관계에 있었던 것으로 볼 수 없다. 두 사람은 대등한 관계에 있었던 것으로 보아야 한다. 따라서 어떠한 학설에 따르더라도 乙은 甲의 집안에 있던 재물에 대한 공동점유자이었다. 그 상태에서 甲이 사망하였으므로 행위 당시 乙은 집안의 재물에 대한 단독점유자이었다고 하겠다.

(2) 행위(횡령 또는 반환거부): 자신이 처분하고자 함으로써 영득의사가 객관적으로 표출되었다.

2. 주관적 구성요건

(1) 구성요건적 고의: 乙은 이와 같은 행위를 명백한 고의를 가지고 하였다.

(2) 불법영득의사: 만약 乙이 화폐수집품에 대한 청구권을 완벽한 형태로 가지고 있었다면 영득의 불법성이 인정되지 않을 것이다. 그러나 단순히 그 물건을 주겠다고 약속을 한 것에 불과한 경우에는 완벽한 청구권을 인정하기 곤란하다. 청구권이 제대로 인정되기 위해서는 이러한 사항이 유서에 기재되었어야 한다.

II. 위법성과 책임을 배제할 사유가 없다.

III. 이 부분 乙의 행위는 횡령(제355조 제1항)을 근거로 가벌성이 인정된다.

❖ 점유이탈물 횡령 (형법 제360조)

'재물에 대한 사실상의 지배'가 乙에 의해 유지되고 있었으므로 화폐수집품은 점유이탈물이라고 할 수 없다.

○ 행위 3: 화폐수집품의 처분을 부탁한 부분

❖ 丙에 대한 사기 (형법 제347조 제1항)

자기의 물건이 아니면서 그렇다고 함으로써 상대방을 기망하였다. 그러나 丙은 乙의 말을 믿지 않았다. 착오를 일으키지 않은 것이다. 이에 사기죄 구성요건이 충족되지 않아 가벌성을 인정할 수 없다.

❖ 丙에 대한 사기 미수 (형법 제347조 제1항, 제352조)

※ 사전검토 ① 확인한 것처럼 사기의 기수에 이르지 않았다. ② 그리고 미수범 처벌규정이 제352조에 있으므로 미수를 검토하여야 할 사안이다.

乙은 丙을 기망하여 착오를 일으키고 그 착오에 따라 물건을 처분한 대금을 자신에게 교부하도록 하겠다는 고의는 가지고 있었다. 그러나 丙으로 하여금 재산상의 손해를 입게 만들겠다는 의도가 없었다. 손해를 입게 할 의도는커녕 판매대금의 5%를 줄 작정이었으므로 재산상의 이익을 줄 생각이었다.

구성요건이 충족되지 않으므로 사기 미수를 근거로 가벌성을 인정할 수 없다.

❖ 잠재적 구매자에 대한 사기 교사 미수 (형법 제347조 제1항, 제352조)

※ 사전검토 ① 기수에 이르지 않았으며, ② 미수범 처벌규정이 제352조에 있으므로 미수를 검토하여야 할 사안이다.

잠재적 구매자가 乙이 소유권자인 것처럼 알도록 기망하고 이에 따라 착오를 일으키고 재물의 교부를 하게 만들겠다는 의도까지는 있었다. 그러나 화폐수집품은 도품이나 유실물이 아니기 때문에(민법 제250조) 선의취득이 인정되어(민법 제249조) 잠재적 구매자의 손해를 유발하지 않는다. 따라서 乙의 고의는 사기죄의 주관적 구성요건을 충족시키지 않는다. 가벌성이 없다.

❑ 丙의 형사책임

❍ 행위 1: 화폐수집품의 처분을 맡아서 이를 시도한 부분

❖ 乙에 대한 사기 (형법 제347조 제1항, 제352조)

이익을 중간에서 떼어먹겠다는 생각을 처음부터 가졌던 것이 아니다. 따라서 乙에 대한 사기는 성립되지 않는다.

❖ 장물죄 (형법 제362조)

행위객체인 화폐수집품은 乙이 재산범죄인 횡령행위를 통해 취득한 물건이다. 장물에 해당된다.

그러나 丙은 장물에 대한 사실상의 처분권을 획득하지 않았다. 단지 물건을 처분하는 것을 대행하기로 약속한 것뿐이다. 더군다나 판매가격도 하한선이 정해져 있었다. 그리고 보관해주는 행위도 아니었다. 알선도 아니다.

따라서 이 부분 丙의 행위는 가벌성이 인정되지 않는다.

❖ 골동품 가게 주인에 대한 사기 미수 (형법 제347조 제1항, 제352조)

※ 사전검토 ① 기수에 이르지 않았으며, ② 미수범 처벌규정이 제352조에 있으므로 미수를 검토하여야 할 사안이다.

Ⅰ. 구성요건

1. 주관적 구성요건: 장물이라는 사실을 알면서 그렇지 않은 것처럼 상대방을 기망하고자 하였으며, 이를 통해 가게 주인이 착오를 일으키고 재산적 처분행위를 하도록 하겠다는 의도를 가지고 있었다.

문제는 골동품 가게 주인에게 선의취득이 인정될 수 있는 상황인가 하는 점이다. 골동품 가게 주인은 물건을 구입할 때 장물이 아닌가 하는 점에 대해서 특별한 주의를 기울여야 한다. 일반인이 시가 5천만원 상당의 화폐수집품을 가지고 있다는 것은 일상적인 일이 아니기 때문에 주의를 기울이면 장물이라는 점을 알 수 있다. 따라서 선의취득이 성립할 수 없다. 손해가 발생되는 것이다.

이러한 손해를 기반으로 재산상의 이익을 취하고자 하였다. 나아가 그것이 불법한 이익이라는 점도 인식하고 있었다.

2. 객관적 구성요건: 구성요건에 해당되는 내용인 기망행위를 이

미 하였으므로 어느 학설에 의하더라도 실행의 착수가 인정된다.

Ⅱ. 위법성과 책임을 배제할 사유도 없다.

Ⅲ. 따라서 이 부분 丙의 행위는 사기 미수(형법 제347조 제1항, 제352조)를 근거로 가벌성이 인정된다.

○ 행위 2: 乙에게 950만원만 주고 화폐수집품을 챙긴 부분

❖ 배임 (형법 제355조 제2항)

제355조 제2항에서 말하는 행위주체는 "타인의 사무를 처리하는 자"이다. 여기에서 타인의 사무는 '재산상의 사무'에 한정된다. 또한 재산상의 사무는 ① 타인의 재산을 관리하는 사무와 ② 타인의 재산보전에 협력하는 사무 두 가지이다. 그 중에서 타인의 재산을 관리하는 사무를 수행하는 경우에는 특별한 신뢰관계가 바탕이 되어 있다는 점에 대하여 의문의 여지가 없다. 특별한 신뢰관계가 없는 한 다른 사람에게 재산의 관리를 맡기지 않는 법이기 때문이다. 이는 상대방을 믿고 재산을 관리·처분할 권한을 위임하는 경우이기 때문에 이를 위반하는 행위를 권한남용형 배임행위라고 부른다.

문제는 사무처리의 근거이다. 두 사람 사이의 위탁판매계약이 사무처리의 근거인데, 이 법률행위의 내용은 장물양도를 위탁하는 것으로서 불법행위이고 따라서 무효이다.

사무처리의 근거가 되는 법률행위가 무효인 경우에 배임죄가 성립되는가에 대하여 긍정설과 부정설이 대립되어 있다. 긍정설은 법률행위가 무효이더라도 사실상의 신임관계는 존재하기 때문에 배임죄가 인정된다고 주장한다. 그러나 법률행위가 무효이기 때문에 더 이상 상대방의 재산을 보전해 주어야 할 의무가 존재하지 않는 데도 불구하고 배임행위가 성립된다고 할 수는 없는 일이다. 부정설이 타당하다. 판례의 입장도 같다. 배임이 성립되지 않는다.

❖ 횡령 (형법 제355조 제1항)

丙은 乙이 처분을 위해서 맡겨 둔 물건을 가지고 있었다. 신뢰관계가 있었음은 분명하다. 그러한 상황에서 팔았다고 거짓말을 함으로써 영득의사가 객관적으로 표출되었다. 이로서 객관적 구성요건이 충족되며 명백한 고의와 불법영득의사도 가지고 있었기에 주관적 구성요건도 성립된다.

또한 위법성과 책임을 배제할 사유도 없으므로 이 부분 丙의 행위는 횡령을 근거로 가벌성이 인정된다.

❖ 사기 (형법 제347조 제1항)

상대방인 乙을 기망하고 이에 따라 乙이 자신의 말을 믿고 착오에 빠지도록 만듦으로써 화폐수집품을 돌려달라고 하지 않게 하였다. 그러나 상대방인 乙의 재산상 손해는 의문스럽다. 乙이 가지고 있던 丙에 대한 청구권은 법적으로 보호되지 않는, 나아가 법적으로 금지되는 이익이기 때문에 재산으로 볼 수 없다. 따라서 사기죄 구성요건이 충족되지 않아 이 부분 丙의 행위는 사기를 근거로 가벌성을 인정할 수 없다.

[사례 25] 부정행위

甲(남)과 乙(여)은 국립 S대학 법학과 재학생으로서 서로 매우 친하게 지내고 있었다. 사병으로 군복무를 하고 첫 학기를 맞는 甲은 중간고사를 치면서 점점 불안해짐을 느꼈다. 도저히 그대로는 학점이 제대로 나오지 않을 것이라는 생각을 하게 된 甲은 평소 좋은 성적을 받고 있는 乙에게 도움을 청하였다. 가장 어려운 과목이라고 생각되는 민사소송법 시험시간에 함께 들어가 답안을 작성하다가 도저히 문제를 해결할 수 없다고 판단될 경우에 신호를 보낼 테니 자신의 이름과 학번을 적어서 답안지를 제출해 달라는 것이었다. 이미 민사소송법 학점을 취득하였고 사법시험 준비 관계로 과목의 내용을 잘 알고 있는 乙은 이를 승낙하였다.

시험시간에 앞뒤로 앉은 甲과 乙은 각각 자신의 학번과 성명을 답안지에 기입하고 답안 작성을 시작하였다. 한참 시간이 지나자 머리를 쥐어짜던 甲은 도저히 풀 수 없다고 판단하고 乙에게 미리 약속했던 신호를 보냈다. 시험에 몰두하고 있던 乙은 두세 차례 계속해서 甲이 신호를 보내자 문득 약속했던 일이 생각나 자신의 학번과 성명을 수정액으로 지우고 그곳에 甲의 학번과 성명을 기입한 후 답안지를 마저 작성하여 제출하였다. 甲은 답안지를 제출하지 않고 그냥 나왔다.

중간고사 이후에도 계속 학과 공부를 쫓아가기 힘들어 허덕이던 甲은 민사소송법 교수가 리포트를 과제로 내주자 다시 乙을 만나 대신 해주기를 부탁하였다. 그러나 乙은 시간도 없고 그런 일은 스스로 해야 한다고 하며 거절하였다. 난감해진 甲은 궁리를 하다가 리포트 마감일에 임박해서 민사소송법 교수 연구실로 갔다. 마침 학생들이 계속 찾아와서 리포트를 문 밑으로 밀어 넣고 있었는데 문 안쪽으로 제대로 들어가지 않고 밖으로 나와 있는 리포트들이 눈에 띄었다. 甲은 이들 리포트 몇 개를 꺼내서 집으로 가져가, 그 중 제일 잘 된 리포트의 표지를 자신의 학번과 성명이 기재된 종이로 갈아 붙인 후 다른 리포트들과 함께 다시 해당 교수 연구실 문 밑으로 밀어 넣었다.

[문] 甲의 형사책임을 논하시오.

- 사례출처: Hilgendorf, S. 114

○ 행위 1: 乙을 시켜서 자신의 이름으로 답안지를 작성해서 내도록 한 부분

❖ 사문서 위조 교사 (형법 제231조, 제31조)

1. 제231조에서 말하는 문서에 해당되기 위해서는 기본적으로 '문자 또는 기호에 의해 인간의 사상이나 관념을 표시한 물체'로서의 속성을 가지고 있어야 한다. 이를 좀 더 구체적으로 이야기하자면 문서라고 하기 위해서는 ① 계속적 의사표시 기능, ② 증명기능 그리고 ③ 작성명의자 확인 기능 등 세 가지 기능이 갖추어 져야 한다.

乙이 강의실에 앉아서 작성한 답안지는 사례형 문제에 대한 해결방안이 진술되어 있다. 이는 인간의 의사표시에 해당된다. 의사표시의 내용이 시각적으로 인식 가능한 상태로 유체물인 답안용지에 고착되었고 해독이 가능한 형태를 가지고 있었다. 첫 번째 갖추어야 할 요건인 계속적 의사표시 기능을 확보하고 있다.

나아가 문서라고 하기 위해서는 법률관계에 대한 증명 기능이 있어야 한다. 乙이 작성한 것은 국립 S대학 법학과의 중간고사 시험 답안이었다. 이 시험의 목적은 응시자가 학점을 부여받을 만한 실력을 갖추고 있는지를 평가하는 것이다. 적정한 내용의 서면 답안은 이와 같은 능력의 존재를 입증해주는 기능을 가진다. 그러므로 두 번째 요건인 증명기능도 가지고 있다.

또한 답안지에 학번과 성명이 기재되었으므로 세 번째 요건인 작성명의자 확인 기능도 갖추고 있다. 이렇게 문서가 갖추어야 할 요건을 乙이 작성한 답안지는 모두 갖추고 있으므로 제231조의 행위객체에 해당된다.

2. 제231조상의 위조란 '작성권한 없는 자가 타인의 명의를 도용해서 문서를 작성하는 것'을 의미한다. 여기서 물리적으로 문서를 실제로 만든 사람이 누구인가 하는 점은 문제가 되지 않는다. 문제의 핵심은 누구의 의사표시가 담겨 있는가 하는 점이다. 예를 들어 甲이

불러주는 대로 乙이 받아쓰는 식으로 문서가 제작되는 경우 작성명의자가 甲이라고 표기된다면 위조가 되지 않는다.

나아가 작성권한은 대리권 수여를 통해 부여될 수도 있다. 실제로 乙은 甲의 부탁에 따라 甲을 위해 문서를 작성하였다. 그러나 이 사안에서는 대리권을 수여하는 법률행위가 적법하지 못하기 때문에 대리권 수여행위의 법적 효력을 인정할 수 없다. 따라서 乙은 甲의 대리인으로서 문서를 작성한 것이 아니다.

乙은 자신이 마치 甲인 것처럼 자신이 작성한 답안지에 甲의 이름을 표기하였고 이는 타인의 명의를 도용한 것에 해당된다. 제231조에서 말하는 '위조'가 성립된다. 명의도용을 甲이 승낙했다고 하더라도 결론은 달라지지 않는다. 제231조의 보호법익은 작성명의자의 작성권한이 아니라 문서에 대한 공공의 신용이기 때문이다.

3. 乙은 자신의 행위를 정확하게 인식하며 행동하였고, 답안지를 제출하여 채점이 이루어지게 할 목적으로 가지고 있었으므로 '행사할 목적'도 인정된다.

4. 사문서 위조죄는 사회적 법익을 보호하는 규정이므로 피해자의 승낙(형법 제24조)을 근거로 위법성을 배제할 수 없다. 또한 책임을 배제할 사유도 존재하지 않는다. 따라서 이 부분 乙의 행위는 가벌성이 인정된다.

❖ 사문서 변조 교사 (형법 제231조, 제31조)

乙은 단지 답안지의 작성명의만 바꿔 썼을 뿐 문서의 내용에 대해서는 변화를 가하지 않았으므로 변조행위는 성립되지 않는다.

❖ 위조사문서 행사 교사 (형법 제234조, 제31조)

제234조상의 행사란 '법적 거래관계 속에서 기능적으로 이용하는 것'을 말한다. 乙은 답안지를 제출하여 채점자가 이를 인지할 수 있는 상태에 놓이게 하였다. 이는 제234조에서 말하는 행사에 해당된다. 위법성과 책임을 배제할 사유도 없으므로 이 부분의 행위도 가벌성이

있다.

❖ 재물손괴 교사 (형법 제366조, 제31조)

乙이 이름을 수정액으로 지우고 다른 이름을 쓴 답안지는 乙이 답안용지를 받은 순간 그 소유권이 乙에게로 이전된 물건이고 제출되기 전까지 乙에게 소유권이 유지되는 것이므로 타인의 재물이라고 할 수 없어 제366조의 성립을 인정할 수 없다.

❖ 위계에 의한 공무집행 방해 교사 (형법 제137조, 제31조)

1. 제137조에서 말하는 위계란 '행위목적을 이루기 위해 상대방에게 착오를 일으켜 그 착오를 이용하는 것'을 의미한다. 乙은 자신이 시험 답안지를 대신 작성했음에도 불구하고 甲이 이를 스스로 작성한 것처럼 보이게 함으로써 채점자를 기망하였다. 그리고 채점자가 이러한 기망에 속아넘어가 실제로 甲이 답안지를 작성한 것으로 착오를 일으켜 학점을 부여했으므로 위계가 성립된다.

2. 일단 학점을 부여받을 수 있는 실력을 갖추지 못한 甲이 학점을 취득했으므로 부당한 직무집행이 이루어진 것이다. 제137조상의 방해란 ① 정당한 직무집행을 하지 못하게 하는 것과 ② 부당한 직무집행을 하게 만드는 경우의 두 가지를 의미하는데, 이 사안에서는 두 번째에 해당되는 방해가 있었던 것으로 판단된다.

3. 논란의 여지가 있는 부분은 乙의 행위와 공무집행 방해라는 결과 사이에 인과관계가 인정되느냐 하는 점이다. 물론 乙의 행위와 공무집행 방해 사이의 인과의 연결은 사실적인 측면에서는 문제가 되지 않는다. 문제가 되는 것은 당사자가 위계를 사용하기는 하였으나, 담당 공무원이 제대로 주의를 기울이기만 하면 상대방의 위계를 간파할 수 있을 정도로 위계가 허술한 경우에는 결과회피 의무가 전적으로 담당 공무원에게 부여되어야 하는가 하는 점이다. 대법원이 줄곧 견지하고 있는 입장인데 공무집행방해죄라는 규정의 입법취지에 비추어 볼 때 합당한 견해라고 생각된다.

이 입장에 따라 사안을 검토해 보면, 이름을 고치는 방법이 너무 허술했음을 알 수 있다. 처음부터 甲의 학번과 이름을 기입한 것이 아니라 乙 자신의 학번과 이름을 쓰고 답안을 작성하다가 나중에 수정액으로 지우고 이름을 변경한 것이다. 답안지의 매우 중요한 부분인 학번과 성명 부분이 수정액으로 조작되어 있을 경우, 채점자가 조금만 주의를 제대로 기울인다면 금방 답안지 작성에 부정이 개입되었다는 점을 발견할 수 있을 것이다. 따라서 이 사안에서는 결과회피의무가 전적으로 채점자에게 전가된다고 해야 하고 객관적 귀속을 시킬 수 없다는 결론에 이르게 된다.

인과관계가 인정되지 않으므로 이 부분의 행위는 가벌성이 인정되지 않는다.

○ 행위 2: 다른 사람의 리포트를 훔쳐 과제물로 제출한 행위

❖ 절도 (형법 제329조)

형법 제329조의 행위객체는 타인의 재물인데 이에 해당됨은 명백하다. 절취란 '타인이 점유하고 있는 재물을 점유자의 의사에 반해 그 점유를 배제하고 자기 또는 제3자의 점유로 옮기는 행위'를 말한다. 리포트가 연구실 문 안 쪽으로 제대로 들어가지 않았더라도 예비적 지배의사가 인정되는 사안이기 때문에 연구실의 사용권자인 민사소송법 교수의 점유가 인정된다.

甲은 이와 같은 행위를 명백한 고의를 가지고 하였으며 불법영득의사도 인정된다. 또한 위법성과 책임을 배제할 사유도 없다. 이 부분 甲의 행위는 가벌성이 인정된다.

❖ 사문서 위조 (형법 제231조)

작성명의자가 변경되어서 문서의 동일성이 상실되었으므로 위조에 해당된다.

❖ **위조사문서 행사 (형법 제234조)**

제출하였으므로 '행사'에 해당된다.

❖ **소결**

절도죄와 사문서 위조죄의 보호법익은 서로 다르다. 따라서 사문서 위조죄와 위조사문서 행사죄는 불가벌적 사후행위가 아니다.

[사례 26] 한밤의 질주

甲은 강남의 나이트클럽에서 친구들과 놀며 계속 술을 마시다가 12시가 넘어서 객기가 발동되어 친구 세 명을 자신의 스포츠카에 타게 한 후 달리기 시작하였다. 甲은 엄청난 속도로 신호를 무시하며 난폭운전을 하였고, 이를 발견한 경찰순찰차 근무자 乙이 신호봉을 흔들어 정지할 것을 지시하였으나 무시하고 그대로 달렸다. 乙은 곧바로 순찰차에 올라타 甲을 추적하기 시작하였다. 그러나 乙이 甲을 거의 다 쫓아가 막 추월을 하려 할 때 甲이 순찰차가 진행하려는 방향으로 바로 코앞으로 들이밀며 갑자기 멈춰서서 乙이 어쩔 수 없이 급정거를 하도록 만들고는 다시 도망하기 시작하는 수법을 몇 차례 사용하자, 급정거와 급출발 면에서 甲의 자동차보다 성능이 뒤떨어지는 순찰차 한 대로는 甲을 잡기 힘들다고 乙이 느끼게 되었다. 乙은 옆자리의 동료에게 혼자서는 힘들겠다며 무전으로 도움을 요청하라고 하였다.

마침 부근에서 순찰차를 타고 근무를 하던 丙이 내근자로부터 긴급지시를 받고는 경광등을 켜고 사이렌을 울리며 추적에 합류하였다. 잠시 후 甲이 교차로를 통과하면서 신호가 바뀌었는데 이 때 순찰차의 좌측 방향에서 오토바이 한 대가 급히 출발을 하였고 두 대의 순찰차는 너무 빠른 속도로 달리고 있었기 때문에 제 때 멈출 수가 없어서 丙의 순찰차가 오토바이를 그대로 들이 받아 오토바이의 운전자는 사망하였다.

역시 甲의 추적에 합류하기 위해 투입된 경찰관 丁은 甲이 달려오고 있는 도로에 순찰차를 가로막아 세우고 기다리고 있었다. 곧 甲이 순찰차 乙의 추적을 받으며 그 도로에 들어섰고 가로로 세워져 있는 경찰차와 그 앞에서 정지신호를 하고 있는 경찰관을 발견하였다. 甲은 순찰차에도 경찰관이 타고 있을 수 있다고 생각하면서도 속도를 늦추지 않고 그대로 달렸다. 甲이 무서운 속도로 달려오자 정지신호를 보내던 경찰관은 마지막 순간에 몸을 굴려 피했고, 丁도 차를 빼려고 하였으나 제때 피하지를 못해 甲이 순찰차의 뒷부분에 충돌하게 되었다. 충돌로 인하여 甲과 甲의 친구 세 명은 중상을 입었다. 사건 직후 측정한 甲의 혈중알코올농도는 0.12%이었다.

[문] 甲의 형사책임을 논하시오.

• 사례출처: Hilgendorf, S. 125

○ 행위 1: 乙의 순찰차 앞에서 급정거를 한 부분

❖ 공무집행 방해 (형법 제136조)

I. 구성요건

1. 객관적 구성요건

(1) 행위객체(직무를 집행하는 공무원): 과속 · 신호위반 · 난폭운전을 하는 차량에게 정지할 것을 지시하고 이에 응하지 않아 강제로 정차시키기 위해 추적하는 등의 행위는 경찰순찰차 근무자인 乙의 직무범위 내에 속하는 것이고 적법한 직무집행이었다.

(2) 행위(폭행 · 협박): 폭행이란 '사람의 신체에 대한 유형력의 행사'를 의미한다. 고속으로 달리고 있는 차의 앞을 갑자기 막아서는 것은 유형력의 행사에 해당된다. 신체에 대한 유형력의 행사가 반드시 직접적인 접촉을 요구하는 것은 아니므로 이와 같은 행위도 폭행으로 볼 수 있다.

2. 주관적 구성요건: 甲은 행위상황에 대해서 명확하게 인식하고 있었고 자신의 행위에 대한 의도 또한 확고하였다.

Ⅱ. 위법성을 배제할 사유는 없다.

Ⅲ. 책임

甲이 비록 술을 마셔서 다소 무모해지기는 하였지만 급정거와 급출발을 적절히 구사해서 순찰차를 따돌리는 등 순발력이 전혀 감소되지 않았던 것으로 미루어 보아 심신장애가 자기 통제능력을 상실시킬 정도에는 이르지 않았다고 판단된다.

Ⅳ. 죄수: 3개의 행위에 의해 3개의 공무집행 방해죄를 충족시키고 있다. 이들은 모두 실체적 경합관계에 있다.

❖ 강요 (형법 제324조)

자동차를 이용한 유형력 행사를 하여 폭행으로써 급정차를 하도록 의무 없는 일을 강제하였다. 甲은 이를 명확한 고의를 가지고 하였으며 위법성과 책임을 배제할 사유도 없으므로 이 부분 甲의 행위도 가벌성이 인정된다.

❍ 행위 2: 오토바이 운전자가 사망하게 만든 부분

❖ 과실치사 (형법 제267조)

오토바이 운전자가 사망함으로써 제267조에서 예정하고 있는 결과가 발생하였다. 甲의 난폭한 운전행위와 이로 인해서 유발된 순찰차의 추격상황 그리고 그로 인하여 발생된 오토바이 운전자의 사망이라는 결과 사이의 인과의 진행은 합법칙성의 범주를 벗어나지 않았다. 그러나 오토바이 운전자가 추적 중인 순찰차에 의해 죽게 되었다는 점은 甲이 위반한 교통법규의 보호범위를 벗어난 부분에서 발생된 결과이다. 따라서 객관적 귀속을 시킬 수 없어서 인과관계를 인정할 수 없다. 이 부분 甲의 행위에 대해서는 가벌성을 인정할 수 없다.

❍ 행위 3: 가로 막고 있던 순찰차를 들이 받은 부분

❖ 공무집행 방해 (형법 제136조)

I. 구성요건

1. 객관적 구성요건

(1) 행위객체(직무를 집행하는 공무원): 과속・신호위반・난폭운전을 하고 도주하는 차량을 강제로 정차시키기 위해 순찰차로 가로막고 기다리는 행위는 경찰순찰차 근무자의 직무범위 내에 속하는 것이고 적법한 직무집행이었다.

(2) 행위(폭행・협박): 폭행이란 '사람의 신체에 대한 유형력의 행사'를 의미한다. 사람을 향해 차량을 돌진시키고 사람이 타고 있는 차를 들이받는 행위는 명백한 폭행에 해당된다. 신체에 대한 유형력의 행사가 반드시 직접적인 접촉을 요구하는 것은 아니므로 甲의 행위는 폭행으로 볼 수 있다.

2. 주관적 구성요건: 甲은 이 부분 행위를 명백한 고의를 가지고 하였다.

Ⅱ. 위법성과 책임을 배제할 사유도 없다. 따라서 이 부분 甲의 행위는 공무집행 방해(제136조)를 근거로 가벌성이 인정된다.

❖ 살인미수 (형법 제250조 제1항, 제254조)

※ 사전검토 ① 경찰관이 사망하지 않았으므로 기수에 이르지 않았다. ② 또한 제254조에 미수범 처벌규정이 있으므로 미수를 검토하여야 할 사안이다.

I. 구성요건

1. 주관적 구성요건: 甲은 순찰차 안에 사람이 있을지도 모른다는 가능성을 인식한 상태에서 속도를 전혀 늦추지 않고 달렸다. 차량의 측면을 전속력으로 달려 충격을 가하게 되면 차량 내부에 있는 사람은 거의 예외 없이 사망하게 된다. 甲은 그러한 사망의 가능성을 인식하면서도 이를 감수 또는 용인한 것으로 파악된다. 미필적 형태로 살인의 고의가 인정된다.

2. 객관적 구성요건: 자신의 차량을 이용해 순찰차를 들이받기까지 하였으므로 실행의 착수(행위자의 범행계획에 따른 구성요건 실현행위의 직접 시작)가 있었음은 확실하다.

Ⅱ. 위법성과 책임을 배제할 사유도 없으므로 이 부분 甲의 행위는 살인미수(제250조 제1항, 제254조)를 근거로 가벌성이 인정된다.

❖ 세 친구에 대한 중상해 (형법 제258조)

I. 구성요건

1. 기본범죄: 세 친구가 상해를 당하였으며 그러한 결과는 甲의 난폭한 운전이 가져온 결과이었다. 세워져 있는 차량을 향해 전속력으로 달려서 충돌할 때에는 자신의 자동차에 타고 있던 사람들도 다칠 수 있음은 누구나 알 수 있는 사실이다. 그러한 가능성을 인식하

면서 이를 감행하였으므로 고의도 인정된다.

2. 중한 결과

(1) 객관적 구성요건: 세 사람 모두 죽을 수 있는 상태까지 갔으므로 생명에 대한 위험이 발생된 것으로 볼 수 있다. 이러한 결과는 甲의 행위와 인과관계 측면에서 직접 연결되어 있다. 또한 사람이 타고 있는 차를 난폭하게 몰고 다른 정차해 있는 차량을 향해 돌진할 경우 그 사람들이 중상을 입을 수 있다는 점은 누구나 예견 가능하다.

(2) 주관적 구성요건(객관적 주의의무 위반): 그럼에도 불구하고 甲은 그러한 결과를 회피할 아무런 조치도 취하지 않아 과실이 인정된다.

Ⅱ. 위법성

— 피해자의 승낙(형법 제24조)을 근거로 한 위법성 배제 여부 —

피해자들로 부터 승낙의 표시가 없었기 때문에 이를 근거로 위법성을 배제할 수 없다.

Ⅲ. 책임을 배제할 사유도 없으므로 이 부분 甲의 행위는 중상해(제258조)를 근거로 가벌성이 인정된다.

[사례 27] 위증

甲과 乙은 함께 범죄행위를 저질렀는데 甲만 경찰에 체포되었다. 일이 이렇게 되자 甲은 乙에게 경찰에 출두해서 거짓 알리바이를 만들어 달라고 하였다. 甲의 부탁에도 불구하고 乙은 혹시 자신의 범행까지 탄로 날까 두려워 경찰에 출두하여 진술하기를 거부하였다. 별다른 방법이 없다고 생각한 甲은 공판이 시작되자 자신이 범행시간에 현장에 없었고 대신 乙과 화투를 치고 있었다고 하며 乙을 증인으로 신청하였다. 법정에 출두한 乙은 달리 말하다간 자신도 엮여 들어갈 것으로 걱정이 되어 문제의 시간에 甲과 함께 화투를 치고 있었음을 인정하였다.

甲과 동거 중이던 애인 丙도 법정에서 같은 취지의 진술을 하였다. 이와 같은 증언은 甲의 부탁에 따른 것이었다. 그런데 甲은 丙이 자신의 범죄행위에 대해서 모르고 있고 자신이 그렇게 말했기 때문에 실제로 그 시간에 乙과 화투를 치고 있었던 것으로 믿고 있다고 생각하였다. 그러나 丙은 사건 전모를 이미 들어서 알고 있었다. 단지 丙은 무슨 수를 써서라도 甲을 도와주고 싶을 뿐이었다. 丙의 노력에도 불구하고 甲은 유죄 판결을 받았다.

[문] 甲・乙・丙의 형사책임을 논하시오.

• 사례출처: Hilgendorf, S. 136

❑ 들어가는 말

법정에서 허위의 내용을 진술한 사람은 乙과 丙이다. 甲은 이들에게 거짓 진술을 부탁한 것뿐이므로 乙과 丙의 행위가 어떻게 평가되는가에 따라 甲의 형사책임은 종속적으로 결정된다. 따라서 논의의 편의상 乙과 丙의 형사책임을 먼저 확인한다.

❑ 乙의 형사책임

❖ 위증 (형법 제152조)

I. 구성요건

1. 객관적 구성요건: 법률에 의하여 선서한 증인으로서 객관적 사실과 일치하지 않는 내용의 진술을 하였다.

[부가설명] 법원에서 증언을 할 때는 법률에 의하여 선서하는 것이 일반적이다. 따라서 사례에서 별 말이 없다면 선서한 상태에서 진술을 한 것으로 보아야 한다.

2. 주관적 구성요건: 乙은 자신의 진술이 객관적 사실과 불일치한다는 점을 인식하고 의도적으로 그렇게 하였다.

Ⅱ. 위법성

— 형법 제22조(긴급피난)를 근거로 한 위법성 배제 여부 —

1. 객관적 요건

(1) 긴급피난 상황

1) 위난: 甲이 의도하는 대로 진술을 하지 않을 경우 甲과 함께 범죄행위를 저지른 것이 탄로 나서 형사처벌을 받게 될 위험성이 있었다.

2) 위난의 현재성: 乙은 아직 기소가 된 상태가 아니었으므로 형사처벌을 받게 된다는 위난이 현존했다고 보아야 할 것인지 의문이다. 그러나 일단 공범이라는 사실이 밝혀지게 되면 곧 이어서 형사처벌이 있게 되는 것이 당연하므로 위난의 현재성은 인정된다.

3) 그러나 乙은 범죄행위를 저지른 사람이고 이에 따라 형사처벌을 받아야 하는 법적 책임을 가지고 있는 자이다. 제22조 2항에 해당되는 자이므로 긴급피난을 할 수 없다.

(2) 긴급피난 상황 자체가 성립되지 않는다.

2. 따라서 긴급피난을 근거로 위법성을 배제할 수 없다.

Ⅲ. 乙의 행위는 책임을 배제할 사유도 갖고 있지 않으므로 가벌성이 인정된다.

❖ 위계에 의한 공무집행 방해 미수 (형법 제137조)

미수범 처벌규정이 없어 처벌할 수 없다.

❑ 丙의 형사책임

❖ 위증 (형법 제152조)

법률에 의하여 선서한 증인으로서 객관적 진실에 반하는 내용의 진술을 하였다. 그리고 그것이 허위임을 알고 있었다. 또한 위법성과 책임을 배제할 사유도 없으므로 이 부분 丙의 행위는 가벌성이 인정된다.

❑ 甲의 형사책임

❖ 乙에 대한 위증 교사 (형법 제152조, 제31조)

I. 구성요건

1. 객관적 구성요건

(1) 피교사범죄: 피교사자인 乙의 행위는 위증죄(제152조)의 구성요건에 해당되며 위법성도 갖추고 있다.

(2) 교사행위: 甲은 본래 경찰에 와서 자신을 위해 알리바이를 만들어달라고 부탁하였다. 법정에서 거짓 증언을 해달라는 부탁은 하지 않았던 것이다.

그러나 어쨌건 乙을 증인으로 신청한 행위로 인하여 乙은 거짓 증언을 할 수밖에 없는 처지가 되었다. 이를 통해 범죄행위(위증)를 하겠다는 결심을 가지게 만든 것은 사실이다. 객관적 측면에서 '교사'가 성립되는 것이다.

2. 주관적 구성요건: 乙을 증인으로 신청함으로써 乙이 어쩔 수 없이 거짓 증언을 하게 만든다는 데 대한 인식과 의도가 있었다.

Ⅱ. 위법성

피고인이 자신의 형사사건에 관하여 타인을 교사하여 위증을 하게 한 경우에 피고인 본인을 위증죄의 교사범으로 처벌할 수 없다고 하는 견해가 있다(통설).

그 이유는 피고인은 증인적격이 없어서 위증죄의 정범이 될 수 없는데, 정범이 될 수 없는 자에게 교사범을 인정한다는 것은 논리적으로 모순이기 때문이라고 한다.

그러나 피고인도 공범의 자격으로는 증인이 될 수 있고, 신분을 가지고 있지 않아서 정범이 될 수 없는 사람(비신분자)이 신분자를 교사해서 범죄를 실행하게 하는 경우에 제33조 규정에 따라 교사범이 성립되는 것은 당연한 일이므로 이러한 이유는 인정하기 곤란하다.

그보다는 형사소송절차가 요구하는 것이 어떠한 경우에도 어떠한 대가를 치르더라도 진실이 밝혀져야 된다는 것은 아니다. 피고인은 단순한 진실발견을 위한 객체가 아니라 나름대로의 권한을 가진 소송주체인데, 허위의 내용이기는 하지만 자신의 진술 내용을 입증하기 위해 증인을 신청하는 것은 피고인의 정당한 권리행사이다. 이를 통해 위증이라는 범죄행위가 성립될 수도 있다는 문제점은 증인이 책임을 부담해야 할 부분이므로 사례와 같은 경우에는 위증 교사의 책임을 물을 수 없다고 보는 것이 타당하다.

❖ 乙에 대한 위증 방조 (형법 제152조, 제32조)

I. 구성요건

1. 객관적 구성요건

(1) 피방조범죄: 乙의 행위는 위증죄(제152조)의 구성요건에 해당되고 위법성을 갖추고 있다.

(2) 방조행위: 방조행위의 개념을 어떻게 파악하는가에 따라 결론이 달라질 수 있다. 어떠한 경우에 방조의 성립을 인정할 것인가와 관련하여 세 가지 학설이 대립되고 있다.

① 방조행위는 기여도 측면에서 피방조범죄에 대하여 원인력을 가지고 있을 정도가 되어야 한다는 견해이다(독일 다수설). 독일의 경우에는 방조행위를 이렇게 보아야 할 나름대로의 이유가 있지만 우리의 경우에는 반드시 방조행위와 피방조범죄 사이에 인과관계가 확인되어야 방조범의 성립을 인정할 필요는 없다고 생각한다.

② 범죄의 원인이 되어야 할 필요까지는 없고 피방조범죄를 촉진하는 정도면 된다는 입장이다(독일 판례의 입장). 방조범죄의 실행을 가능하게 만들어 주거나 법익침해를 강화해 주거나 실행을 쉽게 해 주면 방조가 된다는 것이다. 우리나라의 경우 거의 모든 문헌이 방조의 의미를 이렇게 해석하고 있다.

③ 방조의 처벌근거를 위험증대라고 보는 견해로서 방조범을 법익침해의 위험을 발생시켰기 때문에 처벌하는 구체적 위험범으로 이해하고 있다. 이 견해는 방조범의 처벌 근거는 어느 정도 일리 있게 설명해 주고 있지만 방조의 개념을 어떻게 해석할 것인가에 대해서는 실용적인 해답을 주지 못한다는 문제점을 가지고 있다.

방조를 공범으로서 정범에 종속되는 형태로 불법을 야기하는 행위라고 파악한다면, 정범의 행위라는 전체적 불법 속에서 불법 발생의 일부를 담당하고 기여하는 것이 방조행위라고 할 수 있겠다. 따라서 피방조범죄의 실행을 가능하게 만들어 주거나 법익침해를 강화해 주거나 실행을 쉽게 해 줌으로써 피방조범죄를 촉진하는 행위를 방조로 이해하는 것이 타당하다고 생각한다.

이 견해에 따라 판단하면 甲은 乙을 증인으로 신청했을 뿐 乙의 위증행위를 촉진하는 어떠한 행위도 하지 않았다. 다만 경찰에 출두하여 거짓 진술을 해달라고 했던 부탁을 철회하지 않았을 뿐이다. 이러한 부작위가 문제될 수는 있으나 어쨌건 작위에 의한 방조는 없었다.

❖ 부작위에 의한 乙에 대한 위증 방조 (형법 제152조, 제32조)

I. 구성요건

1. 객관적 구성요건

(1) 피방조범죄는 앞에서 확인한 것처럼 위증의 구성요건에 해당되고 위법성도 갖추고 있다.

(2) 방조행위

1) 작위의무: 부작위에 의한 방조가 인정되기 위해서는 甲에게 乙의 위증을 방지해야 할 법적 작위의무가 부과되어 있어야 한다.

甲은 乙을 증인으로 신청했는데 그 상황에서 乙은 자신의 형사처벌 위험을 피하기 위해 甲이 원하는 대로 위증을 할 수밖에 없는 처지가 되었다. 위증이라는 범죄행위가 저질러 질 수밖에 없는 상황을 조성했으므로 甲은 이러한 선행행위를 근거로 乙의 위증을 방지할 법적 작위의무를 부담하게 된다.

2) 이와 같은 작위의무를 이행할 수 있는 가능성에는 전혀 문제가 없었다. 그럼에도 불구하고 甲은 작위의무를 이행하지 않았다.

3) 부작위의 동가치성: 특히 행위반가치가 문제되는 처벌규정에 속하지 않으므로 검토의 필요성이 없다.

Ⅱ. 위법성과 책임을 배제할 사유도 없으므로 甲의 이 부분 행위는 부작위에 의한 위증 방조를 근거로 가벌성이 인정된다.

❖ 강요 (형법 제324조)

강요죄가 성립하기 위해서는 우선 폭행 또는 협박이 있었어야 한다. 협박이란 '행위자가 시키는 대로 하지 않을 경우 가해질 해악의 고지'를 의미한다. 그리고 그러한 해악이 가해질 것인가 그렇지 않을 것인가가 행위자의 의지에 의해 좌우된다는 점이 상대방에게 통보되어야 한다.

그러나 이 사안의 경우에는 형사처벌이라는 해악이 가해지느냐의 여부는 오히려 甲의 의사가 아니라 乙의 의사에 종속되어 있다.

협박이 성립되지 않으므로 강요죄가 인정되지 않는다.

❖ 丙에 대한 위증 교사 (형법 제152조, 제31조)

이 부분에 대하여 甲은 고의를 가지고 있지 않았다.

[사례 28] 폭주족 강도

가스배달 아르바이트를 하던 甲은 평소에 폭주족 모임에서 만나 자신을 잘 따르고 있는 乙·丙과 함께 오토바이를 업그레이드하기 위한 비용을 마련하고자 강도행위를 하기로 합심하였다. 세 사람이 논의한 결과 종업원이 많지 않지만 벌이는 좋은 것으로 판단되는 아이스크림 가게를 털고 번 돈은 똑같이 나누기로 하였다. 범행계획은 甲이 짜고 乙과 丙은 그에 따르기로 하고 헤어졌다. 甲은 여러 가지 사정을 고려해서 아이스크림 가게 세 군대를 선정하고 모의 권총 및 스키 마스크를 구해서 乙과 丙을 불렀다. 자세한 범행 계획을 설명하고 두 사람에게 연습까지 시킨 甲은 범행시간까지 정해서 지시를 내린 후 정해진 시간에 반드시 나타나서 범행에 임할 것을 신신당부하였다.

계획된 시간에 甲은 혼자 약속된 아이스크림 가게 앞으로 나왔는데 서로 오해가 있어서 乙과 丙은 다른 가게로 나타났다. 甲이 나타나지 않았지만 乙과 丙은 그저 무슨 사정이 있을 것이라고만 생각하고 아이스크림 가게를 습격하였다. 두 사람 모두 모의권총을 들고 마스크를 한 채 아이스크림 가게로 뛰어들어갔다. 乙과 丙이 종업원을 위협할 때 카운터 뒤에 앉아있던 한 종업원이 책상 밑에 있는 비상단추를 눌러 즉시 경비업체로 연락이 되었다.

기다리던 甲은 丙에게 전화를 하였다. 갑자기 휴대폰이 울려서 丙이 당황하고 있는데 때마침 경비업체가 경보를 울리며 출동하였다. 경보 소리를 들은 乙과 丙은 놀라서 그대로 달아났다.

전화를 받지 않자 甲은 혼자라도 일을 마쳐야 하겠다는 생각에 마스크를 뒤집어쓰고 아이스크림 가게로 들어가 현금 35만원을 탈취하였는데 甲의 주머니 속에는 그가 늘 몸에 지니고 다니던 등산용 스위스 칼이 들어 있었다. 현금 탈취에 성공한 甲이 가게 밖으로 나오자 혹시나 하고 달려온 乙과 丙이 문 앞에 있었다. 이 때 甲이 나온 뒤로 가게 종업원이 출입구 쪽으로 걸어나오는 모습을 乙이 발견하고는 쫓아 나오지 못하게 하겠다는 목적으로 달려가 문을 걷어찼고 종업원은 문짝에 얼굴을 맞아 코피를 흘리며 주저앉았다. 곧바로 세 사람은 함께 도주하였다.

[문] 甲과 乙의 죄책을 논하시오.

- 사례출처: BGH, Urt. v. 20. 9. 2000 - 2. StR 186/00 (LG Frankfurt/M), StV

1/2001, S. 14

❑ 甲의 형사책임

○ 행위 1: 강도행위를 함께 모의하고 약속 장소에서 전화를 한 행위

❖ 강도 공동정범 (형법 제333조, 제30조)

공동정범이 성립하기 위해서는 우선 공동의 실행행위가 있어야 한다. 그런데 단순히 전화를 건 행위만으로는 기능적 역할분담이 있었다고 보기가 곤란하다. 공동정범을 인정할 수 없다.

❖ 강도 예비 (형법 제333조, 제343조)

※ 사전검토 ① 실행의 착수 없었으며, ② 예비 처벌규정이 제343조에 있으므로 예비를 검토해야 할 사안이다.

예비가 성립하기 위해서는 우선 기본범죄인 강도를 실행하겠다는 고의가 필요하다. 사례에서 이 점은 명확하다.

나아가 객관적으로 강도를 실행에 옮기기에 적합하고 충분한 준비행위가 있어야 한다. 甲은 범행장소를 물색하고 범행도구를 준비하였으며 乙과 丙 두 사람에게 연습까지 시켰다. 적합하고 충분한 준비행위라고 할 수 있다.

위법성과 책임을 배제할 사유도 없으므로 이 부분 甲의 행위는 강도예비를 근거로 가벌성이 인정된다.

○ 행위 2: 아이스크림 가게를 턴 행위

❖ 강도 (형법 제333조)

모의권총으로 협박하여 금품을 탈취하였으며 고의가 명백하고 위법성과 책임을 배제할 사유도 없어 가벌성이 인정된다.

❖ 특수강도 (형법 제334조)

I. 구성요건

1. 객관적 구성요건: 등산용 스위스 칼은 매우 날카로운 것으로서 '객관적 성질상 사용하기에 따라 중대한 신체 상해나 사망의 결과를 초래할 수 있는 물건'에 해당된다.

2. 주관적 구성요건: 甲이 주머니 속에 지니고 있던 칼은 평소 늘 몸에 지니고 다니던 것이다. 따라서 자신이 칼을 가지고 있다는 사실은 인식하고 있었다고 보겠다.

문제는 그 칼을 금품 탈취 행위를 하는데 이용할 생각이 있었는가 하는 부분이다. 특수강도죄를 일반 강도죄의 경우보다 가중처벌 하는 이유는 그것이 위험성이 더 크기 때문이다. 그리고 그 위험성은 위험한 물건을 사용할 가능성이 있어서 증가된다. 그러므로 적어도 행위자에게 자신이 가지고 있는 위험한 물건을 사용할 의도는 있어야 한다.

이 사건의 경우에는 甲에게 스위스 칼을 사용할 생각이 없었으므로 특수폭행이 성립되지 않는다.

❑ 乙의 형사책임

○ 행위 1: 아이스크림 가게를 털고자 한 행위

❖ 주거침입 (형법 제319조)

아이스크림 가게는 함부로 출입하지 못하도록 하는 인적·물적 설비가 갖추어져 있어서 제319조의 행위객체인 관리하는 건조물에 해당된다. 乙은 이곳에 주거권자의 의사에 반하여 들어갔으므로 침입한 것이다. 고의도 명백하다.

위법성과 책임을 배제할 사유도 없다. 따라서 가벌성이 인정된다.

❖ 강도미수 (형법 제333조, 제342조, 제25조)

※ 사전검토: ① 금품을 탈취하지 못하여 기수에 이르지 못하였으며, ② 제342조에 미수범 처벌규정이 있으므로 미수를 검토하여야 할 사안이다.

乙이 하고자 한 것은 모의권총으로 협박하여 금품을 강탈하는 것이었다. 제333조의 강도에 해당된다. 그리고 협박을 실행에 옮기어 구성요건 해당행위를 이미 하였으므로 실행의 착수를 인정하는데 문제가 없다. 나아가 위법성과 책임을 배제할 사유도 없으므로 가벌성이 인정된다.

❖특수강도 미수 (형법 제334조, 제25조)

어느 학설(공모공동정범설, 가중적 공동정범설, 현장설)에 따르더라도 2인 이상이 합동하여 강도행위를 한 경우에 해당된다.

○ 행위 2: 甲이 금품을 털어서 나올 때 밖에서 기다린 행위

❖특수강도 공동정범 (형법 제334조, 제30조)

I. 구성요건

1. 객관적 구성요건(공동의 실행행위): 甲이 가게에서 금품을 탈취하는 행위가 어느 정도 진행되었을 때부터 乙이 밖에서 대기했는지 불확실하다. 그러나 행위가 완료되기 이전부터 와있었다는 점만은 확실하다.

밖에서 혹시나 하고 대기하고 있었던 것은 여차하면 도와줄 자세로 기다린 것으로서 기능적 역할분담이 이루어진 것으로 볼 수 있다.

2. 주관적 구성요건(공동실행의 의사): 문제는 甲에게 공동실행의 의사가 없었다는 점이다. 乙과 丙은 甲을 기꺼이 도울 생각을 가지고 있었지만 甲은 두 사람이 나타나지 않았기 때문에 혼자서 일을 마친다는 생각을 가지고 있었다. 이른바 편면적 공동정범에 해당되는 경우이다. 이는 공동정범이 아니다.

❖강도 방조 (형법 제333조, 제32조)

甲 혼자 강도 범행을 수행하였고 乙이 그 행위를 촉진(가능하게, 쉽게 또는 법익침해가 심해지게)한 바가 없기 때문에 방조가 성립되지 않는다.

○ 행위 3: 종업원이 코피를 흘리게 만든 행위

❖상해 (형법 제257조)

코피는 핏줄이 터지는 상처에 의한 것으로서 상해에 해당되며 그러한 결과를 야기한다는 고의는 충분하다. 또한 위법성과 책임을 배제할 사유가 없으므로 가벌성이 인정된다.

❖준강도 (형법 제335조)

준강도의 행위주체가 되기 위해서는 절도행위를 정범의 형태로 저질러야 한다. 乙의 경우는 그렇지 않기 때문에 준강도의 행위주체가 될 수 없다.

❖특수강도 방조 (형법 제334조, 제32조)

방조행위는 기수 이후 종료 이전에도 가능하다. 그러나 甲은 이미 가게 문을 열고 나온 상태이고 종업원이 출입구 쪽으로 걸어오긴 하였으나 이는 甲을 제지하기 위한 행동이 아니었다. 따라서 방조가 성립되지 않는다.

[사례 29] 차량 전문 절도범

자동차 정비업소와 열쇠점을 운영하는 甲은 고급 승용차를 훔쳐 해외로 판매하는 데 전문가이었다. 甲은 어느 날 밤 자신이 개발한 만능열쇠들을 이용해서 평소 고급 승용차를 많이 취급하던 N의 정비공장에 몰래 들어갔다. 그곳에는 마침 H사에서 생산한 고가의 승용차가 수리를 위해 들어와 있었고, 甲은 그 승용차의 차대번호와 차량번호를 메모해서 나왔다.

다음날 甲은 H사가 주요 자동차 정비업소에 믿고 맡겨둔 차량 열쇠에 관한 대외비 자료를 열람하여 자신이 보아둔 차량에 맞는 열쇠를 만들었다. 평소에 甲의 행위를 도와주던 丙은 甲의 지시에 따라 N의 정비공장 근처에 숨어서 기다리다 문제의 자동차가 정비를 마치고 어디로 옮겨지는지 확인하였다. 그 사이에 甲은 가짜 번호판을 만들어 놓고 丙의 연락을 기다렸다. 그 고급승용차가 최종 목적지에 도착하여 지하주차장에 세워지는 것을 확인한 丙은 곧바로 甲에게 자동차의 위치를 알려주었다.

연락을 받자마자 甲은 차량이 있는 곳으로 와서 자신이 만든 열쇠를 이용하여 승용차 문을 열고 올라 타 시동을 걸었다. 그런데 甲이 주차장으로 들어올 때부터 이상하게 생각하던 주차장 경비원 L은 그 고급 승용차의 기사를 알고 있는 터라 절도범이 맞을 것이라고 생각하고 경찰에 신고를 한 후 주차장 문을 빠져나가려는 차를 세워서 실랑이가 시작되었다. 곧 순찰차가 甲의 눈에 띄었고 사태가 심상치 않음을 느낀 甲은 경비원 L이 문의 손잡이를 잡고 있는 상태에서 그대로 출발하여 L의 손가락이 찢어져 피가 나는 상처를 입게 하였다. 이를 본 경찰관은 차량이 도주하는 방향에서 근무 중이던 동료 경찰관에게 무전으로 연락하여 용의차량을 저지하라고 하였다. 연락을 받은 경찰관이 곧바로 甲이 운전하는 차량을 발견하고는 차로 중간에 서서 정지신호를 보냈으나, 甲은 경찰관이 비켜서도록 하겠다는 생각에 더욱 속도를 높여 무서운 속력으로 달렸고 그 결과 경찰관은 옆으로 몸을 날려 피할 수밖에 없었다.

겨우 도망하여 자신의 정비공장으로 돌아온 甲은 번호판을 미리 준비해두었던 것으로 교체하였다.

[문] 甲과 丙의 형사책임을 논하시오.

• 사례출처: Wagner, S. 53

❑ 甲의 형사책임

○ 행위 1: N의 정비공장에 들어간 부분

❖주거침입 (형법 제319조)

N의 정비공장은 함부로 들어가지 못하도록 하기 위한 물적·인적 설비가 되어 있는 곳으로서 제319조에서 말하는 "관리하는 건조물"에 해당된다. 甲은 주거권자의 의사에 반하여 그곳에 들어갔으며 이들 행위에 대한 고의도 분명하므로 제319조를 근거로 가벌성이 인정된다.

❖주거수색 (형법 제321조)

甲은 자신이 절취할 물건인 고급승용차를 찾기 위하여 타인의 정비공장에 들어갔다. N의 정비공장은 제321조상의 "관리하는 건조물"에 해당되며, 고급승용차라는 물건을 발견하기 위해 그 장소를 뒤진 것이므로 제321조가 요구하는 객관적 구성요건을 충족한다. 이러한 행위를 甲은 명백한 고의를 가지고 하였으므로 제321조를 근거로 가벌성이 인정된다.

○ 행위 2: 대외비 자료를 열람하여 가짜 번호판을 만든 부분

❖공문서 위조 (형법 제225조)

공문서란 공무원 또는 공무소의 문서 또는 도화이다. 여기서 문서란 계속적 의사표시 기능, 증명기능, 작성명의자 확인 기능 등 세 가지 요건을 갖춘 것으로서 문자 또는 기호에 의하여 사람의 사상이나 관념을 표시한 물체를 의미한다.

자동차 번호판은 공무소에서 특정 차량의 운행을 허가한다는 의사표시가 유체물에 고착되어 있으며, 기호의 내용을 통해 어느 공무소에서 운행을 허가하였는지 알 수 있으므로 문서의 세 가지 요건을 두

루 갖추었다. 공문서이다. 작성명의를 도용하여 만들었으므로 위조에 해당된다. 위법성과 책임을 배제할 사유도 없다. 따라서 이 부분 甲의 행위는 공문서 위조를 근거로 가벌성이 인정된다.

○ 행위 3: 승용차가 있는 주차장에 들어간 부분

❖ 주거침입 (형법 제319조)

甲이 들어간 지하주차장은 경비원이 상주하며 출입을 통제하는 장소이다. 따라서 제319조에서 말하는 "관리하는 건조물"에 해당된다.

이곳에 甲은 아무 말 없이 들어갔으며 사실상 경비원이 제지하지도 않았다. 그렇다면 주거권자의 의사에 반하여 들어간 것이 아니라고 보아야 할 상황이 아닌가 의문이 든다. 하지만 그렇게 보기는 곤란하다. 이 주차장이 백화점이나 우체국처럼 일반적으로 출입이 허용되는 장소라면 모르겠으나, 분명히 입주자들에게만 출입이 허용되는 곳이므로 甲이 주거권자의 의사에 반하여 주차장에 들어간 것으로 보아야 하겠다. 甲이 들어갈 때 경비원이 이미 의심스럽다고 생각하였고 나갈 때는 경비원에 의해 저지되었다. 통제가 되고 있었던 것이 확실하며 甲은 주거권자의 의사에 반하여 관리하는 건조물에 들어간 것이다.

고의도 인정되며 위법성과 책임을 배제할 사유가 없으므로 이 부분 甲의 행위는 주거침입을 근거로 가벌성이 인정된다.

○ 행위 4: 차를 가지고 간 부분

❖ 절도 (형법 제329조)

I. 구성요건

1. 객관적 구성요건

(1) 행위객체(타인의 재물): 甲이 가져간 고급승용차가 타인의 재물이라는 점에는 의문의 여지가 없다.

(2) 행위(절취): 절취란 '타인이 점유하고 있는 재물을 점유자의 의사에 반해 그 점유를 배제하고 자기 또는 제3자의 점유로 옮기는 행위'를 말한다.

차가 주차되어 있는 동안에도 자동차 주인의 점유가 인정되는가? 그렇다. 잠재적 점유의사가 인정되므로 주인의 점유가 계속된 것으로 보아야 한다.

그런데 주차장 출구에서 경비원이 나가지 못하도록 제지하였다. 그렇다면 점유가 완전히 배제된 것이 아니라고 보아야 할까? 그렇지 않다. 일단 차에 시동을 걸어 운전을 시작했으므로 그 순간 자동차에 대한 새로운 점유(물건에 대한 사실상의 지배)를 취득한 것으로 볼 수 있다.

2. 주관적 구성요건: 위와 같은 행위를 명백한 고의를 가지고 하였으며 불법한 영득을 한다는 의사도 인정된다.

II. 위법성과 책임을 배제할 사유도 없다. 따라서 이 부분 甲의 행위는 절도(제329조)를 근거로 가벌성이 인정된다.

❖ 상습절도 (형법 제332조)

甲은 직업적으로 고급승용차를 훔쳐 해외로 판매하는 전문가이었다. 상습성이 인정되어 제332조에 따라 가중처벌 대상이 된다.

○ 행위 5: 경비원의 손에 상처를 입힌 부분

❖ 준강도 (형법 제335조)

자동차에 시동을 걸어 움직이기 시작함으로써 사실상의 지배를 확보하여 절도 기수에 이른 상태이었다. 제335조에서 말하는 절도 현행범 상황이었다. 맨손으로 차량 출입구의 손잡이를 잡고 있는 상태에서 그대로 출발함으로써 반항이 불가능할 정도의 폭력을 사용하였다.

甲은 이와 같은 행위를 명백한 고의를 가지고 있었으며 사태가 심상치 않다고 느끼고 체포되거나 재물을 탈환당할 위험에서 벗어나고

자 하는 목적의식을 가지고 있었다.

위법성과 책임을 배제할 사유도 없으므로 이 부분 甲의 행위는 준강도(제335조)를 근거로 가벌성이 인정된다.

❖ 상해 (형법 제257조)

경비원의 손가락이 찢어져 피가 나는 상처를 입게 하였으므로 상해의 결과가 발생하였고 인과관계도 문제가 없으며 고의도 확실하다. 나아가 위법성과 책임을 배제할 사유도 없으므로 이 부분 甲의 행위는 상해를 근거로 가벌성이 인정된다.

❖ 강도상해 (형법 제337조)

제337조의 강도에는 준강도와 강도미수 등이 모두 포함된다. 가벌성이 인정된다.

❍ 행위 6: 경찰관을 향해 빠른 속도로 차를 운전한 부분

❖ 살인미수 (형법 제250조 제1항, 제254조)

경찰관이 죽지 않았으므로 기수에 도달하지 않았고 미수범 처벌규정이 제254조에 있으므로 미수를 검토하여야 할 사안이다.

차로 중간에서 차를 막아선 상태로 정지신호를 하는 경찰관을 향해 돌진할 경우 상대방이 미처 피하지 못한다면 차에 치어 사망할 수도 있다는 점은 누구든 인식할 수 있는 일이며 甲도 그 가능성을 인식한 것으로 보아야 하겠다. 그 상태에서 어쨌건 경찰관이 비켜서게 만들겠다는 생각으로 차를 계속 달렸으므로 미필적 형태의 고의가 인정된다. 나아가 실행행위를 이미 하였으므로 어느 학설에 의하더라도 실행의 착수는 인정된다.

위법성과 책임을 배제할 사유도 없으므로 이 부분 甲의 행위는 살인미수를 근거로 가벌성이 인정된다.

❖ **공무집행방해 (형법 제136조 제1항)**

정당한 직무를 집행하던 경찰관에게 차량으로 돌진하는 유형력 행사를 하였다. 고의가 명백하며 위법성과 책임을 배제할 사유도 없으므로 이 부분 甲의 행위는 공무집행방해를 근거로 가벌성이 인정된다.

❖ **특수공무집행방해 (형법 제144조 제1항)**

자동차는 사용하기에 따라 사람을 살상하기에 충분한 힘을 가진 '위험한 물건'에 해당된다. 이를 운전하는 것이 '휴대'에 해당되는가에 대해서는 견해가 대립되고 있다. 휴대의 의미에 대하여 ① 협의설은 몸에 지니는 것이라는 사전적 의미를 그대로 따르고 있다. ② 광의설은 몸에 지니는 것 뿐 아니라 자신의 의도대로 움직이는 것까지 포함시키고 있다. ③ 최광의설은 널리 이용하는 것까지 모두 포함시켜서 휴대라고 하고 있다. 휴대의 가능한 의미 범위는 몸에 지니는 것이라는 뜻을 벗어나기 곤란하다고 생각한다. 따라서 협의설이 타당하다. 甲의 행위는 자동차를 휴대한 것이 아니다. 그 사실을 근거로 가중처벌 할 수 없다.

○ **행위 7: 번호판을 떼고 가짜 번호판을 붙인 부분**

❖ **위조 공문서 행사 (형법 제229조)**

위조한 공문서인 가짜 번호판을 차량에 부착하여 사용하였고 고의도 인정되며 위법성과 책임을 배제할 사유가 없으므로 제229조를 근거로 가벌성이 인정된다.

❏ 丙의 형사책임

❖ 절도 방조 (형법 제329조, 제32조)

자동차의 위치를 알려줌으로써 甲의 범죄행위가 쉬워지도록 촉진하였다. 그와 같은 행위를 명백한 고의를 가지고 하였으며 위법성과 책임을 배제할 사유도 없으므로 이 부분 丙의 행위는 절도 방조를 근거로 가벌성이 인정된다.

[사례 30] 화물차 운전자와 강제집행

화물차 운전을 하는 甲은 자주 거래를 하던 회사의 직원인 乙(여)과 친해져서 사귀다가 乙에게 자취방에서 나와 자신의 임대아파트에서 함께 살자고 제안하였다. 乙이 이에 응해 동거를 하게 되었는데 얼마 지나지 않아 甲은 채권자 丙에게 700만원을 변제하라는 최고장을 받았다. 강제집행을 당하게 될 것이 걱정이 된 甲은 자신의 화물자동차와 임대아파트 내의 물건 전체를 乙에게 매도한다는 계약서를 각각 작성해서 자신의 도장을 찍고 乙에게 건네주며 그렇게 하자고 하였다. 乙도 좋은 생각이라고 하면서 도장을 찍었고 자동차는 乙 소유로 변경 등록되었다.

그 후 甲은 화물 운송 때문에 오랫동안 지방에 가 있게 되었고, 乙에게 혹시 강제집행을 하러 오면 계약서를 보여주면서 甲의 물건이 아니라고 단호하게 대처하라는 부탁을 하였다. 혼자 있게 된 乙은 카바레를 갔다가 丁을 만나 서로 사귀게 되었다. 丁이 더 마음에 들게 된 乙은 甲과의 관계를 끝내기로 작정하고 새로 방을 구해 나가기로 하였다. 그 방에서 장차 丁과 동거하기로 되어 있었다. 乙이 짐을 옮기는 날 丁이 자신의 자동차를 가지고 와서 이를 도와주었는데 乙은 甲이 자신과 동거를 시작하기 직전에 구입한 텔레비전까지 가지고 가려고 하였다. 乙이 문제의 텔레비전을 들고 나오는데 평소 乙을 안 좋게 생각하던 옆집에 사는 아줌마가 이를 저지하였다. 그 아줌마는 텔레비전을 甲이 구입했었다는 점을 분명하게 알고 있었다. 乙이 비키라고 하며 실랑이가 벌어지고 있을 때 丁이 올라와 이 광경을 보고는 아줌마가 뭔데 나서냐고 하며 세게 밀쳐서 쓰러졌고 그 사이에 乙과 丁은 텔레비전까지 차에 싣고 아파트를 떠났다. 丁은 그 텔레비전이 甲의 것이라고 알고 있었다.

[문] 甲·乙·丁의 형사책임을 논하시오.

- 사례출처: Wagner, S. 88

❑ 甲의 형사책임

❖ 강제집행면탈 (형법 제327조)

I. 구성요건

1. 객관적 구성요건

(1) 행위주체: 제327조의 행위주체는 법조문 자체에서는 명시적으로 제한되어 있지 않다. 그래서 채무자만 행위주체가 되는가 아니면 제3자도 될 수 있는가에 대하여 논란이 있으나, 사례의 경우에는 甲이 바로 채무자이기 때문에 문제될 바가 없다.

(2) 행위객체: 민사집행법 제195조 제1호에 따라 "채무자 및 그와 같이 사는 친족……의 생활에 필요한 의복, 침구, 가구, 부엌기구 그 밖의 생활필수품"은 압류할 수 없다. 따라서 甲의 아파트에 있던 의복, 침구, 가구 등의 생활필수품은 강제집행의 대상이 될 수 없다.

그러나 텔레비전은 반드시 시청하지 않더라도 생활에 지장이 없는 것으로서 생활필수품이라고 할 수 없다. 따라서 강제집행의 대상이 된다.

또한 민사집행법 제195조 제6호에 따라 "전문직 종사자, …… 없어서는 아니 될 …… 물건"은 강제집행의 대상에서 제외되는데 甲의 화물자동차는 이에 포함된다고 볼 수 있다.

(3) 행위: 甲이 乙에게 소유권 명의를 이전한 것이 제327조에서 말하는 허위양도에 해당될 소지가 있다. 여기서 허위양도란 사실상의 소유권은 유지하면서 형식적으로만 다른 사람의 명의로 옮기는 행위를 의미한다. 甲은 단지 강제집행을 피하겠다는 생각에 외관상으로만 자신의 물건의 소유권이 乙에게 이전된 것처럼 보이도록 하였을 뿐이다. 따라서 이 부분 甲의 행위는 제327조에서 말하는 허위양도에 해당된다.

2. 주관적 구성요건: 甲은 이와 같은 행위를 명백한 고의를 가지고 실현하였다.

Ⅱ. 위법성과 책임을 배제할 사유도 없으므로 이 부분 甲의 행위는 형법 제327조를 근거로 가벌성이 인정된다.

❖ **공정증서원본 부실기재 (형법 제228조 제1항)**

제228조의 행위객체인 공정증서란 '권리 · 의무에 관한 사실관계를 증명해 주는 기능을 가진 공문서'를 의미한다. 부동산 등기부, 호적부, 상업등기부, 자동차 등록부, 화해조서 등이 이에 해당된다. 화물자동차의 소유권에 관한 등록은 자동차 등록부에 하도록 되어 있으므로 행위객체에 해당된다.

행위내용은 '부실의 사실을 기재'하는 것인데 여기서 '부실의 사실'이란 중요한 점에 있어서 허위인 사실을 의미한다. 그런데 가장매매이더라도 당사자 사이에 소유권 이전 등록을 하겠다는 의사가 있었던 경우에는 부실의 사실이라고 할 수 없다. 따라서 피이용자의 행위 자체가 요건을 충족시키지 않아 가벌성을 인정할 수 없다.

❖ **사기미수 간접정범 (형법 제347조, 제352조, 제34조)**

피이용자의 행위가 고의를 갖추고 있으므로 형사처벌 대상이 되어 간접정범이 될 수 없다.

❑ **乙의 형사책임**

○ **행위 1: 계약서 작성에 동참한 부분**

❖ **강제집행 면탈 공동정범 (형법 제327조, 제30조, 제33조)**

I. 구성요건

1. 객관적 구성요건(공동의 실행행위)

(1) 행위주체: 강제집행 면탈죄는 '신분관계로 인하여 성립될 범죄'이고 乙은 신분관계가 없는 자로서 이에 가공하였다. 형법 제33조 규정에 따라 乙도 공동정범의 행위주체가 될 수 있다.

(2) 행위객체에 대해서는 앞에서 확인하였다.

(3) 허위양도의 상대방이 됨으로써 기능적 역할분담을 하였다.

2. 주관적 구성요건(공동실행의 의사): 甲과 힘을 합하여 강제집행을 면하게 하는 일에 기능적 역할분담을 하고자 하는 의사를 가지고 있었다.

Ⅱ. 위법성과 책임을 배제할 사유도 없으므로 이 부분 乙의 행위는 강제집행 면탈 공동정범을 근거로 가벌성이 인정된다.

❖ 사기 미수 (형법 제347조 제2항, 제352조)

※ 사전검토 ① 강제집행을 하는 상황에서 채권자를 해하게 되는 결과에 도달하는 일이 발생하지 않았다. 기수에 이른 것이 아니다. ② 또한 미수범 처벌규정이 형법 제352조에 있으므로 미수를 검토하여야 할 사안이다.

I. 구성요건

1. 주관적 구성요건

(1) 기망 의도: 마치 자신의 소유물인 것처럼 행동하여 집달관을 기망하고자 하였다.

(2) 착오 유발 의도: 기망행위에 의해서 집달관이 정말 그러한 말을 믿고 착오에 빠지도록 하겠다는 의도를 가지고 있었다.

(3) 재산적 처분행위 유발 의도: 압류처분을 하지 않게 만들고자 하였다. 부작위 형태의 재산적 처분행위를 의도한 것이다.

(4) 재산적 손해 유발 의도: 강제집행을 하지 못하게 됨에 따라 채권자가 자신의 청구권을 충족하지 못함으로써 재산적 손해를 입게 하겠다는 의도를 가지고 있었다.

(5) 제3자의 재산적 이익 초래 의도: 甲이 강제집행을 당하지 않음으로써 재산적 이익을 얻게 하겠다는 의도를 가지고 있었다.

2. 객관적 구성요건

실행의 착수가 인정되는가 하는 점이 문제된다. 실행의 착수시기를 언제로 판단할 것인가에 관해서는 객관설, 주관설 그리고 절충설이 대립되어 있다. 이 가운데 절충설이 실행의 착수시기를 부당하게 앞당기지도 않고 또 너무 늦추지도 않아 예비와 미수의 경계를 가장 적절하게 설정해주는 판단기준이라고 생각된다.

절충설에 따르면 실행의 착수시기는 '행위자의 범행 계획에 따른 구성요건 실현행위가 직접 시작된 때'이다. 행위자의 범행계획에 따르면 집달관이 甲의 아파트에 나타나 압류를 시작하려 하면 매매계약서를 보여주면서 집안의 물건에 대한 소유권이 甲에게 있지 않다고 주장하여 압류를 저지하는 것이었다. 그러나 집달관이 나타나지도 않은 상태이므로 실행의 착수를 인정하기는 곤란하다.

Ⅱ. 구성요건적 고의는 인정되지만 실행의 착수가 있었다고 볼 수 없으므로 이 부분 乙의 행위는 사기미수를 근거로 가벌성을 인정할 수 없다.

○ 행위 2: 텔레비전을 가져간 부분

❖ 절도 (형법 제329조)

I. 구성요건

1. 객관적 구성요건

(1) 행위객체(타인의 재물): 동산물권의 이전을 위해서는 ① 당사자 사이에 물권을 이전한다는 합의가 존재해야 하고, ② 점유의 이전이 있어야 한다. 그런데 甲과 乙 사이의 매매는 허위(가장매매)이므로 소유권을 이전한다는 당사자 사이의 물권적 합의가 존재하지 않는다. 따라서 텔레비전에 대한 소유권은 계약서의 존재에도 불구하고 계속 甲에게 귀속된다.

(2) 행위(절취): 절취란 '타인이 점유하고 있는 재물을 점유자의 의사에 반해 그 점유를 배제하고 자기 또는 제3자의 점유로 옮기는 행위'를 말한다. 甲이 비록 집을 떠나 오랫동안 지방에 가 있기는 하더라도 점유가 상실되는 것은 아니다. 점유가 완화된 형태로는 계속 유지되는 것이고 이러한 경우에 잠재적 점유의사가 인정된다.

乙은 甲의 의사에 반하여 그 점유를 배제하고 물건에 대한 자신의 새로운 점유를 확보하였다. 乙도 텔레비전에 대한 사실상의 지배를 하고 있었지만 '단독점유'가 아니었기 때문에 어차피 甲의 점유를 배제한 것으로 보아야 한다. 이에 따라 '절취'가 인정된다.

2. 주관적 구성요건: 이 부분 행위를 명백한 고의 아래 하였고 불법한 영득을 한다는 의사도 분명하였다.

II. 위법성과 책임을 배제할 사유도 없으므로 이 부분 乙의 행위는 절도죄(형법 제329조)를 근거로 가벌성이 인정된다.

❖ 준강도 공동정범 (형법 제335조, 제30조, 제33조)

I. 구성요건

1. 객관적 구성요건(공동의 실행행위): 앞에서 확인한 것처럼 乙은 절도행위를 실행에 옮기고 있었으므로 현행범 상태에 있어서 행위주체에 해당된다. 그 상황에서 丁이 아줌마를 밀치는 사이에 텔레비전을 가지고 도주함으로써 기능적 역할분담을 하였다.

2. 주관적 구성요건(공동실행의 의사): 공동실행의 의사는 甲에게만 있었다. 乙은 공동실행의 의사를 가지고 있지 않았으므로 이른바 편면적 공동정범이다. 편면적 공동정범은 공동정범이 아니다.

Ⅱ. 이 부분 乙의 행위는 공동정범의 주관적 구성요건을 충족하지 않아 준강도 공동정범을 이유로 가벌성을 인정할 수 없다.

❖ 배임 (형법 제355조 제2항)

배임죄의 행위주체는 타인의 사무를 처리하는 자이다. 타인의 사무를 처리하는 자로는 ① 타인의 재산을 관리·처분할 권한을 가진 자와 ② 타인의 재산상의 이익을 보전할 의무를 가진 자 두 가지 유형이 있다. 그런데 乙은 단순히 甲과 동거관계에 있던 사람이므로 타인을 위하여 재산상의 사무를 처리하는 자에 포함시킬 수 없다.

배임을 근거로 가벌성을 인정할 수 없다.

❑ 丁의 형사책임

❖ 절도 방조 (형법 제329조, 제32조)

I. 구성요건

1. 객관적 구성요건

(1) 피방조범죄: 乙의 행위가 절도죄의 구성요건에 해당되고 위법성도 갖추고 있음은 이미 앞에서 확인하였다.

(2) 방조행위: 방조행위는 기수 이후 종료 이전에도 가능하다. 乙이 텔레비전에 대한 단독점유를 확보한 이후에 아줌마의 방해를 극복하고 차에 실음으로써 물건에 대한 사용·수익을 안정적으로 할 수 있는 상태가 되기 이전에 가담하여 범행이 수월해지도록 촉진하였으므로 방조가 성립된다.

2. 주관적 구성요건: 丁은 텔레비전이 甲의 것이라는 점을 알고 있었다.

Ⅱ. 위법성과 책임을 배제할 사유도 없으므로 이 부분 丁의 행위는 절도 방조를 근거로 가벌성이 인정된다.

❖ 준강도 (형법 제335조)

丁은 절도행위의 정범이 아니다. 따라서 준강도죄의 행위주체가 될 수 없다.

❖ 폭행 (형법 제260조 제1항)

아줌마를 세게 밀쳐서 쓰러뜨린 것은 신체에 대한 유형력의 행사로서 제260조 제1항의 폭행에 해당된다. 丁은 이를 고의로 하였으며 위법성과 책임을 배제할 사유도 없으므로 이 부분 丁의 행위는 제260조 제1항을 근거로 가벌성이 인정된다.

❖ 강요 (형법 제324조)

폭행을 통해 아줌마로 하여금 절도행위를 방해하지 못하도록 하였다. 부작위를 강제한 것으로서 권리행사를 방해한 것이다. 丁은 이를 명백한 고의 아래 행하였고 위법성과 책임을 배제할 사유도 없으므로 이 부분 丁의 행위는 제324조를 근거로 가벌성이 인정된다.

❖ 장물운반 (형법 제362조)

절도 방조의 불가벌적 사후행위이다.

[사례 31] 사라진 보석 세트

휴가철이 되어 일주일간 집을 비운 채 여행을 다녀온 甲은 집에 돌아와 도둑이 들었다는 사실을 발견하였다. 甲은 즉시 경찰과 보험회사에 사고신고를 하였다. 신고를 하는 과정에서 甲은 시가 1억원의 보석 세트가 사라졌다고 진술하였다. 경찰은 보석을 찾기 위해 보석상과 전당포를 중심으로 탐문수사를 전개하였다. 그러던 중 보석상 乙로부터 보석상 丙이 평소 장물을 취급하고 있고 甲이 도난 당한 보석 세트도 丙이 매입했다는 제보를 입수하였다. 그러나 乙은 아무 근거도 없이 그러한 내용의 제보를 한 것이고, 자신의 말에 대한 신빙성을 더하기 위해 丙이 자신에게 도난 당한 보석 세트를 입수했다는 이야기를 했다고 거짓말을 하기까지 하였다. 이에 따라 丙은 경찰에 체포되었고 구속영장이 발부되었다. 乙은 긴급체포 기간 중에 다시 경찰에 출두하여 같은 내용의 진술을 하였고, 甲은 구속 기간 중에 피해자 진술을 하게 되었다. 丙이 무고하다는 점은 구속 기간 중의 甲의 진술에 의해 밝혀졌다. 보석 세트는 도난 당한 것이 아니라 甲이 여행을 떠나면서 잠시 은행 금고에 보관했었던 것인데 甲이 그 사실을 까맣게 잊어버렸던 것이다. 甲은 경찰과 보험회사에 사고신고를 하고 나서 이틀이 지난 시점에 이 사실을 다시 기억하게 되었음에도 불구하고 경찰과 보험회사에 아무런 이야기도 하지 않았었다. 보험회사로부터 보험금을 수령하고 싶었고 丙이야 어찌 되던 상관이 없는 일이라고 생각했기 때문이다. 甲은 보석 세트가 사라진 것이 아님을 잘 아는 상태에서 보험회사에서 보내온 사고신고서 양식을 작성해서 우편으로 제출하였다. 丙은 甲의 경찰에서의 진술에 따라 곧바로 석방되었다.

[문] 甲과 乙의 형사책임을 논하시오.

• 사례출처: Wagner, S. 112

❑ 甲의 형사책임

○ 행위 1: 보석세트가 사라진 것이 아님을 경찰에 알리지 않은 부분

❖ **부작위에 의한 감금 간접정범 (형법 제276조 제1항, 제18조, 제34조)**

甲이 경찰에 도난신고를 했고 결국 그 때문에 丙이 경찰에 체포되고 감금되었으므로 선행행위를 근거로 작위의무가 인정될 수 있는 가능성이 있다. 그러나 甲이 야기한 위험은 丙이 감금된다는 결과와 직접 연결이 되지 않는다. 丙이 감금된 것은 그보다는 乙이 허위신고를 한 것이 직접 원인이 되어 야기된 결과이다. 따라서 甲이 야기한 위험이 아니라 제3자인 乙이 발생시킨 위험에 의하여 일어난 결과라고 할 수 있다. 甲에게는 결과를 방지할 작위의무(보증인적 지위)가 인정되지 않는다.

❖ **위계에 의한 공무집행 방해 (형법 제137조)**

부작위에 의한 착오 유발의 경우에는 착오를 방지해야 할 법적 의무가 전제되어야 한다. 이 사례에서 그 근거가 될 수 있을 만한 것은 선행행위이다.

그러나 앞의 경우와 마찬가지로 경찰이 착오에 빠지도록 만든 직접적인 원인은 乙의 허위 제보이었다. 甲에게는 작위의무가 부과되지 않는다.

○ **행위 2: 보험회사에 사고신고서를 제출한 부분**

❖ **사기 미수 (형법 제347조 제1항, 제352조)**

※ 사전검토: ① 사고신고서를 제출하는 단계까지만 도달하였다. 따라서 기수에 이르지 않았다. ② 그리고 미수범 처벌규정이 제352조에 마련되어 있다. 미수를 검토하여야 할 사안이다.

I. 구성요건

1. 주관적 구성요건: 보석을 잃어버리지 않았음에도 불구하고 그렇게 된 것처럼 보험회사를 기망하고, 이에 의하여 회사가 그것이 사

실인 것으로 믿어서 착오를 일으키게 하겠다는 의도를 가지고 있었으며, 그에 따라 보험금을 지급함으로써 재산적 처분행위를 하고, 불필요한 보험금 지급을 함으로써 재산상의 손해가 발생하도록 만든다는 의사를 가지고 있었다.

2. 객관적 구성요건(실행의 착수): 이 사례의 경우에는 학설에 따라 실행의 착수 여부에 대한 판단의 결과가 달라질 가능성이 있다. 이에 관한 학설로는 객관설, 주관설 그리고 절충설이 있다. 그 가운데 절충설이 실행의 착수 시기를 지나치게 앞당기지도 않고 늦추지도 않아 타당하다고 생각된다.

절충설에 따르면 '행위자의 범행 계획에 따른 구성요건 실현행위가 직접 시작된 때'를 실행의 착수시기로 볼 수 있다. 甲은 허위의 사실을 기재한 사고 신고서를 접수시켜 보험금을 수령한다는 계획을 세웠고 그 첫 단계인 사고 신고서 발송행위를 마쳤다. 구성요건 실현행위를 직접 시작한 것으로 볼 수 있다.

II. 위법성과 책임을 배제할 사유도 없으므로 甲의 행위는 사기 미수를 근거로 가벌성이 인정된다.

❖ 업무방해 (형법 제314조 제1항)

Ⅰ. 구성요건

1. 객관적 구성요건

(1) 행위객체: 제314조 제1항의 행위객체는 사람의 업무이다. 보험회사의 업무는 정당성과 지속성을 가지고 있어서 이에 해당됨이 분명하다.

(2) 행위(허위사실 유포, 위계 또는 위력으로 업무 방해): 도난 당하지도 않은 물품에 대한 보험금을 지급하는 것은 부당하게 업무가 집행되는 것으로서 업무방해에 해당된다.

그러나 보험회사는 보험금을 지급하기 전에 실제로 보석이 사라진 것인지 조사를 하게 되어있다. 따라서 경찰에 간단한 문의만 하면 甲

의 신고가 사실이 아님을 알 수 있는 상황이고, 그렇기 때문에 甲의 행위는 보험회사의 보험금 지급이라는 정당한 업무를 방해하기에 충분한 성격을 가지고 있지 않다.

2. 甲의 행위는 제314조 제1항의 방해행위에 해당되지 않는다.

Ⅱ. 구성요건조차 성립되지 않으므로 이 부분 甲의 행위는 가벌성이 인정되지 않는다.

□ 乙의 형사책임

❖ 무고 (형법 제156조)

I. 구성요건

1. 객관적 구성요건

(1) 공무소 또는 공무원에 대하여: 여기서 말하는 공무소 또는 공무원은 형사처분 또는 징계처분과 관련되는 공무소 또는 공무원을 의미한다. 경찰은 수사기관으로서 분명히 이에 해당된다.

(2) 허위의 사실을: 객관적 진실에 반하는 것으로서 형사처분 또는 징계처분의 원인이 될 수 있는 사실이면 되는데 보석을 장물로 취득했다는 점은 형사처벌이 가능한 내용이다.

(3) 신고: 신고의 방법에는 제한이 없다. 乙은 경찰에 제보하는 형식으로 신고하였다.

2. 주관적 구성요건

(1) 구성요건적 고의: 이 모든 행위를 乙은 명확한 고의를 가지고 행하였다.

(2) 타인으로 하여금 형사처분을 받게 할 목적: 타인이 형사처분을 받도록 만드는 것이 유일한 목적이거나 근본적인 행위동기이었을 필요가 있는가? 예를 들어 자신에 대한 형사처벌을 피하기 위해 다른 사람이 형사처분을 받도록 만드는 경우 어떻게 되는가?

무고죄의 보호법익은 피무고자의 형사처분으로부터 자유로울 권리와 국가사법기능 두 가지이다. 따라서 국가형벌권이 부당하게 발동되거나 오류를 범하지 않도록 하는 것도 규범의 보호범위에 포함된다.

그렇기 때문에 타인이 형사처분을 받도록 만드는 것이 유일한 행위동기가 아니더라도 무방하다.

II. 위법성과 책임을 배제할 사유도 없으므로 이 부분 乙의 행위는 제156조를 근거로 가벌성이 인정된다.

❖ 감금 간접정범 (형법 제276조 제1항, 제18조, 제34조)

I. 구성요건

1. 객관적 구성요건

(1) 피이용자의 행위: 일단 체포하여 장소이동의 자유를 침탈하였고 고의에 의한 행위이므로 감금의 구성요건은 성립된다. 그러나 정당한 직무집행이었기 때문에 제20조(정당행위)를 근거로 위법성이 배제되는 행위이다. 직무집행의 정당성은 객관적으로 판단하여야 하는데 실체적으로 무죄라고 하더라도 강제수사 절차 자체는 정당성을 인정받는다.

(2) 이용자의 행위: 자신이 정당한 직무집행을 하는 것으로 오인하고 있는 수사기관을 이용하여 丙이 체포되도록 하였다.

2. 주관적 구성요건: 장물취득 행위가 반드시 구속을 당하게 되는 행위 유형이거나 반드시 자유형을 선고받을 행위라고 할 수는 없다. 그러나 체포될 수도 있다는 가능성은 충분히 예견 가능하다. 게다가 乙의 행동거지를 보면 丙이 가능한 한 심하게 곤혹을 치르게 되기를 원하고 있었던 것으로 보인다. 따라서 적어도 미필적 형태의 고의는 인정된다.

Ⅱ. 위법성과 책임을 배제할 사유도 없으므로 이 부분 乙의 행위는 감금 간접정범(제276조 제1항, 제18조, 제34조)을 근거로 가벌성이 인정된다.

❖ 명예훼손 (형법 제307조 제1항)

제307조 제1항이 성립되기 위해서는 우선 공연성이 인정되어야 한다. 공연성이란 '불특정 혹은 다수'의 사람이 인식할 수 있는 상황을 의미한다. 경찰에 개인적으로 제보행위를 한 것은 특정되어 있는 한두 사람에게 사실을 전한 것으로서 공연성이 인정되지 않는다.

[사례 32] 착유기

甲은 △△주식회사의 계약직원으로서 축산농가에 젖 짜는 기계(착유기)를 판매하고 그 실적에 따라 수수료를 지급 받고 있었다. 팜플렛을 들고 돌아다니던 甲은 어느 날 축산농 乙을 방문하여 견본용으로 나온 착유기라고 하면서 시중가격보다 훨씬 싸다고 거짓말을 하며 구매를 권유하였다. 순진한 乙은 정말로 싸게 나온 기계라고 생각하였다. 그러면서 현재 재정형편이 매우 빠듯하고 자신이 필요한 것은 젖소 10마리의 젖을 짤 수 있는 착유기라고 하였다. 甲이 팜플렛을 통해 보여준 착유기는 젖소 2마리의 젖을 짤 수 있는 성능의 기계이었음에도 불구하고 甲은 젖소 10마리의 젖을 충분히 짤 수 있는 착유기라고 속였다. 乙은 甲의 말을 믿고 팜플렛에 적혀 있는 가격인 80만원에 구매계약을 체결하였다. 착유기는 며칠 후에 배달되었으며 乙은 기계를 받고 나서 대금을 지급하였고 이에 따라 甲은 수수료를 받았다. 乙은 구매대금을 마련하기 위해 자신이 보유하고 있던 공채를 헐값으로 매각하였다.

착유기가 젖소 10마리의 젖을 짜기에 충분한 것이 아니라는 사실을 뒤에 알게 된 乙은 경찰에 甲을 사기혐의로 고소하고 △△주식회사에 계약을 파기한다고 통보하였다.

1년여의 시간이 지나 공판이 있게 되었는데 甲은 乙이 구매계약을 체결할 당시에 방문했던 직원이 자신이 아니라는 주장을 하였다. 그 날 자신은 △△주식회사의 지역 책임자인 丙과 함께 乙의 축산농으로부터 100km 떨어진 다른 곳의 고객을 방문하고 있었다는 것이었다. 이를 확인하기 위하여 丙이 증인으로 소환되었다. 甲은 문제의 그 날 자신과 함께 다른 곳의 고객을 방문하고 있었다는 내용의 증언을 해달라고 丙에게 부탁하였다. 甲은 1년 정도 시간이 흘렀기 때문에 丙으로서는 그 당시에 어떠한 일이 있었는지를 모르고 있을 것이라고 생각하였다. 그러나 丙은 자신의 일지를 확인하여 그 날 甲과 함께 다른 곳의 고객을 방문한 사실이 없음을 잘 알고 있었다. 그럼에도 불구하고 丙은 甲이 원하는 내용의 증언을 해주었다.

하지만 乙이 자신에게 구매를 권유한 사람이 분명 甲이었다고 완강하게 주장하자 판사는 별도의 기일을 정하여 다시 심리하기로 하였다. 한 번으로 일이 끝나지 않자 불안해진 丙은 그 다음 공판에서는 사실대로 증언을 하였다.
[문] 甲과 丙의 형사책임을 논하시오.

- 사례출처: Wagner, S. 75

❑ 들어가는 말

甲이 丙에게 허위진술을 부탁한 것과 관련해서는 丙의 행위가 어떻게 평가되는가 하는 점에 甲의 형사책임이 종속되어 있으므로 편의상 丙의 죄책을 먼저 검토하는 것이 바람직하다.

❑ 丙의 형사책임

❖ 위증 (형법 제152조)

I. 구성요건

1. 객관적 구성요건

(1) 행위주체(법률에 의하여 선서한 증인): 丙은 증인으로 소환되어 법원에서 선서를 한 증인이다. 행위주체에 해당된다.

(2) 행위(위증): 丙은 허위의 사실을 진술했으나 피해자 乙이 완강한 태도를 보여 공판 기일이 다시 잡히고 같은 사안에 대해서 다시 증언을 하게 되자 허위내용의 진술을 철회하고 시정하였다.

그러나 이미 하나의 행위를 통해 하나의 위증이라는 범죄행위를 완성시켰으므로 뒤에 제대로 된 내용의 진술을 하였다 하더라도 위증은 성립된다. 위증의 기수시기는 진술이 종료된 때이다.

2. 주관적 구성요건: 丙은 자신이 하는 모든 행위에 대하여 인식과 의도를 가지고 있었다.

II. 위법성과 책임을 배제할 사유도 없으므로 이 부분 丙의 행위는 위증을 근거로 가벌성이 인정된다.

❑ 甲의 형사책임

○ 행위 1: 착유기를 판매한 부분

❖ 乙에 대한 사기 (형법 제347조 제1항)

I. 구성요건

1. 객관적 구성요건

(1) 기망: 시중가격보다 훨씬 싸며 젖소 10마리의 젖을 짤 수 있는 착유기라고 하였다. 이 두 가지는 모두 거짓말이었다.

(2) 착오: 甲이 이야기하는 것을 모두 사실로 믿었다.

(3) 재물의 교부 또는 재산상의 처분행위: 구매계약을 체결하고 기계가 배달되자 대금 80만원을 지급하였다.

(4) 재산상의 손해 발생: 재산상의 손해가 발생했는가의 여부는 재산적 처분행위의 전후를 비교해 볼 때 전체재산이 감소되었는가에 따라 판단해야 한다. 그리고 전체재산의 감소 여부는 객관적·개인적 관점에서 내려져야 한다.

사례의 경우 판매된 착유기의 가격은 시중가격 그대로 이었다. 주어야 할만큼만 대금을 지급하고 착유기를 그 대가로 받은 것이므로 전체재산의 감소가 있었는지 의문이 되는 사안이다. 乙이 시중가격보다 훨씬 싸다고 생각했으며 그렇다고 생각하지 않았다면 구매를 하지 않았을 것이라고 이것이 곧 전체재산의 감소를 의미한다고 말할 수는 없다. 상인이 자신의 물건을 아주 싸다고 소개하는 것은 금지된 행위라고 하기 곤란하다.

그러나 재산적 손해 여부를 판단할 때 객관적·경제적 가치만 단순 비교해서는 안된다. 구체적 개인적 사정에 비추어 볼 때 불필요하거나 지나친 부담을 갖게 되는 경우에는 객관적 측면에서 서로 상응하는 의무를 부담하는 계약을 체결하는 것이더라도 재산적 손해가 있다고 보아야 한다. 같은 물건이라 하더라도 어떤 사람에게는 매우 큰

가치를 갖는가 하면 또 다른 사람에게는 별 가치가 없는 것일 수도 있기 때문이다.

그러면 젖소 2마리의 젖을 짤 수 있는 착유기는 乙에게 불필요한 것이고 구매할 가치가 없는 물건이었는가? 이 점에 대한 판단도 객관적으로 이루어져야 한다. 당사자가 느끼는 주관적 감정을 기준으로 판단할 수는 없다. 이 사례의 경우 乙이 구매계약을 체결한 목적은 젖소 10마리의 젖을 짤 수 있는 착유기를 장만하는 것이었다. 이러한 계약의 목적을 객관적 제3자의 입장에서 볼 때 대금을 지급한 대가로 받게 된 상품이 과연 별 어려움 없이 충족시켜 줄 수 있는 물건인 것으로 판단되는가를 짚어보아야 하겠다. 원래 목적했던 바의 기계와 비교해 볼 때 1/5의 성능밖에 가지고 있지 않은 것이므로 전혀 그렇지 못하다고 보는 것이 타당하다.

객관적 · 개인적 관점에서 볼 때 재산상의 손해가 인정된다.

한편 乙이 구매대금을 마련하기 위해 자신이 보유하고 있던 공채를 헐값으로 매각한 것도 재산적 손해에 해당되는가? 객관적 측면에서는 전체 재산의 감소를 인정할 수 있지만 甲이 이 부분에 대해서도 고의를 가지고 있었는가에 대해서는 의문이다. 乙이 이러한 방법을 통해 구매대금을 마련할 것이라는 점을 甲은 모르고 있었다.

(4) 재산적 이익의 취득: 甲은 착유기 회사로부터 수수료를 받음으로써 재산적 이익을 취하였다. 그러나 그 수수료는 착유기 회사의 재산으로부터 지급된 것이다. 乙의 재산적 손해를 바탕으로 하고 있지 않기 때문에 손해와 이익 사이의 '성분의 동일성'이 인정되지 않는다. 따라서 제347조 제1항의 사기는 성립되지 않는다.

2. 객관적 구성요건이 충족되지 않는다.

Ⅱ. 이 부분 甲의 행위는 구성요건에도 해당되지 않아 乙에 대한 사기(제347조 제1항)를 근거로 가벌성을 인정할 수 없다.

❖ △△주식회사의 이익을 위한 乙에 대한 사기 (형법 제347조 제2항)

I. 구성요건

1. 객관적 구성요건: 이 경우에는 기망, 착오, 재산상의 처분행위, 그리고 재산상의 손해 발생이 인정된다. 재산적 이익의 취득과 관련해서는 제3자인 착유기 회사가 제품을 판매함으로써 재산상의 이익을 취득하였는데, 이는 乙의 재산상의 손해를 바탕으로 하는 것이므로 '성분의 동일성'도 인정된다.

2. 주관적 구성요건: 甲은 이와 같은 행위를 고의를 가지고 하였으며 불법이득 의사도 인정된다.

II. 위법성과 책임을 배제할 사유도 없으므로 이 부분 甲의 행위는 제347조 제2항을 근거로 가벌성이 인정된다.

○ 행위 2: △△주식회사로부터 수수료를 받은 부분

❖ △△주식회사에 대한 사기 (형법 제347조 제1항)

I. 구성요건

1. 객관적 구성요건

(1) 기망: 乙에 대한 착유기 판매 계약이 정상적으로 체결된 것처럼 행동하였다.

(2) 착오: 회사는 그렇게 믿었다.

(3) 재물의 교부 또는 재산상의 처분행위: 이에 따라 수수료를 지급하였다.

(4) 재산상의 손해 발생: 乙에 대한 착유기 판매 계약이 기망에 의해 체결된 것이기 때문에 甲으로서는 회사에 대하여 수수료를 청구할 수 있는 권한을 가지고 있지 않았다. 계약이 해제될 수도 있고 그렇게 되면 수수료는 반납되어야 하는 상황이었다. 회사는 수수료만큼 재산상의 손해를 입었다.

(4) 재산적 이익의 취득: 수수료를 받아 챙겼다.

2. 주관적 구성요건: 고의와 불법이득 의사를 인정하는 데에도 문제가 없다.

II. 위법성과 책임을 배제할 사유도 없으므로 제347조 제1항을 근거로 가벌성이 인정된다.

○ 행위 3: 丙에게 허위진술을 부탁한 부분

❖ 위증 교사 (형법 제152조, 제31조 제1항)

피교사자인 丙의 행위가 위증에 해당되며 위법성도 있다는 점은 확인하였다. 甲은 부탁을 함으로써 丙이 위증 행위를 하겠다는 의사를 형성하게 만들었다. 하지만 甲에게는 위증행위를 하게 만든다는 데 대한 인식과 의도가 없었다. 가벌성이 인정되지 않는다.

[사례 33] 재수 없는 강도

甲은 계부 乙로부터 지속적으로 추행과 강간을 당하며 살았고 乙의 요구에 고분고분하게 응하지 않으면 乙은 甲뿐 아니라 甲의 어머니에게도 심한 폭행을 가했기 때문에 저항을 할 수 없었다.

대학생이 된 甲은 남자친구 丙을 사귀게 되었고 서로 친하게 되자 하루는 둘이서 술을 마시며 자신의 고통스러운 상황에 대하여 털어놓았다. 甲은 丙이 어떻게든 해결책을 마련해 주지 않을까 하는 기대를 하고 있었다. 너무 황당무계한 이야기에 아연실색을 한 丙은 그 인간을 가만 두면 안된다고 하면서 집안 구조를 자세히 물어보고 먼저 집으로 돌아가 방안에서 절대 나오지 말라고 하며 택시를 태워 보냈다.

화가 머리끝까지 난 丙은 자신의 자취방 친구 丁에게 전화를 해서 자신의 책상서랍 속에 보관 중이던 사냥용 칼을 가지고 술집으로 나오라고 하였다. 칼을 가지고 술집으로 간 丁은 취한 丙에게 무슨 일이냐고 물었다. 대답 대신 丙은 술만 권했고 丁과 함께 계속 술을 마셨다. 한참 시간이 지나 丙은 자초지정을 이야기하고 그 인간을 가만둘 수 없지 않느냐고 물었다. 丁이 맞장구를 치는 상황이 되어 두 사람은 甲의 집으로 갔다. 丁은 마당에서 망을 보기로 하고 함께 담을 넘은 뒤 丙 혼자 거실로 잠입하였다. 그 때 마침 안방에서 한 남자가 거실로 나왔다. 컴컴한 상태에서 집안에는 원래 남자가 甲의 계부 한 사람뿐이므로 틀림없이 그 인간이라고 생각하고 丙은 "야 이 새끼야!"라고 소리지르며 그 남자의 급소를 정확하게 찔러 그 자리에서 죽게 하였다. 丙은 군복무시 대검을 이용한 살해방법을 수도 없이 반복 훈련받은 관계로 만취한 상태이었지만 일을 정확하게 해내었다. 그런데 丙이 찔러 죽인 사람은 甲의 계부가 아니라 그 시간에 집에 침입했던 강도이었다.

丙은 임무를 완수했다고 생각하고 밖으로 나와 甲에게 전화를 해서 경찰에 신고하라고 하였다. 통화를 하고 2층 방에서 나와 아래층으로 내려 온 甲은 거실에 엉뚱한 사람이 죽어있는 것을 발견하였다. 안방에 들어가 보니 어머니는 손발이 끈에 묶이고 입에 테이프가 붙여진 채 있었고 계부는 강도의 칼에 찔려 피를 흘리며 숨을 깔딱거리고 있었다. 어머니를 풀어준 甲은 어머니와 함께 부둥켜안고는 乙이 그대로 죽었으면 좋겠다는 생각으로 기다리고 있다가 1시간 뒤에 마음이 바뀌어 경찰에 신고하였다. 乙은 병원으로 옮기는 도중에 사망하였다.
[문] 甲・丙・丁의 형사책임을 논하시오.

❑ 들어가는 말

사례에서 주된 행위를 한 사람은 甲의 남자친구인 丙이다. 甲의 형사책임은 丙의 범죄행위 내용에 따라 종속적으로 결정될 가능성이 있으므로 편의상 甲보다는 丙의 형사책임을 먼저 확인하는 것이 타당할 것으로 보인다.

❑ 丙의 형사책임

○ 행위 1: 甲의 집에 들어간 부분

❖ 주거침입 (형법 제319조 제1항, 제22조, 제10조 제2항)

Ⅰ. 구성요건: 甲의 집이지만 주거권자는 甲의 부모이므로 甲의 동의가 있었다 해도 침입이 성립된다.

Ⅱ. 위법성

— 긴급피난(제22조)을 근거로 한 위법성 배제 여부 —

1. 객관적 요건

(1) 긴급피난 상황: 乙은 평소 지속적으로 甲을 강간하고 추행하며 수시로 폭행을 해오던 자이다. 그리고 이와 같은 성적 자기결정권과 신체적 안온상태에 대한 공격은 언제 또 있을지 모를 상태에 있었으므로 계속위난의 형태로 위난의 존재와 현재성이 인정된다.

(2) 긴급피난 행위: 乙을 살해하여 더는 침해를 하지 못하도록 조치하는 것이 피난행위로서의 속성을 가짐은 인정된다. 문제는 보충성이다. 乙을 살해하는 것이 유일한 방법이었다고 하기 곤란하다.

2. 긴급피난 상황은 인정되지만 긴급피난 행위로서의 보충성이 인정되지 않는다. 따라서 위법성이 배제되지 않는다.

Ⅲ. 책임: 그런데 丙은 만취상태에 있었으므로 책임능력이 문제된다. 술에 심하게 취하기는 하였으나 생각했던 행위를 정확하게 해낸 것으로 보아 심신상실은 아니고 심신미약 상태이었던 것으로 평가된다. 형법 제10조 제2항에 따라 형벌이 감경되나, 제10조 제3항에 따라 제2항의 적용이 배제되는 사안인지 확인되어야 한다.

❖ 원인에 있어서 자유로운 행위로서의 주거침입 (형법 제319조 제1항, 제10조 제2항 · 제3항)

I. 구성요건

1. 객관적 구성요건: 丙은 스스로 심신미약 상태를 야기하고 그 상태에서 범죄행위를 실행하였다.

2. 주관적 구성요건: 심신미약 상태를 야기하는 데 대한 고의가 명확하였고 심신미약 상태를 야기할 당시에 이미 범죄행위 실행에 대한 고의를 가지고 있었다.

II. 위법성을 배제할 사유가 없었으며, 심신미약 상태를 야기하기 시작할 때 책임능력을 갖추고 있었다. 따라서 이 부분 丙의 행위는 원인에 있어서 자유로운 행위로서의 주거침입에 해당되어 가벌성이 인정된다.

❖ 원인에 있어서 자유로운 행위로서의 특수주거침입 (형법 제320조, 제10조 제2항 · 제3항)

사냥용 칼은 사용하기에 따라 사람을 살상하는 무기로 이용하기에 충분하므로 위험한 물건에 해당된다. 이를 소지하고 주거침입을 하였으므로 제320조에 따라 가중처벌 대상이 된다.

○ 행위 2: 강도를 칼로 찔러 죽인 부분

❖ 살인 (형법 제250조 제1항, 제22조)

I. 구성요건

1. 객관적 구성요건: 강도가 사망하여 제250조 제1항의 결과가 발생하였으며 이는 丙의 행위에 의한 직접적인 결과이다.

2. 주관적 구성요건 : 丙은 강도를 甲의 의붓아버지 乙로 오인하고 살해하였다. 그러나 이러한 내용의 착오는 어떠한 학설에 의하더라도 고의를 인정하는데 문제가 되지 않는다.

II. 위법성

– 긴급피난(형법 제22조)을 근거로 한 위법성 배제 여부 –

만약 丙이 살해한 사람이 甲의 의붓아버지 乙이었다면 계속위난의 형태로 甲에게 위난이 존재하였음을 인정할 수 있으나 사실은 엉뚱한 사람을 살해한 것이기 때문에 긴급피난 상황이 인정되지 않는다. 이는 이른바 '오상피난'에 해당되고 책임 영역에서 검토되어야 할 사항이다.

– 정당방위(형법 제21조)를 근거로 한 위법성 배제 여부 –

정당방위의 경우에는 방위의사가 없었기 때문에 인정될 수가 없다.

Ⅲ. 책임

– 오상피난 –

1. 오상피난이란 긴급피난 상황이 존재하지 않음에도 불구하고 그것이 존재하는 것으로 착각하고 피난행위를 한 경우를 말하는데, 긴급피난 상황이 만약에 실제로 존재하였다면 나머지 요건도 충족되어 위법성이 배제되는 경우를 의미하는 것이므로 우선 이에 대한 검토가 필요하다.

2. 앞에서 확인한 것처럼 착오가 아니었더라도 긴급피난으로 위법성이 배제되지 않는다.

3. 따라서 오상피난을 근거로 고의책임을 부인할 수 없다.

Ⅳ. 이 부분 丙의 행위는 살인을 근거로 가벌성이 인정된다.

❑ 甲의 형사책임

○ 행위 1: 자신의 상황을 이야기하고 집안 구조를 알려준 부분

❖ 주거침입 교사 (형법 제319조 제1항, 제31조)

甲이 丙에게 집안 구조를 설명해 줄 때는 이미 丙이 주거침입 행위를 하겠다는 의사를 형성한 상태이었다. 따라서 교사는 성립되지 않는다.

❖ 주거침입 방조 (형법 제319조 제1항, 제32조)

I. 구성요건

1. 객관적 구성요건

(1) 피방조범죄: 앞에서 확인한 것처럼 주거침입의 구성요건과 위법성을 모두 갖추고 있다.

(2) 방조행위: 방조란 피방조범죄의 실행을 가능하게 만들어 주거나 법익침해를 강화해 주거나 실행을 쉽게 해 줌으로써 피방조범죄를 촉진하는 행위를 의미한다. 甲은 丙에게 집안 구조를 잘 설명해 줌으로써 실행을 쉽게 해 주었다. 이는 피방조범죄를 촉진하는 전형적인 행위이다.

2. 주관적 구성요건

丙이 乙의 계부를 가만히 두지 않겠다고 선언한 이후이기 때문에 집안 구조를 묻는 것이 무엇을 의미하는지 잘 알 수 있는 상황이었다. 丙이 집안으로 들어와 무언가 일을 벌일 것이라는 점을 잘 알고 집안 구조를 설명해 주었으므로 방조의 고의가 인정된다.

II. 위법성과 책임을 배제할 사유가 없다. 따라서 이 부분 甲의 행위는 제319조 제1항을 근거로 가벌성이 인정된다.

❖ 살인교사 (형법 제250조 제1항, 제31조)

I. 구성요건

1. 객관적 구성요건

(1) 피교사범죄

1) 구성요건: 행위객체에 대한 착오가 있었으나 고의를 인정하는데 문제가 없다.

2) 위법성: 오상피난의 경우로서 위법성이 인정되는 데에는 문제가 없다.

(2) 교사행위: 자신이 당하고 있는 부당한 현실을 이야기함으로써 丙이 살해행위를 하겠다는 의사를 형성하게 만들었다.

2. 주관적 구성요건

丙이 해결책을 마련해 주지 않을까 하는 기대는 하였지만 구체적으로 살해행위를 해주기를 원하였다고 보기는 힘들다. 교사의 고의가 인정되지 않는다.

Ⅱ. 결과적으로 교사가 되기는 하였지만 고의가 없었으므로 이 부분 甲의 행위는 가벌성이 없다.

❖ 살인방조 (형법 제250조 제1항, 제32조)

I. 구성요건

1. 객관적 구성요건

(1) 피방조범죄가 살인죄의 구성요건과 위법성을 충족시킴은 앞에서 확인하였다.

(2) 방조행위: 방조란 피방조범죄의 실행을 가능하게 만들어 주거나 법익침해를 강화해 주거나 실행을 쉽게 해 줌으로써 피방조범죄를 촉진하는 행위를 의미한다. 甲은 丙에게 집안 구조를 잘 설명해 줌으로써 실행을 쉽게 해 주었다. 이는 피방조범죄를 촉진하는 전형적인 행위이다.

2. 주관적 구성요건

丙이 흥분하여 그 인간을 가만히 두지 않겠다고 하는 상황이 되어 甲은 丙의 행위가 극단적인 선까지 도달할 것을 예상할 수 있었다.

그러면서 丙이 묻는 대로 집안의 구조를 자세히 가르쳐 주었다. 방조의 고의가 인정된다.

II. 위법성과 책임을 배제할 사유도 없으므로 이 부분 甲의 행위는 살인 방조를 근거로 가벌성이 인정된다.

❖ 존속살인 방조 (형법 제250조 제1항, 제32조)

甲에게 있어서 계부 乙은 직계존속의 배우자로서 인척에 해당될 뿐이다. 존속살인의 문제는 발생되지 않는다.

❍ 행위 2: 강도에게 찔려 쓰러져 있는 계부를 방치한 부분

❖ 부진정 부작위에 의한 살인 (형법 제250조 제1항, 제18조)

I. 구성요건

1. 객관적 구성요건: 甲은 동거가족으로서 乙과 긴밀한 공동생활관계에 있었다. 따라서 보증인적 지위가 인정되고 甲을 구호하여야 할 작위의무가 인정된다. 곧바로 119에 연락을 하는 등 구호조치를 취하는 데 장애요소는 없었다. 작위의무 이행가능성도 인정된다.

그러한 상황에서 작위의무를 이행하지 않았고 사망이라는 결과가 발생하였다.

문제는 인과관계이다. 甲이 즉시 경찰에 신고하는 등 구호조치를 취했다면 乙이 목숨을 구할 수 있는 상황이었는지 확실하지 않다. 따라서 인과관계의 연결을 인정할 수 없다.

2. 다른 요건은 충족되지만 인과관계의 연결을 인정하기 곤란하므로 구성요건 성립이 부인된다.

Ⅱ. 이 부분 甲의 행위는 구성요건이 충족되지 않아 가벌성이 없다.

❖ 부진정 부작위 살인 중지미수 (형법 제250조 제1항, 제18조, 제254조)

※ 사전검토 ① 인과관계가 인정되지 않아 기수에 이르렀다고 할

수 없다. ② 또한 미수범 처벌규정이 제254조에 있으므로 미수를 검토하여야 할 사안이다.

I. 구성요건

1. 주관적 구성요건

(1) 구성요건적 고의: 앞에서 확인하였듯이 甲에게는 작위의무가 있으며 작위의무 이행가능성도 있었다. 그러한 상황에서 乙이 그대로 사망하기를 원하여 작위의무를 이행하지 않고 있다가 나중에 마음이 바뀌어 경찰에 신고하였다.

(2) 실행 중지의 자의성: 그대로 놔두는 것과 관련하여 사회통념상 장애가 되는 사유가 없었다. 어느 학설에 의하더라도 중지의 자의성은 인정된다.

(3) 구성요건 실현 가능성에 대한 착오: 구성요건 실현이 불가능한 상황임에도 이를 모르고 있었던 경우 피고인에게 유리하도록 불능미수가 아니라 중지미수로 인정하는 것이 통설의 견해이고 이설도 없다.

2. 객관적 구성요건

(1) 실행의 착수: 작위의무가 발생한 상황에서 구호조치를 취하지 않았으므로 실행의 착수가 인정된다.

(2) 방지행위: 결과의 발생을 방지하기 위해서 경찰에 연락하여 구급차가 오도록 조치하였다. 구급차를 부르는 것은 객관적인 측면에서 적절한 구호조치이고 주관적인 측면에서도 진지한 노력에 해당된다.

(3) 인과관계: 甲의 방지행위에 의해 결과발생이 방지된 것이 아니라 甲의 부작위가 乙 사망의 원인이 되지 않는 사안이다. 이러한 경우를 어떻게 처리할 것인가에 대하여 견해가 대립되고 있다. 이러한 경우에는 피고인의 법적대적 성향이 이미 사라진 것으로 보아 중지미수를 인정하는 것이 타당하다고 생각한다. 甲의 행위는 중지미수로서의 요건을 갖추고 있다.

II. 위법성과 책임을 배제할 사유가 없으므로 이 부분 甲의 행위는 살인 중지미수를 근거로 가벌성이 인정된다.

❑ 丁의 형사책임

❖ 주거침입 (형법 제319조 제1항)

I. 구성요건: 주거권자의 의사에 반하여 주거에 들어갔으며 명확한 고의를 가지고 있었다.

II. 위법성을 배제할 사유도 없다.

III. 책임: 술을 마시기는 하였으나 丁의 행동거지로 보아 책임이 감경될만한 심신장애 상태는 존재하지 않았던 것으로 보인다.

❖ 특수주거침입 공동정범 (형법 제320조, 제30조)

I. 구성요건

丙이 범행을 저지르는 동안 마당에서 망을 봄으로써 기능적 역할분담을 하였다. 이에 공동의 실행행위가 인정된다. 또한 이렇게 역할분담을 한다는 데 대한 고의도 분명하여 공동실행의 의사도 인정된다.

II. 위법성과 책임을 배제할 사유도 없다. 따라서 특수주거침입 공동정범을 이유로 가중처벌 대상이 된다.

❖ 살인 공동정범 (형법 제250조 제1항, 제30조)

I. 구성요건

특수주거침입의 경우와 마찬가지로 이 부분에 대해서도 공동정범이 인정된다.

II. 위법성과 책임을 배제할 사유도 없으므로 살인 공동정범을 근거로 가벌성이 인정된다.

[사례 34] 짜깁기

청소 및 경비 용역전문업체인 ××사에 청소원으로 근무하던 甲은 불성실한 근무태도 때문에 상관으로부터 몇 차례 경고를 받고는 해고될 수도 있다는 생각에 불안한 상태가 되었다. 그런데 갑자기 목돈이 필요하게 되어 은행에서 대출을 받고자 했는데, 이리저리 알아본 결과 자신의 연간급여가 1000만원도 되지 않아 신용대출이 어렵고, 그렇다고 해서 보증을 서 줄 사람도 없으며 담보가 될 만한 부동산도 없는 상태인지라 난감하였다. 궁리를 하던 甲은 은행제출서류인 근로소득원천징수영수증을 조작하기로 작정하였다.

甲은 회사의 회계담당 직원이 사용하고 있는 문서세단기 속의 종이를 쓰레기 봉투에 담아 여러 차례 집으로 가져와서는 근로소득원천징수영수증에 해당되는 내용을 모았다. 그리고는 자신의 전년도 근로소득원천징수영수증과 조합을 해서 복사를 해보고 다시 수정해서 복사를 하는 작업을 계속 반복하여 연간 소득 3000만원의 근로소득원천징수영수증 모양을 만들어 냈다. 이와 같은 복사작업은 XX사의 고객인 회사의 사무실에 아침 일찍 나가 직원들이 출근하기 전에 여러 날에 걸쳐서 했다. 甲은 복사작업이 마무리되기 하루 전에 해고되었다. 그러나 甲이 해고되었다는 사실을 다른 직원들은 미처 모르고 있었기 때문에 甲이 마지막 날 출근해서 청소를 하는데도 아무도 다른 말을 하지 않았다.

복사작업을 마친 甲은 복사기 근처에 있던 회사봉투에 복사물을 담아 청소도구 보관창고에 놔두었다가 퇴근하면서 휴지·세척액 등과 함께 들고 밖으로 나가려 하였다. 그런데 이를 본 선임 경비원 乙이 甲을 제지하였다. 그는 甲이 해고되었다는 사실을 알고 있었으며 평소에 甲이 회사물건을 가끔 들고 간다는 것도 알고 있었다. 그 동안은 한 식구라는 생각에 눈감아 줬으나 그날은 더 이상 좌시할 수 없다고 생각한 것이다. 乙이 저지하자 甲은 화를 내면서 열 받았으니까 건드리지 말라고 하였다. 乙은 귀찮다는 생각에 甲을 그냥 보내주었다.

甲은 은행에 서류를 제출하였으나 대출담당 직원이 아무래도 의심스러워 XX회사에 조회를 해보고는 근로소득원천징수영수증이 제대로 된 것이 아님을 알게 되어 대출을 해주지 않게 되었다.

[문] 甲의 형사책임을 논하시오.

• 사례출처: OLG Düsseldorf, Beschl. v. 14. 9. 2000 - 2 b Ss 222/00 - 64/00 I, StV 4/2001, S. 237

❍ 행위 1: 문서세단기 속의 종이를 가져간 부분

❖ 절도 (형법 제329조)

소유권자가 소유권을 포기한 물건은 무주물이다. 문서세단기 속으로 집어넣는다는 것은 그 문서를 완전히 폐기함을 의미한다. 일반적으로 쓰레기통으로 들어간 것은 소유권이 포기된 것으로 볼 수 있는데, 문서세단기의 경우에는 단지 소유권을 포기하면서 다른 사람이 그 내용을 알아보지 못하게까지 함을 의미한다.

甲이 가져간 것은 소유권이 포기된 물건으로서 무주물이므로 절도행위의 객체가 될 수 없다. 가벌성이 인정되지 않는다.

❍ 행위 2: 허위 내용의 근로소득원천징수영수증 사본을 만든 부분

❖ 사문서 변조 (형법 제231조)

I. 구성요건

1. 객관적 구성요건

(1) 행위객체(권리・의무 또는 사실 증명에 관한 타인의 문서): 甲이 만들어 낸 것은 근로소득원천징수영수증으로서 연간 근로소득이 얼마나 되는가 하는 사항을 증명해주는 문서이다. 또한 이 문서의 작성명의인은 ××사이므로 타인의 문서라는 점도 인정된다.

(2) 변조: 변조란 이미 진정하게 성립된 문서에 권한 없이 변경을 가하는 행위를 의미한다. 그런데 甲은 근로소득원천징수영수증 자체에 대해서는 변경을 가한 바 없다. 자신이 정당하게 발급 받은 근로소득원천징수영수증에 다른 사람의 근로소득원천징수영수증 조각을 올려놓고 복사를 했을 뿐이다.

행위자 또는 제3자가 위·변조한 문서를 복사하면 그 복사된 문서는 분명히 위·변조 문서라고 할 수 있다. 그러나 이 경우에는 복사의 대상이 된 원본 근로소득원천징수영수증은 모두 진정하게 성립된 것들이었다. 甲은 다만 이것을 모아서 복사를 했을 뿐이다. 따라서 변조라고 볼 수 없다.

2. 甲의 행위는 객관적 구성요건을 충족시키지 못한다.

Ⅱ. 따라서 이 부분 甲의 행위도 가벌성을 인정할 수 없다.

○ 행위 3: ××사의 고객인 회사의 복사기를 사용한 부분

❖ 절도 (형법 제329조)

I. 구성요건

1. 객관적 구성요건

(1) 행위객체(타인의 재물): 甲은 복사기를 무단 사용함으로써 복사용지와 함께 소량이지만 토너를 가지고 갔다. 이들 모두 ××사의 고객인 회사의 소유물이므로 타인의 재물임이 분명하다.

(2) 행위(절취): 절취란 '타인이 점유하고 있는 재물을 점유자의 의사에 반해 그 점유를 배제하고 자기 또는 제3자의 점유로 옮기는 행위'를 말한다. 甲은 누구의 동의도 받지 않고 복사기를 사용하여 복사용지와 토너를 가지고 갔으므로 이는 '절취'에 해당된다.

2. 주관적 구성요건

(1) 구성요건적 고의: 甲은 누구의 동의도 받지 않고 복사용지와 토너를 가지고 간다는 데 대하여 인식과 의도가 있었다.

(2) 불법영득의사: 甲은 이 복사결과물을 가지고 가서 소유자와 같은 지위를 누리면서 사용·수익·처분한다는 의도를 가지고 있었다.

II. 위법성

― 정당행위(형법 제20조)를 근거로 한 위법성 배제 여부 ―

사무실을 청소하는 사람이 그 사무실의 복사기를 사용할 수 있는 권한을 가지고 있지는 않다. 복사기 등 사무 기기는 사무직 종사자들이 사용권한을 가지고 있다. 그렇다고 해서 사무실에 위치해 있는 복사기를 꼭 사용해야 할 긴급한 사유나 피치못할 사정이 있었던 것도 아니다.

− 추정적 승낙(형법 제20조)을 근거로 한 위법성 배제 여부 −

법익주체가 처분할 수 있는 법익이었음은 인정된다. 그러나 현실적 승낙이 불가능한 상황이 아니었다. 명시적 승낙이 가능한 상황이었다. 게다가 한 차례만 복사를 한 것이 아니라 며칠 동안 여러 차례 복사가 이루어졌다.

Ⅲ. 책임을 배제할 사유도 없으므로 이 부분 甲의 행위는 제329조를 근거로 가벌성이 인정된다.

❖ 주거침입 (형법 제319조)

I. 구성요건

1. 객관적 구성요건

(1) 행위객체: 제319조에 의하면 "사람의 주거, 관리하는 건조물, 선박이나 항공기 또는 점유하는 방실"이 행위객체이다. 이 가운데 '관리하는 건조물'이란 사실상 사람이 관리·지배하는 건조물로서 함부로 타인이 침입하는 것을 방지할 물적 또는 인적 설비가 되어 있는 것을 말한다. 회사의 사무실은 이에 해당된다.

(2) 행위: '침입'이란 주거권자의 의사에 반해서 들어가는 행위를 말한다. 그런데 甲은 청소를 하기 위해 매일 회사 사무실에 출입하던 사람이고 회사의 사무직 근로자들이 출근하기 전에 일찍 사무실에 나가 청소를 하는 것이 당연한 일과이었다.

다만 범죄의사를 가지고 타인의 주거에 들어간 경우에는 사실상 주거권자가 들어오는 것에 동의했더라도 '침입'이라고 보아야 한다는 견해가 있다. 그러나 주거침입죄 규정은 공동생활자의 사실상의 주거의 평온을 보호하기 위한 규정이기 때문에 이를 침해하는 형태로 주거에 들어가는 경우가 아니라면 이 규정을 근거로 처벌할 이유가 없다고 본다.

2. 甲의 행위는 '침입'에 해당되지 않는다.

Ⅱ. 이 부분 甲의 행위는 구성요건을 충족하지 못하므로 가벌성이 없다.

○ 행위 4: 해고된 이후에 회사로 출근한 부분

❖ 주거침입 (형법 제319조)

Ⅰ. 구성요건

1. 객관적 구성요건

(1) 행위객체: 앞에서 살펴보았듯이 회사의 사무실은 제319조의 행위객체에 해당된다.

(2) 행위: '침입'이란 주거권자의 의사에 반해서 들어가는 행위를 말한다. 그런데 甲은 청소를 하기 위해 매일 회사 사무실에 출입하던 사람이고 해고가 되었다고 하더라도 뒷마무리나 인사를 하는 등의 목적을 위해 다시 또 동일한 장소에 출입하는 것은 일반적으로 허용되는 행위이다.

다만 범죄의사를 가지고 타인의 주거에 들어간 경우라는 문제점이 있으나 이는 앞에서 논한 것처럼 주거침입죄 규정은 공동생활자의 사실상의 주거의 평온을 보호하기 위한 규정이기 때문에 이를 침해하는 형태로 주거에 들어가는 경우가 아니라면 이 규정을 근거로 처벌할 이유가 없다고 본다.

2. 甲의 행위는 '침입'에 해당되지 않는다.

Ⅱ. 이 부분 甲의 행위는 구성요건을 충족하지 못하므로 가벌성이 없다.

○ 행위 5: 회사봉투와 휴지·세척액을 가지고 나온 부분

❖ 절도 (형법 제329조)

I. 구성요건

1. 객관적 구성요건

(1) 행위객체(타인의 재물): 甲이 들고 나온 회사봉투와 휴지·세척액 모두 회사의 소유물이므로 타인의 재물임이 분명하다.

(2) 행위(절취): 절취란 '타인이 점유하고 있는 재물을 점유자의 의사에 반해 그 점유를 배제하고 자기 또는 제3자의 점유로 옮기는 행위'를 말한다. 甲은 누구의 동의도 받지 않고 이들 물건을 가지고 나갔으므로 이는 '절취'에 해당된다.

2. 주관적 구성요건

(1) 구성요건적 고의: 甲은 이들 물건을 가지고 간다는 데 대하여 인식과 의도가 있었다.

(2) 불법영득의사: 甲은 이들 물건을 가지고 가서 소유자와 같은 지위를 누리면서 사용·수익·처분한다는 의도를 가지고 있었다.

II. 위법성과 책임을 배제할 사유가 없다. 따라서 제329조를 근거로 가벌성이 인정된다.

❖ 상습절도 (형법 제329조, 제332조)

상습이란 행위자에게 그 범죄행위가 완전하게 습관화되어 있어서 윤리적 갈등을 전혀 하지 않고 그 범죄를 거리낌 없이 하는 상태가 된 것을 의미한다. 甲은 회사 소유 물품인 휴지와 세척액 등을 아무 죄의식 없이 평소에 가끔씩 집어 가는 정도의 습성을 이미 가지고 있게 되었으므로 이는 상습에 해당된다.

○ 행위 6: 은행에 서류를 제출한 부분

❖ 사기미수 (형법 제347조 제1항, 제352조)

※ 사전검토 ① 대출 신청이 반려되어 기수에 이르지 못하였다. ②

또한 미수범 처벌규정이 제352조에 마련되어 있다. 따라서 미수범 성립 여부를 검토하여야 할 사안이다.

I. 구성요건

1. 주관적 구성요건

(1) 기망의 의도: 연간 소득이 3000만원인 것으로 속이고자 하였다.

(2) 착오를 유발할 의도: 본인의 기망행위로 인하여 은행 대출 담당 직원이 이 사실을 믿어 착오가 유발되도록 하겠다고 의도하였다. 물론 대출 신청자가 허위의 사실을 기재한 신청서류를 제출하더라도 은행 담당자는 신청자의 객관적 신용도를 파악해야 할 의무가 있다. 그러나 이 사례처럼 허위의 내용이 기재된 근로소득원천징수영수증을 제출하는 것 같은 경우에는 이 서류가 객관적 신용도를 나타내주는 신뢰할 수 있는 증명서이므로 담당자에게 더 이상 조회를 할 의무가 없다고 보아야 할 것이다. 그러므로 甲의 기망행위와 착오 사이의 인과관계가 인정된다.

(3) 재산상의 처분행위를 유발할 의도: 대출이 이루어짐으로써 은행의 재산적 처분행위를 유도하고자 하였다.

(4) 재산상의 손해를 발생시킬 의도: 부실채권이 발생하므로 은행측에 재산적 손해가 발생된다. 甲은 이를 의도하였다.

2. 객관적 구성요건: 대출신청서를 제출하여 기망에 해당되는 행위를 하였으므로 어느 학설에 의하더라도 실행의 착수가 인정된다.

II. 위법성과 책임을 배제할 사유가 없다. 따라서 이 부분 甲의 행위는 제347조 제1항을 근거로 가벌성이 인정된다.

❖ 업무방해 (형법 제314조 제1항)

Ⅰ. 구성요건

1. 객관적 구성요건

(1) 행위객체(사람의 업무): 제314조 제1항의 행위객체는 정당한

업무이다. 업무의 주체는 반드시 자연인일 필요가 없다. 법인이나 법인격 없는 단체도 이에 포함된다.

(2) 행위(허위사실 유포, 위계 또는 위력으로 업무 방해): 甲이 상대방을 기망하는 방법을 사용한 것은 사실이다. 그러나 허위의 사실을 기재한 서류를 제출하여 부당한 대출을 받아내고자 시도하는 것은 빈번하게 있는 일이고 이에 따라 대출 신청자의 객관적 신용도를 조사하는 것은 대출 담당자의 일반적인 업무가 되어 있다. 따라서 이를 조사하는 수고를 하게 만드는 정도는 업무를 현저하게 방해할 정도 속성의 행위라고 할 수 없다.

2. 甲의 행위는 업무방해에 해당되지 않는다.

Ⅱ. 이 부분 甲의 행위는 구성요건을 충족하지 못하므로 가벌성이 없다.

[사례 35] 아내 강간

甲(남)은 乙(여)과 1975년 11월에 결혼하여 2000년 6월에 이혼하였다. 甲은 가부장적 권위를 중시하는 지역 출신이었으며 부인은 남편을 하늘처럼 알고 떠받들어야 한다는 신념을 항상 가지고 있었다. 두 사람 사이의 결혼생활은 순조로운 듯이 보였으나, 20년째(1995년)에 이르자 甲의 권위적인 태도를 참다 못한 乙이 甲에 대해 반기를 들기 시작하면서 갈등이 표면화하고 심화하였다. 1998년 8월에 乙은 집을 나가 혼자 방을 얻었고 1999년 1월에 이혼소송을 제기하였다. 그러나 두 사람의 아들들이 계속 乙에게 찾아와 간곡히 부탁을 한 결과 1999년 7월에 乙은 집으로 돌아왔다. 이 때 乙은 甲에게 침실을 따로 쓰고 성관계를 갖지 말 것을 요구하였고 甲은 이에 동의하였다. 그후 1999년 8월에는 당사자의 화해노력을 이유로 이혼소송 절차가 잠정적으로 정지되었다.

1999년 11월 11일 甲은 乙에게 자신은 동침을 원하며 乙이 부부공동의 침실로 복귀해야 한다고 선언하였다. 乙이 즉시 이를 거절하자 甲은 15cm 길이의 과도를 가져와 복부에 들이 대고 협박을 하여 강제로 성관계를 가졌다. 잠시 시간이 흐르고 함께 커피를 마신 뒤 甲은 또 다시 과도를 집어 들고 乙의 의사에 반하여 강제로 성관계를 가지려고 시도를 하다가 스스로 중단하였다. 그리고 나서 여러 시간을 두 사람은 함께 앉아 있었다.

甲과 乙은 계속 부부싸움을 하였고 1999년 12월 31일 밤에 甲은 乙의 머리를 잡고 벽에 부딪히게 한 후 넘어뜨리고 발로 밟아 머리를 비롯한 온몸에 멍이 들게 하였다. 이 일이 있자 乙은 다시 집을 나갔고 폭행·상해를 이유로 甲에 대한 고소장을 수사기관에 제출하였다. 甲은 乙에게 몇 달 동안 전화 등을 통하여 여러 차례 마구 욕하고 죽여버리겠다고 하였다. 이혼소송이 마무리되고 난 후 2000년 7월이 되어 甲이 진정을 하게 되면서 두 사람은 몇 차례 만남을 가지기도 하였다.

그 후 정작 甲이 경찰에 체포되자 乙은 甲이 처벌받는 것을 원하지 않는다는 입장으로 바뀌었으며, 공판과정에서는 재판부에 대하여 甲이 중형을 받지 않도록 해달라는 부탁을 하였다.

[문] 甲의 죄책을 논하시오.

- 사례출처: BGH, Urt. v. 29. 8. 2001 - 2 StR 276/01 (LG Wiesbaden), StV 1/2002, S. 20

○ 행위 1: 강제로 간음한 부분

❖ 강간 (형법 제297조)

강간의 행위객체인 사람에서 부인은 제외해야 한다는 견해가 있다. 부부관계의 특수성을 그 논거로 하고 있다. 그러나 부부관계가 특별하다고 해도 강제로 간음을 해도 될 정도로 특이한 사이라고 보기는 곤란하다. 따라서 처도 행위객체에 포함시켜야 한다.

15cm 길이의 칼로 찌를 것처럼 위협을 하는 것은 반항이 불가능할 정도의 협박에 해당된다. 이를 통해 강제로 간음을 하였으며 고의도 확고하다.

또한 위법성과 책임을 배제할 사유도 없으므로 이 부분 甲의 행위는 제297조를 근거로 가벌성이 인정된다.

❖ 특수강간 (성폭력특별법 제6조 제1항)

15cm 길이의 칼은 사용하기에 따라 살상의 결과를 야기하기에 충분한 물건이다. 이와 같은 위험한 물건을 소지하고 강간 행위를 하였으므로 가중처벌 대상이 된다.

○ 행위 2: 다시 강제로 간음을 시도한 부분

❖ 강간 중지미수 (형법 제297조, 제300조, 제26조)

※ 사전검토: 간음의 단계에 도달하지 않았으므로 기수에 이르지 않았으며, 미수범 처벌규정이 있으므로 미수 성립여부를 검토하여야 할 사안이다.

똑같은 방식으로 다시 강간행위를 하고자 하는 고의를 가지고 있었다. 문제는 중지의 자의성이다. 결혼한 지 20년이 넘은 사람이라고 하면 40대 후반 50대 초반 정도의 나이에 해당되는데, 짧은 시간 안에 연속해서 성관계를 가지는 것이 일반적으로 불가능한 일이다. 따라서 스스로 중단한 것이 아니라 하고 싶어도 하지 못한 상황으로 판단된다. 일반 사회관념상 범죄수행에 장애가 될 사유라고 할 수 있다.
중지미수로 볼 수 없다.

❖ 강간 미수 (형법 제297조, 제300조, 제25조)

나머지는 모두 확인하였고 실행의 착수만 검토하면 된다. 협박이라는 구성요건 해당행위를 이미 하였으므로 어느 학설에 의하더라도 실행의 착수를 인정할 수 있다.

또한 위법성과 책임을 배제할 사유도 없으므로 이 부분 甲의 행위는 제297조, 제300조, 제25조를 근거로 가벌성이 인정된다.

❖ 특수강간 미수 (형법 제297조, 제300조)

위험한 물건을 소지한 채 강간 미수를 하였으므로 가중처벌 대상이 된다.

○ 행위 3: 부부싸움 중에 때린 부분

❖ 상해 (형법 제257조 제1항)

온몸에 멍이 든 것은 상처로서 상해의 결과에 해당된다. 甲이 때린 것 때문에 상해가 발생되었고 인과관계가 직접 연결된다. 이와 같은 행위를 甲은 명백한 고의를 가지고 하였다.

또한 위법성과 책임을 배제할 사유도 없으므로 이 부분 甲의 행위는 제257조 제1항을 근거로 가벌성이 인정된다.

○ 행위 4: 전화로 폭언한 부분

❖ 폭행 (형법 제260조 제1항)

지속적으로 전화를 하여 욕을 해댐으로써 정신적 고통을 주는 행위가 제260조 제1항의 폭행에 해당되는가에 대해서는 견해가 일치하지 않고 있다. 폭행은 신체적 안온상태를 보호법익으로 한다. 이 보호법익은 물리적 유형력의 행사 뿐 아니라 심리적 압박을 통해서도 침해하는 것이 가능하다. 따라서 한 두 번이 아니라 일정 기간 지속적으로 전화를 해서 폭언을 하는 행위는 폭행에 해당된다고 보는 것이 타당하다. 甲은 그와 같은 행위를 명백한 고의를 가지고 하였다.

또한 위법성과 책임을 배제할 사유도 없으므로 이 부분 甲의 행위는 제260조 제1항을 근거로 가벌성이 인정된다.

❖ 협박 (형법 제283조 제1항)

고소장을 제출하자 전화를 해서 죽여 버리겠다고 하며 욕을 한 것은 자신이 형사처벌 받도록 행동을 하면 가만 놔두지 않겠다는 의미이다. 다시 말하면 형사처벌이 되지 않도록 조치하지 않으면 폭력을 행사하겠다는 뜻이다. 이 정도 수준의 해악은 당사자가 공포심을 일으킬 만하다. 이미 부부싸움 과정에서 같은 유형의 폭력을 지속적으로 행사해 오기도 하였다. 甲은 그와 같은 행위를 명백한 고의를 가지고 하였다.

또한 위법성과 책임을 배제할 사유도 없으므로 이 부분 甲의 행위는 제283조 제1항을 근거로 가벌성이 인정된다.

[사례 36] 성매매 업소

전직 경찰관 甲은 퇴직 후에 부인 乙과 함께 성매매업소를 운영하였다. 생활이 어려운 여성들을 경찰 재직 중에 알고 지내던 공급책 丙을 통해 한 사람에 200만원씩 지급하고 넘겨받았다. 甲·乙의 업소에 근무하게 된 여성들은 甲이 丙에게 지급한 200만원과 임대 보증금, 가구대여료, 옷값, 화장품값 등 모두 1000만원에 대한 차용증서를 작성하였다. 여성들은 乙을 동반한 상태에서만 업소를 벗어날 수 있었고 도주하는 경우에는 丙과 그 수하들에 의해 다시 잡혀 무수히 구타당하였다. 이 경우 甲은 丙에게 다시 50만원을 지급하였고 이는 해당 여성의 차용금으로 가산되었다. 여성들의 화대는 7만원이었으며 받은 화대는 乙에게 전달되었다. 하루에 7회의 영업이 없으면 여성에게는 화대가 전혀 지급되지 않았고 이를 넘기는 경우에 한하여 화대의 1/7을 지급하기로 약정하였으나 이것도 甲·乙이 계속 보관하였다.

甲은 동료경찰로서 잘 알고 지내던 丁에게 자신이 별도로 운영하고 있는 단란주점에서 주기적으로 술을 대접하고 접대하는 아가씨와 2차를 나가게 하였다. 甲은 자신이 어떠한 일을 어느 곳에서 하는지를 구체적으로 이야기해서 丁은 잘 알고 있었다. 컴퓨터 실력이 괜찮은 丁은 자신의 아이디와 비밀번호를 이용하여 경찰전산망에 접속해서 甲의 업소가 위치한 지역에 대한 단속계획을 파악하여 적시에 甲에게 알려주었고 이를 통해 甲은 효과적으로 단속을 피할 수 있었다. 또한 甲이 단란주점 종업원을 고용하면서 혹시 특이사항이 없는지 알아봐 달라고 하자 전산망으로 확인한 후 아무 이상도 없다고 답변해 주었다.

그러던 중 甲의 성매매업소에서 일하던 한 여성이 도주하여 '여성의 집'에 숨어서 보관하고 있는 화대를 지급해달라고 요구하였다. 甲은 화대는 지급하지 않고 그 여성을 사기혐의로 경찰에 고소하였다.

[문] 甲과 丁의 형사책임을 논하시오.

- 사례출처: BGH, Urt. v. 23. 3. 2001 - 2 StR 488/00 (LG Frankfurt/M), StV 1/2002, S. 24

❑ 甲의 형사책임

○ 행위 1: 성매매 업소를 운영한 부분

❖ 음행매개 (형법 제242조)

甲이 성매매를 시킨 여성들은 생활이 어려운 사람이지 음행의 상습이 있는 부녀는 아니었다. 이러한 여성들을 간음행위를 하도록 중간에서 알선해 줌으로써 매개 행위를 하였다. 甲은 그와 같은 행위를 명백한 고의를 가지고 하였다.

또한 위법성과 책임을 배제할 사유도 없으므로 이 부분 甲의 행위는 형법 제242조를 근거로 가벌성이 인정된다.

❖ 성매매처벌법 위반 (성매매처벌법 제4조, 제19조 제1항)

형법 제242조와 같은 내용의 구성요건이고 다만 벌금형의 형량이 조금 많을 뿐이다.

○ 행위 2: 업소 운영을 위해 부녀를 사들인 부분

❖ 성매매처벌법 위반 (성매매처벌법 제4조 제3호, 제18조 제3항)

200만원의 금품을 지급하고 여성에 대한 사실상의 지배권을 넘겨받았으므로 성매매처벌법 제4조 제3호의 인신매매에 해당된다. 甲은 그와 같은 행위를 명백한 고의를 가지고 하였다.

또한 위법성과 책임을 배제할 사유도 없으므로 이 부분 甲의 행위는 성매매처벌법 제4조 제3호 및 제18조 제3항을 근거로 가벌성이 인정된다.

○ 행위 3: 차용증서를 작성하고 화대의 상당부분을 가져간 부분

❖사기 (형법 제347조 제1항)

I. 구성요건

1. 객관적 구성요건

(1) 기망: 성매매처벌법 제10조 제1항에 따라 성매매알선자가 성매매 종사자에 대해서 가지는 채권은 그 계약의 형식이나 명목에 관계없이 무효이다. 따라서 인신매매의 대가로 지급한 돈과 임대 보증금, 가구대여료, 옷값, 화장품값 등에 대한 채무가 성립되지 않음에도 불구하고 甲은 그것이 성립되는 것처럼 행동하였다.

(2) 착오: 피해여성이 이를 잘 모르고 자신이 채무를 부담하는 것으로 오인하였다. 이 착오는 甲의 기망행위에 직접적으로 연유한다.

(3) 재물의 교부 또는 재산상의 처분행위: 계약의 체결 자체가 재산적 처분행위이다.

(4) 재산상의 손해 발생: 부당한 부담을 가지는 계약이 성립하였으므로 손실의 위험이 구체화 된 경우로서 손해가 발생한 것으로 평가된다.

(5) 재산적 이익의 취득: 이를 통하여 甲은 채권을 확보함으로써 재산적 이익을 취하였다.

2. 주관적 구성요건: 甲은 이와 같은 행위를 명백한 고의를 가지고 하였다.

Ⅱ. 또한 위법성과 책임을 배제할 사유도 없으므로 이 부분 甲의 행위는 형법 제347조 제1항을 근거로 가벌성이 인정된다.

❖ 부당이득 (형법 제349조 제1항)

피해여성은 생활이 어려워 궁박한 상태에 빠져 있었다. 성매매업에 종사할 생각을 할 정도이면 상당히 곤란한 처지에 있다고 볼 수 있다. 이러한 여성에게 일을 시키고 받는 대가의 6/7을 가져갔으며 하루 일곱 번의 영업이 없으면 그나마 하나도 주지 않고 자신이 다 챙겼다. 현저하게 부당한 이익이라고 할 수 있다. 甲은 그와 같은 행위를 명백한 고의를 가지고 하였다.

또한 위법성과 책임을 배제할 사유도 없으므로 이 부분 甲의 행위는 형법 제349조 제1항을 근거로 가벌성이 인정된다.

❍ 행위 4: 성매매 여성의 출입을 제한한 부분

❖ 감금 공동정범 (형법 제276조 제1항, 제30조)

甲은 자신이 동행할 경우에만 피해여성이 출입을 할 수 있도록 하였고 도주할 경우에는 丙으로 하여금 무수하게 구타하도록 하여서 피해여성이 이를 두려워하여 자유롭게 출입을 하지 못하게 함으로써 장소적 이동의 자유를 침해하였다. 丙과 함께 감금행위를 하면서 기능적 역할분담을 한 것이다. 공동의 실행행위가 인정된다.

甲은 공동의 실행행위를 한다는 의사도 명백하게 가지고 있었다.

또한 위법성과 책임을 배제할 사유도 없으므로 이 부분 甲의 행위는 형법 제276조 제1항 및 제30조를 근거로 가벌성이 인정된다.

❍ 행위 5: 丁을 접대한 부분

❖ 뇌물공여 (형법 제133조 제1항)

뇌물이란 직무에 관련된 부당한 이익을 말한다. 직무관련성은 공무원이 ① 법령상 권한 범위 내에서 관장하는 직무, ② 그 직무와 밀접한 관계가 있는 행위 또는 ③ 관례상·사실상 처리하는 업무행위와 결정권자를 보좌하거나 영향을 줄 수 있는 직무행위를 포괄하는 개념이다.

丁이 甲에게 알려준 것은 단속정보이다. 이는 丁의 권한 범위에 속한 업무가 아니었다. 그렇다고 丁의 직무와 밀접한 관련을 가지고 있는 것도 아니다.

> [부가설명] 경찰관의 직무가 상당히 다양하기 때문에 한 경찰관의 직무가 다른 직무와 밀접한 관련이 있는 것은 예외적인 경우에 속한다. 따라서 이에 대한 언급이 없으면 일반적인 경우이고 밀접한 관련이 없는 것이라고 사실관계를 파악하여야 하겠다.

관례상 처리하는 업무도 아니고 영향을 미칠 수 있는 것도 아니며 그저 컴퓨터 실력이 좋고 전산망에 접속할 수 있는 아이디와 비밀번호를 가지고 있었을 뿐이다.

직무관련성이 없으므로 뇌물이라고 볼 수 없고 구성요건이 성립되지 않는다. 따라서 이 부분 甲의 행위는 형법 제133조 제1항을 근거로 가벌성이 인정되지 않는다.

○ 행위 6: 단속정보를 계속 받아 낸 부분

❖ 공무상 비밀누설 교사 (형법 제127조, 제31조)

1. 피교사 범죄: 피교사자인 丁은 경찰관으로서 제127조의 공무원에 해당된다. 행위객체는 직무상의 비밀이다. 단속정보는 丁이 경찰관으로서 경찰전산망에 접근할 수 있는 아이디와 비밀번호를 가지고 있기 때문에 알 수 있었다. 따라서 밀접한 관련성은 없어도 직무와 관련성이 있기는 하다고 하겠다. 그와 같은 비밀을 甲에게 알려주었으므로 전혀 모르는 사람에게 전달한 것으로서 누설에 해당된다. 위법성을 배제할 사유도 없다.

2. 교사행위: 부탁을 통해 공무상 비밀 누설이 계속되도록 교사하였다. 또한 甲은 그와 같은 행위를 명백한 고의를 가지고 하였다.

3. 위법성과 책임을 배제할 사유도 없으므로 이 부분 甲의 행위는 형법 제127조 및 제31조를 근거로 가벌성이 인정된다.

○ 행위 7: 개인정보 조회를 의뢰한 부분

❖ 공무상 비밀누설 교사 (형법 제127조, 제31조)

행위 6의 경우와 법적 평가가 다르지 않다.

○ 행위 8: 화대 지급을 거부한 부분

❖ 횡령 (형법 제355조 제1항)

1. 화대는 본래 손님으로부터 피해여성에게 전달되는 것으로서 소유권이 피해여성에게 귀속된다. 따라서 甲의 입장에서 화대는 타인의

재물이다.

그런데 불법원인급여에 의해서 맡겨진 재물을 보관하는 자는 행위주체에서 제외시켜야 할 것인가에 대하여 견해가 대립되고 있다. ① 소극설은 위탁자에게 반환청구권이 사라지기 때문에 행위주체로 볼 수 없다는 견해이다. ② 적극설은 불법원인급여라 하더라도 소유권에 변동이 없고 범죄 성립 여부는 민사법과 관계없이 독자적으로 판단하여야 하기 때문에 행위주체로 인정하여야 한다는 견해이다. ③ 절충설은 불법원인 '급여'와 불법원인 '위탁'을 구별하여 후자의 경우에는 소유권이 위탁자에게 유지되므로 행위주체로 보자는 견해이다.

재물의 타인성은 민사법의 물권변동의 원칙에 따라 판단하여야 할 것으로 생각된다. 따라서 소유권이 위탁자에게 남아있는 경우인가 아닌가에 따라 판단하는 절충설이 타당하다. 이에 의하여 판단하자면 甲은 행위주체에 해당된다.

甲은 타인의 재물을 신뢰관계를 기반으로 보관하고 있다가 반환을 거부하였으므로 제355조 제1항의 객관적 구성요건을 충족하고 고의도 인정된다.

또한 위법성과 책임을 배제할 사유도 없으므로 이 부분 甲의 행위는 형법 제355조 제1항을 근거로 가벌성이 인정된다.

○ 행위 9: 피해여성을 고소한 부분

❖ 무고 (형법 제156조)

무고가 성립되기 위해서는 우선 허위의 사실이 신고 되어야 한다. 허위의 사실이란 객관적 진실에 반하는 것으로서 형사처분 또는 징계처분의 원인이 될 수 있는 사실이어야 한다. 그런데 피해여성이 자신으로부터 돈을 대출받았지만 본래 처음부터 갚을 생각이 없었다는 주장은 형사처분의 대상이 될 수 없는 내용이다. 성매매처벌법 제10조 제1항에 따라 성매매알선자가 성매매 종사자에 대해서 가지는 채권은 그 계약의 형식이나 명목에 관계없이 무효이기 때문이다.

❑ 丁의 형사책임

앞에서 확인한 것처럼 丁의 행위는 공무상 비밀누설(제127조)을 근거로 가벌성이 인정된다.

[사례 37] 이웃집 오토바이

甲의 어린 딸 乙이 갑자기 고열증상을 보이며 위독한 상태가 되었다. 甲이 급하게 달려가서 모셔온 보건소장은 진찰을 한 후에 지금 즉시 항생제 ○○○를 주사하지 않으면 그날 밤을 넘기기 힘들다는 결론을 내렸다. 그 약은 마을에서 10km 떨어진 도시의 ××약국에 가야만 구할 수 있는 상황이었다. 그런데 불행하게도 보건소장의 차는 고장난 상태이고 동네의 유일한 전화기인 면장집 전화도 불통이었다. 甲은 문득 이웃집에 사는 丙이 최근에 오토바이를 샀다는 생각이 떠올랐다. 제 시간에 약을 구해 올 수 있는 수단은 바로 丙의 오토바이 뿐이었다. 곧바로 옆집으로 간 甲은 사정을 설명하고 딸의 목숨을 구하기 위해 달리 방법이 없으니 오토바이를 잠시 빌려달라고 부탁하였다. 이기적 원칙주의자이었던 丙은 새로 산 지 얼마 되지 않은 오토바이라서 다른 사람에게 빌려주지 않기로 결정되어 있다고 하면서 냉정하게 거절하였다. 또한 자신은 처리해야 할 일이 있기 때문에 오토바이를 몰고 갔다 올 시간이 없다고 덧붙였으며, 이웃집 딸의 목숨에 대해서는 자신이 책임질 이유가 없다는 말까지 하였다. 공연히 빌려줬다가 오토바이에 흠집이라도 생기면 안 된다는 생각만 丙의 머릿속에 가득 차 있었던 것이다.

화가 머리끝까지 오른 甲은 인간도 아니라고 생각하면서 어쨌든 그냥 오토바이를 몰고 가려 하였다. 丙은 자신의 재산을 지킬 확고한 권리를 가지고 있다는 신념에 차서 오토바이에 올라탄 甲을 가로막으면서 손바닥으로 왼쪽 턱 부위를 세게 때렸다. 이에 甲은 丙을 밀치고 발로 세게 걷어차 바닥에 넘어뜨렸다. 보건소장과 甲의 아들이 丙을 붙잡고 있는 사이에 甲은 오토바이를 출발시켰으며 ××약국으로 가서 제 때 약을 구해왔다. 주사를 맞은 甲의 딸은 목숨을 구할 수 있었다.

[문] 甲과 丙의 형사책임을 논하시오.

- 사례출처: Rudolphi, S. 1

❑ 甲의 형사책임

❖ 강도 (형법 제333조)

1. 甲이 가져간 것이 타인의 재물임은 분명하다. 제333조의 행위객체에 해당된다. 밀치고 발로 세게 걷어차 바닥에 넘어뜨릴 정도라면 신체에 대한 유형력 행사로서 반항이 불가능하게 할 수준에 도달하였다. 이를 통해 丙의 오토바이에 대한 사실상의 지배(점유)를 배제하고 자신의 지배 아래로 옮겼다. 제333조의 객관적 구성요건을 모두 충족시킨다.

2. 甲은 그와 같은 행위를 명백한 고의를 가지고 하였다. 문제는 불법영득의사이다. 영득의 불법성이 인정되기 위해서는 점유의 배제가 영구적이어야 한다. 하지만 이 사례의 경우 甲은 단지 잠시 급하게 약을 구해오는데 사용하고자 하는 의도만 가지고 있었다. 따라서 영득의 불법성이 인정되지 않아 주관적 구성요건이 충족되지 않는다.

3. 이에 이 부분 甲의 행위는 형법 제333조를 근거로 가벌성이 인정되지 않는다.

❖ 자동차 등 불법사용 (형법 제331조의2)

Ⅰ. 구성요건

1. 객관적 구성요건: 甲이 일시 사용한 것은 이른바 오토바이로서 제331조의2에서 말하는 원동기장치자전차에 해당된다. 甲은 권리자인 丙이 거세게 가로막는데도 불구하고 강제로 행위객체를 사용함으로써 동의 없이 일시적으로 이용하였다. 이로써 제331조의2의 객관적 구성요건을 충족시켰다.

2. 주관적 구성요건: 甲은 그와 같은 행위를 명백한 고의를 가지고 하였다.

Ⅱ. 위법성

— 긴급피난(형법 제22조)을 근거로 한 위법성 배제 여부 —

1. 객관적 요건

(1) 긴급피난 상황: 甲의 딸이 고열증상을 보이며 위독하였고 즉시 항생제를 주사하지 않으면 그날 밤을 넘기기 힘들었으므로 생명

에 대한 위난이 인정된다. 위난이 매우 급박한 상태이었으므로 현재성도 인정된다.

(2) 긴급피난 행위: 오토바이를 권리자의 의사에 반하여 강제로 사용하더라도 항생제를 급히 구해오는 것은 위난을 피하기 위한 행위로서의 속성을 갖추고 있다.

상당성과 관련해서는 ① 첫째, 보충성이 요구된다. 보건소장의 차도 고장이 났고 동네의 유일한 전화기도 불통이어서 달리 방법이 없었다. 유일한 수단이었음이 인정된다. ② 둘째, 보호되는 법익의 본질적 우월성이 인정되어야 한다. 보호된 이익은 생명이라는 중대한 것이었고 그에 반하여 침해된 이익은 오토바이에 대한 사용권이어서 보호되는 법익의 본질적 우월성을 인정하는데 아무 문제가 없다. ③ 셋째, 수단의 사회윤리적 적합성이 요구되는데 이 또한 문제될 바 없다.

2. 주관적 요건: 피난의사도 인정되므로 甲의 행위는 위법성이 조각된다.

Ⅲ. 따라서 이 부분 甲의 행위는 형법 제331조의2를 근거로 가벌성이 인정되지 않는다.

❑ 丙의 형사책임

❖살인미수 (형법 제250조 제1항, 제254조)

※ 사전검토: ① 甲의 딸이 사망하지 않아 기수에 도달하지 않았다. ② 또한 제254조에 미수범 처벌규정이 있으므로 미수를 검토하여야 할 사안이다.

Ⅰ. 구성요건

1. 주관적 구성요건: 甲이 상황을 설명하였기 때문에 자신의 오토바이를 빌려주지 않으면 아이의 생명이 위험하다는 것을 알고 있었다. 그럼에도 불구하고 그렇게 되어도 좋다는 생각을 하고 있었다. 사망이라는 결과의 발생과 인과관계에 대한 인식과 의도가 인정된다.

2. 객관적 구성요건: 오토바이를 사용하지 못하도록 저지하는 행위를 이미 실행하였으므로 어느 학설에 의하더라도 실행의 착수가 인정된다.

Ⅱ. 위법성

— 정당방위(제21조)를 근거로 한 위법성 배제 여부 —

자신의 오토바이에 대한 재산권 침해가 있었으며 침해의 현재성도 인정되기는 하지만, 앞에서 확인한 것처럼 甲의 행위는 긴급피난으로서 나름대로의 정당성을 갖추고 있어서 정당방위의 대상이 되지 않는다.

— 긴급피난(제22조)를 근거로 한 위법성 배제 여부 —

재산권을 침탈당한다는 위난이 있었고 현재성도 인정된다. 어떤 이유에서 이건 오토바이를 사용하지 못하도록 저지하는 것은 재산권에 대한 위난을 피하기 위한 행위로서 피난행위로서의 속성을 가지고 있다.

상당성 측면에서 丙은 달리 재산권을 지킬 방법이 없었으므로 유일한 방법이었음이 인정된다. 그러나 보호되는 이익의 본질적 우월성은 전혀 인정될 여지가 없다.

따라서 긴급피난을 근거로도 위법성이 배제되지 않는다.

Ⅲ. 책임

— 금지착오 —

1. 그럼에도 불구하고 丙은 자신의 재산을 지킬 확고한 권리를 가지고 있다는 믿음을 가지고 있었다. 이는 위법성 조각사유의 인정범위에 대한 착오로서 금지착오에 해당된다.

2. 규범적 계기(의심의 여지) : 사람의 목숨이 위태로운 상황에서 그 생명을 구하기 위한 행위를 방해하는 것은 법질서가 금지하는 행위에 속할 수 있을 가능성이 매우 크다. 부도덕한 행위로서 의심의 여지가 분명한 것이다.

3. 조회의무 이행 : 조회의무를 전혀 이행하지 않았다.

4. 丙의 행위는 금지착오로서 그 착오에 정당한 이유가 있었다고 볼 수 없다. 따라서 丙의 행위는 형법 제16조를 근거로 형이 면제되거나 감경될 수 없다.

Ⅳ. 이 부분 丙의 행위는 살인미수(제250조 제1항, 제254조)를 근거로 가벌성이 인정된다.

[사례 38] 은행원

○○은행에 근무하는 甲은 자신이 은행에서 대출 받은 돈과 친척 등에게서 빌린 돈을 합쳐서 주식에 투자를 했다가 엄청난 손실을 입게 되었다. 정상적인 방법으로는 빚을 갚는 것이 불가능하다는 판단을 하게 된 甲은 대출업무를 취급하고 있는 자신의 지위를 이용해서 부정하게 돈을 만들어 내 채무를 변제하고 해외로 도주하겠다는 생각을 굳혔다.

그날부터 甲은 접수되는 대출서류를 정상적으로 처리하면서 한편으로 고객이 무심코 넘겨주는 인감을 이용하여 백지의 대출신청서류를 만들어 냈다. 15건의 백지대출서류를 만들어 낸 甲은 이 가운데 5건의 서류를 이용하여 8억원의 대출신청을 하고 관련 고객명의의 통장 5개를 만들었다. 며칠 후 대출금이 나오자 준비한 통장으로 입금시키고 이 사실을 숨기기 위해 8억원의 대출관련 기록을 전산원장에서 삭제하였다. 기록을 지우는 작업은 다른 직원들이 모두 퇴근한 뒤에 전산실에 몰래 들어가서 하였다. 전산실은 전산직원이 퇴근하면서 잠갔으나 전산직원 乙이 열쇠를 숨겨두는 장소를 알고 있었기 때문에 열쇠를 몰래 꺼내 문을 열고 들어가서 일을 마치고는 열쇠를 제자리에 가져다 놓았다.

乙은 누군가 전산실에 들어와 장난을 쳤다는 것을 알게 되었으나 누가 어느 부분에 손을 댔는지는 알 수 없었다. 그저 甲이 홀로 야근을 했었기에 혹시 甲이 아닌가 의심을 할뿐이었다. 그러던 중 甲이 다시 (5억원을 부정대출하고 나서) 야근을 한다고 하자 乙은 현장을 확인하고 싶은 생각에 퇴근하는 척 했다가 얼마 후 몰래 전산실로 돌아와서는 컴퓨터를 조작하고 있는 甲을 발견하였다. 乙은 화면을 보고 甲이 무슨 행위를 했는지 곧바로 알아차렸다. 놀란 甲은 변명을 하다가 눈감아주면 1억원을 주겠다고 하였다. 乙은 3억원을 요구하였다. 그렇지 않으면 상부에 바로 보고하겠다고 하였다. 하는 수 없이 甲은 乙의 요구에 응했고 그 다음날 시외의 한적한 장소에서 만나 돈을 현금으로 건네주기로 하였다.

乙에게 3억원을 주면 자신이 해외로 도주할 자금이 없게 되고 며칠 더 기다려야 비행기를 탈 수 있는 상황이고 해서 고민을 하던 甲은 乙을 제거하기로 결심하였다. 다음 날 약속장소에서 기다리던 甲은 乙의 머리를 둔기로 때려 쓰러뜨린 후 자신의 차로 치어버렸다. 차에서 내려

乙이 사망했는지 확인하던 甲은 피를 흘리고 있는 乙의 모습을 보고 측은한 마음이 생겼다. 눈물을 흘리며 후회를 하던 甲은 119에 신고를 하고 기다리다가 구급차에 乙이 실려 가는 것을 확인하고는 집으로 돌아갔다. 불행하게도 乙은 과속으로 달리던 구급차가 교통사고를 당하는 바람에 병원으로 실려 가던 도중에 사망하였다. 만약 교통사고가 아니었다면 乙은 생명을 구할 수 있는 상태에 있었다. 甲은 이 사실도 모르고 그 다음날 서둘러 돈을 챙겨 해외로 도주하였다.

[문] 甲의 죄책을 논하시오.

• 사례출처: Rudolphi, S. 134

○ 행위 1: 타인의 인감을 이용해서 백지 대출서류를 작성한 부분

❖ 私印 부정사용 (형법 제239조 제1항)

甲이 사용한 고객들의 인장은 타인의 사인으로서 제239조 제1항의 행위객체에 해당된다. 이를 자신에게 주어진 권한의 범위를 넘어서 사용하였다. 부정사용에 해당된다. 甲은 그와 같은 행위를 명백한 고의를 가지고 하였다.

또한 위법성과 책임을 배제할 사유도 없으므로 이 부분 甲의 행위는 형법 제239조 제1항을 근거로 가벌성이 인정된다.

❖ 사문서 위조 (형법 제231조)

甲은 고객들의 명의를 도용하여 허위의 대출서류를 작성하였다. 대출서류는 채무를 발생시키므로 권리・의무에 관한 타인의 문서에 해당된다. 甲은 그와 같은 행위를 명백한 고의를 가지고 하였다.

또한 위법성과 책임을 배제할 사유도 없으므로 이 부분 甲의 행위는 형법 제231조를 근거로 가벌성이 인정된다.

○ 행위 2: 대출서류를 이용해서 대출 받은 부분

❖ 위조사문서 행사 (형법 제234조)

위조된 사문서를 용도에 따라 사용하였다. 가벌성이 인정된다.

❖ 사기 (형법 제347조 제1항)

고객들이 대출신청을 하지 않았음에도 불구하고 그러한 것처럼 행동하여 은행을 기망하였다. 이에 따라 담당직원이 이를 사실이라고 오인하였다. 또한 이 착오에 기인하여 대출이 이루어짐으로써 재산적 처분행위가 이루어졌다. 대출금을 고객이 아닌 甲이 가지고 도주함으로써 은행의 입장에서는 이를 회수할 수 있는 가능성이 사라진 것으로서 재산적 손해에 해당된다. 이 손해를 바탕으로 甲은 재산적 이익을 취득하였다. 甲은 그와 같은 행위를 명백한 고의를 가지고 하였다.

또한 위법성과 책임을 배제할 사유도 없으므로 이 부분 甲의 행위는 형법 제347조 제1항을 근거로 가벌성이 인정된다.

❖ 횡령 (형법 제355조 제1항)

횡령죄의 행위주체는 타인의 재물을 보관하는 자이다. 여기서 문제의 금전은 고객에게 대출된 것이지만 고객은 이에 대한 대출을 받겠다는 의사표시를 한 바 없다. 따라서 대출계약 자체가 성립되지 않는다. 대출계약이 성립되지 않은 상태에서 금전 자체는 은행에 보관되어 있고 甲은 이를 출금할 수 있는 위치에 있게 되었다. 출금되기 전까지는 금전의 소유권은 은행이 가진다. 甲의 입장에서 대출금은 어쨌든 타인의 재물이다.

횡령죄에 있어서 보관이란 민법상의 점유와 형법상의 점유 개념인 '재물에 대한 사실상의 지배'를 포괄하는 개념으로 해석된다. 甲은 출금을 할 수 있는 사실상의 지위를 가지고 있었으나 금전을 점유하고 있지는 않았다. 금전을 보관하고 있지 않았으므로 甲은 횡령죄의 행위주체가 아니다.

따라서 이 부분 甲의 행위는 형법 제355조 제1항을 근거로 가벌성이 인정되지 않는다.

❖ 업무방해 (형법 제314조 제1항)

제314조의 행위객체는 사람의 업무이다. 업무란 사회적 지위에 기하여 지속적으로 행하는 사무이다. 제314조의 행위객체가 되기 위해서는 보호의 대상이기 때문에 정당성과 지속성 두 가지를 갖추고 있어야 한다. 은행의 업무가 이러한 속성을 충족함은 명확하다.

방해란 업무집행이 불가능하게 만들거나 부당한 업무집행이 있도록 하는 것으로서 정도가 심한 경우를 의미한다. 부실대출이 이루어지는 것은 은행의 입장에서 매우 부당한 업무집행이 이루어지는 경우라고 할 수 있다. 甲은 기망이라는 수단을 통해서 이러한 행위를 하였다. 객관적 구성요건이 충족된다. 그리고 甲은 그와 같은 행위를 명백한 고의를 가지고 하였다.

또한 위법성과 책임을 배제할 사유도 없으므로 이 부분 甲의 행위는 형법 제314조 제1항을 근거로 가벌성이 인정된다.

○ 행위 3: 전산원장의 대출기록을 삭제한 부분

❖ 주거침입 (형법 제319조 제1항)

甲이 전산원장의 대출기록을 삭제하기 위해서 들어간 전산실은 아무나 함부로 출입할 수 없도록 인적·물적 장치가 되어 있는 곳으로서 제319조 제1항의 관리하는 건조물에 해당된다. 甲은 이곳에 주거권자의 의사에 반하여 들어갔다. 전산실 직원이 아니었기 때문에 전산실의 출입이 평소에 허용되지 않고 있었다. 이로서 甲의 행위는 제319조 제1항의 객관적 구성요건을 충족시킨다. 甲은 그와 같은 행위를 명백한 고의를 가지고 하였다.

또한 위법성과 책임을 배제할 사유도 없으므로 이 부분 甲의 행위는 형법 제319조 제1항을 근거로 가벌성이 인정된다.

❖ 재물손괴 (형법 第366조)

第366조는 타인의 재물을 손괴함으로써 성립된다. 전산원장이 기록되어 있는 전산실의 기록매체는 분명히 타인의 재물에 해당된다. 하지만 甲의 행위는 정보의 내용을 변경시킨 것 뿐 재물인 기록매체의 이용가능성을 침해하지는 않았다. 甲의 행위 이후에도 기록매체는 계속 고유의 기능을 하고 있었기 때문이다.

따라서 이 부분 甲의 행위는 형법 제366조를 근거로 가벌성이 인정되지 않는다.

❖ 사전자기록 변작 (형법 第232조의2)

전산원장은 권리・의무 그리고 사실증명에 관한 타인의 특수매체기록이다. 예금과 대출에 관한 모든 기록을 담고 있기 때문이다. 甲은 권한 없이 이러한 기록에 변경을 가하였다. 그리고 甲은 그와 같은 행위를 명백한 고의를 가지고 하였다. 허위의 대출이 이루어져서 은행이 재산적 손실을 입었다는 사실을 감추고자 한 것이므로 사무를 그르치게 할 목적도 인정된다.

또한 위법성과 책임을 배제할 사유도 없으므로 이 부분 甲의 행위는 형법 제232조의2를 근거로 가벌성이 인정된다.

○ 행위 4: 乙을 살해하고자 한 부분

❖ 살인 (형법 第250조 第1항)

둔기로 머리를 때리고 차로 치어 그냥 놔두면 죽을 수 있는 상황이었으나 甲이 119에 신고하여 구호조치를 받음으로써 생명을 건질 수 있는 상황으로 변경되었다. 그 상태에서 제3의 원인인 교통사고로 인하여 乙이 사망하였으므로 새로운 원인으로 죽은 것이지 본래의 甲의 행위에 의해서 죽음에 이른 것이라고 할 수 없다.

따라서 이 부분 甲의 행위는 형법 제250조 제1항을 근거로 가벌성이 인정되지 않는다.

❖ 살인 중지미수 (형법 제250조 제1항, 제254조, 제26조)

※ 사전검토 ① 甲의 행위와 乙의 사망 사이에 인과관계의 연결이 인정되지 않으므로 기수에 도달하였다고 할 수 없다. ② 그리고 미수범 처벌규정이 제254조에 있으므로 미수를 검토할 사안이다.

I. 구성요건

1. 주관적 구성요건

(1) 구성요건적 고의: 둔기로 때리고 차로 치어 죽이겠다는 의도를 가지고 있었다.

(2) 구성요건 실현 중지의 자의성

1) 구성요건 실현 중지의 자의성에 관한 학설로는 ① 절대적 불능과 상대적 불능으로 구별하는 객관설, ② 중지의 동기에 따라 판단하는 주관설, ③ Frank의 공식, ④ 종국적 중지이어야 한다는 규범설 그리고 ⑤ 일반 사회관념상 범죄수행에 장애가 되는 사유가 있었는가에 따라 판단하는 절충설 등이 있다. 자의성이란 계속 범죄를 실행할 수 있는 심리적 자유가 있음에도 중단하는 경우를 의미하는 것으로 이해된다. 따라서 절충설이 타당하다고 생각된다.

2) 학설에 따른 판단: 이 사례의 경우 범행을 계속하는데 대한 장애사유는 존재하지 않았다. 따라서 중지의 자의성이 인정된다.

2. 객관적 구성요건

(1) 실행의 착수: 구성요건에 해당되는 행위를 이미 실현하였으므로 어느 학설에 따르더라도 실행의 착수는 인정된다.

(2) 방지행위: ① 객관적 측면에서 적절한 방지조치 그리고 ② 주관적 측면에서 진지한 노력 등 두 가지 요건이 필요하다. 119에 신고하는 것은 어느 면으로 보나 가장 적절한 조치이다. 또한 구급차에 실려가는 것까지 기다려서 확인한 것은 진지한 노력이라고 할 수 있다. 따라서 방지행위라는 요건도 충족된다.

(3) 인과관계: 甲의 방지행위에 의해서 일단 인과의 진행은 단절되었다. 나중에 교통사고로 결국은 乙이 죽었지만 이는 甲의 책임이 아니다.

Ⅱ. 위법성과 책임을 배제할 사유도 없으므로 이 부분 甲의 행위는 형법 제250조 제1항, 제254조 및 제26조에 따라 살인 중지미수로서 가벌성이 인정된다.

[사례 39] 아내 살해

甲은 자신의 아내 L을 살해하고 시신을 없애기로 작정하였다. 甲은 전후 사정은 이야기 하지 않은 채 그 동안 여러 차례 자신의 범죄행위를 보조해 온 丙에게 사람을 납치해서 자신의 별장으로 끌고 갈 것이니 자동차와 에테르 그리고 로프를 준비하라고 하였다.

丙은 甲이 시키는 대로 준비해서 甲과 함께 주차장에 숨어서 기다리다 L이 나타나자 甲의 지시대로 에테르를 사용하여 L을 마취시키고 입을 테이프로 막고 끈으로 움직이지 못하게 묶은 다음, 승용차 트렁크에 싣고 집에서 약 100km 떨어진 곳에 위치한 산 속의 별장으로 갔다.

甲은 L을 납치해 가서 칼로 위협하여 재산을 자신에게 모두 넘겨준다는 확인서를 받아낸 후, 칼로 찔러 죽이고 별장 근처의 호수에 돌을 매달아 던져서 시신을 감출 계획이었다.

별장에 도착해서 L을 안으로 옮기려던 甲과 丙은 L이 별장으로 오는 중에 질식해서 숨졌다는 사실을 알게 되었다. 甲과 丙은 L의 시신을 호수에 던져서 가라앉히고 집으로 돌아왔다.

[문] 甲의 형사책임을 논하시오.

• 사례출처: BGH, 21. 9. 1999, 4 StR 71/99; BGH, 12. 12. 2001, 3 StR 303/01

❖ **살인 공동정범 (형법 제250조 제1항, 제30조)**

Ⅰ. 구성요건

1. 객관적 구성요건(공동의 실행행위): 丙이 자동차 트렁크에서 질식사하는 결과가 발생하였다. 이는 입이 테이프로 봉해지고 공기가 잘 통하지 않는 좁은 자동차 트렁크 속에 오랫동안 갇혀 있었기 때문이다. 그와 같은 체포·감금 행위와 사망의 결과 사이의 인과의 진행은 합법칙성의 범주를 벗어나지 않았으므로 사실적 측면의 인과의 연결이 인정되며 객관적 귀속을 배제할 사유도 없어서 인과관계가 인정된다.

이 과정에서 甲이 행동에 직접 나서지는 않았지만 모든 계획을 甲

이 짰으며 현장에서 함께 자리를 지키고 있었기 때문에 기능적 역할분담을 통한 행위지배를 충분히 인정할 수 있다.

2. 주관적 구성요건(공동실행의 의사): 그러나 문제는 甲이 이와 같은 행위를 통해서 L을 살해하고자 했던 것은 아니라는 점이다. 甲은 L을 납치해서 별장에 도착할 때까지는 살해의 고의를 가지고 있지 않았다. 살해를 준비하는 단계에 있는 행위자는 그 단계에서는 아직 살해의 고의를 가지고 있다고 볼 수 없다.

Ⅱ. 이 부분 甲의 행위에 대해서는 살인 공동정범을 근거로 가벌성을 인정할 수 없다.

❖ 살인미수 공동정범 (형법 제250조 제1항, 제254조, 제25조, 제30조)

※ 사전검토 ① 앞에서 확인한 것처럼 고의에 의한 살인은 기수에 이르지 않았다. ② 그러나 살인죄에 대해서는 미수범 처벌규정이 제254조에 마련되어 있으므로 이의 성립 여부를 확인해 보아야 하겠다.

Ⅰ. 구성요건

1. 주관적 구성요건: 甲은 L을 별장으로 옮긴 후 깨워서 칼로 위협하여 확인서를 받아낸 다음에 살해하겠다는 의도를 가지고 있었다. 궁극적으로 L을 살해한다는 고의를 지니고 있었던 것이다. 이와 같은 행위 가운데 L을 기절시켜 포박하는 등 많은 부분을 丙과 기능적 역할분담을 통해 실행할 생각이었다.

2. 객관적 구성요건(실행의 착수): 문제는 실행의 착수를 인정할 수 있는가 하는 점인데 설문은 학설에 따라 결론이 달라질 사안이다. 실행의 착수에 관한 학설은 다음과 같다.

우선 객관설은 말 그대로 객관적 행위를 표준으로 예비와 미수를 구분하는 견해이다. 그 가운데 ① 형식적 객관설은 엄격한 의미에서의 구성요건에 해당하는 행위를 시작했을 때를 실행의 착수시기로 파악하는 견해이다. 이 견해는 실행의 착수를 너무 늦게 인정하게 되어

미수와 기수를 구별하기 힘들고, 명백하게 미수범을 처벌해야 할 필요성이 있는 것으로 판단되는 행위도 처벌할 수 없게 되는 문제가 있다.

② 실질적 객관설은 구성요건적 행위와 필연적인 상관관계가 있어서 구성요건적 행위에 포함시키는 것이 자연스러워 보이는 행위까지 구성요건의 개념 속으로 끌어들여서 해석하는 견해이다.

③ 주관설은 행위자의 생각을 유일한 판단기준으로 실행의 착수시기를 결정하는 견해이다. 주관설은 객관설과는 반대로 실행의 착수시기를 너무 예비행위 쪽으로 깊숙이 앞당겨 놓는다는 난점을 가지고 있다.

④ 마지막으로 통설인 절충설은 예비와 미수를 구별하는 판단기준을 기본적으로 '구성요건 실현행위가 직접 시작'되었는가(실질적 객관설의 요소)하는 점으로 본다. 그러면서 이러한 경우에 해당되는가 해당되지 않는가에 대한 판단작업을 행위자가 세웠던 범행계획의 시각에서 한다는 것이다(주관설의 요소). 한마디로 말하자면 '행위자의 범행계획에 따른 구성요건 실현행위가 직접 시작된 때'를 실행의 착수시기로 본다는 것이다.

이들 네 가지 학설 가운데 절충설이 실행의 착수시기를 부당하게 앞당기지도 않고 또 너무 늦추지도 않아 예비와 미수의 경계를 가장 적절하게 설정해주는 판단기준이라고 생각된다.

절충설에 따라 판단해보자. 행위자 甲의 계획은 L을 별장으로 일단 옮긴 다음 그곳에서 확인서를 받은 후에 칼로 찔러 살해한다는 것이었다. 이 계획에 비추어 보면 구성요건 실현행위가 직접 시작되는 것은 확인서를 받고 나서 막 칼로 찌르려는 순간이라고 할 수 있다. 어쨌든 확인서를 받아내고 나서야 L을 살해하고자 했다는 것은 그 시점까지는 살해행위를 하지 않음을 의미한다. 살인행위가 시작되기 전에 거쳐야 할 명백한 중간단계가 존재했던 것이다. 따라서 설문의 경우에는 실행의 착수를 인정할 수 없다.

Ⅱ. 甲의 행위는 살인죄(형법 제250조 제1항)의 주관적 구성요건인 고의는 충족시키지만 실행의 착수까지 이르지 아니하였으므로 살인미수를 근거로 가벌성을 인정할 수 없다.

❖ 살인예비 공동정범 (형법 제250조 제1항, 제255조, 제28조, 제30조)

※ 사전검토 ① 실행의 착수가 있었다고 볼 수 없으므로 살인미수를 인정할 수 없는 사안임을 확인하였다. ② 그러나 살인행위에 대해서는 예비죄 처벌규정이 있으므로 이의 성립 여부를 검토할 필요가 있다.

Ⅰ. 구성요건

1. 주관적 구성요건: 甲은 L을 포박하고 입을 막은 상태로 범행하기 좋은 호젓한 장소인 별장으로 데리고 가서 확인서를 받아 낸 후 살해한다는 의도를 가지고 있었다. 이로서 甲은 범죄행위를 위한 준비작업을 어떠한 내용으로 할 것인가에 대한 고의를 가지고 있었던 것이다. 따라서 甲에게는 살인의 준비행위에 대한 고의가 인정된다. 또한 살인행위를 하겠다는 고의를 가지고 있었으므로 기본범죄에 대한 고의도 인정할 수 있다. 나아가 甲의 준비행위는 살인행위를 할 목적으로 이루어진 것이라는 점 또한 명확하다.

따라서 예비죄의 성립을 위해 주관적 구성요건 요소로서 무엇이 요구되는가에 관하여 어떠한 견해를 취하든 관계없이 그것이 충족되었음을 인정할 수 있다.

2. 객관적 구성요건: 다음으로 객관적 구성요건으로서 준비행위가 있었어야 하는데, 사람을 꼼짝 못하게 포박하고 칼을 준비하여 산 속의 별장으로 이동한 甲의 행위는 살인범죄의 실현을 위한 행위임이 객관적으로 명확하고 범죄 실현에 적합한 준비행위로 인정된다.

Ⅱ. 甲의 행위는 살인예비(형법 제250조 제1항, 제255조, 제28조)의 구성요건에 해당되며 위법성과 책임을 배제할 사유도 없으므로 그 가벌성

이 인정된다.

❖ 체포・감금치사 공동정범 (형법 제281조 제1항, 제30조)

Ⅰ. 구성요건

1. 기본범죄: 손과 발을 묶어 꼼짝도 못하게 하고 입까지 틀어막은 상태에서 좁은 자동차 트렁크에 가두었으므로 제276조 제1항의 체포・감금 행위에 해당되며 甲은 그러한 행위를 한다는 데 대하여 확정적 고의를 가지고 있었다. 물론 실행행위는 丙이 모두 하였으나 甲은 현장에 함께 있으면서 지휘・감독을 하였으므로 기능적 역할분담을 통하여 행위지배를 한 것으로 볼 수 있다.

2. 중한 결과

(1) 객관적 구성요건: 甲과 丙의 행위가 원인이 되어 L이 사망하게 되었음은 이미 확인하였다. 그리고 사람을 포박하여 움직이지 못하게 하고 입까지 테이프로 막은 상태에서 좁은 승용차 트렁크에 장시간 감금해 놓을 경우 질식해서 숨지게 될 가능성이 있다는 점은 객관적으로 충분히 예견가능한 일이다.

(2) 주관적 구성요건: 이와 같은 예견이 가능함에도 불구하고 甲은 그와 같은 결과를 회피하기 위한 조치를 전혀 취하지 않았다. 따라서 甲의 행위는 주의의무를 위반한 것으로 평가된다.

Ⅱ. 甲의 행위는 체포・감금치사(제281조 제1항)의 구성요건을 모두 충족하며 위법성과 책임을 배제할 사유도 없으므로 가벌성이 인정된다.

❖ 강도미수 공동정범 (형법 제333조, 제342조, 제25조, 제30조)

※ 사전검토 ① L의 재산을 넘겨받기 위한 확인서를 얻어내지 못하였으므로 강도행위가 기수로 도달하지 못하였다. ② 그러나 강도죄에 대해서는 미수범 처벌규정이 제342조에 마련되어 있으므로 이의 성립 여부를 확인해 보아야 하겠다.

Ⅰ. 구성요건

1. 주관적 구성요건: 甲은 L이 묶여 있는 상태에서 칼로 협박하여 전 재산을 넘겨준다는 확인서를 받을 작정이었다. 움직이지 못하도록 묶어 놓고 칼로 생명을 위협하는 것은 반항이 불가능할 정도의 가장 강력한 협박에 해당된다. 그리고 재산권 이전의 의사표시를 하도록 강제하고자 하였으므로 재산상의 이익을 취득하겠다는 고의도 인정된다. 제333조의 강도행위에 대한 고의를 확정적인 형태로 가지고 있었다.

2. 객관적 구성요건(실행의 착수): 앞에서 언급했듯이 실행의 착수 여부를 판단하는 기준으로 가장 타당한 것이 절충설이라고 보고 이를 근거로 판단해보자. 甲의 계획은 별장에서 L을 깨워 칼로 위협해서 모든 재산을 자신에게 넘겨준다는 확인서를 받는 것이었다. 그런데 그 작업을 하기에 편리한 장소로 이동한 후 안전하게 범행을 저지르려던 甲의 계획은 L이 이동 중에 사망함으로써 무산되었다. 협박이라는 행위를 하기 이전에 범행장소로 피해자를 이동시킨다는 단계가 있었던 것이다. 甲은 별장으로 이동하기 전에는 협박행위를 시작하지 않을 생각이었다. 그러므로 이동을 하는 단계에서 피해자가 사망한 이 사안은 강도행위가 실행의 착수까지 도달하지 않은 경우에 해당되는 것으로 평가함이 마땅하다.

Ⅱ. 甲은 강도행위에 대한 고의를 가지고 있었지만 그 행위가 실행의 착수까지 이르지 못하였으므로 강도 미수(제333조, 제342조, 제25조)를 근거로 가벌성을 인정할 수 없다.

❖ 강도예비 공동정범 (형법 제333조, 제343조, 제28조, 제30조)

※ 사전검토 ① 실행의 착수가 있었다고 볼 수 없으므로 강도 미수를 인정할 수 없는 사안임을 확인하였다. ② 그러나 강도 행위에 대해서는 예비죄 처벌규정이 있으므로 이의 성립 여부를 검토할 필요가 있다.

Ⅰ. 구성요건

1. 주관적 구성요건: 甲은 L을 포박하여 반항이 불가능한 상태로 범행장소까지 이동시킨다는 준비행위에 대한 고의를 분명한 형태로 가지고 있었다. 또한 앞에서 확인한 것처럼 기본범죄에 대한 고의도 명백하게 갖추고 있었으며, 강도행위를 할 목적을 가지고 있었다는 점도 확실하다. 강도예비가 성립되기 위한 주관적 구성요건 요소를 모두 갖춘 것이다.

2. 객관적 구성요건: 甲의 행위는 반항이 불가능할 정도의 협박을 통해 재산상의 이익을 취득한다는 범죄행위의 실현을 위한 행위임이 객관적으로 명확하고 범죄 실현에 적합한 준비행위이었으므로 객관적 구성요건 요소도 충족시킨다.

Ⅱ. 그리고 위법성과 책임을 배제할 사유도 없으므로 甲은 강도예비죄(제333조, 제343조, 제28조)를 범하였음을 근거로 처벌대상이 된다.

❖ 강도치사 공동정범 (형법 제338조, 제30조)

Ⅰ. 구성요건

1. 기본범죄: 제338조의 기본범죄는 '강도'이다. 여기에는 단순강도, 특수강도, 준강도, 인질강도 등 모든 유형의 강도가 다 포함되며, 기수 뿐 아니라 미수나 예비도 마찬가지이다. 甲의 행위가 강도예비 공동정범에 해당됨은 앞에서 확인하였다.

2. 중한 결과: 甲의 행위에 의해서 L이 사망에 이르게 되었으며 그에 대하여 과실이 존재함도 앞에서 확인하였다. 이 모든 결과가 강도행위를 하려는 과정에서 발생하였으므로 결과적 가중범으로서 강도치사의 구성요건이 모두 충족된다.

Ⅱ. 위법성과 책임을 배제할 사유도 없으므로 이 부분 甲의 행위는 강도치사 공동정범(제338조, 제30조)임을 근거로 가벌성이 인정된다.

❖ 사체유기·은닉 공동정범 (형법 제161조, 제30조)

Ⅰ. 구성요건

1. 객관적 구성요건: L의 시신은 제161조의 행위객체인 사체에

해당된다. 甲은 丙과 함께 이를 호수에 가라앉혔다. 이는 사체를 종교적·사회적 의미에서 매장이라고 볼 수 있는 방법에 의하지 않고 버리는 행위로서 제161조의 '유기'에 해당된다. 또한 사체를 발견하는 것이 불가능하거나 매우 곤란하게 만든 것으로서 '은닉'에 해당되기도 한다.

2. 주관적 구성요건: 甲은 이와 같은 행위를 확정적 고의를 가지고 수행하였다.

Ⅱ. 또한 위법성과 책임을 배제할 사유도 없으므로 이 부분 甲의 행위는 사체유기·은닉(제161조)을 근거로 가벌성이 인정된다.

[사례 40] 방화

甲(여)은 교외에 넓은 밭이 딸려 있는 건물을 소유하고 있었는데, 명예퇴직한 남편 乙이 건물을 공장으로 개조하여 사업을 하면서 乙의 이름으로 화재보험에 가입하였다. 공장에는 5명의 근로자가 일을 하고 있었고 그 가운데 L은 거주지가 따로 없어서 공장 내의 사무실 한 쪽에 칸막이를 하고 기거하였다. 사업이 점점 어려워져 채무가 늘어나자 乙은 종업원을 모두 해고하였으나 L은 갈 곳이 없어서 계속 머물며 일을 하였다.

甲은 乙과 상의도 하지 않고 공장에 불을 질러 보험금을 받아내기로 작정하였다. 밤 12시쯤 甲은 공장 옆에 50cm 간격을 두고 지어져 있는 빈 창고에 불을 지르고는 그 불이 공장건물로 옮겨 붙자 공장 안에서 자고 있던 L을 불러내고 소방서에 신고를 하였다. 잠결에 나온 L은 공장 건물에 불이 붙어 한참 타고 있는 상황에 자신의 중요한 물건을 모두 두고 나왔다는 생각이 불현 듯 들어서 甲이 만류함에도 불구하고 공장 안으로 들어갔다가 무너진 대들보에 맞아서 죽었다. 또한 소방관 丁은 화재진압 과정에서 오른 팔에 약간의 화상을 입었다.

근처 가게에서 늦게까지 친구 戊와 술을 마시고 있던 乙은 공장에 불이 난 것을 보고 놀라서 달려와 불을 끄려 하였다. 그러나 乙이 보험에 가입해 있다는 사실을 알고 있는 戊가 가만 있으라고 말리자 그게 좋겠다고 생각하고는 그만 두었다. 乙이 달려왔을 당시에 불은 쉽게 끌 수 있는 상황이었다.

乙은 보험회사에 보험금을 청구하려 하였으나 그 전에 경찰에 의해 사실관계가 다 밝혀지는 바람에 목적한 바를 이루지 못하였다.

[문] 甲・乙・戊의 형사책임을 논하시오.

• 사례출처: Rudolphi, S. 148

❑ 甲의 형사책임

❖ 현주건조물 방화 (형법 제164조 제1항)

I. 구성요건

1. 객관적 구성요건

(1) 행위객체: 甲이 불을 질렀을 때 L이 안에서 자고 있었으므로 사람이 현존하는 건조물이었다. 제164조 제1항의 행위객체에 해당된다.

(2) 행위: 제164조 제1항에서 말하는 소훼란 '화력이 매개물을 떠나 스스로 연소할 수 있는 상태에 이르게 하는 것'을 의미한다. 이 사례의 경우에는 매개물인 창고에서 불이 공장 건물로 옮겨 붙은 후 대들보가 무너질 정도까지 타버렸으므로 어느 학설에 의하더라도 '소훼'가 인정된다.

2. 주관적 구성요건: 甲은 그와 같은 행위를 명백한 고의를 가지고 하였다.

II. 또한 위법성과 책임을 배제할 사유도 없으므로 이 부분 甲의 행위는 형법 제164조 제1항을 근거로 가벌성이 인정된다.

❖ 현주건조물 방화 치사 (형법 제164조 제2항)

Ⅰ. 구성요건

1. 기본범죄: 甲은 제164조 제2항의 기본범죄인 제164조 제1항의 행위를 하였다.

2. 중한 결과: 그 결과 L이 무너진 대들보에 맞아서 숨졌다. 甲의 방화행위와 L의 사망 사이의 인과의 진행은 합법칙성의 범주를 벗어나지 않았다.

문제는 객관적 귀속이다. L은 甲이 만류함에도 불구하고 스스로 물건을 가져오기 위해서 불 속으로 들어감으로써 위험을 자초하였다. 유책한 자기위태화에 해당된다. 이른바 간접적 위험야기의 경우이고 이는 규범의 보호영역을 벗어난 부분에서 결과가 발생한 사안이다. 따라서 객관적 귀속이 배제된다.

II. 중한 결과에 대한 인과관계를 인정할 수 없으므로 이 부분 甲의 행위는 형법 제164조 제2항을 근거로 가벌성이 인정되지 않는다.

❖ 소방관에 대한 현주건조물 방화 치상 (형법 제164조 제2항)

피해자가 위험에 빠진 법익을 보호하여야 할 의무가 있는 경우에는 그 이익을 보호하기 위해서 위험을 감수한 것을 두고 유책한 자기위태화라고 할 수 없다. 따라서 진화작업을 수행하면서 부상이나 사망의 위험을 감수하여야 할 의무를 가진 소방관의 경우에는 유책한 자기위태화라 할 수 없어서 규범의 보호범위 내에서 발생된 결과라고 하여야 한다. 따라서 이 경우에는 L의 사안과는 달리 객관적 귀속이 인정된다. 객관적 예견가능성이 있고 회피의무를 이행하지 않았으므로 과실도 인정된다.

또한 위법성과 책임을 배제할 사유도 없으므로 이 부분 甲의 행위는 형법 제164조 제2항을 근거로 가벌성이 인정된다.

❖ L의 물건에 대한 재물손괴 (형법 제366조)

타인의 재물인 L의 물건이 불에 타서 이용가능성이 사라지도록 만들었다. 甲은 그와 같은 행위를 명백한 고의를 가지고 하였다.

또한 위법성과 책임을 배제할 사유도 없으므로 이 부분 甲의 행위는 형법 제366조를 근거로 가벌성이 인정된다.

❖ 乙의 물건에 대한 재물손괴 (형법 제366조)

이 부분도 마찬가지이다.

❖ 사기미수 (형법 제347조, 제352조)

※ 사전검토 ① 보험금을 지급받지 못하였으므로 기수에 이른 것이 아니다. ② 또한 제352조에 미수범 처벌규정이 있으므로 미수를 검토하여야 할 사안이다.

불을 자신이 질렀음에도 그렇지 않은 것처럼 행동하여 보험회사를 기망하려 하였다. 그로 인하여 보험회사가 착오를 일으키고 그 착오로 인해서 보험금을 지급하여 재산적 처분행위를 하도록 하려 하였다. 이러한 재산적 처분행위로 인해서 보험회사가 불필요한 지출을 하게 함으로써 재산상의 손해를 유발하고 이를 바탕으로 재산적 이익을 취득하고자 하였다. 불법이득의사도 인정되므로 제347조의 주관적 구성요건이 충족된다.

문제는 실행의 착수이다. 기망행위를 시작도 하기 전에 실패하였으므로 실행의 착수를 인정할 수 없다.

따라서 이 부분 甲의 행위는 형법 제347조 및 제352조를 근거로 가벌성이 인정되지 않는다.

❑ 乙의 형사책임

❖ 부작위에 의한 현주건조물 방화 (형법 제164조 제1항)

1. 작위의무의 존재: 부진정 부작위범이 성립되기 위해서는 우선 작위의무의 존재와 내용이 확인되어야 한다. 작위의무는 보증인적 지위가 있을 경우에 인정되는데 이를 판단하기 위한 기준에 대해서 ① 법령, 계약, 선행행위, 긴밀한 생활공동관계 등 작위의무 발생의 근거가 인정될 때 보증인적 지위를 인정하자는 견해인 형식설, ② 실질적으로 행위자에게 특정 법익을 보살펴 주어야 할 의무나 안전을 확보해 주어야 할 의무가 인정될 때 보증인적 지위를 부여하여야 한다는 실질설 그리고 ③ 작위의무의 발생근거가 인정될 때 보증인적 지위를 부여하되 실질적인 측면을 고려해서 작위의무의 내용과 한계를 정해야 한다는 결합설 등이 대립되고 있다. 이 가운데 법치주의 원칙과 법익보호의 기능을 모두 원만하게 수행할 수 있는 결합설이 타당하다고 생각한다.

보증인적 지위를 인정할 근거와 관련하여 살펴보자. 우선 법령의 경우 "보험계약자와 피보험자는 손해의 방지와 경감을 위하여 노력하여야 한다."고 하는 상법 제680조 제1항의 규정이 눈에 띈다. 이를 근거로 피보험자인 乙은 손해의 방지와 경감을 위해서 노력하여야 할 의무를 인정할 수 있다. 작위의무의 내용은 위험 또는 다른 피해를 감수하여야 하지 않는 범위 내에서 손해방지를 위한 노력을 기울여야 한다고 보면 되겠다.

2. 작위의무 이행가능성: 당시 乙은 불을 쉽게 끌 수 있는 상황이었으므로 작위의무 이행가능성도 인정된다.

3. 그러한 상태에서 乙은 작위의무를 이행하지 않았고 그로 인하여 건조물이 소훼되었다. 보험금의 수령을 목적으로 불을 방치한 것으로서 작위로 불을 지른 것과 행위반가치 면에서 크게 다르지 않다.

4. 乙은 그와 같은 행위를 명백한 고의를 가지고 하였다. 또한 위법성과 책임을 배제할 사유도 없으므로 이 부분 乙의 행위는 형법 제164조 제1항을 근거로 가벌성이 인정된다.

❖ 부작위에 의한 현주건조물 방화치상 (형법 제164조 제2항)

건조물에 불이 난 것으로 인하여 진화작업을 하던 소방관이 부상을 당하였다. 乙의 작위의무 불이행과 소방관의 부상 사이의 인과의 진행은 합법칙성의 범주를 벗어나지 않는다. 또한 소방관의 경우에는 유책한 자기 위태화의 사안에 해당되지 않기 때문에 객관적 귀속을 배제하기도 곤란하다.

문제는 부작위의 동가치성이다. 乙은 부상을 당한 소방관의 경우와 마찬가지로 위험을 제거할 의무를 가지고 있기는 하였으나 그 위험을 야기하지는 않았다. 따라서 소방관의 부상과 관련해서 乙이 부작위를 통해 제거의무를 이행하지 않은 것과 甲이 작위를 통해 불을 지른 것이 같은 정도의 행위반가치를 가진다고 보기는 곤란하다. 부작위의 동가치성이 인정되지 않는다.

따라서 이 부분 乙의 행위는 형법 제164조 제2항을 근거로 가벌성이 인정되지 않는다.

❖ 부작위에 의한 재물손괴 (형법 제366조)

乙의 부작위와 재물손괴의 결과 사이의 인과의 진행은 합법칙성의 범주를 벗어나지 않았다. 객관적 귀속을 배제할 사유도 없다. 부작위의 동가치성도 별 문제가 되지 않는다. 乙은 그와 같은 행위를 명백한 고의를 가지고 하였다.

또한 위법성과 책임을 배제할 사유도 없으므로 이 부분 乙의 행위는 형법 제366조를 근거로 가벌성이 인정된다.

❖ 사기 미수 (형법 제347조, 제352조)

甲의 경우와 마찬가지로 이 부분 乙의 행위는 형법 제347조 및 제352조를 근거로 가벌성이 인정되지 않는다.

❑ 戊의 형사책임

❖ 현주건조물 방화 교사 (형법 제164조 제1항, 제31조)

피교사자인 乙의 행위는 현주건조물 방화죄의 구성요건과 위법성을 충족시킨다. 戊는 불을 끄려고 하는 乙에게 가만히 있으라고 말림으로써 부작위에 의한 방화행위를 하게 유도하였다.

戊는 그와 같은 행위를 명백한 고의를 가지고 하였다. 또한 위법성과 책임을 배제할 사유도 없으므로 이 부분 戊의 행위는 현주건조물 방화 교사를 근거로 가벌성이 인정된다.

❖ 재물손괴 교사 (형법 제366조, 제31조)

마찬가지의 논리로 이 부분 戊의 행위도 가벌성이 인정된다.

[사례 41] 나이트 클럽

△△나이트 클럽을 경영하고 있던 甲은 클럽의 경영권을 빼앗으려는 乙의 모함에 의해 마약소지죄로 체포되었다. 과거 마약범죄로 인하여 이미 교도소를 다녀온 바 있는 甲은 자신의 방에서 乙이 숨겨놓은 필로폰이 발견됨으로 인하여 끝까지 억울함을 호소하였으나 1심에서 유죄판결을 받았다. 경찰에 신고한 것이 乙이라는 사실을 부하인 丙으로부터 전해들은 甲은 탈출을 위한 도구를 부탁하여 전달받았다. 항소심 공판을 위해 법원으로 호송된 甲은 법원 화장실 창문을 뜯고 나가 밖에서 대기하던 丙의 차를 타고 양복으로 갈아입은 후 안전한 장소로 갈 수 있었다. 구치소에서 지급 받은 옷과 신발은 곧바로 택배를 통해 구치소장 앞으로 보냈다.

복수를 하기로 작정한 甲은 乙의 얼굴에 황산을 뿌려 평생 고통받고 살도록 하겠다는 계획을 세웠다. 새벽 1시에 丙과 함께 乙의 거소에 잠입한 甲은 그 때까지 자지 않고 있던 乙과 마주쳐 3m 전방에서 황산이 들어있는 비닐봉지를 던졌으나 乙은 이를 피할 수 있었다. 열 받은 甲은 乙에게 달려들어 반격을 시도하는 乙의 얼굴을 집중적으로 때렸다. 이 과정에서 甲의 손에 끼여있던 반지가 乙의 눈을 다치게 하였으나 후에 수술을 통해 실명의 결과는 막을 수 있었다. 마구 맞고 쓰러져 있는 乙의 옆구리를 칼로 찌른 후 甲은 丙과 함께 밖으로 나와 망을 보며 대기하고 있던 丁이 운전하는 차를 타고 거소로 돌아갔다. 甲은 乙을 살해할 의사는 가지고 있지 않았다. 한편 丁은 甲과 丙이 구체적으로 무슨 일을 하는 지 모른 채 망을 보고 운전을 하였다. 甲은 乙의 반격으로 인하여 몇 군데 상처를 입었다.

[문] 甲・乙・丙・丁의 형사책임을 논하시오.

- 사례출처: Wagner, S. 133

❑ 甲의 형사책임

○ 행위 1: 법원에서 도주한 부분

❖ 도주 (형법 제145조)

Ⅰ. 구성요건: 법률에 의하여 체포 또는 구금된 자로서 제145조의

행위주체에 해당된다. 도주란 간수자의 실력적 지배로부터 벗어나는 행위를 말한다. 화장실 창문을 통해 밖으로 나가서 차를 타고 안전한 장소로 이동하였으므로 실력적 지배에서 벗어나 도주가 완료되었다. 甲은 그와 같은 행위를 명백한 고의를 가지고 하였다.

부가설명 법원 화장실 창문을 뜯고 도주하는 것이 현실적으로 불가능한 일이라고 판단되더라도 그 문제는 여기서 논할 사항이 아니다. 사실관계에서 적시된 그대로가 사실이라고 보고 법적 판단을 수행하면 될 것이다.

Ⅱ. 위법성

— 정당방위(제21조)를 근거로 한 위법성 배제 여부 —

甲은 장소적 이동의 자유를 침탈당하였으므로 신체의 자유에 대한 침해가 있었다. 그 침해는 현재 진행 중이었으므로 현재성도 인정된다. 문제는 그 침해가 부당한 것이었는가 하는 점이다. 甲에 대한 구속은 적법한 직무집행으로서 정당성을 가지고 있다. 乙은 그처럼 위법성이 조각되는 행위를 이용하여 간접정범 형태의 감금행위를 한 것이다. 따라서 정당방위 상황 자체가 인정되지 않는다.

— 긴급피난(제22조)을 근거로 한 위법성 배제 여부 —

신체의 자유에 대한 위난의 존재와 현재성이 인정된다. 긴급피난 상황에 해당되는 것이다. 그리고 도주하는 것은 신체의 자유 침탈이라는 위난을 피하는 행위로서 피난행위의 속성을 갖추고 있다.

상당성 측면을 보면 ① 우선 사법당국에 대해서 억울함을 호소하였지만 증거가 명백하여 달리 어찌 할 수가 없었던 것으로 판단된다. 따라서 위난을 피하기 위한 유일한 방법이었음이 인정된다.

② 보호되는 이익이 본질적으로 우월했는가에 대해서는 의문이다. 보호하고자 했던 이익은 신체의 자유이고 피난행위를 통해 침해된 이익은 국가의 형사소추권이다. 만약 신체의 자유가 형사소추권보다 근본적으로 우월한 이익이라고 한다면 강제수사는 불가능하며 자유형도 부과할 수 없게 된다. 보호되는 이익이 본질적으로 우월했다고 볼 수 없다. 긴급피난도 성립되지 않는다.

Ⅲ. 또한 책임을 배제할 사유도 없으므로 이 부분 甲의 행위는 형법 제145조를 근거로 가벌성이 인정된다.

❖ 특수도주 (형법 제146조)

1. 형법 제146조의 가중처벌 요건은 ① 수용설비 또는 기구를 손괴하거나 ② 사람에게 폭행 또는 협박을 하거나 ③ 2인 이상이 합동하는 것이다.

2. 우선 법원 화장실 창문이 수용설비인가 문제이다. 수용설비란 '사람의 신체자유를 제한하기 위하여 설치한 시설'을 말한다. 피고인이 사용하는 법원 화장실은 도주하지 못하도록 하는 장치가 되어 있으므로 바로 이에 해당된다.

그러나 문제는 甲의 행위가 '손괴'에 해당되는가 하는 점이다. 손괴란 '이용가능성'을 침해하는 것인데 창문을 완전히 파괴한 것이 아니라 도구를 이용해서 뜯어낸 경우에는 손쉽게 다시 설치해서 사용하는 것이 가능하다. 기능이 영구적으로 상실되거나 기능을 복구시키는 것이 상당히 어렵게 된 경우가 아니므로 손괴에 해당된다고 볼 수 없다.

3. 다음으로 문제 되는 것은 丙이 밖에서 차를 타고 대기하고 있었던 것이 '합동'에 해당되는가 하는 점이다. 제147조에서 2인 이상이 합동한다는 것은 법률에 의해 구금된 사람이 합동을 한다는 것을 의미한다. 밖에 있는 사람이 힘을 합하는 경우는 이에 해당되지 않는다.

4. 따라서 甲의 행위는 특수도주에 해당되지 않아 가중처벌의 대상이 되지 않는다.

❖ 도주원조 교사 (형법 제147조, 제31조)

피교사자 丙이 탈출을 도와준 甲이 제147조의 행위객체인 법률에 의하여 구금된 자임은 확실하다. 제147조에서 말하는 탈취 또는 도주하게 하는 것이란 피구금자를 간수자의 실력적 지배로부터 이탈시키는 행위를 말한다. 그런데 법원의 화장실 창문을 통해 바깥으로 나갈 경우 간수자의 실력적 지배는 더 이상 존재하지 않는다. 만약 그곳에도 경비인력이 있으면 모르겠으나 丙이 차를 세우고 대기하고 있다가 甲을 태우고 달아났으며 아무런 제재도 받지 않았던 것으로 보아 그렇지는 않은 것으로 판단된다. 따라서 이 부분 丙의 행위는 탈취에 해당되지 않아 형법 제147조를 근거로 가벌성이 인정되지 않는다.

피교사범죄가 구성요건에도 해당되지 않으므로 이 부분 甲의 행위는 형법 제147조 및 제31조를 근거로 가벌성이 인정되지 않는다.

❖ **도주 방조 교사 (형법 제145조, 제32조, 제31조)**

피교사자 丙의 행위는 탈출도구를 제공해 줌으로써 甲의 탈출이 가능하도록 만들어 주고 차량을 대기시키기 까지 하여 안심하고 도주를 감행하도록 하는 등 정범의 범죄행위를 가능하고 용이하게 해 줌으로써 촉진한 것에 해당된다. 위법성을 배제할 사유도 없다.

甲은 丙에게 이와 같은 행위를 해 달라고 부탁하여 범죄의사를 가지게 만들었다. 甲은 그와 같은 행위를 명백한 고의를 가지고 하였다.

또한 위법성과 책임을 배제할 사유도 없으므로 이 부분 甲의 행위는 형법 제145조, 제32조, 제31조를 근거로 가벌성이 인정된다.

○ **행위 2: 乙의 거소에 침입하여 공격한 부분**

❖ **주거침입 (형법 제319조)**

I. 구성요건

1. 객관적 구성요건

(1) 행위객체: 제319조에 의하면 "사람의 주거, 관리하는 건조물, 선박이나 항공기 또는 점유하는 방실"이 행위객체이다. 이 가운데 乙의 거소는 사람의 주거에 해당된다.

(2) 행위: '침입'이란 주거권자의 의사에 반해서 들어가는 행위를 말한다. 주거권자인 乙의 의사에 반하여 들어갔음은 명백하다.

2. 주관적 구성요건: 甲은 그와 같은 행위를 명백한 고의를 가지

고 하였다.

Ⅱ. 또한 위법성과 책임을 배제할 사유도 없으므로 이 부분 甲의 행위는 형법 제319조를 근거로 가벌성이 인정된다.

❖ **특수주거침입 (형법 제320조)**

형법 제320조의 가중처벌 요건은 ① 단체 또는 다중의 위력을 보이거나 ② 위험한 물건을 휴대하는 것이다.

甲이 가지고 들어간 황산은 '객관적 성질상 사용하기에 따라 중대한 신체 상해나 사망의 결과를 초래할 수 있는 물건'에 해당된다.

따라서 이 부분 甲의 행위는 제320조에 따라 가중처벌 대상이 된다.

❖ **상해 (형법 제257조 제1항)**

마구 때려 눈을 다치게 하고 칼로 옆구리를 찔렀으므로 상해의 결과가 야기된 것이며 甲의 행위와 乙의 상해 사이의 인과는 직접 연결된다. 甲은 그와 같은 행위를 명백한 고의를 가지고 하였다.

乙이 허위의 신고를 하여 장소이동의 자유를 침해당하기는 하였으나 침해의 현재성이 인정되지 않아 정당방위는 불가능하다. 다른 위법성 조각사유도 충족되지 않는다.

또한 책임을 배제할 사유도 없으므로 이 부분 甲의 행위는 형법 제257조 제1항을 근거로 가벌성이 인정된다.

❖ **중상해 (형법 제258조 제1항)**

일단 고의로 상해를 가하였으므로 제258조 제1항의 기본범죄는 충족된다. 그러나 실명에 이르지도 않았고 생명에 대한 위험도 발생하지 않았으므로 중한 결과가 발생하였다고 보기 힘들다.

따라서 이 부분 甲의 행위는 형법 제258조 제1항을 근거로 가벌성이 인정되지 않는다.

❑ 乙의 형사책임

○ 행위 1: 甲의 방에 필로폰을 숨기고 경찰에 신고한 부분

❖ 주거침입 (형법 제319조)

I. 구성요건

1. 객관적 구성요건

(1) 행위객체: 제319조에 의하면 "사람의 주거, 관리하는 건조물, 선박이나 항공기 또는 점유하는 방실"이 행위객체이다. 이 가운데 甲의 방은 사람의 주거에 해당된다.

(2) 행위: '침입'이란 주거권자의 의사에 반해서 들어가는 행위를 말한다. 乙이 甲의 의사에 반하여 들어갔음은 명백하다.

2. 주관적 구성요건: 乙은 그와 같은 행위를 명백한 고의를 가지고 하였다.

II. 또한 위법성과 책임을 배제할 사유도 없으므로 이 부분 乙의 행위는 형법 제319조를 근거로 가벌성이 인정된다.

❖ 무고 (형법 제156조)

제156조에서 말하는 공무소 또는 공무원이란 형사처분 또는 징계처분과 관련되는 공무소 또는 공무원을 의미한다. 경찰이 형사처분과 관련되는 공무소라는 점은 확실하다. 허위의 사실이란 객관적 진실에 반하는 것으로서 형사처분 또는 징계처분의 원인이 될 수 있는 사실을 말한다. 마약을 소지하고 있다는 점은 명백하게 형사처벌의 대상이 되는 사실이므로 이 요건도 충족된다.

乙은 이와 같은 행위를 명백한 고의를 가지고 하였으며 甲이 형사처벌을 받도록 만들겠다는 목적도 분명하였다.

또한 위법성과 책임을 배제할 사유도 없으므로 이 부분 乙의 행위는 형법 제156조를 근거로 가벌성이 인정된다.

❖ 감금 간접정범 (형법 제276조, 제34조 제1항)

앞에서 언급한 것처럼 乙의 이 부분 행위는 위법성이 조각되어 처벌받지 않는 국가기관의 행위를 이용한 것으로서 감금 간접정범에 해당되어 가벌성이 인정된다.

○ 행위 2: 甲에게 반격을 가한 행위

❖ 상해 (형법 제257조 제1항)

乙의 반격에 의해 甲이 몇 군데 상처를 입었다. 제257조 제1항의 상해의 결과에 해당된다. 반격행위와 甲의 상처는 인과관계가 직접 연결된다. 乙은 이와 같은 행위를 명백한 고의를 가지고 하였다.

甲으로부터 생명·신체에 대한 공격이 있었으며 현재성과 부당성이 인정된다. 정당방위 상황이었다. 이에 반격을 가하는 것은 방위행위로서의 속성을 가지고 있으며 상대방에게 미약한 타격만 가한 것으로서 상당성도 문제가 되지 않는다. 방위의사도 분명히 인정된다.

따라서 이 부분 乙의 행위는 정당방위(제21조)를 근거로 위법성이 배제되어 가벌성이 없다.

❑ 제3부: 丙의 형사책임

❖ 도주원조 (형법 제147조)

앞에서 확인한 것처럼 丙의 행위는 도주원조에 해당되어 가벌성이 인정된다.

❖ 주거침입 (형법 제319조 제1항)

I. 구성요건

1. 객관적 구성요건

(1) 행위객체: 제319조 제1항에 의하면 "사람의 주거, 관리하는

건조물, 선박이나 항공기 또는 점유하는 방실"이 행위객체이다. 이 가운데 乙의 거소는 사람의 주거에 해당된다.

(2) 행위: '침입'이란 주거권자의 의사에 반해서 들어가는 행위를 말한다. 乙의 의사에 반하여 들어갔음은 명백하다.

2. 주관적 구성요건: 丙은 이와 같은 행위를 명백한 고의를 가지고 하였다.

II. 또한 위법성과 책임을 배제할 사유도 없으므로 이 부분 丙의 행위는 형법 제319조 제1항을 근거로 가벌성이 인정된다.

❖ 특수주거침입 공동정범 (형법 제320조, 제30조)

1. 공동의 실행행위: 丙은 위험한 물건인 황산과 칼을 휴대한 甲과 함께 乙의 거소에 잠입하였고 계속 옆에서 만약을 위해서 대기하는 역할을 수행하였다. 혼자 하기에 힘든 일을 함께 한 것으로서 기능적 역할분담이 이루어졌다.

2. 공동실행의 의사: 丙은 도주에서 복수에 이르기까지 항상 甲과 행동을 같이 하고 있었기 때문에 甲이 무슨 의도로 어떠한 행위를 하는가에 대하여 다 알고 있었던 것으로 판단된다.

3. 따라서 丙이 직접 위험한 물건을 휴대하지는 않았지만 공동정범으로서 가중처벌의 대상이 된다.

❑ 丁의 형사책임

❖ 주거침입 방조 (형법 제319조, 제32조)

丁은 구체적으로 무슨 일을 하는지 모른 채 운전을 하고 망을 보는 행위를 하였다. 어떠한 범죄를 어떻게 촉진하는가에 대한 고의가 있어야 하므로 이 부분 丁의 행위는 주거침입 방조를 근거로 가벌성이 인정되지 않는다.

[사례 42] △△일보

甲은 우리나라 정치인에 대하여 평소 매우 나쁜 감정을 가지고 있었다. 어느 날 甲이 자신의 친구 乙과 정원에 함께 앉아서 얘기하는데 동생 丙이 합석하게 되었다. 그 자리에서 丙은 ××당 국회의원 丁・戊・己가 뇌물을 받아먹었다더라는 이야기를 하였다. 우리나라 최대 일간지인 △△일보로부터 자신에게 불리하게 신문고시를 개정하는 것을 저지하도록 압력을 행사해달라는 부탁과 함께 돈을 받아먹었다는 것이었다. 丙은 자신의 말이 사실임을 강조하기 위해 여러 가지 구체적인 증거를 나열하였다.

평소 다혈질이던 甲은 화가 폭발해서 당장 丁 의원의 국회 사무실 전화번호를 찾아서 통화를 시도했다. 그러나 전화번호를 잘못 누르는 바람에 ○○일보 국회 출입기자 庚에게로 전화가 연결되었다. 庚이 "여보세요" 하자 甲은 곧바로 "야! 丁○○! 이 ×새끼야!"부터 시작해서 △△일보한테 돈 받아 쳐 먹고, △△일보가 계속 이 나라에서 똥탕 튀기면서 지랄할 수 있게 신문고시 개정을 막는 니들 丁・戊・己 세 명은 나라를 좀먹는 식충들이고, 그런 놈들만 모여 있는 국회는 개똥보다 못한 놈들의 집단이라고 소리를 질렀다. 庚은 무슨 소리냐고 항의하는 척 하면서 甲으로부터 자세한 이야기를 모두 들었다. 전화를 끊고 나서 庚은 들은 사실을 기사로 만들어 다음 날 신문에 게재하였다.

기사 제목은 "××당 국회의원 △△일보 뇌물수수"이었고 기사 내용은 '독과점 일간지에게 불리하도록 신문고시가 개정되는 것을 막아 주는 것을 대가로 ××당 구주류 의원 세 사람이 뇌물을 받았다는 믿을 만한 제보가 있다'는 것이었다. 해당 국회의원의 이름은 거명되지 않았다. 이에 ××당의 구주류 의원 15명 전원과 ××당 총재 그리고 △△일보사가 검찰에 고소장을 제출하였다.

추후 공판과정에서 ××당의 구주류 의원 辛과 壬이 ㅁㅁ일보로부터 신문고시가 불리하게 개정되지 않도록 노력해주기로 하고 뇌물을 받았으며, 丁의원(변호사)은 신문고시 개정안이 위헌이라는 취지의 서면에 의한 자문(15쪽 분량)을 해주고 △△일보로부터 1,000만원의 자문료를 받았다는 사실이 확인되었다.

[문] 丙・甲・庚의 형사책임을 논하시오.

• 사례출처: Wagner, S. 122

❑ 丙의 형사책임

❖ 명예훼손 (형법 제307조 제1항, 제310조)

Ⅰ. 구성요건

1. 객관적 구성요건

(1) 공연성: 형법 제307조 제1항에서 말하는 공연성이란 '불특정 혹은 다수'의 사람이 인식할 수 있는 상황을 의미한다. 丙이 문제의 발언을 할 당시에 함께 있던 사람은 자신의 형인 甲과 형의 친구 乙이었다. 甲은 행위자의 형이었으므로 '인적 교류가 있는 사람'의 범주에 당연히 포함되어 특정된 사람이라고 할 수 있다. 그러나 乙은 행위자와 직접적인 인적 교류가 없는 사람이다.

丙은 인적 교류가 있는 사람(특정된 사람) 한 명과 인적 교류가 직접적으로는 없는 사람(불특정인) 한 명이 있는 자리에서 이야기를 한 것이다.

이 사안은 학설에 따라 공연성에 대한 결론이 달라질 수 있다.

전파성 이론에 의하면 말을 들은 사람이 불특정 또는 다수를 상대로 자신이 들은 사실을 적시할 가능성이 있으면 공연성이 인정되어야 한다. 한 사람의 불특정인 또는 자신과 인적 교류가 있는 소수의 사람(특정된 사람)에게만 이야기 한 것이더라도 그 이야기를 듣는 사람이 그 말을 퍼뜨릴 가능성을 가지고 있으면 공연성이 인정되어야 한다는 견해이다.

전파성 이론을 반대하는 다수설은 ① 이 이론을 따르게 되면 공연성이라는 것을 구성요건 내용으로 할 필요가 사실상 없어지게 된다. 이는 법원에 주어진 해석 권한의 한계를 뛰어 넘는 것이므로 곤란하다. ② 전파될 위험성이 있는가 하는 점에 대하여는 객관적 기준을 제시하지 못하고 거의 법관의 주관적 판단에 의존하고 있으므로 죄형법정주의에 반한다고 볼 수밖에 없다. ③ 헌법상의 표현의 자유와의 관계에서 생각해 보면, 공공연하게 특정인의 사회적 평판을 해치는 내용의 이야기를 하는 경우에도 그 내용이 공익을 위해 유용한 것이라면 처벌하지 말아야 한다고 해석되어야 하고, 그렇기 때문에 제310조에 바로 이를 위한 위법성 조각사유까지 마련되어 있는 판에, 특정인의 명예를 훼손하는 것이기는 하지만 그저 사적으로 몇몇 아는 사람에게 이야기한 것까지 처벌한다는 것은 헌법 정신에 어긋나는 일이다. 이러한 이유에서 전파성 이론은 배척되는 것이 마땅하다고 한다.

공연성의 판단기준인 '불특정 혹은 다수'라는 것 자체가 많은 사람에게 전파될 가능성을 가늠하기 위한 척도로서의 기능을 하고 있다고 생각된다. 불특정의 경우는 모르는 사람이기 때문에 말이 퍼져나가지 않을 것을 보장할 수 없는 상황인 것이고, 다수가 있었다는 것은 아는 사람들이지만 그 숫자가 많아서 입을 막을 수 없는 상황임을 의미한다. 그렇다면 전파될 가능성과 본질적으로 같은 내용의 판단기준이다. 이렇게 공연성과 전파성이 사실상 크게 다르지 않은 판단기준이고 본질적으로 행위자가 적시한 사실이 퍼져나갈 가능성에 따라 판단하는 것이므로 굳이 전파성 이론을 부정할 이유는 없다고 생각된다.

다혈질이어서 화가 나면 참지 못하는 甲이 있는 상황이었으므로 전파 가능성은 충분하였다. 따라서 공연성이 인정된다.

(2) 사실의 적시: 사실이란 '인간의 인식기능 체계를 통해 인식이 가능하고 따라서 증명할 수 있는, 과거 또는 현재에 벌어진 일 또는 과거나 현재의 상태'를 의미한다. 어떤 국회의원이 뇌물을 받았다는 것은 과거에 벌어진 일로서 사실에 해당된다. 이야기한 내용이 정확하지는 않았지만 추후 재판과정에서 밝혀진 내용을 보면 전체 맥락이 사실과 일치한다.

적시란 사실이라고 주장하는 행위이다. 丙은 자신의 말이 사실임을 강조하기 위해서 여러 가지 증거를 나열하기까지 하였다.

(3) 명예훼손: 명예를 훼손한다는 것은 '마땅히 보호되어야 할 사회적 평판'을 저하시키는 것을 의미한다. 국회의원으로서 뇌물을 수수하였다는 사실은 능히 해당 의원의 사회적 평판을 저하시킬 수 있다. 따라서 丙의 말은 명예를 훼손하는 속성을 가지고 있었다.

2. 주관적 구성요건: 丙은 그와 같은 행위를 명백한 고의를 가지고 하였다.

Ⅱ. 위법성

— 형법 제310조를 근거로 한 위법성 배제 여부 —

1. 객관적 요건: 제310조의 요건으로는 우선 사실의 진실성과 공익성이 필요하다. 확인한 것처럼 丙이 적시한 내용은 진실한 사실에 해당된다. 또한 국회의원이 뇌물을 수수하였음을 밝혀서 법적 제재를 받도록 유도하는 것은 국민의 대표가 청렴성을 유지하도록 하는 것으로서 공공의 이익과 부합한다.

2. 주관적 요건: 丙이 자신이 말하는 내용이 진실이라고 믿었음은 확실하다. 국회의원이 뇌물을 수수하였다는 점을 굳이 다른 사람에게 이야기 하는 것은 그 행동이 부당하다는 가치판단을 표현하는 행위이다. 부당함이 해소되기를 원하는 것이 그 주된 의도라고 할 수 있다. 따라서 공공의 이익을 추구한다는 인식과 의도가 인정된다.

Ⅲ. 따라서 이 부분 丙의 행위는 위법성이 배제되어 형법 제307조 제1항을 근거로 가벌성이 인정되지 않는다.

❑ 甲의 형사책임

❖ 모욕 (형법 제311조)

공연성이란 '불특정 혹은 다수'의 사람이 인식할 수 있는 상황을 의미한다. 사례의 경우 乙과 丙이 듣고 있는 가운데 엉뚱한 사람에게 전화를 걸어 욕을 하였다. 특정인 한 사람과 불특정인 두 사람이 듣는 가운데 말을 한 것이다. 하지만 이 경우에는 乙과 丙이 굳이 욕을 한 사실을 다른 사람에게 전파할 가능성은 없었다고 보여진다. 따라서 공연성이 인정되지 않아 가벌성이 없다.

❖ 명예훼손 (형법 제307조 제1항)

丙의 경우와 마찬가지로 제307조 제1항의 구성요건에는 해당되지만 위법성이 배제되어 가벌성이 없다.

❑ 庚의 형사책임

❖ 출판물 등에 의한 명예훼손 (형법 제309조)

I. 구성요건

1. 객관적 구성요건

(1) 출판물: 신문은 매일 대량으로 인쇄되는 매체로서 제309조의 출판물에 해당된다.

(2) 공연성: 출판물의 경우에는 공연성을 인정하는데 아무 문제가 없다.

(2) 사실 적시: 庚이 보도한 내용은 '독과점 일간지에게 불리하도록 신문고시가 개정되는 것을 막아 주는 것을 대가로 ××당 구주류 의원 세 사람이 뇌물을 받았다'는 것이었다. 여기서 사실인가 하는 점은 '내용 전체의 취지를 살펴볼 때 중요한 부분이 객관적 사실과 합치되는 것'으로 이해되어야 한다. 따라서 △△일보와 ㅁㅁ일보가 서로 뒤바뀐 것은 문제가 되지 않는다.

문제가 되는 것은 丁의원이 △△일보에게서 받은 자문료 1,000만원이 뇌물인가 하는 점이다. 뇌물이란 '직무에 관련된 부당한 이익'이다. 신문고시의 개정은 법률 개정이 아니지만 국회의원이 사실상 결정권자에게 영향을 미칠 수 있는 직무에 포함된다. 이 자문계약에 따라 신문고시의 개정을 저지하는 쪽으로 丁의원이 행동을 하게 되었다면 대가성 있는 부당한 이익으로 볼 수 있다.

丁의원이 받은 자문료가 뇌물이라면 庚이 보도한 것은 모두 사실이다.

(3) 명예 훼손: 庚이 적시한 사실들은 현직 국회의원인 丁·戊·己에 대한 사회적 평판을 저하시키기에 충분한 내용이다.

2. 주관적 구성요건: 庚은 그와 같은 행위를 명백한 고의를 가지고 하였다. 그런데 사람을 비방할 목적과 공익성은 서로 상반되는 관계에 있다. 그래서 공익성이 인정되는 경우에는 비방할 목적이 없었다고 보아야 한다. 사례의 경우 국회의원의 뇌물수수를 밝혀서 사회정의가 구현된다는 것은 공공의 이익을 위한 일이다. 따라서 비방할 목적을 인정할 수 없다.

II. 이 부분 庚의 행위는 구성요건이 충족되지 않아 형법 제309조를 근거로 가벌성이 인정되지 않는다.

❖ 명예훼손 (형법 제307조 제1항, 제310조)

명예훼손의 구성요건은 충족시키지만 진실한 사실로서 공공의 이익을 위하여 보도한 것이므로 제310조에 따라 위법성이 배제되어 가벌성이 없다.

[사례 43] 조선족 절도단

조선족 동포인 甲은 한국으로 와서 고급승용차와 전자제품 등 중국에서 값을 제대로 받을 수 있는 물건들을 훔쳐서 컨테이너로 중국으로 운반하여 판매하기로 작정하였다. 이 일을 위해 甲은 마찬가지로 조선족이며 차량절도 전문가인 乙과 한국 쪽에 연고가 있는 丙에게 이야기를 하였고 두 사람 모두 일을 함께 하는 데 동의하였다. 한국비자가 없고 발급 받는 데 시간과 비용이 많이 들며 발급 여부조차 불확실하기 때문에 세 사람은 한국 여권을 위조하기로 하였다.

甲은 여권 위조 전문가인 丁에게 부탁하여 위조 여권을 만들었고, 丙은 한국 쪽에서 무역업체 대표 직함을 가지고 무역업 외에 조선족의 취업·밀항·비자 등을 알선하는 戊에게 연락하여 임시거처와 절도행위를 위한 장비를 준비하도록 부탁하였다.

세 사람은 위조여권을 가지고 인천항으로 입항하여 戊의 안내에 따라 임시거처로 갔다. 이곳에서 절도행위를 위한 장비를 넘겨받고 戊가 지목하는 지역으로 가서 여러 차례 고급승용차를 훔쳤다. 이 과정에서 乙이 절도행위의 주된 임무를 수행하였고 甲은 이를 보조하였으며 丙은 옆에서 망을 보는 일을 하였다. 戊는 해당지역까지 세 사람을 태워준 후 경찰 순찰차량의 움직임을 잘 파악할 수 있는 위치에서 핸드폰을 통해 丙에게 수시로 상황을 알려주었다. 창고에서 전자제품을 훔치는 경우에도 네 사람은 마찬가지로 행동하였다.

훔친 물건은 戊가 가짜 서류를 만들어 컨테이너에 실어서 중국으로 보냈으며 판매대금은 戊가 대표로 되어있는 무역업체의 계좌로 입금되었다. 戊는 본래 판매금액의 20%를 공제하고 나머지를 세 사람에게 주기로 약속했음에도 계속 금액을 속여서 차액을 챙겼고 금액이 많이 쌓인 순간 돈을 전부 챙기고 싶은 욕심이 생겼다. 戊는 세 사람이 불법체류자라고 경찰에 신고하여 모두 체포되고 추방당하게 만들었다.

[문] 甲·丁·戊의 형사책임을 논하시오. (甲·乙·丙·丁은 중국 국적자이고 戊는 한국 국적자임)

- 사례출처: BGH Beschl. v. 15. 1. 2002 - 4 StR 499/01 (LG Karlsruhe), StV 4/2002, S. 191

❑ 들어가는 말

甲이 丁에게 부탁을 하여 범죄행위를 하도록 한 경우에는 丁의 범죄성립 여부에 甲의 가벌성이 종속되므로 편의상 丁의 죄책을 먼저 확인하는 것이 합리적이다.

❑ 丁의 형사책임

❖ 공문서 위조 (형법 제225조)

제225조의 행위객체는 공문서이다. 공문서는 공무원 또는 공무소의 문서이기 위해서는 작성주체가 공무원 또는 공무소이고 문서로서의 속성을 가지고 있어야 한다. 여권은 외교통상부 장관이 작성주체이기 때문에 작성자가 공무소임은 분명하다. 문서로서의 속성은 계속적 의사표시 기능, 증명기능, 작성명의자 확인기능 등 세 가지가 충족되어야 한다. 여권은 ① 소지자의 국외여행을 허가한다는 공무소의 의사표시가 담겨있다. ② 소지인이 국외여행 권리를 가지고 있다는 점을 증명해주는 기능을 가진다. ③ 작성명의자가 외교통상부 장관임이 확인된다. 따라서 여권은 공문서이다.

丁은 이를 작성할 권한이 없는 자임이 분명하다. 그가 대한민국 외교통상부의 명의를 도용해서 문서를 작성하였다. 위조에 해당된다.

고의도 확실하며 위법성과 책임을 배제할 사유도 없다.

문서에 관한 죄 가운데 제225조는 형법 제5조 규정에 따라 외국인의 국외범에 대해서도 적용이 된다.

❑ 甲의 형사책임

○ 행위 1: 여권위조 부분

❖ **공문서 위조 교사 (형법 제225조, 제31조, 제5조)**

피교사범죄가 제225조의 공문서 위조죄의 구성요건에 해당되고 위법성도 갖추고 있음을 위에서 확인하였다.

甲은 丁에게 부탁하여 새롭게 공문서 위조 행위를 하겠다는 결의를 하게 만들었다.

주관적 구성요건으로서 고의도 분명하며 위법성과 책임을 배제할 사유도 없다. 가벌성이 인정된다.

○ **행위 2: 위조여권을 소지하고 입항**

❖ **위조 공문서 행사 (형법 제229조)**

위조된 공문서인 여권을 용도에 따라 이용하였으므로 행사에 해당된다. 주관적 구성요건으로서 고의도 분명하며 위법성과 책임을 배제할 사유도 없다. 가벌성이 인정된다.

❖ **출입국관리법 제7조 위반 (출입국관리법 제7조 제1항, 제94조 제2호)**

유효한 여권이 없는 상태에서 입국하였고 고의도 분명하며 위법성과 책임을 배제할 사유도 없다. 가벌성이 인정된다.

○ **행위 3: 고급승용차 절취**

❖ **절도 공동정범 (형법 제329조, 제30조)**

고급승용차는 타인의 재물이 분명하며 이를 점유자의 의사에 반하여 점유를 배제하고 자신들의 점유로 옮겨 절취하였다. 고의도 분명하며 위법성과 책임을 배제할 사유도 없다. 가벌성이 인정된다.

❖ **특수절도 (형법 제331조 제2항)**

2인 이상이 현장에서 함께 행동하였으므로 어느 학설에 의하더라도

제331조 제2항의 특수절도에 해당된다. 이에 따라 가중처벌 대상이 된다.

○ 행위 4: 전자제품 절취

❖ 절도 공동정범 (형법 제329조)

고급승용차의 경우와 마찬가지로 가벌성이 인정된다.

❖ 특수절도 (형법 제331조 제2항)

고급승용차의 경우와 마찬가지로 가중처벌 대상이 된다.

❖ 주거침입 (형법 제319조 제1항)

창고는 아무나 함부로 출입할 수 없도록 통제하는 인적·물적 장치가 되어 있는 장소로서 제319조 제1항에서 말하는 관리하는 건조물에 해당된다. 이곳에 주거권자의 의사에 반하여 들어갔으므로 객관적 구성요건을 충족한다. 고의도 분명하며 위법성과 책임을 배제할 사유도 없다. 가벌성이 인정된다.

❑ 戊의 형사책임

○ 행위 1: 임시거처 마련, 절도장비 제공, 공동행동

❖ 절도 공동정범 (형법 제329조, 제30조)

戊는 절도행위가 이루어지는 과정에서 범행지역까지 이동시켜 주고 순찰차량의 움직임을 파악해서 수시로 상황을 알려 주는 역할을 수행하였다. 절도행위를 원활하게 하는데 필수적인 일을 한 것으로서 기능적 역할분담에 의한 행위지배가 인정된다. 따라서 공동의 실행행위를 한 것이며 공동실행의 의사도 분명하여 절도 공동정범이 성립된다.

또한 위법성과 책임을 배제할 사유도 없으므로 이 부분 戊의 행위는 가벌성이 인정된다.

❖ **특수절도 (형법 제331조 제2항)**

戊의 행위가 특수절도에 해당되는가에 대한 결론은 견해에 따라 달라진다. 이에 관한 학설로는 ① 공모공동정범설, ② 가중적 공동정범설 그리고 ③ 현장설 등이 있다.

합동범은 행위유형의 위험성 때문에 가중처벌하는 경우이므로 현장에서 함께 행동하는 정도에 이르러야만 성립을 인정하는 것이 타당하다. 戊는 현장에 함께 있지 않았으므로 특수절도는 성립되지 않는다고 보는 것이 옳다.

❖ **특수절도 방조 (형법 제331조 제2항, 제32조)**

범행지역으로 이동하게 조치하고 순찰차의 이동을 파악하여 연락하는 등의 행위는 정범의 특수절도 행위가 용이해지고 법익침해가 심해지게 하는 것으로서 촉진에 해당된다.

戊는 그와 같은 행위를 명백한 고의를 가지고 하였다. 또한 위법성과 책임을 배제할 사유도 없으므로 이 부분 戊의 행위는 가벌성이 인정된다.

○ **행위 2: 가짜 서류 만들어 장물 처리**

❖ **장물죄 (형법 제362조 제1항)**

본범이므로 불가벌적 사후행위에 해당된다.

○ **행위 3: 판매대금을 속인 부분**

❖ **사기 (형법 제347조 제1항)**

판매대금을 속임으로써 기망을 하였고, 상대방인 조선족 동포들이 판매대금이 그 정도인 것으로 착오를 일으켰다. 그런데 이들 세 사람이 재산적 처분행위도 하였는가 하는 점은 문제이다. 세 사람의 戊에 대한 채권을 재산이라고 볼 수 있는가 하는 점은 재산의 개념에 따라 결론이 달라진다. 재산의 개념과 관련해서는 ① 법적 재산개념, ② 경제적 재산개념, ③ 개인적 재산개념 그리고 ④ 법적·경제적 재산개념 등이 대립되고 있다. 법적으로 보장되는 재산적 권리만 재산이라고 보기도 곤란하고 모든 경제적 이익을 다 재산으로 보아 보호할 수도 없으므로 법적으로 금지하는 것을 제외한 실현가능한 경제적 가치를 모두 재산으로 보는 법적·경제적 재산개념이 타당하다.

이에 따를 경우 조선족 동포 세 사람이 戊에 대해서 가지고 있던 채권은 법적으로 금지되는 이익으로서 재산에 포함되지 않는다.

따라서 이 부분 甲의 행위는 가벌성이 인정되지 않는다.

❖ 횡령 (형법 제355조 제1항)

사례에서 戊가 조선족 동포에게 돌려주지 않은 것은 소유권이 일단 戊에게 귀속되는 것으로서 타인의 재물이 아니다. 구성요건이 충족되지 않는다. 따라서 이 부분 甲의 행위는 가벌성이 인정되지 않는다.

○ 행위 4: 甲·乙·丙 세 사람을 밀고한 부분

❖ 체포 간접정범 (형법 제276조 제1항)

경찰의 체포행위는 구성요건에 해당되나 정당행위로서 위법성이 조각된다. 이를 이용한 것이므로 처벌되지 아니하는 행위를 이용한 것이다. 고의도 인정된다.

하지만 戊의 행위는 범죄인이 체포되도록 신고한 것으로서 현행범체포(형사소송법 제212조) 규정이 직접 적용되지는 않지만 유추적용을 통하여 위법성이 조각된다고 보는 것이 타당하다.

따라서 구성요건에는 해당이 되지만 위법성이 조각되어 가벌성이 없다.

[사례 44] 질투의 끝

서울 출신으로서 지방에서 학교를 다니던 甲(남)과 乙(여)은 서로 친해지면서 甲이 임대한 집에서 동거하게 되었다. 그러던 중 甲이 같은 학과 여학생 丙에게 호감을 느끼게 되면서 乙에게는 사실을 숨긴 채 甲과 丙이 자주 만나는 상태가 되었다. 이 사실을 다른 친구를 통해 알게 된 乙은 질투심에 불타 丙을 죽이고 싶어졌다.

乙은 생물학과를 다니는 친구 丁을 만나 울면서 자신의 억울함을 호소하였다. 그러면서 몰래 丙을 없애버리게 독약을 구해달라고 하였다. 乙의 이야기를 듣고 가슴이 아파진 丁은 독약을 구해 주었다.

乙은 丙을 집으로 불러 丁이 구해준 독약을 커피에 타서 주었다. 그러나 커피를 마신 丙은 아무 반응도 없었다. 두 사람은 서로 언성을 높이며 싸우기만 하였고 잠시 후 丙은 그냥 돌아갔다. 丁이 구해준 독약은 장기간 잘못 보관되어 있었기 때문에 약효가 사라진 것이었는데 丁과 乙 모두 이를 모르고 있었다.

그날 저녁 乙이 甲에게 질책을 하며 따져들자 두 사람 사이에 언쟁이 붙었다. 화가 난 甲은 乙에게 같이 살고 싶지 않으니까 나가라고 하였다. 이 말을 들은 乙은 더욱 丙을 증오하게 되었다.

乙은 이번에는 독성이 강한 제초제를 준비한 다음 丙에게 다시 한 번 만나 둘이서 이성적으로 이야기를 하자며 집으로 불렀다. 丙이 오자 乙은 냄새를 모르도록 강한 향기의 커피에 제초제를 타서 주었다. 커피를 마신 丙은 곧 고통스럽게 배를 잡고 바닥에 쓰러졌다. 이를 보고 무서워진 乙은 도망치듯 집을 빠져 나왔다. 밖에 나와 잠시 생각에 빠진 乙은 곧 후회를 하고 119로 전화를 하였다. 그러나 구급차가 집에 도착했을 때 집에는 아무도 없었다.

乙이 집을 나간 직후 자신의 행위가 도를 넘었다고 생각한 丁이 乙을 말리고 독약을 회수하기 위해 집으로 왔다가 丙을 발견한 것이다. 쓰러져 있는 丙을 본 丁은 자신이 준 독약으로 인해 나타난 결과라고 생각하고 바로 옆집 사람에게 도움을 청하여 함께 丙을 차에 태워서 병원으로 데리고 갔다. 丙은 거의 죽기 직전에 목숨을 건질 수 있었다. 조금이라도 더 늦었으면 丙은 목숨을 잃을 상황이었다.

[문] 乙과 丁의 형사책임을 논하시오.

❑ 乙의 형사책임

○ 행위 1: 첫 번째 살해 시도

❖ 살인 불능미수 (형법 제250조 제1항, 제254조, 제27조)

1. 丙이 목숨을 잃지 않았으므로 제250조 제1항에서 예상하는 결과가 발생하지 않았다. 한편 제250조 제1항의 행위에 대한 미수범 처벌 규정이 제254조에 마련되어 있다. 따라서 제250조 제1항에 대한 미수범 성립 여부를 검토할 실익이 있다.

2. 乙은 丙에게 독약이 들어있는 커피를 줘서 丙이 그것을 마시고 죽도록 만들겠다는 의도를 가지고 있었다. 제250조 제1항에서 필요로 하는 결과와 인과관계에 대한 고의를 모두 확정적인 형태로 가지고 있었던 것이다.

또한 독약을 커피에 타서 丙에게 줌으로써 丙을 살해하는데 필요한 행위를 이미 마쳤다. 어느 학설에 의하건 실행의 착수를 인정할 수 있다.

그런데 乙이 사용한 독약은 이미 장기간 잘못 보관되어 있었기 때문에 사람을 살해할 효능을 상실한 상태이었다. 이는 제27조에서 말하는 '수단의 착오'로 인하여 결과의 발생이 불가능한 상태에 해당된다.

이 때에는 제27조에 따라 위험성이 인정되는 때에 한하여 처벌할 수 있다. 위험성 여부를 어떠한 기준에 의하여 판단할 것인가 하는 점은 학설(구객관설, 법률적 불능·사실적 불능설, 구체적 위험설, 추상적 위험설, 주관설, 인상설)에 따라 결론이 달라질 수 있다.

이들 학설 가운데 추상적 위험설이 실제 적용 가능한 명백한 기준을 제시하는 견해이므로 이에 따라 판단한다. 이 사건에서 행위자인 乙은 자신의 친구인 丁이 마련해 준 독약이 실제로 사람을 살해할 수 있는 효능을 가지고 있는 것이라고 인식하였다. 이러한 인식이 사실이었다면 乙의 행위는 분명히 위험성을 가지고 있었던 것으로 인정된다. 乙의 행위는 위험성이 인정된다.

3. 또한 위법성과 책임을 배제할 사유도 없으므로 乙의 이 부분 행위는 살인미수로서 가벌성이 인정된다.

❍ 행위 2: 두 번째 살해 시도

❖ 살인 중지미수 (형법 제250조 제1항, 제254조, 제26조)

1. 丙을 살해하는 결과는 두 번째 시도에서도 발생하지 않았으며 제250조 제1항에 대한 미수범 처벌 규정이 제254조에 마련되어 있다.

2. 첫 번째 시도의 경우와 마찬가지로 乙은 독약(제초제)이 든 커피를 丙이 마시게 함으로써 죽게 만들고자 하는 의도를 확정적인 형태로 가지고 있었다. 그리고 독약이 든 커피를 丙에게 주어 마시게 하였으므로 실행의 착수도 분명히 인정된다. 문제는 중지미수가 인정되는가 하는 점이다.

3. 우선 乙의 행위는 중지의 자의성을 갖추고 있는가? 이에 대한 결론은 학설(객관설, 주관설, 프랑크의 공식, 규범설, 절충설)에 따라 달라질 수 있다. 중지의 자의성 여부는 심리적인 측면에서 행위자가 구성요건 실현 여부를 자유롭게 결정할 수 있는 상황이었는가 하는 면에 따라 결정하는 것이 타당하므로 이들 학설 가운데 절충설이 가장 적절하다고 생각한다.

이에 따라 판단한다면 비록 乙이 丙의 중독현상을 보고 무서움을 느끼기는 하였지만 살해행위를 하면서 있을 수 있는 일반적인 현상이므로 특히 이로 인하여 심리적 강압을 받았다고는 보기 힘들다. 따라서 심리적으로 자유로운 상태에서 행위를 중단하기로 결정했다고 보여진다. 중지의 자의성이 인정된다.

4. 한편 乙의 행위는 객관적인 측면에서나 주관적 측면에서나 결과를 발생하기에 충분한 것이었다. 따라서 실행미수로서 결과발생을 방지하기 위한 행위가 인정되어야 중지미수로서 형벌감면사유가 될

수 있다.

방지행위로 인정이 되려면 ① 본인의 입장에서 진지한 노력을 해야 하고, ② 그것이 객관적으로 보아도 결과발생을 방지하기에 적절한 내용의 노력이어야 한다. 이 사건에서 乙이 한 노력의 내용은 119로 전화한 것이었는데 이는 이들 두 가지 요건을 모두 충족시킨다.

진심으로 후회를 하였고 丙이 구조될 경우 형사처벌을 받게 될 위험이 있음에도 불구하고 119로 연락을 한 것은 진지한 노력으로 보아야 한다. 또한 119로 연락을 하는 것은 이와 같은 유형의 위험이 발생한 경우에 객관적으로 가장 적절한 결과 발생 방지 방법이다.

문제는 결과발생의 방지가 乙의 행위에 의해서가 아니라 丁의 행위에 의해서 이루어졌다는 점이다. 행위자의 방지행위와 방지의 결과 사이에 인과관계가 성립되지 않는다.

이 경우에 중지미수를 인정할 것인가에 대하여 학설이 대립되고 있다. 제3의 원인에 의해서 결과발생이 방지되었다 하더라도, 결과발생을 방지하기 위해 진지한 노력을 기울인 행위가 가지는 사회적 의미는 중지미수를 인정하기 위한 본래 취지에 비추어 볼 때 그로부터 벗어난다고 보기 힘들다. 따라서 이러한 경우에도 중지미수를 인정하는 것이 타당하다고 생각한다.

5. 또한 위법성과 책임을 배제할 사유도 없으므로 乙의 행위는 살인미수로서 가벌성이 인정되나 중지미수이므로 그 형벌이 감경 또는 면제되어야 한다.

❑ 丁의 형사책임

❖ 살인 불능미수 공동정범 (형법 제250조 제1항, 제254조, 제30조)

공동정범이 성립하기 위해서는 공동의 실행행위와 공동실행의 의사가 있어야 한다. 丁의 경우에는 이 가운데 어떠한 것도 갖추고 있지 않다. 그저 독약을 구해서 乙에게 넘겨준 이후 살해행위와 관련하여 어떠한 행동도 하지 않았으므로 공동의 실행행위가 없었으며, 함께 실행행위를 하겠다는 의도도 전혀 없었으므로 공동실행의 의사도 인정되지 않는다. 이는 공모공동정범을 인정하는 견해에 따르더라도 마찬가지이다.

❖ 살인 불능미수 방조 중지미수 (형법 제250조 제1항, 제254조, 제33조, 제26조)

1. 피방조자인 乙의 행위는 앞에서 확인한 바와 같이 살인 불능미수로서 구성요건과 위법성을 충족시키고 있다.

2. 丁은 독약을 구해줌으로써 乙의 살인 불능미수 행위가 비로소 가능하도록 해주었다. 따라서 객관적으로 살인 불능미수의 구성요건과 위법성을 충족하는 乙의 행위를 촉진한 것으로 평가된다. 또한 丁은 이러한 乙의 행위를 독약을 구해줌으로써 가능하게 만들어준다는 데 대해서도 명확한 고의를 가지고 있었다.

3. 문제는 자신의 행위를 후회하고 쫓아가서 丙의 목숨을 구해준 것이 중지미수에 해당되는가 하는 점이다.

우선 丁의 경우 중지의 자의성은 별 문제없이 인정된다. 심리적으로 명백하게 자유로운 상태에서 중지를 결정하였기 때문이다.

그런데 자신이 마련해 준 독약은 효능을 상실한 것이었기 때문에 결과를 발생시키기에 불가능한 것이었다. 丁이 丙을 구조하는 행위를 할 당시에 보인 중독현상은 乙이 독자적으로 구해서 사용한 독약 때문이었다. 따라서 이 경우도 자신의 방지행위와 관계없이 자신의 애초의 행위로 인한 결과발생이 있을 수 없는 상황에 해당된다. 그렇다면 乙의 경우와 마찬가지로 중지미수가 인정되어야 할 것이다.

4. 또한 위법성과 책임을 배제할 사유도 없으므로 丁의 행위는 살인 불능미수 방조 중지미수로서 가벌성이 인정된다.

[사례 45] 음주난동

甲은 극우단체인 자유○○○ 회원으로서 특수부대 근무 당시부터 뛰어난 태권도 실력을 가지고 있었고 제대 후에도 열심히 무술을 연마하여 합기도, 검도 등 각종 무술을 합쳐서 종합 20단인 사람이었다. 2004년 3월 12일에 국회에서 대통령 탄핵안이 가결되고 이에 대한 시민들의 반대집회가 매일 계속되자 甲은 아주 기분이 나빠졌다. 그리하여 3월 20일 저녁에 있을 탄핵반대 촛불집회를 뒤엎어 버리기로 작정하였다. 촛불집회는 불법이라고 경찰에서 선언하였으므로 그곳에 모여 있는 사람들은 범죄자들이고 이들을 응징하는 것은 죄가 되지 않을 뿐 아니라 나라를 살리는 길임을 확신하였다. 집회 참가자 여러 명을 때려 피를 흘리게 만들어서 폭력시위로 변하게 한다는 것이 甲의 계획이었다.

일을 시작하기 전에 두려움을 없애기 위해 甲은 소주 1병을 마시고 얼큰한 상태에서 전투복에 전투화를 신고는 자신의 차를 몰고 집회장소로 향하였다. 남대문을 지나 덕수궁 앞에 도착하자 경찰이 차를 돌리라는 수신호를 보냈다. 甲은 이를 무시하고 그냥 통과하여 시청 앞 공사현장 옆에 차를 세우고 내렸다. 이에 경찰관 여러 명이 차를 빼라고 하며 甲에게로 달려왔고 甲이 "야 이 새끼들아! 니들 똑바로 해"라며 욕을 해대자 옥신각신 시비가 붙었다. 그 때 甲의 입에서 술냄새가 나는 것을 느낀 한 경찰관이 "음주운전 하셨군요!"라고 하자 甲은 아차 하면서 도망치기 시작하였다.

甲이 원래 달리기를 잘 하기는 하지만 역시 달리기를 잘 하는 경찰관 乙은 열심히 달려서 甲의 왼쪽 어깨 부분 뒷덜미를 잡는데 성공하였다. 그러자 甲은 잽싸게 왼쪽 방향으로 몸을 돌리며 왼손으로 乙의 팔을 쳐서 뿌리치고 전투화를 신은 오른쪽 발로 乙의 왼쪽 신장부위를 정확하고 강하게 가격하였다. 乙은 그 자리에 쓰러졌고 甲은 군중 속에 뛰어들어 "죽여~!"라고 소리를 지르면서 사람들을 차고 때리기 시작하였다. 그러나 甲은 현장에서 근무하던 전투경찰관들이 대거 달려들어 진압봉으로 때려 제압함으로써 금방 체포되었다. 乙은 신장이 파열되어 수술을 통해 들어내야 하였다. 甲에게 맞은 집회 참석자 3명은 각각 전치 4주 ~ 12주의 상처를 입었다. 행위당시 甲의 혈중알코올농도는 0.12%로 확인되었다.

[문] 甲의 형사책임을 논하시오.

○ **행위 1: 술을 마시고 운전한 부분**

❖ **주취 중 운전 (도로교통법 제44조 제1항 · 제4항, 제150조 제1호; 형법 제10조 제2항)**

I. 구성요건

1. 객관적 구성요건

(1) 취한 상태: 도로교통법 제44조 제1항에서 말하는 취한 상태란 같은 법 제44조 제4항에 따라 혈중알코올 농도 0.05% 이상인 경우를 말한다. 甲의 혈중알코올 농도는 행위 당시 0.12%이었다. 취한 상태이었음이 분명하다.

(2) 자동차 운전: 그 상태에서 시내도로를 주행하였다.

2. 주관적 구성요건: 범죄구성요건을 실현시킬 객관적 행위상황에 대한 인식과 범죄구성요건을 실현하고자 하는 의사가 있었다.

II. 위법성을 배제할 사유가 없다. 범죄자를 사적으로 응징하는 것은 정당한 행위가 아니다.

III. 책임

— 심신미약(형법 제10조 제2항)을 근거로 한 형벌 감경 여부 —

행위당시에 甲이 명정상태 때문에 책임능력이 저하된 상태이었을 수 있다.

혈중알코올 농도에 따른 명정상태를 분류해 보면 다음과 같다.

① 약도 명정: 0.05 ~ 0.1 % 한 잔 걸친 상태

② 경도 명정: 0.1 ~ 0.15 % 얼큰한 상태

③ 중등도 명정: 0.15 ~ 0.25 % 비틀거리는 상태

④ 고도 명정: 0.25 ~ 0.35 % 인사불성 상태

경도 명정의 중간 정도인 혈중알코올 농도 0.12% 정도이면 책임능력이 저하되었는지 의심스러운 상태이다. 행위 당시의 행태를 보면

아무 문제가 없는 상태이었던 것으로 판단된다.

한정책임능력 상태이었기 때문에 甲의 행위는 형벌이 감경된다. 그러나 원인에 있어서 자유로운 행위에 해당되어 제10조 제2항의 적용이 배제되는지를 확인해야 한다.

Ⅳ. 이 부분 甲의 행위는 주취 중 운전을 근거로 가벌성이 인정된다.

○ 행위 2: 경찰관 乙을 공격한 부분

❖ 중상해 (형법 제258조)

乙의 신장 부위를 가격하여 파열되도록 하였다. 명백한 상해의 결과이며 甲의 행위와 결과 사이에는 직접적 인과관계의 연결이 인정된다. 甲은 명백한 고의를 가지고 있었다.

제258조는 중한 결과로서 제1항에서 "생명에 대한 위험"을 그리고 제2항에서 "불구 또는 불치나 난치의 질병"을 이야기 하고 있다. 우선 신장을 제거한다고 하더라도 생명에 대한 위험을 발생시키지는 않으므로 제1항에는 해당되지 않는다. 제2항에서 말하는 불구란 중요한 신체부위가 절단되거나 기능이 정지되는 것을 의미한다. 그런데 내부기관은 중요한 신체부위에 포함되지 않아 불구의 결과라고 볼 수도 없다.

❖ 상해 (형법 제257조 제1항)

Ⅰ. 구성요건

앞에서 확인한 것처럼 상해의 구성요건에 해당됨은 분명하다.

Ⅱ. 위법성

— 정당방위(제21조)를 근거로 한 위법성 배제 —

경찰관 乙의 체포행위가 신체에 대한 침해이고 현재성도 인정된다. 그러나 부당한 공격이라고 할 수는 없다. 정당한 직무집행이었기 때문이다.

Ⅲ. 책임

또한 책임을 배제할 사유도 없으므로 이 부분 甲의 행위는 형법 제257조 제1항을 근거로 가벌성이 인정된다.

❖ **공무집행방해 (형법 제136조)**

경찰관 乙은 주취 중 운전이라는 범죄행위를 저지르고 도주하는 甲을 체포하기 위해서 추격하는 중이었다. 정당한 직무집행에 해당된다. 그러한 乙에 대하여 상해를 가하였으므로 폭행에 해당되어 객관적 구성요건이 충족된다.

甲은 그와 같은 행위를 명백한 고의를 가지고 하였다.

또한 위법성과 책임을 배제할 사유도 없으므로 이 부분 甲의 행위는 형법 제136조를 근거로 가벌성이 인정된다.

❖ **특수공무방해 (형법 제144조)**

특공무술 유단자가 공격무기로 사용하는 전투화가 위험한 물건에 해당되는가 문제이다. 위험한 물건이란 '객관적 성질상 사용하기에 따라 중대한 신체 상해나 사망의 결과를 초래할 수 있는 물건'을 의미한다. 전투화는 매우 단단하게 제작된 것으로서 이를 사용하면 상해 또는 사망의 결과를 충분히 발생시킬 수 있다. 따라서 위험한 물건에 해당된다. 이에 甲의 행위는 가중처벌 대상이 된다.

○ **행위 3: 집회참석자를 공격한 부분**

❖ **상해 (형법 제257조 제1항)**

Ⅰ. 구성요건: 전치 4주부터 12주까지의 상처를 입혔으므로 상해의 결과가 분명하며 甲의 행위와 이들 결과 사이에는 직접적 인과관계가 인정된다.

Ⅱ. 위법성을 배제할 사유는 없다.

Ⅲ. 책임

– 금지착오(형법 제16조)를 근거로 한 형벌 감면 여부 –

甲은 자신의 행위가 죄가 되지 않는다고 생각하고 있었다. 제16조에서 말하는 금지착오에 해당된다. 범죄를 저지른 사람을 사적으로 응징하는 것은 웬만하면 누구나 다 알고 있는 금지된 행위이다. 따라서 의심의 여지가 있었음이 분명하다(규범적 계기). 이에 甲은 자신의 행위가 정당한가에 대한 조회를 하여야 함에도 불구하고(조회의무) 전혀 그러한 노력을 기울이지 않았다. 甲의 행위는 정당한 이유가 없는 금지착오로서 형을 면제하거나 감경할 수 없다.

[사례 46] 뒷조사와 오리발

甲은 남편 乙의 행동이 이상하다는 생각에 혹시 바람을 피우는 것이 아닌가 의심이 들어 심부름 센터에 뒷조사를 의뢰하였다. 甲은 조사를 맡은 전직 경찰관 丙에게 비용을 충분히 대 줄 테니 확실하게만 알아내 달라고 하였다. 丙은 함께 근무하던 친한 동료 경찰관 丁에게 부탁을 해서 乙이 가입한 통신회사에 협조공문을 보내게 하였다. 통신회사로부터 회신을 받은 丁은 이를 丙에게 넘겨주어 乙의 최근 6개월간의 핸드폰 통화내역이 확인되었다. 한편 낮 시간에 손님으로 가장하고 乙이 근무하는 회사로 간 丙은 乙이 잠시 자리를 비운 틈을 이용하여 乙이 사용하는 전화기에 도청장치를 하고 나왔다.

丙은 乙의 통화내역을 녹음하고 핸드폰 통화내역을 검토하였으며 乙을 미행하였다. 丙은 결국 乙이 자신의 비서 戊와 깊은 관계를 맺고 있음을 알아낼 수 있었다. 戊의 아파트 위치를 확인한 丙은 그곳으로 들어가는 乙의 모습을 사진으로 찍고 원격도청장치를 이용하여 두 사람이 성관계를 가지는 내용의 음향을 녹음하였다. 일이 마무리되었다고 판단한 丙은 사진과 녹음테이프를 甲에게 주면서 비서와 바람을 피우고 있는 것이 확인되었다는 보고를 하고 필요하다면 고소장을 작성해 주겠다고 하였다.

집으로 돌아온 甲은 남편 乙이 들어오자 바람 피운 사실을 추궁하기 시작하였다. 그러나 乙이 끝까지 부인을 하자 甲은 戊의 아파트로 들어가는 乙의 모습이 찍힌 사진을 꺼내서 내 던지고 당장 이혼하고 고소를 하겠다고 하면서 밖으로 나갔다. 사진을 보고 뜨끔해진 乙이 뒤따라 나가 차고에서 나오는 甲의 승용차 앞을 가로막고 섰다. 甲은 화가 났지만 乙을 차로 칠 생각까지는 없어서 잠시 멈추고 있자 甲이 운전석으로 와서 문을 열려고 하였다. 그러나 이미 문을 안에서 잠근 상태인지라 열리지 않았는데 그 순간 다시 甲이 차를 출발시키자 이번에는 乙이 자동차의 본네트에 상체를 엎고 양팔을 벌려 달라붙은 자세로 잠깐만 이야기하자고 소리를 질렀다. 할 수 없이 甲은 다시 차를 세웠고 乙이 그냥 잠깐 이야기를 하자고 애원을 하여 함께 집으로 들어갔다.

이런저런 말도 안되는 변명을 늘어놓던 乙은 갑자기 당신을 사랑한다고 하며 甲을 침대에 강제로 눕혔다. 甲은 자신의 몸에 손대지 말라고 소리지르며 저항을 했으나 乙의 완력을 당할 수 없었다. 甲의 옷을 찢고 성기를 삽입하는데 성공한 乙은 평소처럼 두 사람 모두 오르가즘을 느낄 때까지 계속하자고 하였다. 지옥 같은 상황을 빨리 모면하고 싶었던 甲은 잠시 후에 거짓으로 오르가즘을 느끼는 듯 연기를 하였고 이에 성관계가 끝났다.

다음 날 甲은 변호사를 통해 이혼소송을 제기하고 경찰에 고소장을 제출하였다.

[문] 甲과 乙의 형사책임을 논하시오.

- 사례출처: BGH, Beschl. v. 23. 4. 2002 - 1 StR 100/02 (LG München II), StV 7/2002, S. 360

❑ 甲의 형사책임

❍ 행위 1: 통신회사를 통해 통화내역을 조회한 부분

❖ 직권남용 간접교사 (형법 제123조, 제31조)

Ⅰ. 구성요건

1. 피교사범죄: 직권남용이란 공무원이 자신의 일반적 권한에 속하는 사항에 관하여 그것을 불법하게 행사하는 것을 말한다. 검사 또는 사법경찰관은 수사를 위하여 필요한 경우 전기통신사업자에게 통신사실 확인자료의 열람이나 제출을 요청할 수 있다(통신비밀보호법 제13조 제1항). 그러나 이 사건의 경우에는 자신이 수사를 하는데 필요한 것이 아니라 전직 경찰관인 丙이 사적 계약을 통해 의뢰를 받은 사건과 관련하여 뒷조사를 하는 데 필요한 일이었다. 따라서 자신의 일반적 권한에 속하는 사항에 관하여 이를 불법하게 행사한 경우에 해당된다.

2. 교사행위: 甲은 丙에게 남편에 대한 뒷조사를 부탁하였고 이에 따라 丙은 조사대상인 乙의 통화내역을 확인하고자 옛 동료 丁에게 다시 부탁을 한 것이다. 甲의 부탁에 따라 丙이 이러한 행위를 하겠

다는 결심을 새롭게 한 것은 분명한 사실이다. 따라서 교사행위는 인정된다.

교사의 교사가 가벌성이 있는가에 대하여는 부정설과 긍정설 사이에 견해의 대립이 있다. 다른 사람으로 하여금 범죄행위를 결의하게 만들었다는 점에서 다를 바 없으므로 이를 처벌하는 것이 타당하다.

3. 교사의 고의: 甲이 이러한 행위까지 하면서 뒷조사를 하게 될 것까지 예상했는가 하는 점에 대해서는 의문의 여지가 있기는 하다. 그러나 통상적으로 이와 같은 유형의 일을 맡은 사람들은 불법한 행위까지 감행하면서 의뢰인의 요구를 충족시키는 것이 일반적이다. 따라서 일상적으로 법원의 영장을 필요로 하며 수사기관만 이를 행할 수 있는 유형의 조사를 상대방인 丙이 저지를 가능성은 충분히 인식했을 것으로 판단된다. 그럼에도 불구하고 甲은 어떤 대가를 치르더라도 사실을 확인하겠다는 강한 욕구를 가지고 있었다. 적어도 미필적 형태로는 고의가 인정된다.

Ⅱ. 위법성

— 긴급피난(형법 제22조) —

부부관계의 불가침성이 남편의 간통행위로 인하여 침해될 수 있는 상황이었다. 그러나 아직 그 위난이 긴급한 형태로 현재화 되었다고 보기는 곤란하다. 위난의 현재성이 인정되지 않는다.

— 정당행위(형법 제20조) —

범죄행위를 하지 않는 한도 내에서 뒷조사를 하는 것이 마땅하다. 상당성을 초과하였으므로 정당행위를 근거로도 위법성을 배제할 수 없다.

Ⅲ. 또한 책임을 배제할 사유도 없으므로 이 부분 甲의 행위는 가벌성이 인정된다.

❖ 공문서 위조 간접교사 (형법 제225조, 제31조)

위조는 작성권한이 없는 자가 명의를 도용하여 문서를 작성하는 것을 의미한다. 이 사건의 경우에는 제대로 작성된 공문이 통신회사로 발송된 것이 아니라고 볼 여지가 없다.

○ 행위 2: 乙의 회사에 들어가 도청장치를 한 부분

❖ 주거침입 교사 (형법 제319조 제1항, 제31조)

丙이 들어간 곳은 회사로서 아무나 함부로 출입하지 못하도록 관리해주는 인적·물적 설비가 되어있는 장소이므로 관리하는 건조물에 해당된다.

한편 회사는 일반적으로 누구에게나 출입이 허용되는 장소가 아니다. 이러한 곳에 손님으로 가장해서 들어갔으므로 주거권자의 사실상의 동의가 있었으나 그 동의가 기망에 의해 이루어진 경우에 해당된다. 기망에 의해 주거권자의 사실상의 동의가 이루어진 경우에 침입이 성립하는가 아닌가에 대해서는 긍정설과 부정설의 견해가 대립되고 있다.

사실상의 평온을 해치지 않으므로 주거침입으로 보지 않는 부정설이 타당하다. 따라서 피교사범죄가 성립되지 않는다.

○ 행위 3: 성관계 내용을 녹음한 부분

❖ 비공개 대화 녹음 교사 (통신비밀보호법 제16조)

공개되지 아니한 乙과 戊 사이의 대화 내용을 녹음하였다. 甲은 그와 같은 행위를 명백한 고의를 가지고 하였다.

또한 위법성과 책임을 배제할 사유도 없으므로 이 부분 甲의 행위는 가벌성이 인정된다.

❑ 乙의 형사책임

❍ 행위 1: 甲의 차를 가로막은 행위

❖ 강요 (형법 제324조)

차 앞을 가로막고 서 있는 것을 폭행으로 보기는 곤란하다.

❍ 행위 2: 甲의 차 본네트에 올라 탄 행위

❖ 강요 (형법 제324조)

차 본네트에 올라 탄 것은 폭행이라고 볼 수 있다. 이를 통해 차를 움직이지 못하게 하였으므로 부작위를 강제한 것이다. 강요에 해당된다. 고의도 분명하며 위법성과 책임을 배제할 사유도 없다. 가벌성이 인정된다.

❍ 행위 3: 乙을 강제로 간음한 행위

❖ 강간 (형법 제297조)

우선 문제가 되는 것은 강간의 행위객체인 부녀에서 배우자는 제외하여야 하는가 하는 점이다. 이에 관하여는 ① 부부관계의 특수성을 들어 妻는 이 죄의 행위객체가 될 수 없다는 입장, ② 별거중인 경우에 한하여 강간죄의 행위객체가 된다는 견해 그리고 ③ 배우자도 항상 강간죄의 행위객체에 포함된다는 견해가 대립되고 있다.

물론 부부관계는 특수하다. 그러나 부부관계가 남편이 처를 폭행·협박해서 강제로 간음해도 된다고 할 정도로 특수한 관계라고 하기는 곤란하다. 따라서 부인을 강간죄의 행위객체에서 제외시키는 것은 곤란하다고 생각한다.

한편 乙은 甲이 당해낼 수 없는 완력을 사용하였다. 반항이 불가능할 정도의 폭력을 사용한 것이다. 이를 통하여 강제로 간음하였으므로 강간죄의 객관적 구성요건을 충족시킨다. 또한 乙은 명백한 고의를 가지고 행위를 하였다.

위법성과 관련하여 배우자는 결혼을 함으로써 서로 성관계를 가지는 것에 동의한 것이므로 피해자의 승낙을 근거로 위법성이 배제될 수 있다는 견해를 주장하기도 하지만 수긍할 수 없는 논리이다. 강간죄는 법익주체의 의사결정의 자유를 침해하는 유형의 범죄이기 때문에 이를 침해하지 않으면 구성요건 자체가 성립되지 않기 때문이다. 위법성 단계까지 가서 피해자의 승낙을 논할 이유는 없다.

그 밖에 위법성이나 책임을 배제할 사유가 없으므로 甲의 행위는 제297조의 강간죄를 근거로 가벌성이 인정된다.

[사례 47] 가스총

사설경호업체에서 일하는 甲과 乙은 교외의 한 주점에서 3시간 동안 소주 4병을 나누어 마시고 밤늦게 집으로 가기 위해서 밖으로 나와 지나가는 차를 잡아타려고 하였다. 계속 시도를 하였으나 어느 차도 세워 주지 않자 신경질이 난 甲은 소지하고 있던 가스총을 꺼내 들고 왕복 2차로 중 서울 방향 차로 한 가운데 서서 기다렸다.

마침 丙이 운전하는 승용차가 나타나자 甲은 가스총을 오른손으로 들어 운전자에게 겨냥하고는 왼쪽 손바닥을 앞으로 펴서 정지하라는 신호를 하였다. 甲을 발견한 丙은 속도를 줄이면서 접근을 하다가 甲을 피해 중앙선을 넘어 속도를 내어 달아났다. 丙의 승용차가 옆을 지날 때 甲은 丙을 향해 가스총을 두 발 발사하였다.

잠시 후 남자 친구 丁을 옆에 태우고 戊가 운전하는 승용차가 나타났고 甲은 같은 방법으로 차를 세우고자 하였다. 戊는 속도를 줄이다가 대향차량 때문에 甲을 다치지 않게 피해갈 수 있는 방법이 없어 차를 세웠다. 丁이 내리면서 戊에게 차문을 잠그라고 하였다. 丁이 내리자 乙이 다가와서 서울까지 태워달라고 하였다. 화가 난 丁이 이런 식으로 해도 되냐고 하면서 옥신각신 실랑이가 벌어졌다. 그러자 甲이 다가와 가스총을 丁의 머리에 대고 서울까지 태워줄 것을 요구하였다. 丁은 춘천으로 가야 하기 때문에 태워줄 수가 없다며 거부하였다. 이에 乙이 서울로 가야 하니까 택시비 10만원을 달라고 하였다. 그 다음날 반드시 갚겠다는 말도 덧붙였다. 그러나 丁은 '내가 바본줄 아냐?'라고 생각하며 돈이 없다고 그 요구도 거부하였다. 열 받은 甲은 丁에게 가스총을 쐈고 丁은 얼굴을 감싸쥐고 비명을 지르며 그 자리에 주저앉았다. 乙이 丁을 부축해서 차에 타게 해서 丁과 戊는 그 자리를 떠났다.

곧 이어 己가 운전하는 승용차가 나타났는데 甲이 같은 방법으로 차를 세웠고 정차하는 순간 乙이 차로 다가오자 己는 차를 버리고 그냥 도망하였다. 그 승용차는 사실은 己가 훔친 차였는데 甲과 乙의 경호원 복장을 보고는 경찰인 것으로 오인하여 도주한 것이다. 할 수 없이 乙이 차를 운전하고 甲이 조수석에 앉아 서울로 와서는 자신들이 관리하는 현금출납기가 있는 곳에 차를 세웠다. 乙이 차에서 기다리는 동안 甲은 경보기 스위치를 끄고 현금출납기의 뒤쪽을 열어 현금 100만원을 꺼냈다. 甲과 乙은 돈을 나중에 채워 넣는다고 생각하고 있었다. 두 사람은 승용차를 그 자리에 놔두고 택시로 단골 단란주점으로 가서 새벽까지 술을 마신 후 각자 집으로 갔다. 자리를 떠나면서 乙은 차량 전면에 있는 핸드폰 번호로 승용차의 위치를 문자로 찍어서 보내주었다.

[문] 甲의 형사책임을 논하시오.

- 사례출처: BGH, Beschl. v. 20. 3. 2001 - 4 StR 33/01 (LG Osnabrück), StV 7/2002, S. 361

○ 행위 1: 차를 가로막은 부분

❖ 일반교통방해 (형법 제185조)

甲이 가로막은 차로는 '일반공중의 왕래에 공용되는 육상의 통로'로서 제185조에서 말하는 '육로'에 해당된다. 이 육로의 한 개 차선을 가로막고 있었기 때문에 통행이 불가능하게 만든 것은 아니다. 그렇다면 통행이 현저하게 곤란해지도록 만들었는가? 甲은 단지 차량 2대를 정지하게 만들었을 뿐이다. 제185조의 입법취지는 공공도로의 통행을 일정시간 동안 방해하는 행위를 금지하는 것이다. 그러한 행위에 해당된다고 보기는 곤란하다.

❖ 첫 번째 차량에 대한 강요미수 (형법 제324조, 제324조의5, 제10조 제2항)

※ 사전검토: ① 자동차가 멈추지 않았으므로 강요의 기수에 이르지 못하였다. ② 그런데 미수범 처벌규정이 제324조의5에 있으므로 미수를 검토하여야 할 사안이다.

1. 구성요건: 甲이 의도한 것은 가스총을 이용하여 협박을 함으로써 의무없는 일을 강제하는 것이었다. 협박을 함으로써 구성요건에 해당되는 행위를 하였기에 실행의 착수는 문제되지 않는다.

2. 위법성을 배제할 사유가 없다.

3. 책임: 3시간 동안 두 사람이 소주 4병을 마셨다면 심신장애가 야기될 가능성이 얼마간 있다. 혈중알코올 농도를 제대로 알지 못하는 상황이므로 이들의 행동거지를 보고 심신장애가 있었는가 판단할 필요가 있다. 甲이 술을 마시기는 하였지만 사물을 변별하는데 지장이 있어 보이지 않고 행동도 비교적 정확하였다. 아무 문제없이 차를 운전하기도 하였으며 자신들이 관리하는 현금출납기를 찾아가는 데에도 전혀 장애가 없었다. 따라서 심신장애가 야기되지 않은 것으로 보인다.

4. 이 부분 甲의 행위는 가벌성이 인정된다.

❖ 두 번째 · 세 번째 차량에 대한 강요 (형법 제324조)

가스총으로 협박을 하여 정차하도록 하였으므로 작위를 강요한 것이다. 고의도 분명하며 위법성과 책임을 배제할 사유도 없다. 가벌성이 인정된다.

❍ 행위 2: 지나가는 차량에 가스총을 발사한 부분

❖ 폭행 (형법 제260조)

신체적 안온상태를 침해할 수 있는 성격의 행위가 아니다. 또한 그러한 의도를 가진 것도 아니었다. 범죄가 성립되지 않는다.

❍ 행위 3: 가스총을 겨누고 차에 태워줄 것을 요구한 부분

❖ 강요 미수 (형법 제324조, 제324조의5)

이미 협박까지 하였으므로 실행의 착수가 인정된다. 또한 위법성과 책임을 배제할 사유도 없으므로 이 부분 甲의 행위는 형법 제324조 및 제324조의5를 근거로 가벌성이 인정된다.

❍ 행위 4: 乙이 택시비를 요구할 때 계속 가스총을 들고 있던 부분

❖ 강도미수 공동정범 (형법 제333조, 제342조, 제30조)

乙이 10만원을 요구할 때까지는 甲이 그러한 강요행위를 하고자 하는 의사를 가지고 있지 않은 것으로 보인다. 그러나 乙이 그와 같은 요구를 할 때 그대로 가스총을 겨누고 있었으며 丁이 이를 거부하자 가스총을 발사한 것으로 보아 乙의 요구가 있게 된 순간 공동의 실행행위를 하겠다는 묵시적 의사형성이 있었던 것으로 판단된다. 공동의 실행행위와 공동실행의 의사가 모두 인정된다.

또한 위법성과 책임을 배제할 사유도 없으므로 이 부분 甲의 행위는 가벌성이 인정된다.

❖ 특수강도미수 공동정범 (형법 제334조 제2항, 제342조, 제30조)

흉기를 휴대하고 2인 이상이 합동하여 강도행위를 하였으므로 가중처벌 대상이 된다.

○ 행위 5: 가스총을 발사한 부분

❖ 상해 (형법 제257조)

가스총을 맞게 되면 분사된 가스로 인해서 눈도 잘 뜰 수 없는 고통스러운 상태가 된다. 이도 병적 현상으로서 하찮은 것이라고 하기 곤란하다. 병적 상태의 시간이 길지 않더라도 상해임은 확실하다. 이러한 결과는 甲의 행위와 인과관계 측면에서 직접 연결되어 있다.

甲은 그와 같은 행위를 명백한 고의를 가지고 하였다.

또한 위법성과 책임을 배제할 사유도 없으므로 이 부분 甲의 행위는 가벌성이 인정된다.

○ 행위 6: 己가 몰고 온 차를 운전한 부분

❖ 절도 공동정범 (형법 제329조, 제30조)

乙이 운전한 차량이 타인의 재물임은 분명하다. 한편 문제의 차량은 己의 소유가 아니라 그가 훔친 차이었다. 그러나 그렇다고 하더라도 형사상 점유란 '재물에 대한 사실상의 지배'를 의미하는 것이므로 己가 사실상 지배하고 있던 상태도 점유로 보아야 한다. 정당한 권리 없이 물건을 사실상 지배하고 있는 경우에도 점유로 인정되어야 하는 것이다.

문제는 己가 점유를 스스로 포기하고 도망하였다는 점이다. 점유자의 의사에 반하여 점유가 배제되지 않았으므로 '절취'가 인정되지 않는다.

❖ **점유이탈물 횡령 공동정범 (형법 제360조 제1항, 제30조)**

甲과 乙은 우연한 기회에 타인의 재물을 점유하게 되었다. 그리고 이를 사용하였으므로 영득의사의 객관적 표출도 있었다.

그러나 이를 영득할 의사는 없었다. 목적지에 도착해서 소유자가 찾아갈 수 있도록 목적물의 위치를 문자로 알려주었기 때문이다.

❖ **자동차 등 불법사용 공동정범 (형법 제331조의2, 제30조)**

권리자의 동의 없이 일시적으로 사용한 것은 분명하므로 객관적 구성요건을 충족시킨다. 고의도 분명하며 위법성과 책임을 배제할 사유도 없다. 가벌성이 인정된다.

❖ **주취 중 운전 (도로교통법 제44조 제1항 · 제4항, 제150조 제1호)**

도로교통법 제44조 제1항에서 말하는 취한 상태란 같은 법 제44조 제4항에 따라 혈중알코올 농도 0.05% 이상인 경우를 말한다. 이 상태는 일반인의 경우 소주 3잔을 마시고 2시간 정도 지났을 때 도달하는 수치이다. 甲과 乙이 같은 양을 마셨다고 가정할 때 소주 각자 14잔이므로 충분히 도달할 수 있는 상태이다.

○ **행위 7: 현금출납기에서 돈을 꺼낸 부분**

❖ **절도 공동정범 (형법 제329조, 제30조)**

현금출납기에서 꺼낸 100만원이 타인의 재물임은 분명하다. 문제는 현금출납기 속의 현금에 대한 점유자가 누구인가 하는 점이다. 사례의 현금출납기는 甲과 乙이 관리하는 것으로서 두 사람이 평소에 현금을 갖다 넣곤 하였다. 열쇠도 가지고 있어서 마음대로 열 수 있는 상황이었다. 그렇다면 현금의 점유자는 甲과 乙 두 사람이었다. 따라서 절취가 성립되지 않는다.

❖ 횡령 공동정범 (형법 제355조 제1항, 제30조)

금전 기타 대체물은 수탁자가 그 위탁의 취지에 반하여 다른 용도에 비일시적으로 소비할 경우에 비로소 횡령이 성립된다. 이 사례의 경우 현금을 임의로 꺼내 간 것은 위탁의 취지에 분명히 반한다. 그리고 돈을 나중에 채워 넣는다고 하였는데 언제일지 기약할 수 없는 상황이므로 비일시적이기도 하다. 따라서 횡령에 해당된다.

고의도 분명하며 위법성과 책임을 배제할 사유도 없다. 가벌성이 인정된다.

[사례 48] 큰손과 해결사

甲·乙·丙 세 사람은 각각 5천만원, 8천만원, 9천만원을 부담하여 S로부터 부동산을 구입하면서 丙의 이름으로 소유권이전등기를 하였다. S는 큰손인 丙이 매매과정에서 자신의 재테크 방법론에 대하여 수다를 떤 관계로 다른 사람의 자금을 끌어다가 부동산을 공동으로 구입한다는 사실을 어렴풋이 알면서 자신의 부동산을 매도하였다. 이 과정에서 甲과 乙은 丙에게 돈을 맡기기만 하고 전면에 나서지는 않았다.

그런데 부동산 경기가 갑자기 악화되면서 丙의 자금이 묶이고 남편의 사업도 어려워져 부도의 위기에 몰리게 되자 다급해진 丙은 비교적 현금화가 쉬운 위의 부동산을 1억 8천만원에 매각해서 숨통을 돌렸다. 甲과 乙에 대해서는 나중에 다른 부동산을 처분해서 돈을 돌려 줄 생각이었다.

원래 사채업자인 甲과 乙은 丙이 갑자기 부동산을 처분했다는 말을 듣고는 어떻게 된 것이냐며 丙에게 따지고 들었다. 丙은 미안하다고 하면서 곧 다른 부동산을 처분해서 돈을 갚겠다고 하였다. 그러나 몇 달이 지나도록 丙이 돈을 돌려주지 않을 뿐 아니라 남편과 함께 잠적했다는 이야기가 들리자 甲과 乙은 평소에 거래하던 해결사 丁에게 알아서 돈을 받아내 달라고 의뢰하였다. 丙이 큰손이므로 부동산을 많이 가지고 있을 것이라고 하면서 이자까지 확실하게 받아내라는 말을 덧붙였다.

丁은 丙을 찾아내서 납치해 가지고 산으로 끌고 가 땅에 파묻고 위협해서 땅문서를 모두 빼앗은 다음 살해하기로 작정하였다. 그리고는 甲과 乙에게 돈을 주지 않고 애인과 함께 외국으로 도주하기로 마음을 먹었다.

수소문 끝에 丙을 찾아 낸 丁은 골목길에서 혼자서 걸어가고 있던 丙을 덮쳐서 마취제로 혼절을 시키고는 자신의 승용차 트렁크에 싣고 입을 테이프로 막은 후 끈으로 움직이지 못하게 묶었다. 丁은 그곳에서 약 50km 떨어진 곳에 위치한 산 속으로 가서 미리 파 둔 구덩이에 얼굴만 나오도록 丙을 파묻고 丙을 깨워 위협해서 재산을 자신에게 모두 넘기도록 한 후, 칼로 찔러 죽이고 근처의 호수에 돌을 매달아 던져서 시신을 감출 계획이었다. 그런데 丁은 도중에 검문에 걸려 체포되었다.

[문] 丙과 丁의 형사책임을 논하시오.

• 사례출처: 대법원 2002. 2. 22. 2001도6209

❑ 丙의 형사책임

❖ 실명등기법 제7조 제2항 위반

丙은 명의수탁자로서 자신의 명의로 부동산 등기를 하였다. 이로서 실명등기법을 위반하였다. 丙은 그와 같은 행위를 명백한 고의를 가지고 하였다.

또한 위법성과 책임을 배제할 사유도 없으므로 이 부분 丙의 행위는 가벌성이 인정된다.

❖ 횡령 (형법 제355조 제1항)

이 사건 丙 자신의 지분을 제외한 나머지 부분의 부동산은 甲과 乙의 소유로 등기가 되어야 한다. 그럼에도 이를 丙의 단독명의로 등기하였으므로 명의신탁에 해당된다. 명의신탁 중에서도 3자간 명의신탁의 일종이고 계약을 수탁자인 丙이 전면에 나서서 했으므로 이른바 '계약명의신탁'이라고 볼 여지가 있다.

계약명의신탁이란 "부동산에 관한 물권을 취득하기 위한 계약에서 명의수탁자가 그 일방 당사자가 되고 그 타방당사자는 명의신탁약정이 있다는 사실을 알지 못한 경우"를 말하며 실명등기법 제4조 제2항 단서에 따라 물권변동이 유효하게 된다.

그러나 이 사건의 경우에는 매도인 S가 명의신탁약정이 있다는 사실을 어렴풋이 알고 있었다. 따라서 계약명의신탁 요건이 충족된다고 보기 힘들다. S로부터 매수인 甲・乙・丙으로의 물권변동은 무효이다.

이에 따라 丙은 애초에 문제의 부동산에 대하여 지분을 하나도 가지고 있지 않은 상태이다. 그러므로 부동산은 타인의 재물임이 분명하다. 물권변동이 무효이므로 丙은 부동산 소유권을 S에게 돌려주거나 계약을 합법적인 형태로 다시 해야 할 책임을 지게 될 것이다.

문제는 丙이 이 상태에서 진정한 소유권자인 S를 위하여 부동산을 보관하는 자라고 볼 수 있는가 하는 점이다. 丙은 소유권 이전이 무효가 됨에 따라 S의 재물을 보관하는 자가 되었지만 S와의 사이에 애초에 신뢰관계가 존재하지 않는다. 따라서 丙은 횡령죄의 행위주체에 해당하지 않는다.

따라서 이 부분 丙의 행위는 가벌성이 없다.

❖ 배임 (형법 제355조 제2항)

丙은 甲과 乙로부터 각각 5천만원과 8천만원의 재산을 관리・처분할 권한을 위임받았다. 따라서 강한 신뢰관계를 바탕으로 한 위임관계이고 배임죄의 행위주체가 된다. 그 상태에서 자신의 재정악화상황을 타개할 목적으로 부동산을 임의 처분함으로써 임무에 위배되는 행위를 하였다. 그로써 자신은 재산상의 이익을 취득하였으며 甲과 乙에게 손해를 야기하였다.

丙은 그와 같은 행위를 명백한 고의를 가지고 하였다.

또한 위법성과 책임을 배제할 사유도 없으므로 이 부분 丙의 행위는 가벌성이 인정된다.

❑ 丁의 형사책임

❖ 체포・감금 (형법 제276조)

입을 테이프로 막고 끈으로 묶어 체포하였고 승용차 트렁크에 가두어서 감금하였다. 신체활동의 자유를 박탈한 것으로서 객관적 구성요건을 충족시킨다.

丁은 그와 같은 행위를 명백한 고의를 가지고 하였다.

또한 위법성과 책임을 배제할 사유도 없으므로 이 부분 丁의 행위는 가벌성이 인정된다.

❖ 상해 (형법 제257조 제1항)

마취제로 혼절시켰다. 이는 병적 현상으로서 상해에 해당된다. 丁은 그와 같은 행위를 명백한 고의를 가지고 하였다.

또한 위법성과 책임을 배제할 사유도 없으므로 이 부분 丁의 행위는 가벌성이 인정된다.

❖ 살인미수 (형법 제250조 제1항, 제254조)

※ 사전검토: 丙을 살해하지 못하였으므로 기수에 이르지 않았고, 미수범 처벌규정이 제254조에 있으므로 미수를 검토하여야 할 사안이다.

丁은 丙을 살해하겠다는 내용의 구체적 의도를 가지고 있었다.

문제는 실행의 착수이다. 실행의 착수시기와 관련해서는 객관설, 주관설 그리고 절충설 등 학설의 대립이 있다. 그 가운데 실행의 착수시기를 지나치게 앞당기지도 늦추지도 않는 절충설이 가장 타당하다. 이에 따라 판단한다.

사례의 경우 이동 중에 검문에 걸려서 일이 무산되었는데 살해를 하기 전에 어차피 丙을 위협해서 재산을 넘겨받는다는 중간단계의 작업이 남아있는 상태이었다. 따라서 구성요건 실현행위를 직접 시작하였다고 볼 수 없다. 실행의 착수가 없으므로 이 부분 丁의 행위는 살인미수를 근거로 가벌성을 인정할 수 없다.

❖ 살인예비 (형법 제250조 제1항, 제255조)

실행의 착수에 이르지 않았으나 예비 처벌규정이 있으므로 이를 검토하여야 할 사안이다.

丁은 기본범죄를 범할 고의와 목적을 명확한 형태로 가지고 있었다. 마취제로 혼절시키고 테이프로 입을 막고 손발을 묶는 등의 행위는 살인을 위한 준비행위로서 충분하고 적합하다.

또한 위법성과 책임을 배제할 사유도 없으므로 이 부분 甲의 행위는 살인예비를 근거로 가벌성이 인정된다.

❖ 강도살인 미수 (형법 제338조)

재산을 강취하고 나서 丙을 살해하는 행위를 하지 못하였으므로 기수에 이르지 않았다. 그러나 미수범 처벌규정이 없으므로 가벌성이 없다.

[사례 49] 원조교제

유부남인 甲은 컴퓨터 채팅을 통해 알게 된 고등학교 재학 중인 16세의 여학생 乙에게 자신과 성관계를 가지면 20만원을 주겠다고 제의하였다. 이에 몇 차례 원조교제를 한 경험이 있는 乙이 30만원이면 응하겠다고 하자 甲이 동의하였다. 乙은 자신의 집이 비어 있으니 11시쯤에 찾아오라고 하며 위치를 알려주었다. 甲은 직장동료와 저녁을 먹고 나서 PC방에 들렸다가 乙의 집으로 갔다.

乙의 집에서 乙과 성관계를 가진 甲은 옷을 입은 후 다음에 만나서 한 번 더 성관계를 가지게 되면 그 때 한꺼번에 돈을 주겠다고 하면서 그냥 가려고 하였다. 乙이 욕을 하며 돈을 내놓으라고 하였으나 甲은 앞을 가로막고 있는 乙을 옆으로 밀쳐 넘어뜨리고는 신을 신고 도망하였다. 실랑이를 하는 사이에 甲은 지갑을 떨어뜨렸으나 모르고 그냥 가버렸다.

지갑을 발견한 乙은 열어 보고 속에 있던 현금 3만 3천원을 꺼내 가지고, KT 전화카드(후불식)를 다음 날부터 사용하였으며, 신용카드로 20만원 정도의 물품을 구입하였다. 甲은 乙의 집에 지갑을 흘리고 온 것이 아닌가 하는 생각에 乙에게 연락을 하였으나 乙은 30만원을 내놓지 않으면 돌려주지 않겠다며 반환을 거부하였다.

[문] 甲과 乙의 형사책임을 논하시오.

• 사례출처: 대법원 2001. 12. 24. 2001도5074; 대법원 2001. 9. 25. 2001도3625

❑ 甲의 형사책임

○ 행위 1: 乙과 성관계를 가지고 그냥 도망간 부분

❖ 미성년자 위계 간음 (형법 제302조)

제302조의 행위객체는 미성년자로서 20세 미만의 자를 말한다. 乙은 16세이었으므로 당연히 행위객체에 해당된다.

행위내용은 위계로써 간음하는 것이다. 위계란 자신의 의도 또는 객관적 상황에 관한 교묘한 속임수를 통해 목적한 바를 달성하는 것을 의미한다. 그런데 판례는 제302조에서 말하는 위계로 인한 착오는 '간음행위 자체에 대한 오인, 착각 또는 부지'라는 의미로 축소해석하여야 한다는 입장이다. 이 사례와 같은 경우 금품의 제공과 성교행위 사이에는 불가분의 관련성이 인정되지 않으므로 제302조에서 말하는 위계가 성립되지 않는다는 견해이다.

성교행위와 불가분의 관계가 있다는 것은 예를 들면 진찰을 한다고 속인다거나 하는 경우를 말하는 것으로 보인다. 그러나 이는 위계의 범위를 지나치게 축소하는 해석으로서 부당하다. 제302조의 위계는 본래의 의미대로 해석하는 것이 타당하다.

甲은 본래 성관계의 대가를 지급할 생각이 없으면서 그렇게 하겠다고 기망하였다. 이는 자신의 의도에 대한 속임수이다. 위계에 해당된다. 그리고 그것을 통해서 성관계를 갖도록 유도하였으므로 제302조의 객관적 구성요건이 충족된다.

甲은 그와 같은 행위를 명백한 고의를 가지고 하였다.

또한 위법성과 책임을 배제할 사유도 없으므로 이 부분 甲의 행위는 형법 제302조를 근거로 가벌성이 인정된다.

❖ 청소년성보호법상 위계에 의한 간음 (청소년성보호법 제10조 제4항)

형법 제302조의 경우와 달리 행위객체가 만19세 이하의 청소년이라는 점 외에는 모두 같은 내용이다. 이에 따른 가벌성도 인정된다.

❖ 청소년의 성을 사는 행위 (청소년성보호법 제5조)

"청소년의 성을 사는 행위"란 청소년, 청소년을 알선한 자 또는 청소년을 실질적으로 보호·감독하는 자 등에게 금품 기타 재산상 이익이나, 직무·편의제공 등 대가를 제공하거나 이를 약속하고 청소년과의 성교행위 또는 청소년과의 유사성교행위를 하는 것을 말한다.

甲이 금품의 제공을 약속한 것은 사실이다. 또한 금품제공을 약속한다는 데 대한 인식과 의도도 확정적인 형태로 가지고 있었다. 그 약속을 이행할 의도까지 가지고 있어야 하는 것은 아니다.

甲의 행위는 청소년보호법 제5조에서 말하는 청소년의 성을 사는 행위에 해당하므로 가벌성이 인정된다.

❖ 성매매 (성매매처벌법 제21조 제1항)

"성매매"라 함은 불특정인을 상대로 금품 그 밖의 재산상의 이익을 수수·약속하고 성교행위 또는 유사성교행위를 하거나 그 상대방이 되는 것을 말한다. 乙은 채팅을 통해 불특정인을 상대로 성매매 행위를 하고 있었고, 甲은 그러한 乙에게 30만원의 금품을 제공할 것을 약속하고 성교행위를 하였다.

또한 금품을 제공한다는 약속을 한다는 데 대한 인식과 의도도 분명히 가지고 있었다.

또한 금품 등 재산상의 이익을 수수・약속하는 대신 성관계를 가진다는 인식은 성을 파는 사람 쪽을 기준으로 판단하여야 한다. 乙은 분명히 그러한 인식을 가지고 있었으며, 甲은 그러한 상태의 乙의 상대방이 된다는 데 대한 인식과 의도를 분명히 가지고 있었다.

따라서 甲의 행위는 성매매등처벌법상의 성매매 행위에 해당하여 가벌성이 인정된다.

❖ 사기 (형법 제347조)

I. 구성요건

1. 객관적 구성요건

(1) 기망: 30만원을 지급할 생각이 없으면서 지급하겠다고 하였다. 자신의 의도에 관한 속임수로서 기망에 해당된다.

(2) 착오: 상대방인 피해 여학생 乙이 이를 그대로 믿어서 착오를 일으켰다.

(3) 재산적 처분행위: 대가 없이 노동력을 제공하는 것도 재산적 이익의 제공으로 볼 수 있다. 문제는 성매매를 통해 재산적 이익

을 취득하는 것이 법적으로 금지된 것이 아닌가 하는 점이다.

불특정인을 상대로 금품 그 밖의 재산상의 이익을 수수·약속하고 성교행위 또는 유사성교행위를 하거나 그 상대방이 되는 것은 성매매 등처벌법에 의해 일반적으로 금지되어 있다. 그러나 이 규정은 청소년성보호법 제13조 제1항에 따라 청소년에 대해서는 적용이 배제된다.

그러니까 청소년이 성을 파는 행위는 형사상 금지되는 행위가 아니라 청소년의 올바른 성적 성장을 위해 그러한 행위를 하는 청소년은 단지 선도보호의 대상이 될 뿐인 것이다.

따라서 乙이 甲으로부터 받도록 예정되어 있던 금품은 법적 권리로 인정되는 재산권으로서의 속성이 분명한 것도 아니지만, 그렇다고 해서 법적으로 명백하게 금지된 이익도 아닌 셈이다. 이러한 경우에는 어떠한 재산개념을 따르느냐에 따라 법적 판단이 달라질 수 있다.

재산의 개념을 어떻게 파악하는가와 관련해서는 ① 법적 재산개념, ② 경제적 재산개념, ③ 개인적 재산개념, ④ 법적·경제적 재산개념 등 네 가지 견해가 대립되고 있다. 법질서 내의 모순을 피한다는 측면에서 법적으로 금지되지 않는 모든 경제적 가치를 재산으로 파악하는 법적·경제적 재산개념이 타당하다고 생각한다.

이에 따를 경우 乙이 받기로 되어 있던 이익은 법적으로 금지되는 것이 아니므로 제347조상의 재산적 이익에 해당되는 것으로 보아야 하겠다. 여기서 법적으로 금지되는 것이란 반사회성이 명백해서 형사처벌 대상이 되는 정도에 이른 것으로 보는 것이 타당하다. 乙이 성을 판 행위는 형사처벌 대상이 아니다.

(4) 재산상의 손해: 받아야 할 금품을 받지 못했으므로 재산상의 손해가 인정된다.

2. 주관적 구성요건: 甲은 그와 같은 행위를 명백한 고의를 가지고 하였으며 불법이득의사도 인정된다.

Ⅱ. 또한 위법성과 책임을 배제할 사유도 없으므로 이 부분 甲의

행위는 형법 제347조를 근거로 가벌성이 인정된다.

○ 행위 2: 乙을 밀친 부분

❖ 폭행 (형법 제260조 제1항)

신체에 대한 유형력 행사로서 폭행의 객관적 구성요건을 충족시킨다. 고의도 분명하며 위법성과 책임을 배제할 사유도 없다. 가벌성이 인정된다.

□ 乙의 형사책임

○ 행위 1: 甲에게 금품제공을 받기로 하고 성관계를 가진 부분

❖ 성매매 (성매매등처벌법 제21조 제1항)

성매매 등 처벌법 제21조 제1항에 해당되는 행위이나, 청소년성보호법 제13조 제1항에 따라 청소년에 대해서는 그 규정의 적용이 배제된다.

○ 행위 2: 甲의 지갑에서 돈을 꺼내 가진 부분

❖ 절도 (형법 제329조)

甲이 지갑을 떨어뜨린 곳은 乙의 지배공간이다. 따라서 더 이상 甲의 점유가 계속되었다고 볼 수 없다. 점유를 배제하지 않았으므로 절도가 성립할 수 없다.

❖ 점유이탈물 횡령 (형법 제360조)

乙은 甲으로부터 30만원을 받을 때까지만 지갑을 가지고 있을 작정이었다. 甲의 점유를 영구적으로 배제할 의도가 없었으므로 불법영득의사가 인정되지 않는다.

❍ 행위 3: 甲의 전화카드를 사용한 부분

❖ 편의시설 부정이용 (형법 제348조의2)

공중전화는 유료자동설비로서 행위객체에 해당된다.

행위내용인 "부정한 방법으로 대가를 지급하지 아니하고 이용"하는 것의 의미에 대해서는 ① 행위자 스스로 대가를 지불하지 않고 이용하는 경우로 보는 견해와 ② 설치자나 소유자에게 대가가 지급되지 않게 하는 방법으로 이용하는 경우로 보는 견해(판례)가 대립되어 있다.

엉뚱한 사람(피해자)으로 하여금 대가를 대신 부담하도록 만드는 것도 부당한 유형에 해당되므로 첫 번째 견해가 타당하다. 객관적 구성요건이 충족된다.

乙은 그와 같은 행위를 명백한 고의를 가지고 하였다.

또한 위법성과 책임을 배제할 사유도 없으므로 이 부분 乙의 행위는 형법 제348조의2를 근거로 가벌성이 인정된다.

❖ 사문서 부정행사 (형법 제236조)

문서라고 하기 위해서는 ① 계속적 의사표시 기능, ② 증명기능 그리고 ③ 작성명의자 확인기능 등 세 가지 요건을 갖추어야 한다. 이 가운데 첫 번째 요건인 '계속적 의사표시 기능'은 시각적 인식이 가능한 상태로 유체물에 고착되어 있어야 인정된다. 전화카드의 경우 핵심적인 정보가 기록되어 있어서 결정적으로 중요한 부분이라고 할 수 있는 자기테이프의 내용이 시각적으로 인식이 불가능한 상태로 고착되어 있다. 따라서 문서로 볼 수 없다.

전화카드의 일부분이 시각적 인식이 가능한 형태로 기록되어 있으므로 그렇지 않은 부분이 섞여 있다고 하더라도 문서로 보아야 한다는 판례의 견해는 부당하다. 문서의 부수적인 영역이 그러하다면 모르겠으나 가장 핵심적인 내용 부분이 문서가 아니라면 전체적으로도 문서가 아니라고 보는 것이 타당하다.

대법원의 견해대로라면 겉면에 시각적으로 인식이 가능한 글씨가 쓰여 있는 씨디도 문서라고 해야 할 것이다. 그러나 이러한 해석은 그간의 판례의 태도와도 배치된다.

이처럼 컴퓨터 파일 형태의 기록은 문서가 아니라는 종래의 일관된 대법원의 해석방향 때문에 입법자가 전자기록이라는 새로운 행위객체를 규정한 마당에 이를 이제 와서 문서로 본다는 것은 곤란하다. 사전자기록 부정행사에 대한 처벌규정이 없다보니 이렇게 무리한 해석을 하고 있는 것으로 생각된다. 그러나 입법적 불비는 입법을 통해 해결해야 한다. 유추적용으로 해결할 일이 아니다.

❖ **컴퓨터 등 사용사기 (형법 제347조의2)**

공중전화기는 정보처리장치이다. 이에 권한 없이 정보를 입력하여 재산상의 이익을 취득하였다. 고의도 분명하며 위법성과 책임을 배제할 사유도 없다. 가벌성이 인정된다.

○ **행위 4: 甲의 신용카드를 사용한 행위**

❖ **신용카드 부정사용 (여신전문금융업법 제70조 제1항 제3호)**

乙이 사용한 신용카드는 甲이 분실한 것이다. 이를 사용하는 것은 여신전문금융업법 제70조 제1항 제3호에 해당하여 가벌성이 인정된다.

○ **행위 5: 甲의 지갑을 돌려주기를 거부한 행위**

❖ **횡령 (형법 제355조 제1항)**

일단 영득한 물건을 다시 영득할 수는 없다. 그렇지 않으면 횡령죄의 공소시효는 영원히 완성될 수 없으므로 부당하다. 가벌성이 인정되지 않는다.

[사례 50] 동네깡패

유흥가에서 당구장을 경영하는 甲은 동네 깡패 乙과 丙이 찾아와 행패를 부리며 매달 자신들에게 수익금의 10%를 상납하라고 하였으나 이에 응하지 않았다. 乙과 丙은 몇 차례 더 찾아와서 행패를 부리다가 자신들의 두목에게 甲이 말을 잘 안듣는다는 보고를 하였다. 두 사람은 두목에게 무지하게 혼나고 상납을 받아내지 못하면 둘 다 다리를 분질러 버리겠다는 말과 함께 얻어터지고 나왔다. 밖으로 나온 乙은 다음날 저녁에 전투준비를 해서 甲의 당구장으로 가자고 하였다.

다음날 당구장으로 찾아온 乙과 丙은 다짜고짜 甲을 두들겨 패기 시작하였다. 마침 내실에 있던 종업원 丁은 문틈으로 이를 보고 무서워서 창문을 통해 밖으로 달아났다. 甲은 맞으면서도 욕을 해댔다. 이에 성질이 급한 丙이 준비했던 칼을 꺼내 배를 찔러버렸다. 丙은 살해의 고의를 가지고 있지 않았으며 찌른 부분은 급소가 아니었다. 두 사람 가운데 선임인 乙이 곧바로 丙을 제지하였다.

두 사람은 일을 크게 만들 생각이 없었으므로 함께 고민을 하였다. 乙이 먼저 119에 전화를 하는 것이 어떻겠느냐는 말을 하였으나, 丙이 그렇게 되면 경찰에 알려져 곤란해지니 그냥 놔두자고 하였다. 乙도 이에 동의하였다.

곧 乙이 지시하여 丙은 내실에서 붕대를 찾아와 甲의 상처를 감싸매 주었다. 그래도 피는 계속 흘렀지만 두 사람은 큰 이상이 없을 거라고 생각하고 그냥 가버렸다. 그러나 지혈이 되지 않아 甲은 계속 피를 흘렸다. 丁은 甲이 걱정이 되었으나 우연히 만난 친구와 밤새 술을 마시고 다음날 새벽에 들어와서 피를 흘리고 있는 甲을 발견하였다. 놀란 丁은 119에 전화를 하고는 혹시 자신에게 불똥이 튈까 두려워 도망을 갔다. 甲은 병원으로 옮겨졌으나 사망하였다.

수사를 시작한 경찰은 丁을 찾아내서 조사를 한 결과 범인을 목격했다는 사실을 알아내고 해당지역 조직폭력배들의 사진을 보여주었다. 丁은 그 가운데 乙을 지목하였다. 이에 乙이 체포되어 구속·기소되었으나 이 때부터 丁은 乙의 동료폭력배들로부터 법정에서 진술하면 아무도 모르게 죽여버리겠다는 협박을 지속적으로 받게 되었다. 후환이 두려워진 丁은 좁은 문틈으로 목격했기 때문에 범인이 누군지 확신할 수가 없다는 쪽으로 생각을 바꾸고 법정에서 그렇게 증언하였다.
[문] 乙·丙·丁의 형사책임을 논하시오.

❑ 들어가는 말

甲을 직접 칼로 찌른 사람은 丙이므로 그의 형사책임을 乙에 우선해서 확인해본다.

❑ 丙의 형사책임

○ 행위 1: 수익금 상납을 요구하며 행패를 부린 부분

❖ 협박 (형법 제283조 제1항)

丙은 甲에게 상납금을 내지 않으면 계속 행패를 부리겠다는 내용의 해악을 고지하였다. 해악의 내용은 객관적으로 보아 공포심을 일으키기에 충분하였다. 丙은 그와 같은 행위를 명백한 고의를 가지고 하였다.

또한 위법성과 책임을 배제할 사유도 없으므로 이 부분 甲의 행위는 형법 제283조 제1항을 근거로 가벌성이 인정된다.

❖ 공갈 미수 (형법 제350조 제1항, 제352조)

甲이 재산적 처분행위를 하지 않았으므로 기수에 이르지 않았다. 또한 제352조에 미수범 처벌규정이 있으므로 미수를 검토하여야 할 사안이다.

丙이 의도한 내용을 보면 甲을 폭행·협박해서 재산적 처분행위를 하게 만들고 이에 丙이 재산적 손해를 입고 자신의 조직이 재산상의 이익을 취득하게 만들겠다는 것이었다.

구성요건에 해당되는 내용인 폭행과 협박을 이미 하였으므로 실행의 착수를 인정하는데 문제가 없다.

또한 위법성과 책임을 배제할 사유도 없으므로 이 부분 甲의 행위는 가벌성이 인정된다.

○ **행위 2: 다시 찾아가 때리다가 칼로 찌른 부분**

❖ **부진정 부작위에 의한 살인 (형법 제250조 제1항)**

I. 구성요건

1. 객관적 구성요건

(1) 행위주체(작위의무의 존재): 선행행위를 근거로 보증인적 지위를 인정할 수 있다.

(2) 작위의무 이행 가능성: 119에 전화를 하기만 하면 甲의 생명을 구해줄 수 있는 상황이었다.

(3) 작위의무의 불이행: 붕대를 감아주기는 하였으나 이로서 생명을 구하기 위한 조치를 했다고 볼 수는 없다.

(4) 결과의 발생: 병원으로 옮겨졌으나 사망하였다.

(5) 인과관계: 사실적 측면에서 丙이 칼로 찌른 행위와 甲이 사망한 결과 사이의 인과의 진행은 합법칙성의 범주를 벗어나지 않는다.

또한 규범적 측면에서도 결과회피의무가 다른 사람(특히 丁)에게 전적으로 전가되는 것이 아니므로 객관적 귀속을 배제할 수도 없다.

(6) 부작위의 동가치성은 제250조 제1항의 경우에 주로 결과반가치가 문제되는 범죄이므로 검토할 필요가 없다.

2. 주관적 구성요건: 일을 크게 만든다는 것은 사람이 죽는다는 것을 의미하는 것으로 보인다. 이러한 가능성을 서로 이야기 하였으므로 甲이 사망하게 될 가능성은 분명히 인식한 것으로 판단된다. 이 상황에서 자신들의 행위가 경찰에 발각될 것이 염려되어 취할 수 있는 조치를 취하지 않은 것이다. 결과발생의 가능성을 인식하고도 이를 감수한 것으로서 미필적 형태의 고의가 인정된다.

Ⅱ. 위법성과 책임을 배제할 사유도 없으므로 丙의 행위는 제250조 제1항을 근거로 가벌성이 인정된다.

❑ 乙의 형사책임

○ 행위 1: 수익금 상납을 요구하며 행패를 부린 부분

❖ 협박 (형법 제283조 제1항)

丙의 경우와 마찬가지로 가벌성이 인정된다.

❖ 공갈 미수 (형법 제350조 제1항, 제352조)

丙의 경우와 마찬가지로 가벌성이 인정된다.

○ 행위 2: 다시 찾아가 때리다가 甲이 칼로 찔리게 된 부분

❖ 부진정 부작위에 의한 살인 공동정범 (형법 제250조 제1항, 제30조)

우선 乙에게 보증인적 지위가 인정되어 작위의무를 부과할 것인가 하는 점이 문제가 된다. 乙은 甲을 살해하거나 그렇지는 않더라도 칼로 찌를 생각조차 없었다. 이는 丙이 칼질을 하자마자 곧바로 말린 점만 보아도 잘 알 수 있다. 甲에게 폭력을 행사할 의도는 있었지만 죽이기까지 할 생각은 없었다. 작위의무의 범위를 무한정 확대할 수는 없는 일이므로 직접 위험을 야기한 바 없는 乙에 대해서는 보증인적 지위를 인정하지 말아야 한다. 이 부분 乙의 행위는 가벌성이 없다.

❖ 부진정 부작위에 의한 살인 방조 (형법 제250조 제1항, 제32조)

甲을 구호하여야 할 작위의무가 없으므로 방조도 인정되지 않는다. 이 부분도 가벌성이 없다.

○ 행위 3: 119에 신고전화를 하려다 만 행위

❖ 부진정 부작위에 의한 살인 (형법 제250조 제1항)

애초에 보증인적 지위를 가지고 있지 않던 사람이 보증인적 지위를 가지고 있는 사람과 같은 내용의 행위(작위의무의 불이행)를 했다고 해서 부진정 부작위범이 성립된다고 볼 수는 없다.

❑ 丁의 형사책임

○ 행위 1: 119에 전화하고 도망간 행위

❖ 부진정 부작위에 의한 살인 (형법 제250조 제1항)

우선 丁에게 보증인적 지위가 인정되어 작위의무를 부과할 것인가 하는 점이 문제가 된다. 법령, 계약, 선행행위, 긴밀한 생활공동관계 가운데 계약을 근거로 보증인적 지위가 인정될 여지가 있다. 그러나 근로계약이 체결되어 있을 경우에 사용자가 근로자를 보호해야 할 의무는 발생하지만 그 반대로는 의무가 발생되지 않는다. 따라서 법적 보호의무를 인정할 수 없다. 이 부분 丁의 행위는 가벌성이 없다.

○ 행위 2: 법정에서의 증언

❖ 위증 (형법 제152조, 제12조)

Ⅰ. 구성요건: 丁은 법률에 의해서 선서한 증인으로서 행위주체에 해당된다. 그런데 객관적 진실에 반하는 진술을 하였다. 그에 대한 고의도 분명히 있었다.

Ⅱ. 위법성을 배제할 사유도 없다.

Ⅲ. 책임

— 강요된 행위(형법 제12조)를 근거로 한 책임 배제 여부 —

조직폭력배들의 죽여 버리겠다고 하는 협박은 저항할 수 없는 폭력이며 자신의 생명·신체에 대한 방어할 방법이 없는 협박이다. 이 때문에 하는 수 없이 허위의 사실을 진술한 것이므로 강요된 행위로서 처벌이 면제되어야 한다.

제 3 절 기출문제 풀어보기

[사례 51] 소매치기와 날치기

甲은 2011. 12. 1. 14:00경 서울 서초구 서초동 123에 있는 서초편의점 앞길에서 그곳을 지나가는 부녀자 A의 핸드백을 열고 신용카드 1장과 현금카드 1장이 들어 있는 손지갑 1개를 꺼내던 순간 이를 눈치챈 A가 "도둑이야."라고 소리치자 위 손지갑을 가지고 그대로 도주하였다. 이에 A는 마침 그곳을 순찰하던 정복 착용의 서초경찰서 서초지구대 소속 경찰관 P1과 함께 甲을 붙잡기 위하여 쫓아갔고, 甲은 이를 피해 계속 도망하다가 대전교도소에서 함께 복역한 적이 있던 乙을 만났다. 甲은 乙에게 사정을 이야기하고 도와달라고 부탁하였고 乙은 이를 승낙하여 甲과 乙은 그곳 길바닥에 있던 맥주병을 한 개씩 들고 甲을 체포하기 위하여 달려드는 경찰관 P1의 머리를 때려 약 4주간의 치료를 요하는 상해를 가하였다. 그런 다음 甲은 도주하였고, 乙은 그곳에서 현행범으로 체포되었다.

2011. 12. 1. 15:00경 甲은 집으로 가는 길에 A의 신용카드를 이용하여 의류가게에서 50만 원 상당의 의류를 구입하고, 부근 신한은행 현금자동지급기에서 A의 현금카드를 이용하여 현금 100만 원을 인출하였다.

[문] 甲과 乙의 죄책을 논하시오.

• 사례출처: 제1회(2012년) 변호사시험 형사법 사례형 제1문

□ 甲의 죄책

○ A의 손지갑을 꺼내간 행위

❖ 강도 (형법 제333조)

제333조에서 정하는 강도가 성립하기 위해서는 우선 '반항이 불가능할 정도'의 폭행 또는 협박이 행위수단으로 사용되어야 한다. 그런

데 사례의 경우에는 이미 핸드백을 열어 손지갑을 꺼내는 중이었고, 피해자 A는 "도둑이야"라고 소리를 질렀을 뿐 물리적 저항은 전혀 하지 않았다. 반항을 불가능하게 할 필요도 없는 상황이었고 따라서 강도가 성립하기 위한 폭행이 행사되었다고 볼 수 없다. 강도죄를 근거로 가벌성을 인정할 수 없다.

❖ 절도 (형법 제329조)

Ⅰ. 구성요건

1. 객관적 구성요건 : 甲이 가져간 A의 손지갑은 유체물이므로 재물에 해당하고, 甲의 단독소유도 무주물도 아니었으므로 재물의 타인성도 인정된다. 그 손지갑은 A가 자신의 핸드백 안에 소지하고 있었으므로 A가 사실상 지배하고 있었다. 甲은 점유자인 A의 의사에 반하여 그 점유를 배제하고 손지갑을 자신의 사실상 지배 아래로 옮겼으므로 절취에 해당한다.

2. 주관적 구성요건 : 甲은 이와 같은 행위를 확정적 고의를 가지고 하였으며, 손지갑과 그 내용물을 마치 자신이 소유자인 것처럼 사용·수익·처분하고자 하였으므로 불법영득의사도 인정된다.

Ⅱ. 위법성과 책임을 조각할 사유도 없으므로 甲의 행위는 절도를 근거로 가벌성이 인정된다.

○ 경찰관 P1의 머리를 맥주병으로 때린 행위

❖ 준강도 (형법 제335조)

Ⅰ. 구성요건

1. 객관적 구성요건

(1) 행위주체 및 행위상황 : 준강도의 행위주체를 '절도행위를 하는 자'로 보아야 한다는 점에 대해서는 다툼이 없다. 여기서 절도행위를 한다는 것을 시간적으로 어느 시점부터 어느 시점까지로 볼 것인가에 대하여 견해의 대립이 있다. 이들 견해는 실행의 착수 시점을

절도행위 상황이 시작되는 시점으로 보자는 점에 대해서는 다툼이 없지만 각각 ① 기수 직후까지로 보자는 입장, ② 종료시까지로 보자는 입장, ③ 종료 직후까지로 보자는 입장 등으로 나누어진다. 현행범 상황이 지속되는 한 절도행위는 계속 이어지는 것이라는 측면에서 종료 직후까지로 보는 견해가 타당하다고 생각한다. 다수설과 판례도 같은 입장이다.

사례의 경우 甲은 교도소 동기 乙을 만나서 맥주병을 집어들 때까지 계속 도주하는 중이었다. 따라서 시간적·공간적 근접성이 인정되어 현행범 상황이 지속되었다고 할 수 있다.

(2) 행위 : 그와 같은 상황에서 폭행 또는 협박이 사용되어야 한다. 준강도가 성립하기 위한 폭행 또는 협박은 강도의 경우와 마찬가지로 '반항이 불가능할 정도'로 강력한 수준이어야 한다. 맥주병으로 머리를 때리는 행위는 심각한 상해를 야기할 수 있는 매우 강력한 폭력행사라고 할 수 있다. 반항이 불가능할 정도의 폭행에 해당한다.

2. 주관적 구성요건 : 이와 같은 행위를 甲은 확정적 고의를 가지고 하였다. 또한 경찰관에게 체포되는 것을 피하고자 하였음이 명백하므로 '체포를 면탈'하고자 하는 목적도 인정된다.

Ⅱ. 위법성과 책임을 조각할 사유도 없으므로 이 부분 甲의 행위는 준강도를 근거로 가벌성이 인정된다.

❖ 강도상해 (형법 제337조)

결과적 가중범인 강도상해의 행위주체는 '강도'로서 모든 유형의 강도행위가 다 포함된다. 그리고 상해의 결과를 고의로 야기하였음도 확실하므로 甲의 행위는 강도상해를 근거로 가중처벌 대상이 된다.

❖ 공무집행방해 (형법 제136조)

공무집행방해의 행위객체는 '직무를 집행하는 공무원'인데 여기서 말하는 직무집행은 적법한 직무집행으로 한정된다. 직무집행의 적법성이 인정되려면 권한과 사유가 충족되어야 한다. 앞에서 확인한 것처럼 甲은 절도의 실행행위 착수 이후 시간적·공간적 근접성이 해소되기 이전인 현행범 상태이었다. 따라서 형사소송법 제212조에 따라 누구든지 영장 없이 체포할 수 있는 상황이었다. 다만 사법경찰관리가 현행범을 체포할 때는 형사소송법 제70조 제1항이 정하는 구속의 사유가 인정되어야 한다.

甲은 행인 A의 핸드백에서 손지갑을 훔쳐서 달아나고 있었으므로, 절도의 '죄를 범하였다고 의심할 만한 상당한 이유'가 존재함이 명백하였으며, 도망하고 있었으므로 형사소송법 제70조 제1항 제3호의 요건도 충족한다. 따라서 경찰관 P1의 체포행위는 권한과 사유가 다 인정된다.

체포를 하는 것이 허용되는 상황이었다 하더라도 사법경찰관리가 현행범체포를 하는 경우에는 형사소송법 제213조의2에 따라 형사소송법 제200조의5가 준용되어 '피의사실의 요지, 체포의 이유와 변호인을 선임할 수 있음을' 고지하고 '변명할 기회'를 주어야 한다. 사례에서는 이러한 점에 대하여 언급이 없다. 그러나 甲이 P1의 머리를 맥주병으로 때린 시점은 체포가 시작되기 직전이었다. 통상 미란다 고지는 체포의 대상을 제압한 이후에 하게 된다. 이 사례의 경우처럼 상대를 제압하기 이전에 미란다 고지를 하려고 한다면 먼저 공격을 당하거나 멀리 도망갈 수가 있기 때문이다. 따라서 甲이 P1에게 폭행을 가할 시점까지 P1은 적법한 직무를 집행하고 있었다고 보아야 한다.

적법한 직무를 집행하던 甲의 머리를 때림으로써 신체에 대한 유형력을 행사하였다. 폭행에 해당한다. 甲은 이와 같은 행위를 확정적 고의를 가지고 하였다. 위법성과 책임을 조각할 사유도 없으므로 이 부분 甲의 행위는 공무집행방해를 근거로 가벌성이 인정된다.

❖ 특수공무방해치상 (형법 제144조)

Ⅰ. 구성요건

1. 기본범죄 : 특수공무방해치상의 기본범죄인 제144조 제1항에

서 말하는 위험한 물건이란 '객관적 성질상 사용하기에 따라 중대한 신체 상해나 사망의 결과를 초래할 수 있는 물건'을 의미한다. 맥주병은 액체인 맥주를 담아서 판매하기 위하여 고안된 용기이지만, 유리로 제작되어 매우 단단하고 무겁기도 하여 사람의 머리를 세게 때리면 생명이나 신체에 대한 중대한 위험을 초래하기에 충분한 물건이다. 甲은 위험한 물건을 휴대한 상태에서 공무집행방해 행위를 하였다. 고의도 확정적이므로 제144조 제1항의 특수공무방해가 인정된다.

2. 중한 결과 : 전치 4주의 상해를 입었으므로 제144조 제2항에서 정하고 있는 결과가 발생하였음이 확실하다. 맥주병으로 머리를 때릴 경우 다칠 것이라는 점은 충분히 인식 가능하므로 고의도 인정된다.

Ⅱ. 甲의 행위는 특수공무방해치상의 구성요건에 해당하고 위법성과 책임을 조각할 사유도 없으므로 이를 근거로 가벌성이 인정된다.

❍ A의 신용카드로 의류를 구입한 행위

❖ 사기 (형법 제347조)

甲은 A의 신용카드를 사용하면서 마치 자신이 정당한 사용권한을 가진 자인 것처럼 행동함으로써 매장 직원을 기망하였다. 이에 따라 매장 직원은 甲이 정당한 사용권한을 가진 사람인 것으로 인식하여 착오를 일으켰다. 그 착오로 인하여 의류를 넘겨주는 재산적 처분행위를 하였다. 그 대가로 매장 직원은 카드전표를 확보하였으나 신용카드 부정사용에 따라 대금이 지급되지 않을 수 있기 때문에 손실 발생의 위험성이 구체화 된 단계에 도달하였다고 볼 수 있다. 손해 발생의 구체적 위험은 재산상의 손해에 해당하는 것으로 보아야 한다. 이를 통하여 甲은 아무 대가 없이 의류를 확보하였으므로 재산상의 이익을 취득한 것이다. 甲은 이 모든 행위를 확정적 고의를 가지고 하였다. 위법성과 책임을 조각할 사유도 없으므로 이 부분 甲의 행위는 사기를 근거로 가벌성이 인정된다.

❖ 신용카드 부정사용 (여신전문금융업법 제70조 제1항 제2호)

甲은 도난된 신용카드를 사용하였다. 여전법 위반으로서 형사처벌 대상이 된다.

○ A의 현금카드로 현금을 인출한 행위

❖ 절도 (형법 제329조)

甲이 인출한 현금은 유체물로서 재물이고, 금융기관의 소유물이므로 재물의 타인성도 인정된다. 현금자동지급기 속의 현금은 관리자가 사실상 지배하는 것으로서 점유자인 관리자의 의사에 반하여 점유를 배제하였는가 하는 점이 문제의 소지가 있다.

甲이 현금을 인출하였다는 것은 현금카드를 기계에 넣고 비밀번호도 입력하였음을 의미한다. 현금카드를 이용하여 현금을 인출한 것이기 때문이다. 이렇게 비록 현금카드 삽입과 비밀번호 입력을 하였더라도 관리자의 의사는 정당한 인출 권한을 가진 사람만 현금을 인출하게 한다는 것이므로 점유자의 의사에 반하여 점유를 배제하고 그 현금을 자신의 점유로 옮긴 것이라고 할 수 있다.

乙은 이와 같은 행위를 확정적 고의를 가지고 하였고, 인출한 현금을 사용・수익・처분하고자 하였기에 불법영득의사도 인정되며, 위법성과 책임을 조각할 사유가 없어서 절도를 근거로 가벌성이 인정된다.

○ 소결

A의 손지갑을 훔쳐서 달아나다가 뒤쫓아 오는 P1의 머리를 맥주병으로 때린 행위에 대해서는 강도상해(제337조)와 특수공무방해치상(제144조)이 성립하며 두 범죄는 하나의 행위에 의한 것이므로 상상적 경합(제40조) 관계에 있다. 절도(제327조)와 준강도(제335조)는 강도상해(제337조)에 대하여 보충관계에 있어서 별도의 법규적용을 필요로

하지 않는다. 공무집행방해(제136조)는 특수공무방해치상(제144조)에 대하여 보충관계에 있어서 별도의 법규적용을 필요로 하지 않는다.

❑ 乙의 죄책

○ 경찰관 P1의 머리를 맥주병으로 때린 행위

❖ 준강도 공동정범 (형법 제335조, 제30조)

Ⅰ. 구성요건

1. 객관적 구성요건

(1) 행위주체 : 준강도의 행위주체인 '절도'가 절도행위를 하는 자라는 점은 분명한데, 준강도 범죄의 속성에 대해서는 견해가 대립되고 있다.

① 일반범설 : 준강도가 절도행위와 폭행·협박 행위가 결합된 범죄라고 보는 견해이다.

② 신분범설 : 준강도가 절도행위를 하는 자라는 신분을 가진 자가 폭행·협박을 함으로써 성립되는 범죄라고 보는 견해이다.

준강도죄는 절도행위를 통해서 타인의 재산권을 침해한 자가 ① 재물의 탈환을 항거하거나, ② 체포를 면탈하거나, ③ 죄적을 인멸하기 위해서 폭행이나 협박을 가하는 것을 방지하기 위해서 제정된 규정이다. 이미 침탈된 재산권에 대한 원상회복과 범죄자 처벌을 통한 법질서 확립을 추구하는 것이 이 규정의 근본취지라고 할 수 있다.

일반범으로 볼 것인가 신분범으로 볼 것인가 하는 점은 절도행위에는 공동으로 가담하지 않았지만, 사후강도인 폭행·협박 행위에는 가담한 자를 폭행·협박으로만 처벌할 것인가 아니면 준강도의 공범으로 처벌할 것인가 하는데 대해서 결론이 달라지게 한다. 사후강도에 참여한 공범의 불법의 정도는 단순 폭행·협박의 그것보다 분명히 크다고 할 수 있으므로 신분범으로 보아 공범의 성립을 인정하는 것이 타당하다고 생각한다.

신분범설에 따르면 乙은 '신분관계로 인하여 성립될 범죄에 가공한' 자로서 제33조 본문에 따라 공동정범의 행위주체로 인정된다.

(2) 공동의 실행행위 : 공동정범이 성립하기 위해서는 ① 기능적 역할분담을 함으로써 ② 범행의 전체적 계획실현에 본질적으로 중요한 기여를 하여야 한다. 乙은 甲과 함께 맥주병으로 추적해오는 경찰관 P1의 머리를 때려 재물의 탈환을 항거하고 체포를 면탈하게 하였다. 기능적 역할분담도 분명하였고 본질적으로 중요한 기여라고 할 수 있다. 공동의 실행행위가 인정된다.

2. 주관적 구성요건 : 乙은 모든 상황을 명확하게 인식하고 확정적 고의를 가진 상태에서 P1의 머리를 가격하였다.

Ⅱ. 위법성과 책임을 조각할 사유가 없으므로 준강도를 근거로 가벌성이 인정된다.

❖ 특수공무방해치상 공동정범 (형법 제144조, 제30조)

甲의 경우와 마찬가지의 이유로 乙에 대해서도 특수공무방해치상 공동정범이 성립된다.

○ 소결

乙의 행위는 특수공무방해치상 공동정범(제144조, 제30조)에 해당한다. 준강도 공동정범(제335조, 제30조)은 이에 대하여 보충관계에 있으므로 별도의 법규적용을 필요로 하지 않는다.

[사례 52] 절도범과 경찰

甲은 같은 동네에 혼자 사는 A가 평소 집안 장롱에 많은 금품을 보관한다는 사실을 알고 학교 후배인 乙, 丙에게 A의 집에 들어가 이를 훔쳐서 나누어 갖자고 제안하였고 乙, 丙은 이에 동의했다. 甲은 A의 평소 출퇴근 시간을 관찰한 결과 A가 오전 9시에 출근하여 오후 7시에 귀가하는 것을 알게 되었다. 범행 당일 정오 무렵 甲은 乙, 丙에게 전화로 관찰 결과를 알려준 뒤 자신은 동네 사람들에게 얼굴이 알려져 있으니 현장에는 가지 않겠다고 양해를 구하였다. 乙과 丙은 甲의 전화를 받은 직후 A의 집 앞에서 만나 함께 담장을 넘어 A의 집에 들어가 장롱에 보관된 자기앞수표 백만 원 권 3장을 가지고 나와 甲의 사무실에서 한 장씩 나누어 가졌다. 甲은 위 수표를 애인 丁에게 맡겼는데 丁은 이를 보관하던 중 甲의 승낙을 받지 않고 생활비로 소비하였다.

A는 자기 집에 들어와 자기앞수표를 훔쳐 간 사람이 같은 동네에 사는 甲과 그의 학교 후배 乙, 丙이라는 사실을 알아내고 甲, 乙, 丙을 관할 경찰서에 고소하였다. 사법경찰관 戊는 丙이 사촌동생이므로 甲, 乙, 丙에 대하여 불구속 수사를 건의하였으나 검사는 모두 구속 수사하도록 지휘하였다. 戊는 검사의 수사지휘를 받은 직후 사촌동생인 丙에게 전화를 하여 빨리 도망가는 것을 좋을 것 같다고 이야기하였다. 이에 丙만 도주하고 甲, 乙은 체포되었다. 이를 수상하게 여긴 검사는 戊에 대하여 은밀하게 수사를 진행한 결과 戊의 범죄혐의를 확인하고 기소하였다.

한편, 戊에 대한 공판이 진행되던 중 戊는 유죄판결이 확정되면 파면될 것이 두려워 사촌동생 丙에게 자신이 도망가라고 전화한 사실이 없다고 증언하도록 시켰다. 재판장은 丙이 戊의 친척이라는 사실을 간과하고 증언거부권을 고지하지 않은 상태에서 증언을 하도록 하였다. 丙은 증인선서 후 "사건 전후에 戊와 단 한 번도 전화통화를 한 사실이 없다."라고 거짓으로 증언하였다.

[문] 甲, 乙, 丙, 丁, 戊의 죄책을 논하시오.

• 사례출처: 제2회(2013년) 변호사시험 형사법 사례형 제1문

❑ 들어가는 말

A의 금품을 훔치자는 제안을 먼저 한 것은 甲이지만 甲은 실행행위를 분담하지 않았고, 실제로 실행행위를 한 것은 乙과 丙이므로 편의상 이들의 죄책을 먼저 검토한다. 이들의 죄책이 결정되면 그에 따라 甲의 죄책이 종속적으로 결론에 이를 수 있기 때문이다.

❑ 乙의 죄책

○ A의 집에 들어가 수표를 훔친 행위

❖ 주거침입 (형법 제319조 제1항)

A의 집은 A가 '일상생활을 위하여 점거하는 장소'로서 제319조 제1항의 행위객체인 '사람의 주거'에 해당한다. 乙은 주거권자인 A의 의사에 반하여 들어갔으므로 '침입'에 해당한다. 이러한 행위를 乙은 확정적 고의를 가지고 하였다. 또한 위법성과 책임을 조각할 사유도 없으므로 주거침입을 근거로 가벌성이 인정된다.

❖ 특수주거침입 (폭력행위 등 처벌에 관한 법률 제2조 제2항)

乙은 丙과 함께 주거침입 행위를 하였다. 시간적·공간적 협동관계 아래 이루어진 행위로서 '공동'에 해당한다. 이에 따라 폭처법 제2조 제2항에 따라 가중처벌 대상이 된다.

❖ 절도 (형법 제329조)

乙이 가져간 것은 A 소유의 자기앞수표이었다. 이는 유체물로서 재물이고, 乙의 단독소유도 무주물도 아니므로 재물의 타인성도 인정된다. A가 집을 비운 사이에 가져갔는데 물리적으로 거리가 멀리 떨어져 있더라도 사회적·규범적 판단기준에 따라 A의 지배가능성이 인정된다. 따라서 이들 자기앞수표는 A가 점유(사실상의 지배)하고 있던 것이고 점유자인 A의 의사에 반하여 그 점유를 배제하였으며 자신의 점유로 옮겼으므로 절취에 해당한다. 乙은 이와 같은 행위를 확정적 고의를 가지고 하였으며, 소유자인 것처럼 이들 수표를 사용·수익·처분하겠다는 의사를 가지고 있었으므로 불법영득의사도 인정된다. 나아가 위법성과 책임을 조각할 사유도 없으므로 절도를 근거로 가벌성이 인정된다.

❖ 특수절도 (형법 제331조 제2항)

乙은 丙과 함께 주거침입 행위를 하였다. 시간적·공간적 협동관계 아래 이루어진 행위로서 어느 학설에 의하더라도 '합동'에 해당한다. 이에 따라 제331조 제2항에서 정하는 가중처벌 대상이 된다.

○ 소결

乙의 행위는 특수주거침입(폭력행위 등 처벌에 관한 법률 제2조 제2항)과 특수절도(제331조 제2항)에 해당한다. 주거침입(제319조 제1항)과 절도(제329조)는 각각 이들 범죄에 대하여 보충관계에 있으므로 별도의 법규적용은 필요하지 않다. 특수주거침입과 특수절도는 서로 보호법익이 달라 2개의 행위에 의한 2개의 범죄로 평가된다. 그러므로 두 범죄는 실체적 경합관계에 있다.

❑ 丙의 죄책

○ A의 집에 들어가 수표를 훔친 행위

❖ 특수주거침입 (폭처법 제2조 제2항)

乙과 마찬가지로 특수주거침입에 해당하여 가중처벌 대상이 된다.

❖ 특수절도 (형법 제331조 제2항)

乙과 마찬가지로 특수절도에 해당하여 가중처벌 대상이 된다.

○ 법정에서 거짓으로 증언한 행위

❖ 위증 (형법 제152조 제1항)

1. 행위주체 : 제152조 제1항의 행위주체는 '법률에 의하여 선서한 증인'이다. 사례에서 문제가 되는 것은 丙이 피고인 戊의 사촌동생으로서 친족이라는 점이다. 丙은 형사소송법 제148조에 따라 증언거부권을 가지는데 재판장이 이를 간과하고 고지하지 아니하였다. 증언거부권이 있음에도 재판장이 이를 고지하지 않고 증언을 하게 하였다면 허위의 진술이 있었더라도 위증으로 처벌할 수 없는 것이 원칙이다. 그러나 증언거부권을 고지하였더라도 허위진술을 하였을 것이라고 볼 만한 정황이 있는 경우에는 증언거부권 고지가 누락되었더라도 허위의 진술이 있었다면 위증이 성립된다.

사례의 경우 丙은 사촌형인 戊가 도망하라는 조언을 해주어 수사기관에 체포되는 것을 모면한 경험을 가지고 있어서 戊에 대하여 보답을 하고자 하는 심리적 상태에 있었다고 볼 수 있다. 따라서 丙은 자신이 증언거부권을 가지고 있더라도 증언을 거부하면 그것이 戊에게 악영향을 줄 것으로 보고 처벌의 위험을 감수하며 허위의 진술을 하였을 것으로 보인다. 증언거부권 고지가 없었더라도 丙은 행위주체에 해당한다고 보는 것이 타당하다.

2. 행위 : 丙은 객관적 진실에 반하여 자신의 기억에도 명백하게 반하는 내용의 진술을 하였다. 어느 학설에 의하더라도 허위의 진술로서 위증에 해당한다.

3. 丙은 이와 같은 행위를 확정적 고의를 가지고 실행하였으며, 위법성과 책임을 조각할 사유도 없으므로 위증을 근거로 가벌성이 인정된다.

○ 소결

丙의 행위는 특수주거침입(폭력행위 등 처벌에 관한 법률 제2조 제

2항), 특수절도(제331조 제2항) 그리고 위증(제152조 제1항)에 해당하며 세 범죄는 실체적 경합관계에 있다.

❑ 甲의 죄책

❖ 특수주거침입 공동정범 (폭처법 제2조 제2항, 형법 제30조)

1. 공동의 실행행위 : 甲은 애초에 이야기 했던 것과는 달리 동네 사람들에게 얼굴이 알려져 있다는 핑계로 실행행위에 가담하지 않았다. 그럼에도 불구하고 甲은 A가 장롱 속에 많은 금품을 보관하고 있다고 하며 절취 계획을 제안하고 A의 출퇴근 시간을 확인하여 乙과 丙에게 알려주는 등의 행위를 통하여 범행에 기여하였다.

공동정범이 성립하기 위한 전제인 공동의 실행행위는 ① 기능적 역할분담을 함으로써 ② 범행의 전체적 계획 실현에 본질적으로 중요한 기여를 하는 경우에 인정된다. 甲은 범행대상에 대한 중요한 정보를 수집하고 범행계획을 수립하는 등 범행과 관련하여 주도적인 역할을 수행하였다. 다만 본래의 약속과 달리 실행행위를 하는 단계에는 가담하지 않았다.

이처럼 비록 甲이 실행의 착수 이전에 공모관계에서 이탈하였다고 볼 여지가 있지만, 甲은 범행의 전체적 계획 실현에 본질적으로 중요한 기여를 하였다. 실행행위를 분담하여 기능적 역할분담을 작위의 형태로는 하지 않았지만, 범행이 이루어지도록 기여한 자신의 영향을 제거하지 않음으로써 부작위의 형태로 기능적 역할분담을 한 것으로 평가된다. 공동의 실행행위가 인정된다.

2. 공동실행의 의사 : 범행이 이루어지도록 기여한 자신의 영향을 제거하지 않음으로써 부작위의 형태로 기능적 역할분담을 한다는 점에 대하여 인식과 의사가 있었다.

3. 공동의 실행행위와 공동실행의 의사가 인정되어 특수주거침입 공동정범의 구성요건이 충족되며, 위법성과 책임을 조각할 사유도 없

으므로 이 부분 甲의 행위는 특수주거침입 공동정범을 근거로 가벌성이 인정된다.

❖ 특수절도 공동정범 (형법 제331조 제2항, 형법 제30조)

특수절도에 대해서도 특수주거침입과 같은 논리로 공동정범이 인정된다.

○ 소결

甲의 행위는 특수주거침입 공동정범(폭력행위 등 처벌에 관한 법률 제2조 제2항, 형법 제30조)과 특수절도 공동정범(제331조 제2항, 제30조)에 해당하며 두 범죄는 실체적 경합관계에 있다.

❑ 丁의 죄책

○ 甲이 맡긴 수표를 맡아둔 행위

❖ 장물 보관 (형법 제362조 제1항)

1. 甲이 丁에게 맡긴 자기앞수표는 '재산범죄(절도)를 통해서 획득한 재물'로서 장물에 해당한다. 丁은 甲의 '위탁에 따라 장물을 점유'하였다. 장물의 보관에 해당한다.

2. 그런데 甲이 丁에게 수표를 맡기면서 어떻게 해서 생긴 것인지 이야기를 하지 않았다. 甲이 직업적 절도이었으면 모르겠으나 사례에서 그러한 설명이 없으므로 직업적 절도인 경우도 아니어서 丁이 훔친 수표라는 점을 미필적으로나마 인식하였을 가능성이 없다. 따라서 丁에게는 장물 보관의 고의가 인정되지 않는다.

3. 장물 보관의 객관적 구성요건은 충족되지만 주관적 구성요건이 충족되지 않아 가벌성이 없다.

○ 맡아둔 수표를 임의로 사용한 행위

❖ 횡령 (형법 제355조 제1항)

甲의 위탁에 따라 丁이 맡아서 가지고 있던 물건은 A 소유의 자기앞수표이었다. 이는 유체물로서 재물이고, 丁의 단독소유도 무주물도 아니므로 재물의 타인성도 인정된다. 그러나 소유자 A와 丁 사이에는 신뢰관계가 전혀 없었기 때문에 A와의 관계에서 丁을 보관자라고 할 수 없다. 甲에 대해서는 신뢰관계가 있었지만 이는 형법적 보호의 대상이 되는 신뢰관계가 아니다. 따라서 丁은 횡령죄의 주체가 되지 않는다. 이 부분 丁의 행위는 가벌성이 없다.

○ 소결

丁의 행위는 모두 가벌성이 없다.

❑ 경찰관 戊의 죄책

○ 사촌동생 丙에게 도망하라고 전화한 행위

戊의 행위는 절도 피의자를 체포하라는 지휘를 받고도 이를 실행에 옮기지 아니한 부작위와 피의자를 도피하게 한 작위 등 두 가지 측면을 가지고 있다. 하나의 행위가 이처럼 작위와 부작위 등 두 가지 면보를 다 가지고 있을 때 어느 것을 검토하여야 하는가에 대하여 다음과 같은 견해 대립이 있다.

① 작위우선검토설 : 작위에 대한 부작위의 보충성 때문에 작위행위를 우선적으로 검토해야 한다는 견해

② 부작위우선검토설 : 부작위범의 성립요건이 더 까다로우므로 부작위를 먼저 검토함으로써 처벌여부를 결정함에 신중을 기하여야 한다는 견해

③ 비난중점설 : 법적 비난의 중점이 작위와 부작위 중 어디에 놓여야 하는가를 판단하여 그에 따라 작위 또는 부작위를 법적 평가의 대상으로 삼아야 한다는 견해

문제되는 행위가 작위와 부작위 두 가지 요소를 모두 가지고 있을 때 어느 쪽에 비난의 중점이 놓여 있을 것인가에 대한 판단은 사회적 가치기준을 잣대로 가늠할 수밖에 없다고 본다. 작위 또는 부작위의 행위가 가지는 사회적 의미를 바탕으로 어느 쪽에 비난의 중점이 놓여야 할 것인가에 대한 판단에 따라 작위 또는 부작위를 법적 평가의 대상으로 하는 방식이 옳다고 생각한다. 비난중점설이 타당하다.

이 사례의 경우 경찰관으로서 범인을 체포하여야 할 의무를 이행하지 않은 데에서 나아가 아예 범인으로 하여금 도피하게 만들었다는 점이 비난의 중점에 있어야 한다. 따라서 작위를 검토하여야 할 사안이다.

❖ 범인 도피 (형법 제151조)

행위객체인 丙은 절도행위를 한 자로서 6년 이하의 징역에 처할 범죄이기에 '벌금 이상의 형에 해당하는 죄를 범한 자'임이 분명하다.

戊는 구속수사가 필요한 丙에게 수사에 관한 정보를 전함으로써 피신하게 하여 형사사법 작용이 매우 곤란하도록 만들었다. 도피에 해당한다.

다만 戊는 丙의 친족이기 때문에 처벌할 수 없다. 이처럼 비난의 중점이 작위에 놓여 있다고 보아 먼저 검토하였으나 가벌성이 없다는 결론에 도달하므로 부작위에 대해서 추가로 검토할 필요가 있다.

❖ 직무유기 (형법 제122조)

戊는 경찰관으로서 공무원에 해당한다. 戊는 검사로부터 구속수사를 하라는 내용의 지휘를 받았다. 그런데 구속영장은 검사가 청구하고 법관이 발부한다. 검사의 청구에 의해서 법원에서 영장이 발부되고 그 영장의 집행이 戊에게 위임이 되면 그때 비로소 戊는 직무수행

의무를 가지게 된다. 영장도 없이 피의자를 체포할 수는 없는 일이므로 직무수행 의무 자체가 인정되지 않는 상황이다. 戊의 행위는 가벌성이 없다.

○ 丙에게 도망하라고 전화 한 사실이 없다고 증언하라고 한 행위

❖ 위증 교사 (형법 제152조 제1항, 제31조)

피교사자인 丙의 행위가 위증에 해당함은 앞에서 확인하였다. 문제는 자신의 형사사건에 관하여 타인을 교사하여 위증하게 하였을 때 가벌성이 인정되는가 하는 점이다. 이에 대하여 다음과 같은 견해 대립이 있다.

① 부정설 : 부정설의 논거는 두 가지가 가능하다. 첫 번째는 피고인은 증인적격이 없어서 위증죄의 정범이 될 수 없는데, 정범이 될 수 없는 자에게 교사범을 인정한다는 것은 논리적으로 모순이기 때문이라는 것이다. 그러나 이 견해는 피고인도 공범의 자격으로는 증인이 될 수 있고, 신분을 가지고 있지 않아서 정범이 될 수 없는 사람(비신분자)이 신분자를 교사해서 범죄를 실행하게 하는 경우에 제33조 규정에 따라 교사범이 성립되는 것은 당연한 일이므로 인정하기가 곤란하다.

두 번째로 가능한 논거는 피고인 자신이 위증을 교사하는 것은 정당한 방어권 행사라는 것이다. 이 견해는 형사소송절차가 요구하는 것이 어떠한 경우에도 어떠한 대가를 치르더라도 진실이 밝혀져야 된다는 것은 아니라는 점을 근거로 내세운다. 피고인은 단순한 진실발견을 위한 객체가 아니라 나름대로의 권한을 가진 소송주체인데, 허위의 내용이기는 하지만 자신의 진술 내용을 입증하기 위해 증인을 신청하는 것은 피고인의 정당한 권리행사라는 것이다. 이를 통해 위증이라는 범죄행위가 성립될 수도 있다는 문제점은 증인이 책임을 부담해야 할 부분이라는 주장이다.

② 긍정설 : 긍정설은 정당한 권리행사로 볼 수 없다는 입장이다.

피고인 스스로 허위진술 하는 것을 처벌대상에서 제외하는 것은 그 한도 내에서는 방어권을 인정하는 것이다. 피고인이 방어권 행사에서 할 수 있는 것은 그 지점까지이다. 다른 사람을 이용하여 허위진술을 하도록 하는 것까지 허용하기는 힘든 일이므로 긍정설이 타당하다. 이에 따라 戊는 위증 교사의 행위주체에 해당한다.

戊는 사촌동생 丙에게 허위의 진술을 하도록 직접 부탁함으로써 丙으로 하여금 새롭게 범행 결의를 하게 만들었다. 교사에 해당한다.

이와 같은 행위를 戊는 확정적 고의를 가지고 하였으며 위법성과 책임을 조각할 사유도 없으므로 위증 교사를 근거로 가벌성이 인정된다.

○ 소결

戊의 행위는 위증 교사를 근거로 가벌성이 인정된다.

[사례 53] 아리랑치기

甲은 친구인 乙로부터 "丙이 송년회라도 하자며 술을 사겠다고 하니 같이 가자."라는 전화를 받고, 자신의 승용차에 乙을 태우고 약 5 km 가량 떨어진 노원역 교차로 부근으로 가서 丙을 만났다. 그런데 丙은 "사실 돈이 없다. 취객을 상대로 돈을 훔쳐서 술을 먹자."라고 제의하였다. 甲은 농담을 하는 줄 알았으나, 乙과 丙이 그동안 몇 차례 취객을 터는 짓을 한 사실을 말해주어 농담이 아님을 알게 되었다. 甲은 "나는 그렇게까지 해서 술 마실 생각이 없다."라고 거절하였다. 乙과 丙은 "그럼 너는 승용차에 그냥 있어라."하고 그 자리를 떠났다.

乙과 丙은 마침 길바닥에 가방을 떨어뜨린 채 2~3 m 전방에서 구토하고 있는 취객을 발견하고, 乙은 그 취객을 발로 차 하수구로 넘어지게 하고 丙은 길에 떨어져 있던 가방에서 돈을 꺼냈다.

이를 지켜보던 사법경찰관 P1과 P2가 다가와 乙과 丙을 현행범으로 체포하려 하자 두 사람은 甲이 있는 승용차로 도망갔다가 P1과 P2에게 붙잡혔다. P1과 P2는 승용차 운전석에 있던 甲도 일당인 것으로 생각하고 체포하였다.

[문] 甲, 乙, 丙의 죄책을 논하시오.

• 사례출처: 제2회(2013년) 변호사시험 형사법 사례형 제2문

❑ 들어가는 말

甲은 乙과 丙이 아리랑치기를 하고자 한다는 점을 알고 차에서 그대로 친구들을 기다리고 있다가 체포되었다. 따라서 직접 실행행위를 하지 않았기 때문에 직접정범은 성립할 수 없고 乙과 丙의 행위에 종속하여 가벌성이 인정될 여지 밖에 없다. 편의상 乙과 丙의 행위를 먼저 검토하는 것이 좋겠다.

❑ 乙의 죄책

❍ 취객을 발로 차 하수구에 넘어지게 한 행위

❖ 강도 공동정범 (형법 제333조, 제30조)

1. 공동의 실행행위 : 乙은 술에 취해 토하고 있는 취객을 발로 차서 하수구로 넘어지게 하였고, 그 사이에 丙은 그 취객의 가방에서 돈을 꺼냈다. 사람을 발로 차서 넘어지게 하는 것은 '신체에 대한 유형력 행사'로서 폭행에 해당한다. 그리고 취한 사람이 하수구로 넘어지게 되면 곧바로 그 상태를 극복하기 어렵기 때문에 2~3 m 떨어져 있는 자신의 가방에서 돈을 꺼내가는 것을 막기가 불가능하게 된다. 따라서 반항이 불가능할 정도의 폭행에 해당한다.

乙이 반항이 불가능할 정도의 폭행을 행사하는 동안 丙이 취객의 돈을 꺼내갔는데, 돈은 유체물로서 재물에 해당하고 乙이나 丙의 단독소유도 무주물도 아니므로 재물의 타인성이 인정된다. 이를 2~3 m 떨어져 있더라도 사실상 지배하고 있던 취객의 의사에 반하여 그 점유를 배제하고 乙과 丙의 점유로 옮겼으므로 강취에 해당한다.

공동정범이 성립하기 위한 전제인 공동의 실행행위는 ① 기능적 역할분담을 함으로써 ② 범행의 전체적 계획 실현에 본질적으로 중요한 기여를 하는 경우에 인정된다. 乙의 폭행 행위는 두 사람의 강도 범행 실현에 본질적으로 중요한 기여를 하는 부분이다. 기능적 행위지배가 인정되기에 충분하다.

2. 공동실행의 의사도 명백하며 강취한 돈으로 술을 마시고자 하였으므로 소유자처럼 사용·수익·처분하고자 하는 불법영득의사도 분명하다. 또한 위법성과 책임을 조각할 사유도 없으므로 이 부분 乙의 행위는 강도 공동정범을 근거로 가벌성이 인정된다.

❖ 특수강도 공동정범 (형법 제334조 제2항, 제30조)

乙은 丙과 함께 협력하여 강도 행위를 하였다. 시간적·공간적 협동관계 아래 이루어진 행위로서 어느 학설에 의하더라도 '합동'에 해당한다. 이에 따라 제334조 제2항에서 정하는 가중처벌 대상이 된다.

❑ 丙의 죄책

❍ 취객의 가방에서 돈을 꺼낸 행위

❖ 특수강도 공동정범 (형법 제334조 제2항, 제30조)

丙도 乙과 함께 협력하여 강도 행위를 하였기 때문에, 시간적·공간적 협동관계 아래 이루어진 행위로서 '합동'에 해당하여 특수강도로서 가벌성이 인정된다.

❑ 甲의 죄책

❍ 차에서 친구들을 기다리고 있었던 행위

❖ 특수강도 방조 (형법 제334조 제2항, 제32조)

피방조범죄는 확인한 것처럼 특수강도이다. 방조란 '피방조범죄를 촉진하는 것'을 말한다. 촉진이란 ① 피방조범죄의 실행이 가능하게 해주거나, ② 법익침해를 강화해 주거나, ③ 범죄의 실행을 쉽게 해주는 것을 의미한다. 甲은 차를 타고 두 사람을 기다려 줌으로써 두 사람이 범행 이후에 쉽게 달아날 수 있는 상황을 조성하였다. 이를 통해 심리적 안정을 얻은 두 사람이 쉽게 범죄행위를 저지를 수 있게 도와 준 것이다. 방조에 해당한다.

甲은 두 사람이 무슨 행위를 할 것인가에 대한 설명을 들어서 분명히 알고 있는 상태에서 차를 타고 기다렸으므로 고의도 부인할 수 없으며, 위법성과 책임을 조각할 사유도 없으므로 가벌성이 인정된다.

[사례 54] 도박장

甲은 도박장을 직접 운영하기로 마음먹고, 단속에 대비하여 마침 직장을 잃고 놀고 있던 사촌동생 乙에게 '도박장 영업을 도와주고 용돈을 벌지 않겠냐? 그런데 혹시 도박장이 적발되면 내가 도망가더라도 네가 사장이라고 진술을 해줄 수 있겠냐?'고 제의하였고, 乙은 甲의 제의를 승낙하였다. 甲은 생활정보지에 광고하여 도박장에서 일할 종업원들을 채용하였다. 甲은 乙을 사장으로 위장하기 위하여 甲의 자금으로 乙로 하여금 직접 사무실을 임차하도록 하였다.

2013. 10. 1. 저녁 甲은 평소 알고 있던 丙 등 도박꾼들을 속칭 '대포폰'으로 연락하여 사무실로 불러 '포커'도박을 하도록 하고 자릿값으로 한 판에 판돈에서 10%씩을 받았고, 乙은 창문으로 망을 보았다. 丙은 도박자금이 떨어지자 옆에서 구경하고 있던 丁에게 사실은 변제할 의사가 없었지만 높은 이자를 약속하고 도박자금을 빌려달라고 하였고, 丁은 丙이 상습도박 전과가 있음을 알면서도 丙에게 도박자금으로 300만 원을 빌려주었다.

근처 주민의 신고로 경찰관 P 등이 출동하여 乙, 丙, 丁은 현장에서 도박 등의 혐의로 현행범인 체포되었고, 甲과 다른 도박꾼들은 도망쳤다. 乙은 경찰서에서 자신이 도박장 주인이라고 하면서 도박장 등의 운영 경위, 자금 출처, 점포의 임대차계약 경위, 종업원 채용 등에 관하여 구체적으로 거짓말을 하였고, 조사를 받은 후 체포된 다른 사람들과 함께 석방되었다.

단속 3일 후 심경의 변화를 일으킨 甲이 경찰관 P에게 전화하여 불구속 수사를 조건으로 자수할 의사를 밝혀오자 경찰관 P는 일단 외부에서 만나 이야기하자고 하였다. 다음 날 경찰관 P는 경찰서 밖 커피숍에서 甲을 만나 범죄사실의 요지, 체포의 이유와 변호인선임권을 고지하고 변명의 기회를 준 후 甲을 긴급체포하려 하였다. 그러자 甲은 '자수하려는 사람을 체포하는 법이 어디에 있느냐'고 따지며 경찰관 P의 가슴을 밀쳐 바닥에 넘어뜨렸고, P는 넘어지면서 손가락이 골절되었다.

[문] 甲, 乙, 丙, 丁의 죄책을 논하시오.

• 사례출처: 제3회(2014년) 변호사시험 형사법 사례형 제1문

❑ 甲의 죄책

❍ 사촌동생 乙의 명의로 사무실을 임차하여 도박장을 연 행위

❖ 도박장소 개설 (형법 제247조)

甲은 도박을 위한 공간을 제공함으로써 도박장소를 개설하였다. 도박장에서 일을 할 사람을 직접 채용하였으며 도박장소 개설을 위한 자금도 본인이 조달하였다. 만약을 위해서 사촌동생 乙의 명의로 사무실을 임차하였지만 직접 경영한 사실에는 변함이 없다.

이와 같은 행위를 甲은 확정적 고의를 가지고 하였으며, 판돈의 10%를 자릿값으로 받았음으로 보아 영리의 목적이 있었음도 분명하다. 또한 위법성과 책임을 조각할 사유도 없으므로 이 부분 甲의 행위는 도박장소 개설을 근거로 가벌성이 인정된다.

❍ 경찰관 P의 가슴을 밀쳐 넘어뜨린 행위

❖ 공무집행방해 (형법 제136조 제1항)

甲은 자신을 긴급체포하려는 경찰관 P의 가슴을 밀쳐 쓰러뜨렸다. 만약 P의 긴급체포가 적법한 직무집행이라면 P는 공무집행방해의 행위객체에 해당할 것이다. 직무집행의 적법성이 요구된다는 점은 명문의 규정은 없지만 학설과 판례가 모두 이를 인정하고 있다. 형사소송법 제200조의3 제1항은 ① 장기 3년 이상의 징역이나 금고에 해당하는 범죄를 범하였다고 의심할 만한 상당한 이유가 있고, ② 증거인멸의 염려가 있거나, ③ 도망하거나 도망할 우려가 있는 경우에 사법경찰관의 긴급체포를 허용하고 있다.

사례의 경우 甲은 도박장소 개설죄를 범하였고 이는 장기 5년의 징역에 해당하는 범죄이므로 첫 번째 요건은 충족된다. 하지만 甲을 제외한 관련자들이 이미 체포되었고 증거도 확보되었기 때문에 증거인멸의 염려가 있다고 하기 어렵다. 그리고 甲은 이미 심경의 변화를 겪어 자수하기로 결심한 상태이었으므로 도망할 우려가 없는 경우이다. 긴급체포 대상으로서의 범죄 혐의는 인정되지만 나머지 요건이 충족되지 않기 때문에 긴급체포의 대상이라고 할 수 없다. 따라서 경찰관 P는 적법한 직무집행을 하고 있는 공무원이 아니었기에 행위객체에 해당하지 아니한다. 甲의 행위는 공무집행방해를 근거로 가벌성이 인정되지 않는다.

❖ 상해 (형법 제257조 제1항)

1. 구성요건 : 손가락 골절은 생리적 기능 훼손으로서 상해의 결과에 해당한다. P를 밀친 행위와 P가 넘어져 손가락 골절상을 입은 결과 사이의 인과의 진행은 합법칙성의 범주를 벗어나지 않았다. 사람을 밀쳐서 넘어뜨리면 이를 통하여 충분히 상해의 결과가 야기될 수 있는 일이기 때문이다. 객관적 귀속을 배제할 사유도 없으므로 인과관계가 인정된다.

甲이 P를 밀칠 때 직접 의도한 것은 아니지만 사람을 넘어뜨리면 다칠 수 있다는 점은 누구나 가능성을 인식할 수 있는 일인데, 그러한 가능성을 인식하였음에도 화가 나서 밀친 것이므로 결과의 발생을 용인한 것으로 볼 수 있다. 미필적 형태의 고의가 인정된다.

2. 위법성 : P가 甲을 체포하려고 하는 상황이었으므로 甲의 신체에 대한 침해가 이루어질 경우였다. 신체는 개인적 법익으로서 정당방위가 가능하다. 미란다 고지가 끝나고 곧바로 체포하고자 하는 상황이었으므로 침해가 급박하여 현재성도 인정된다. 또한 앞에서 확인한 것처럼 긴급체포가 인정되는 상황이 아니어서 침해의 부당성도 인정된다.

체포를 통해서 신체의 자유를 침해하려는 사람을 밀쳐서 넘어뜨리는 것은 방위행위로서의 속성이 인정되는 공격적 방어에 해당한다. 자신을 체포하려는 사람을 밀쳐서 접근하지 못하게 함으로써 손가락 골절이라는 상해를 입힌 행위는 상당성 측면에서도 문제가 되지 않는다. 또한 甲은 명백한 방위의사도 가지고 있었다. 자수를 하려는데 긴급체포를 하려고 함에 화가 나 있었을 것으로 보이지만 주된 의도는 방어에 있었으므로 다소간의 증오가 게재되어 있었더라도 방위의사를 인정하는데 문제가 없다. 정당방위의 객관적 요건과 주관적 요건을 모두 충족한다.

3. 甲의 행위는 상해의 구성요건을 충족하지만 정당방위를 근거로 위법성이 조각되어 가벌성이 없다.

❑ 乙의 죄책

❍ 사촌 형 대신 사무실을 임차하고 도박장 운영 중 망을 본 행위

❖ 도박장소 개설 공동정범 (형법 제247조, 제30조)

공동정범이 성립하기 위한 전제인 공동의 실행행위는 ① 기능적 역할분담을 함으로써 ② 범행의 전체적 계획 실현에 본질적으로 중요한 기여를 하는 경우에 인정된다. 乙은 甲을 대신하여 사무실을 임차하고 도박장을 운영하는 동안 망을 보는 역할을 수행하였다. 이는 단속을 피해서 안정적인 도박장 운영을 지속하기 위해서 필수적인 행위로서 범행의 전체적 계획 실현에 본질적으로 중요한 기여를 하는 경우에 해당한다고 할 수 있다.

乙은 이와 같은 기능적 행위지배를 한다는 명백한 의사를 가지고 있었으며 위법성과 책임을 조각할 사유도 없으므로 도박장소 개설 공동정범을 근거로 가벌성이 인정된다.

❍ 경찰 조사과정에서 자신이 도박장 사장이라고 진술한 행위

❖ 범인 도피 (형법 제151조)

甲은 '법정형이 벌금형 이상에 해당되는 죄를 범한 자'로서 행위객체에 해당한다. 그러나 도피하게 한다는 것은 직접적으로 도주하게 하거나 도주가 용이해지도록 하는 것을 의미하므로 공범의 존재를 숨긴 것 정도는 도피에 해당한다고 보기 어렵다. 乙에 대해서는 범인도피를 근거로 가벌성이 인정되지 않는다.

❑ 丙의 죄책

❍ 도박한 행위

❖ 상습도박 (형법 제246조 제2항)

丙이 상습적으로 도박행위를 하였음은 사례상 명백하다.

❍ 丁에게 갚을 생각 없이 돈을 빌린 행위

❖ 사기 (형법 제347조)

丙은 돈을 갚을 생각이 없으면서 마치 갚을 것처럼 행동하여 丁을 기망하였다. 이러한 기망에 의하여 丁은 丙이 돈을 빌리면 갚을 것이라는 착오를 하게 되었다. 이 착오에 기반하여 丁은 丙에게 300만원을 제공함으로써 재산적 처분행위를 하였다. 그런데 이와 같은 처분행위가 도박 자금을 제공한다는 측면에서 불법원인급여 해당한다. 이 경우에 사기죄가 성립하는가에 대하여 ① 긍정설과 ② 부정설의 견해 대립이 있다. 이러한 불법원인급여의 경우에는 피기망자에게 부당이득반환청구권이 없게 되므로 더욱 확실하게 재산적 손해를 보게 되는 경우라고 볼 수 있다. 그렇기 때문에 사기죄의 성립을 긍정하는 견해가 타당하다고 생각한다. 불법원인급여이지만 재산적 처분행위로 보는 것이 마땅하다.

나아가 변제 가능성이 없기 때문에 재산상의 손해라고 할 수 있으며, 丁의 입장에서 일방적인 이익을 취한 것으로서 재산상의 이익 취득이라고 할 수 있다.

고의와 불법영득의사도 인정되고 위법성과 책임을 조각할 사유도 없으므로 이 부분 丁의 행위는 사기를 근거로 가벌성이 인정된다.

❏ 丁의 죄책

❍ 丙에게 도박 자금을 빌려 준 행위

❖ 상습도박 방조 (형법 제246조 제2항, 제32조)

피방조범죄는 확인한 것처럼 상습도박이다. 방조란 '피방조범죄를 촉진하는 것'을 말한다. 촉진이란 ① 피방조범죄의 실행이 가능하게 해주거나, ② 법익침해를 강화해 주거나, ③ 범죄의 실행을 쉽게 해주는 것을 의미한다. 도박 자금이 고갈된 사람에게 이를 조달해 줌으로써 비로소 도박이 다시 가능하게 해준 것이므로 방조에 해당한다.

丁은 확정적 고의를 가지고 있었으며, 위법성과 책임을 조각할 사유도 없으므로 상습도박 방도를 근거로 가벌성이 인정된다.

[사례 55] 대포통장

甲은 친구 乙의 사기범행에 이용될 사정을 알면서도 乙의 부탁으로 자신의 명의로 예금통장을 만들어 乙에게 양도하였고, 乙이 A를 기망하여 A가 甲의 계좌로 1,000만 원을 송금하자 甲은 소지 중이던 현금카드로 그중 500만 원을 인출하여 소비하였다. 乙이 甲에게 전화하여 자신 몰래 돈을 인출한 데 대해 항의하자 甲은 그 돈은 통장을 만들어 준 대가라고 우겼다. 이에 화가 난 乙은 甲을 살해할 의사로 甲의 집으로 가 집 주변에 휘발유를 뿌리고 불을 질렀으나, 갑자기 치솟는 불길에 당황하여 甲에게 전화해 집 밖으로 빠져 나오게 하였고, 甲은 간신히 목숨을 건질 수 있었다.

甲은 乙이 자신을 살해하려고 한 사실이 너무 황당하고 화가 나서 술을 마시고 혈중알코올농도 0.25%의 만취상태에서 승용차를 운전하여 乙의 집으로 가다가 보행신호에 따라 횡단보도를 걸어가고 있는 B를 승용차로 치어 B가 중상을 입고 도로 위에 쓰러졌다. 甲은 사고 신고를 받고 긴급출동한 경찰관 P에 의해 사고현장에서 체포되었고, B는 사고 직후 구급차에 실려 병원으로 후송되던 중 구급차가 교차로에서 신호를 무시하고 지나가는 트럭과 부딪혀 전복되는 바람에 그 충격으로 사망하고 말았다.

경찰의 수사를 피해 도피 중이던 乙은 경찰관인 친구 C에게 전화를 걸어 자신에 대한 수사상황을 알아봐 달라고 부탁하였고, C는 甲이 체포된 사실 및 甲 명의의 예금계좌에 대한 계좌추적 등의 수사상황을 乙에게 알려 주었다. 한편, 甲의 진술을 통해 乙의 범행을 인지한 경찰관 P는 乙이 은신하고 있는 호텔로 가서 잠복하고 있다가 외출 후 호텔로 돌아오는 乙을 긴급체포하였다.

[문] 甲과 乙의 죄책을 논하시오.

• 사례출처: 제3회(2014년) 변호사시험 형사법 사례형 제2문

❑ 甲의 죄책

○ 乙에게 통장을 만들어 준 행위

❖ 사기 방조 (형법 제347조, 제32조)

피방조자 乙은 사기범행에 이용할 목적으로 타인 명의의 통장을 구비하였으며, 사기범행에 대하여 사례에서 구체적인 설명이 없기는 하지만, A를 기망하여 착오를 유발하고 그 착오로 인하여 현금을 계좌로 입금하여 재산적 처분행위를 하도록 만드는 등 사기범행을 저지른 것으로 보인다. 피방조자의 행위는 사기에 해당한다.

방조란 '피방조범죄를 촉진하는 것'을 말한다. 촉진이란 ① 피방조범죄의 실행이 가능하게 해주거나, ② 법익침해를 강화해 주거나, ③ 범죄의 실행을 쉽게 해주는 것을 의미한다. 들키지 않고 사기범행을 저지르기 위해서 타인명의의 통장을 필요로 하는 사람에게 이를 개설해 주는 것은 사기범행이 가능해지도록 해주는 것이므로 방조에 해당한다.

甲은 그와 같은 행위를 확정적 고의를 가지고 하였으며, 위법성과 책임을 조각할 사유도 없으므로 사기 방조를 근거로 가벌성이 인정된다.

○ 통장으로 입금된 돈의 일부를 현금카드로 인출하여 소비한 행위

❖ 횡령 (형법 제355조 제1항)

금융기관의 통장으로 송금이 이루어지면 그에 해당하는 금전의 소유권은 금융기관에 귀속된다. 그와 동시에 통장의 예금주는 해당금액에 대한 금융기관에 대한 채권을 취득하게 된다. 甲이 乙에게 만들어 준 통장은 乙이 보관하고 있더라도 예금채권은 예금주인 甲에게 귀속된다. 甲이 인출한 금전은 예금주가 예금에 대한 청구권을 행사하여 취득한 것이므로 적법한 소유권 이전이라고 할 수 있다.

나아가 甲은 신뢰관계를 바탕으로 乙의 재물을 보관하는 자라고 볼 여지가 있지만, 이와 같은 신뢰관계는 차명계좌를 금지하는 법체계의 관점에서 볼 때 법적 보호의 대상이 되지 않는다. 따라서 甲은 신뢰관계를 바탕으로 타인의 재물을 보관하는 자에 해당하지 않는다. 횡령을 근거로 가벌성을 인정할 수 없다.

❖ 사기 (형법 제347조)

甲은 현금카드를 사용하여 현금을 인출하였으므로 사람에 대한 기망이 존재하지 않는다. 사기를 근거로 가벌성이 인정되지 않는다.

❖ 절도 (형법 제329조)

甲이 인출한 현금은 유체물로서 재물이고 금융기관이 소유자이므로 재물의 타인성도 인정된다. 금융기관 현금지급기의 관리자는 '정당한 권리를 가진 자가 현금카드와 비밀번호를 이용하여 예금을 인출하는 경우'에 이에 동의한다는 의사를 가지고 있다. 甲은 예금채권의 정당한 청구권자이므로 점유자의 의사에 반하여 그 점유를 배제하였다고 할 수 없다. 절도를 근거로 가벌성이 인정되지 않는다.

❖ 장물 취득 (형법 제362조 제1항)

甲 명의의 통장에 입금된 1천만원은 사기범행을 통해서 획득된 재물이다. 사기 행위는 乙이 하였고 그로 인하여 획득된 재물이 예금형태를 가지게 되었는데 그 예금에 대한 채권은 甲이 취득한 것이다.

입금된 1천만원이 장물인 것은 분명하지만 甲이 이를 취득하였다고 하기 위해서는 사기범죄 행위자인 乙로부터 '점유를 이전 받아 장물에 대한 사실상의 처분권을 획득'하여야 한다. 그러나 그와 같은 과정은 전혀 존재하지 않았으므로 취득이라고 할 수 없다. 장물 취득을 근거로도 가벌성이 인정되지 않는다.

❖ **점유이탈물 횡령 (형법 제360조)**

甲이 인출한 현금은 금융기관의 확실한 점유 아래 있었으므로 행위객체에 해당하지 않는다. 점유이탈물 횡령을 근거로 가벌성이 인정되지 않는다.

○ 만취한 상태에서 운전하다 B를 다쳐서 죽게 한 행위

❖ **위험운전 치사 (특정범죄 가중처벌 등에 관한 특례법 제5조의11)**

1. 기본범죄 : 甲은 혈중알코올 농도 0.25%의 고도 명정 상태에서 운전을 하였다. 도로교통법 제44조에서 금지하는 술에 취한 상태에서의 운전이 혈중알코올 농도 0.05%이므로 甲이 '음주의 영향으로 정상적인 운전이 곤란한 상태'에 있었음은 명백하다.

2. 중한 결과 : 甲의 차에 치여서 B는 중상을 입었다. 그리고 구급차에 실려서 병원으로 이송되던 중 제2의 교통사고로 사망하였다. 사망의 결과가 발생하였으나 이는 제2의 교통사고에 의한 것으로서 甲이 유발한 교통사고로 인한 인과의 진행이 이 순간 단절되었다. 甲의 행위와 B의 사망이라는 결과 사이의 인과는 연결되지 않는다.

3. 위험운전이라는 기본범죄는 성립하지만 사망이라는 결과로 인과관계가 연결되지 않기 때문에 위험운전 치사를 근거로 가벌성이 인정되지 않는다.

❖ **위험운전 치상 (특가법 제5조의11)**

甲의 위험운전 행위와 B의 상해 결과 사이의 인과의 진행은 합법칙성의 범주를 벗어나지 않는다. 위험운전 행위는 얼마든지 상해의 결과를 야기할 수 있기 때문이다. 객관적 귀속도 배제할 수 없으므로 인과관계가 인정된다.

또한 위험운전 행위를 하면 상해의 결과가 발생할 수 있음을 객관적으로 예견할 수 있는 상황에서 甲은 예견의무와 회피의무를 이행하지 아니하였다. 과실이 인정된다. 위법성과 책임을 조각할 사유도 없으므로 甲의 행위는 위험운전 치상을 근거로 가벌성이 인정된다.

○ 소결

甲의 행위는 사기 방조(제347조, 제32조)와 위험운전 치상(특가법 제5조의11)에 해당하며 각각 두 개의 행위에 의하여 두 개의 범죄를 저지른 것으로서 실체적으로 경합한다.

❑ 乙의 죄책

○ A를 기망하여 돈을 입금 받은 행위

❖ 사기 (형법 제347조)

앞에서 이미 확인한 것처럼 사기에 해당한다.

○ 甲을 살해하려고 불을 지른 행위

❖ 살인 중지미수 (형법 제250조 제1항, 제254조, 제26조)

1. 甲을 살해하고자 하였으나 사망이라는 결과가 발생하지 아니하였다. 하지만 살인에 대해서는 제254조에 미수범 처벌규정이 있으므로 이의 성립 여부에 대하여 검토하여야 한다.

2. 乙이 甲을 살해할 의사를 가지고 있었음은 사례를 보면 확실하다. 그런데 살해하고자 불을 질렀다가 갑자기 치솟는 불길에 당황하여 甲에게 전화를 해서 대피하게 하였다. 이에 따라 결과의 발생이 방지되었는데 이것이 자의에 의한 것인가에 대한 판단이 필요하다. 중지의 자의성에 대한 판단기준은 학설에 따라 다양한 양상을 보이고 있으며 학설에 따라 결론이 달라질 수 있다. 학설은 다음과 같다.

① 객관설 : 외부적 사정에 의해 구성요건 실현이 중단된 경우는 장애미수이고, 내부적 동기에 의해 중단된 경우는 중지미수라고 보는

견해

② 주관설 : 윤리적 동기에 의한 경우는 중지미수로 보고, 그 밖의 경우에는 장애미수로 보는 견해

③ 프랑크의 공식 : 할 수 있었지만 하고 싶지 않아서 중지한 경우는 중지미수이고, 하려고 했지만 할 수가 없어서 중지된 경우는 장애미수라고 하는 견해

④ 규범설 : 행위자의 법 적대적 성향과 법질서에 대한 사회적 신뢰에 미친 부정적 영향이 소멸되었다고 볼 수 있을 정도 수준의 자율적 중지가 있으면 중지미수이고, 그렇지 않으면 장애미수라는 견해

⑤ 절충설 : 일반 사회관념상 범죄수행에 장애가 될 사유가 있었던 경우는 장애미수이고, 그러한 사유가 없었는데도 자기 의사에 의해 중지한 경우는 중지미수라고 하는 견해

범죄수행에 장애가 될 사유란 심리적 장애사유를 의미할 수밖에 없다. 여기서 말하는 것은 의사결정의 자의성 문제이므로 물리적 장애사유가 있는 경우는 논의에서 제외되기 때문이다. 구체적 사안이 이러한 경우에 해당되는가 해당되지 않는가에 대한 판단은 우리가 지금까지 습득한 인간심리에 대한 경험적 지식을 바탕으로 할 수밖에 없다. 우리나라의 다수설과 판례는 '일반 사회관념상 범죄수행에 장애가 될 사유가 없었을 경우'라는 표현을 쓰고 있는데 사실상 같은 내용이라고 생각된다. 절충설이 타당하다.

일반 사회관념상 갑자기 치솟는 불길을 보고 당황한다고 해서 그것이 범죄수행에 장애가 될 사유라고 보기는 힘들다. 장애사유가 없었는데 중단하였으므로 중지의 자의성이 인정된다.

3. 살해를 하기 위한 수단으로 방화를 선택하였으며 이미 불을 질렀기 때문에 실행의 착수는 어느 학설에 의하더라도 인정된다.

결과를 발생시키기에 충분한 행위를 이미 하였기 때문에 중지미수가 인정되려면 결과의 발생을 방지하였어야 한다. 방지행위는 ① 본인의 입장에서 진지한 노력이어야 하고, ② 객관적으로 보기에도 적

절한 노력이어야 한다. 당시 상황에서 가장 급한 것은 甲이 밖으로 대피하는 것이고 가장 효율적인 방법은 甲에게 위험을 알려 대피하게 하는 것이었다. 따라서 본인의 입장에서 진지한 노력이고 객관적으로도 적절한 노력이었다고 판단된다.

4. 위법성과 책임을 조각할 사유가 없으므로 이 부분 乙의 행위는 살인 중지미수를 근거로 가벌성이 인정된다.

❖ 현주건조물 방화 (형법 제164조 제1항)

乙이 불을 지른 곳은 사람이 주거로 사용하는 건조물이었으므로 제164조의 행위객체에 해당함이 분명하다. 소훼란 불이 매개물을 떠나 독립연소하는 단계를 말한다. 사례의 경우 甲이 간신히 목숨을 건질 수 있을 정도로 번졌으므로 독립연소 단계에 도달하였음이 분명하다.

이와 같은 행위를 乙은 확정적 고의를 가지고 하였으며, 위법성과 책임을 조각할 사유도 없으므로 현주건조물 방화를 근거로 가벌성이 인정된다.

○ 경찰관 친구 C에게 수사상황을 알아보게 한 행위

❖ 공무상 비밀 누설 교사 (형법 제127조, 제31조)

피교사자인 경찰관 C는 공무원으로서 제127조의 행위주체에 해당한다. 乙에 대한 수사상황은 직무와 관련하여 알게 된 사항이다. 그리고 수사상황은 ① 제한된 범위의 사람만 접근이 가능하고, ② 밖으로 유출되지 않는 것이 국가에게 이익이 되므로 비밀에 해당한다. '법령에 의한' 비밀이 무엇을 의미하는가에 대해서는 견해의 대립이 있다.

① 협의설 : 법령에 의하여 비밀로 분류된 것만으로 제한하여야 한다는 견해

② 광의설 : 법령에 의해서 비밀로 분류된 것은 물론, 객관적 · 일반적으로 외부에 알려지지 않는 것이 국가적으로 상당한 이익이 되는 사항까지 모두 포함하여야 한다는 견해

실질적으로는 비밀에 해당하는 내용이지만 문서가 아직 완성되기 전이거나 비밀분류 작업이 지연되는 경우에도 그 내용은 보호되어야 하므로 광의설이 타당하다. 이에 따르면 C가 누설한 것은 법령에 의한 직무상 비밀이다.

C는 이러한 행위를 확정적 고의를 가지고 하였으며 위법성을 조각할 사유가 없다. 피교사자의 행위는 공무상 비밀누설의 구성요건과 위법성을 충족한다.

乙은 이러한 행위를 부탁함으로써 C가 비로소 범죄행위를 하겠다는 결의를 하게 만들었다. 교사행위에 해당한다. 또한 乙은 확정적 고의를 가지고 있었고 위법성과 책임을 조각할 사유가 없으므로 공무상 비밀누설 교사를 근거로 가벌성이 인정된다.

○ 소결

乙의 행위는 사기(제347조), 살인 중지미수(제250조 제1항, 제254조, 제26조), 현주건조물 방화(제164조 제1항) 그리고 공무상 비밀누설 교사(제127조, 제31조)에 해당한다. 이 가운데 살인 중지미수와 현주건조물 방화는 하나의 행위에 의한 두 개의 범죄이므로 상상적 경합 관계에 있고 나머지는 모두 실체적 경합이다.

[사례 56] 명의신탁

甲은 자기 소유의 아파트를 A에게 6억 원에 매도하기로 하고 계약금으로 6,000만 원을 받았다. 그 후 A는 甲에게 잔금을 지급하면서 수표를 잘못 세어 1억 원 권 자기앞수표 5장과 1,000만 원 권 자기앞수표 5장을 교부하였다. 甲은 그 현장에서 A가 준 수표를 세어보고 1,000만 원이 더 지급된 것임을 알았음에도 이를 A에게 돌려주지 않았다.

甲은 친구 乙과 명의신탁약정을 한 후 위 아파트 매각대금 중 4억 원으로 B 소유의 X건물에 관하여 B와 매매계약을 체결하고 X건물에 대한 소유권이전등기는 B에서 바로 乙 명의로 경료하였다. 그런데 乙은 사업자금이 부족하게 되자 X건물이 자기명의로 등기되어 있는 것을 기화로 甲의 동의를 받지 않고 X건물에 관하여 채권최고액 1억 5,000만 원의 근저당권을 설정하고 은행으로부터 1억 원을 대출받았다. 그로부터 한 달 후 乙은 사업자금이 더 필요하여 X건물을 임의로 매도하기로 마음먹고 C와 매매계약을 체결하여 계약금과 중도금을 받았다. 그런데 乙과 C간의 위 매매계약 체결 및 중도금 지급 사실을 알고 있던 丙은 乙에게 X건물을 자신에게 매도할 것을 수차례 요청하면서 만약 문제가 발생하면 모든 책임을 지겠다고 적극적으로 매도를 권유하였고, 이에 乙은 丙으로부터 매매대금 3억 원 전액을 받고 임의로 X건물의 소유권이전등기를 경료해주었다.

[문] 甲, 乙, 丙의 죄책을 논하시오.

- 사례출처: 제4회(2015년) 변호사시험 형사법 사례형 제1문

❑ 甲의 죄책

❍ 매매대금이 1천만원 과다 지급되었음에도 돌려주지 않은 행위

❖ 사기 (형법 제347조)

1. 甲이 매도한 부동산의 매수인 A는 스스로 착오를 일으켜 매매대

금으로 1천만원을 과다 지급하였다. 甲이 자신의 작위행위를 통해서 상대방인 A를 착오에 빠지도록 한 것은 분명히 아니므로 부작위에 의한 기망만 문제될 수 있는 상황이다.

부작위에 의한 기망이 인정되기 위해서는 우선 작위의무의 존재가 필요하다. 작위의무(법적 설명의무)를 인정할 수 있는 근거는 ① 법령, ② 계약, ③ 선행행위, ④ 생활영역 등 네 가지를 들 수 있고 조리를 추가하여야 한다는 일부 견해도 있다.

사례의 경우에는 선행행위를 근거로 법적 설명의무를 인정할 여지가 있다. 이른바 '거스름돈 사기' 유형에 해당하는 경우인데, 너무 많은 돈을 받았을 때 착오가 있음을 알리고 과다 지급된 금액을 반환할 의무가 발생하는가 하는 점은 상대방의 착오를 어느 시점에 인지하였는가에 따라 결론이 달라진다. 그 시점은 ① 돈을 받기 전에 이미 인식한 경우, ② 돈을 받고 나서 비로소 인식한 경우, ③ 돈을 받고 나서도 인식을 하지 못한 경우 등 세 가지로 분류할 수 있다.

이 가운데 ①번과 ②번의 경우에는 거래를 진행한 선행행위가 유책하지는 않지만 법적 설명의무를 인정하는 것이 타당하다고 생각한다. 사례의 경우에는 돈을 받고 나서 세어 봄으로써 과다 지급 사실을 인식한 것이므로 법적 설명의무를 인정하여야 하는 사안에 해당한다.

그러한 설명의무를 이행하는데 아무런 장애사유도 없었음에도 작위의무를 이행하지 아니한 것이므로 부작위에 의한 기망이 인정된다.

2. 이러한 부작위에 의한 기망에 따라 매수인 A의 착오가 유발된 것이고, 그에 따라 1천만원에 대한 재산적 처분행위가 이루어졌다. 이 과정에서 A는 5억 4천만원을 지급한다고 인식하였으므로 초과되는 1천만원에 대해서 처분의사가 문제될 수 있다. 재산적 처분행위라고 하기 위해서는 처분의사가 있어야 하는가에 대하여 견해 대립이 있다.

① 필요설 : 피기망자가 처분행위를 한다는 데 대한 인식을 가지고 있어야 한다는 견해

② 불요설 : 처분행위를 한다는 데 대한 인식이 없는 경우에만 사기가 성립된다고 보는 견해

③ 절충설 : 재물의 교부 형태로 처분행위를 하는 경우에는 처분의사가 있어야 하고, 그 밖의 경우에는 피기망자가 스스로 재산상의 처분행위를 한다는 인식을 하고 있을 필요가 없다는 견해

이 문제는 단순한 처분의사의 유무 이전에 처분의사의 개념을 어떻게 볼 것인가 하는 면을 먼저 생각해보아야 해결될 것으로 생각된다. 처분의사의 개념에 대해서도 견해 대립이 있다.

① 완전인식설: 처분의사의 개념을 처분행위 자체와 처분행위의 결과까지 인식하는 것으로 보는 견해

② 불완전인식설: 처분의사를 처분행위 자체에 대한 인식만으로 보는 견해

처분행위 자체 뿐 아니라 처분행위의 결과까지 제대로 이해하고 있었다면 기망을 당한 것이라고 할 수 없을 것이므로 불완전인식으로 보는 견해가 타당하다고 본다. 처분행위는 스스로 하지만 속아서 하는 것이므로 처분의사는 있어야 하고 불완전인식을 내용으로 하는 처분의사가 필요하다. 불완전 인식설에 근거한 필요설이 타당하다. 판례도 같은 입장이다.

이에 따르면 A는 5억 5천만원 전체를 지급하는데 과정에서 금액에 대해서는 착오가 있었지만 전체를 교부한다는 점에 대한 인식은 있었다. 불완전 인식에 근거한 처분의사가 존재하였던 것이다. 따라서 재산적 처분행위를 인정할 수 있다.

3. 재산적 처분행위에 의하여 A의 입장에서 1천만원의 재산상 손해가 발생하였으며 그 반대급부로 甲은 1천만원의 재산상 이익을 취득하였다. 甲에 대해서는 이러한 행위에 대한 확정적 고의가 인정되고 불법영득의사도 있었으며, 위법성과 책임을 조각할 사유가 없어서 사기를 근거로 가벌성이 인정된다.

○ **명의신탁 약정을 하고 부동산을 매수한 행위**

❖ **명의신탁 (실명등기법 제7조 제1항 제1호)**

甲은 자신이 실제로 구매한 부동산의 소유권을 명의신탁 약정에 따라 명의수탁자인 乙의 명의로 등기하였다. 확정적 고의에 의한 행위이고 위법성과 책임을 조각할 사유가 없으므로 명의신탁을 근거로 가벌성이 인정된다.

○ **소결**

甲의 행위는 사기(제347조)와 명의신탁(실명등기법 제7조 제1항 제1호)에 해당하며 별개의 행위에 의한 별개의 범죄이므로 실체적 경합관계가 인정된다.

❑ **乙의 죄책**

○ **명의신탁 약정에 따라 부동산을 수탁한 행위**

❖ **명의수탁 (실명등기법 제7조 제2항)**

乙은 甲이 실제로 구매하는 부동산의 소유권을 명의신탁 약정에 따라 자신의 명의로 등기하였다. 확정적 고의에 의한 행위이고 위법성과 책임을 조각할 사유가 없으므로 명의수탁을 근거로 가벌성이 인정된다.

○ **명의신탁 수탁자로서 신탁부동산을 임의로 담보 제공하고 대출을 받은 행위**

❖ **횡령 (형법 제355조 제1항)**

문제의 부동산 매도인은 B이고 그와 매매계약을 체결한 것은 신탁자 甲이다. 계약을 체결할 때 상대방의 신분을 확인하는 것이 일반적이므로 B는 실제 매수인은 甲이지만 계약은 형식적으로 乙이 매수인으로 하여 체결되는 것을 알고 있었다고 보아야 한다. 매도인이 악의이므로 실명등기법 제4조 제2항의 원칙에 따라 부동산 물권 변동은 무효이다. 따라서 부동산의 소유권은 여전히 B에게 남아 있게 된다.

이 상태에서 乙은 형식적인 등기명의자로서 부동산을 사실상 처분할 수 있는 권능을 가지고 있지만, 법적 소유자인 B와의 관계에서 신뢰관계를 바탕으로 타인의 재물을 보관하는 자의 지위가 인정되지 않는다. 또한 신탁자와의 관계는 신뢰관계를 바탕으로 하지만 그가 소유자가 아니기 때문에 재물의 소유자와의 신뢰관계를 전제로 보관하는 자의 지위에 있지도 않다. 따라서 신탁자와의 관계에서도 횡령죄의 주체가 되지 않는다.

❖ 사기 (형법 제347조)

乙은 수탁 부동산에 대하여 자신이 진정한 소유자인 것처럼 행동함으로써 은행을 기망하였다. 이에 은행은 乙이 진정한 소유자인 것으로 믿음으로써 착오를 일으켰다. 그러한 착오에 기반하여 은행은 乙에게 1억원을 대출해 줌으로써 재산적 처분행위를 하였다.

이로 인하여 은행의 전체 재산이 감소하게 되면 재산상의 손해가 인정될 것이다. 이는 은행이 담보물권을 유효하게 취득하느냐의 여부에 따라 달라질 것이다. 여기서 수탁자 乙은 형식적으로만 부동산의 소유자일 뿐 그의 소유권 취득은 무효인 것이지만 이러한 실명등기법에 따른 물권변동의 무효는 같은 법 제4조 제3항이 정하는바 '제3자 보호의 원칙'에 따라 제3자에게 대항할 수 없다. 실명등기법은 제3자 보호와 관련하여 제3자가 선의일 것을 요건으로 하고 있지도 않다. 따라서 제3자인 은행은 부동산 담보물권을 유효하게 취득하게 된다. 은행의 입장에서 1억원을 대출해주는 대신 1억 5천만원의 근저당권을 확보하게 되었으므로 전체 재산의 감소라고 할 수 없다. 이에 재산상의 손해가 없기 때문에 사기가 성립하지 않는다.

○ 명의신탁 수탁자로서 신탁부동산을 C에게 매도하기로 한 행위

❖ 횡령 (형법 제355조 제1항)

乙은 횡령죄의 주체가 아니어서 이를 근거로 가벌성이 인정되지 않는다.

❖ 사기 (형법 제347조)

소유권 이전 등기를 하게 되면 C에게 소유권이 유효하게 이전되므로 재산상 손해가 발생할 수가 없어서 사기가 성립할 수 없다.

○ 명의신탁 수탁자로서 신탁부동산을 이중매도한 행위

❖ 배임 (형법 제355조 제2항)

배임의 행위주체는 '타인의 사무를 처리하는 자'이다. 여기서 사무는 재산상의 사무로 제한되는데 乙이 매도인으로서 부동산의 소유권을 C에게 이전하여야 할 의무를 부담하므로 이는 재산상의 사무에 해당한다. 나아가 사무의 타인성은 특별한 신뢰관계를 바탕으로 타인의 사무를 처리하는 경우에 한하여 인정된다.

타인의 사무의 유형을 ① 재산관리 수탁사무와 ② 재산보전 협력사무의 두 가지로 분류할 때 전자는 타인의 재산을 관리·처분할 수 있는 권한을 위임받고 있는 경우로서 특별한 신뢰관계가 바탕이 된다는 점에 문제가 없다. 그러나 후자의 경우에는 의무의 편면성·중대성이 있어야만 특별한 신뢰관계의 존재를 인정할 수 있다. 부동산 이중매매의 경우에 이와 같은 의무의 편면성·중대성이 어느 시점에 인정되는가에 대하여 견해 대립이 있다.

① 매수인이 중도금을 주었을 때부터 매도인이 타인의 사무를 처리하는 자가 된다는 견해

② 잔금까지 지급되고 등기서류가 매수인에게 교부되어 사회통념상

소유권을 매수인에게 이전하는 의사가 표명되어 물권적 합의가 있게 된 때부터 타인의 사무를 처리하는 자가 된다는 견해

한 쪽 당사자가 자신의 의무를 이행하였으되, 그 의무의 이행이 타방 당사자에게 특별한 신뢰를 가지면서 하는 것으로 평가될 때 의무의 편면성·중대성이 갖추어지는 것이라고 볼 수 있다. 그러한 맥락에서 통상 매매대금의 10%인 계약금만 받은 때에는 배임죄의 주체가 된다고 할 수 없을 것이다. 그보다는 적어도 중도금까지는 지급이 되어야 그 때부터 배임죄의 주체가 된다고 할 수 있다. 다수설과 판례의 입장인 ①번 견해가 타당하다.

이에 따르면 乙은 이미 중도금까지 수령하였으므로 배임죄의 행위 주체에 해당한다. 乙은 C의 사무를 처리하는 자로서 부동산의 소유권을 C에게 이전 등기 해주어야 할 의무를 이행하지 않음으로써 임무에 위배되는 행위를 하였다. 이를 통해서 乙은 계약금과 중도금을 챙겨서 재산상의 이익을 확보하였고, 본인인 C가 재산상의 손해를 입게 만들었다.

乙은 이와 같은 배임행위를 확정적 고의를 가지고 하였으며 불법이득의사도 인정된다. 또한 위법성과 책임을 조각할 사유도 없어서 이 부분 乙의 행위는 배임을 근거로 가벌성이 인정된다.

○ **소결**

乙의 행위는 명의수탁(실명등기법 제7조 제2항)과 C에 대한 배임(형법 제355조 제2항)을 근거로 가벌성이 인정된다. 이들 범죄는 두 개의 행위에 의한 것으로서 실체적 경합 관계에 있다.

❑ 丙의 죄책

○ 乙에게 신탁부동산 매도를 권유한 행위

❖ 배임 공동정범 (형법 제355조 제2항, 제30조)

공동정범이 성립하기 위한 전제인 공동의 실행행위는 ① 기능적 역할분담을 함으로써 ② 범행의 전체적 계획 실현에 본질적으로 중요한 기여를 하는 경우에 인정된다. 丙은 乙을 설득하여 乙이 C에게 소유권 이전 등기를 경료해 주어야 하는 임무를 수행하지 않도록 만들었다. 그러한 의무 불이행의 대가로 부동산 매수대금 3억원을 지급하였다. 이를 두고 타인의 사무 처리를 하지 않는 부작위에 대한 기능적 역할분담이라고 하기는 어렵다. 다만 乙이 배임 행위를 하겠다는 결심을 하게 만들었을 뿐이며 그러한 부작위에 대한 실행행위 분담이 있었다고 볼 수 없다. 배임의 공동정범은 성립하지 않는다.

❖ 배임 교사 (형법 제355조 제2항, 제31조)

피교사 범죄는 확인한 것처럼 배임의 구성요건과 위법성을 충족한다. 丙은 乙에게 강력하게 이와 같은 행위를 권유함으로써 비로소 乙이 배임 행위를 하겠다는 결의를 하게 만들었다. 교사에 해당한다.

丙은 이와 같은 교사행위를 확정적 고의를 가지고 하였으며 위법성과 책임을 조각할 사유가 없으므로 배임 교사를 근거로 가벌성이 인정된다.

❖ 장물 취득 (형법 제362조 제1항)

장물이란 '재산범죄를 통하여 획득한 재물'을 말한다. 그런데 배임의 행위객체는 재산상의 이익이어서 장물이라고 할 수 없다. 장물 취득을 근거로 가벌성이 인정되지 않는다.

○ **소결 :** 丙의 행위는 배임교사에 해당한다.

[사례 57] 대리자수

甲과 乙은 후배인 V를 지속적으로 괴롭혀 왔다. 甲은 乙과 함께 2008. 2. 중순 경 V를 폭행하여 V 명의의 B은행 직불카드를 빼앗은 후 비밀번호를 알아내고 현금자동지급기에서 현금 50만 원을 인출하여 유흥비로 사용하였다.

그러던 중 2008. 3. 5. 甲과 乙은 함께 V의 자취방에서 V를 구타하다가 사망에 이르게 하였다. V가 사망하자 乙은 당황하여 도주하였는데, 甲은 V의 자취방을 뒤져 V명의의 A은행 통장과 V의 주민등록증 및 도장을 훔친 후 도주하였다. 다음 날인 3. 6. 12:00경 甲은 V의 주민등록증 사진을 자신의 사진으로 바꾸고, 같은 날 15:00경 A은행에 가서 V 명의로 예금청구서를 작성하고 V의 도장을 찍어 V의 주민등록증을 제시한 후 V의 통장에서 현금 1,000만 원을 인출하였다. 같은 해 3. 8. 甲과 甲의 친구인 丙은 乙에게 찾아가 A은행에서 찾은 현금 1,000만 원을 주면서 乙 혼자 경찰에 자수하여 乙이 단독으로 V를 때려 사망에 이르게 한 것이라고 진술하라고 하였다. 만약 그렇게만 해주면 乙의 가족들에게도 상당한 금액으로 보상하고 乙이 출소하더라도 끝까지 뒤를 봐주겠다고 회유하였다.

고민하던 乙은 2008. 3. 11. 15:00경 경찰에 찾아가 자수하면서 자신이 혼자 V를 때려 사망에 이르게 한 것이라고 진술하였고, 이에 따라 2008. 4. 9. 乙만 상해치사죄로 구속 기소되었다.

[문] 甲의 죄책을 논하시오.

• 사례출처: 제4회(2015년) 변호사시험 형사법 사례형 제2문

○ 후배 V를 지속적으로 괴롭힌 행위

❖ 상습특수폭행 (폭처법 제2조 제2항)

甲과 乙이 폭행을 해서 직불카드를 빼앗고 구타하여 사망에 이르게 한 것 등으로 보아 지속적으로 괴롭혔다는 행위의 내용은 물리적 폭행에 해당하는 것으로 판단된다. 신체에 대한 유형력 행사를 지속적

으로 별다른 양심의 가책도 느끼지 않는 상황에서 하였으므로 상습성이 인정된다. 또한 두 사람이 시간적·공간적 협동관계 속에서 상습적으로 폭행을 한 것이므로 상습특수폭행에 해당한다.

甲은 이와 같은 행위를 확정적 고의를 가지고 하였으며, 위법성과 책임을 조각할 사유가 없으므로 이를 근거로 가벌성이 인정된다.

❍ 직불카드를 빼앗은 행위

❖ 강도 (형법 제333조)

甲은 乙과 함께 V를 지속적으로 괴롭혔고 그러던 중에 V를 폭행하여 직불카드를 내놓게 하였다. 그러한 폭행의 수준은 반항이 불가능할 정도에 도달한 것으로 보인다. 이를 통하여 타인의 재물인 직불카드를 교부받았으므로 강도에 해당한다.

甲은 이와 같은 행위를 확정적 고의를 가지고 하였으며, 위법성과 책임을 조각할 사유가 없으므로 이를 근거로 가벌성이 인정된다.

❖ 특수강도 (형법 제334조 제2항)

甲은 乙과 시간적·공간적 협동관계 속에서 강도행위를 하였다. 따라서 제334조 제2항에 따라 가중처벌 대상이 된다.

❍ 빼앗은 직불카드로 예금 50만원을 인출한 행위

❖ 절도 (형법 제329조)

甲이 乙과 함께 현금자동지급기에서 인출한 돈은 유체물로서 재물에 해당한다. 또한 그 금전은 금융기관의 소유물이기에 재물의 타인성도 인정된다. 인출과정에서 甲과 乙이 비록 올바른 현금카드 삽입과 올바른 비밀번호 입력을 하였더라도 관리자의 의사는 정당한 인출권한을 가진 사람만 현금을 인출하게 한다는 것이므로 점유자의 의사에 반하여 점유를 배제하고 그 현금을 자신의 점유로 옮긴 것이라고 할 수 있다.

甲은 이와 같은 행위를 확정적 고의를 가지고 하였으며, 위법성과 책임을 조각할 사유가 없으므로 이를 근거로 가벌성이 인정된다.

❖ 죄수

일단 강취한 직불카드로 그 카드 소유자의 예금을 인출하였으나, 가져간 금전은 금융기관의 소유물이었고, 금융기관의 현금자동지급기 관리자의 의사에 반하여 점유를 배제한 것이므로 새로운 법익을 침해한 것이어서 불가벌적 사후행위로 볼 수 없다.

❖ 특수절도 (형법 제331조 제2항)

甲은 乙과 시간적・공간적 협동관계 속에서 절도행위를 하였다. 따라서 제331조 제2항에 따라 가중처벌 대상이 된다.

○ V를 살해하고 통장과 주민등록증을 가져간 행위

❖ 살인 (형법 제250조 제1항)

V가 사망하는 결과가 발생하였으며, 甲과 乙의 구타행위와 V의 사망 사이의 인과의 진행은 합법칙성의 범주를 벗어나지 않았다. 심한 구타로 인하여 사람이 사망하는 일은 충분히 발생할 수 있는 것이기 때문이다. 객관적 귀속을 배제할 사유도 없으므로 인과관계가 인정된다.

사람을 구타하는 일이 지속적으로 이루어지면 그로 인하여 사망의 결과가 발생할 수도 있다. 윤일병 사건이 그와 같은 예에 속한다. 그런데 윤일병 사건의 가해자는 의무대 소속 병사이었기 때문에 일반인보다 그와 같은 사망의 가능성을 더 잘 인식할 수 있는 사람이어서 결과 발생 가능성에 대한 인식을 인정하기에 무리가 없었다. 하지만 일반인의 경우에는 괴롭히기 위해서 때릴 경우에 상해의 결과가 발생하리라는 예견은 할 수 있지만 사망의 결과를 예견하기는 쉽지 않다. 따라서 결과 발생 가능성조차 인식하지 않은 경우로서 확정적 고의는 물론 미필적 고의를 인정하기도 어렵다.

❖ 상해 치사 (형법 제259조 제1항)

1. 기본범죄 : 구타가 심하여 사망의 단계까지 도달하였으며 그 전 단계로서 상해의 결과가 발생하였다. 심한 구타 행위와 상해의 결과 사이의 인과의 진행은 합법칙성의 범주를 벗어나지 않으며, 객관적 귀속을 배제할 사유가 없어서 인과관계가 인정된다.

구타를 하게 되면 다칠 수 있다는 점은 충분히 인식 가능한 일이며 그럼에도 때렸기에 적어도 미필적 형태의 상해 고의는 인정된다.

2. 중한 결과 : 사망의 결과가 발생하였다. 심한 구타 행위와 사망의 결과 사이에도 인과관계가 인정된다. 심하게 때리면 사람이 사망할 수도 있다는 점은 객관적으로 예견 가능한 일이다.

甲은 예견 가능한 일임에도 이에 대한 예견 의무와 회피 의무를 전혀 이행하지 아니하였다. 과실이 인정된다.

3. 위법성과 책임을 조각할 사유도 없어서 이 부분 甲의 행위는 상해 치사를 근거로 가벌성이 인정된다.

❖ 강도 (형법 제333조)

甲은 乙과 함께 V를 사망에 이르게 함으로써 반항이 불가능한 상태에 빠지게 하였다. 사람을 살해하는 것이 반항이 불가능할 정도의 폭행에 해당한다는 점에 대해서는 다툼이 없다.

甲이 가져간 것은 통장과 주민등록증으로서 모두 유체물이고 재물에 해당한다. 재물의 소유자가 사망하였을 경우에 사자가 더 이상 재물을 소유하는 주체가 아니라고 하겠지만 그렇다고 곧바로 무주물이 되는 것은 아니다. 상속인에게 소유권이 자동으로 이전되기 때문이다.

문제는 점유자가 사망하면서 생전의 사자가 점유하던 재물의 점유가 그대로 이탈되는가 하는 점이다. 이에 대해서는 견해 대립이 있다.

① 소극설 : 사람은 사망과 동시에 지배의사를 상실하기 때문에 점유를 인정할 수 없다고 보는 견해

② 적극설 : 사람이 죽더라도 사회적·규범적 견지에서 그 죽은 사람의 점유가 보호되는 것이 마땅하다고 인정되는 범위 내에서는 지배의사가 인정되어야 한다고 보는 견해로서 사람이 죽고 나서 상당한 시간이 지난 뒤에는 소극설과 마찬가지로 지배의사를 인정하지 않는다.

생각해 보면 비록 피해자가 죽더라도 시간적·공간적 근접성이 인정되는 범위 내에서는 지배의사의 존재를 인정하는 것이 일반적 법감정에 부합한다. 적극설이 타당하다.

이에 의할 경우에 甲은 V의 사망 이후에 시간이 그다지 지나지 않은 시점에 자취방을 뒤져서 이들 재물을 가져갔다. 따라서 점유자의 의사에 반하여 점유를 배제하고 자신의 점유로 옮긴 것으로서 강취에 해당한다.

甲은 이와 같은 행위를 확정적 고의를 가지고 하였고 불법영득의사도 있으며, 위법성과 책임을 조각할 사유가 없으므로 강도를 근거로 가벌성이 인정된다.

❖ 강도치사 (형법 제338조)

강도로서 사람을 사망하게 하였으므로 결과적 가중범인 강도치사에 해당한다.

○ V의 주민등록증 사진을 교체한 행위

❖ 공문서 위조 (형법 제225조)

주민등록 사무는 주민등록법 제2조에 따라 시장, 군수 또는 구청장의 소관이다. 작성명의자가 공무원이고 계속적 의사표시 기능, 증명기능 그리고 작성명의 확인 기능을 갖추고 있어서 공문서에 해당한다.

위조란 '작성권한 없는 자가 타인의 명의를 도용해서 문서를 작성하는 행위'를 의미한다. 사례의 경우 이미 작성된 공문서의 사진 부분을 바꿔치기 한 것인데, 주민등록증의 주된 용도는 '동일인 증명 기능'이기 때문에 사진 부분을 다른 사람의 것으로 교체하는 행위는 단순한 내용 변경이 아니라 새로운 문서를 생성하는 것에 해당한다. 변경이라고 하기 위해서는 문서의 동일성이 유지되어야 하는데 이 경우는 그렇지 않다.

甲은 이와 같은 행위를 확정적 고의를 가지고 하였으며, 위법성과 책임을 조각할 사유가 없으므로 이를 근거로 가벌성이 인정된다.

○ V의 주민등록증과 통장을 가지고 은행으로 가서 돈을 인출한 행위

❖ 주거침입 (형법 제319조 제1항)

은행은 '함부로 타인이 침입하는 것을 방지할 인적·물적 설비'가 갖추어져 있는 곳으로서 관리하는 건조물에 해당한다. 그런데 은행은 일반적으로 출입이 허용되는 장소이다. 따라서 일반적 허용범위를 벗어나지 않는 출입은 침입으로 볼 수 없다. 일반적 허용범위를 벗어나는 경우는 ① 출입이 허용되지 않는 시간이거나 ② 출입방법이 비정상적일 때 인정된다. 甲은 고객의 출입이 허용되는 시간에 은행에 들어갔지만 문제는 범행의사를 가지고 있었다는 점이다. 범죄의 목적을 가진 상태에서 타인의 주거에 들어가는 것이 사생활의 평온을 해하는 행위인가에 대해서 견해 대립이 있다.

① 주거침입 긍정설

② 주거침입 부정설

범죄의 목적을 가지고 있으면 그 의도가 사실상의 주거의 평온을 해치는 방향으로 악영향을 미치게 되므로 주거침입으로 보는 것이 타당하다. 판례도 같은 입장이다.

이에 따르면 甲의 행위는 주거침입에 해당한다. 甲은 이와 같은 행위를 확정적 고의를 가지고 하였으며, 위법성과 책임을 조각할 사유가 없으므로 이를 근거로 가벌성이 인정된다.

❖ 사문서 위조 (형법 제231조)

甲이 작성한 예금청구서는 작성명의가 V로서 일반인이고 계속적 의사표시 기능, 증명 기능 및 작성명의 확인 기능이 갖추어져 있으므로 사문서이다. 위조란 '작성권한 없는 자가 타인의 명의를 도용해서 문서를 작성하는 행위'를 의미한다. 甲은 V 명의의 문서를 작성할 권한이 전혀 없었고 이미 사망한 V의 명의를 도용하여 예금청구서를 작성한 것이다.

甲이 비록 실존하지 않는 사자의 명의를 도용하였다 하더라도 문서위조죄는 문서의 진정에 대한 공공의 신용을 그 보호법익으로 하는 것이기 때문에, 당해 명의인의 권한 내에서 작성된 문서라고 믿게 할 수 있는 정도의 형식과 외관을 갖추고 있으면 문서위조죄가 성립하는 것으로 보아야 한다. 따라서 甲의 행위는 사문서 위조에 해당한다.

甲은 이와 같은 행위를 확정적 고의를 가지고 하였고 행사할 목적도 가지고 있었으며, 위법성과 책임을 조각할 사유가 없으므로 이를 근거로 가벌성이 인정된다.

❖ 위조사문서 행사 (형법 제234조)

甲이 은행에 제출한 예금청구서는 위조사문서이다. 행사란 '법적 거래관계 속에서 기능적으로 이용하는 것'을 말한다. 위조한 예금청구서를 예금청구 의사표시 기능 용도로 이용하였으므로 행사에 해당한다.

甲은 이와 같은 행위를 확정적 고의를 가지고 하였으며, 위법성과 책임을 조각할 사유가 없으므로 이를 근거로 가벌성이 인정된다.

❖ 위조공문서 행사 (형법 제229조)

甲이 예금청구를 하면서 함께 제시한 주민등록증은 앞에서 확인한 것처럼 위조공문서이다. 행사란 '법적 거래관계 속에서 기능적으로 이용하는 것'을 말한다. 위조한 주민등록증을 동일인 증명 기능 용도로 이용하였으므로 행사에 해당한다.

甲은 이와 같은 행위를 확정적 고의를 가지고 하였으며, 위법성과 책임을 조각할 사유가 없으므로 이를 근거로 가벌성이 인정된다.

❖ 공문서 부정행사 (형법 제230조)

위조공문서는 공문서 부정행사의 행위객체에서 제외된다는 점에 대하여 다툼이 없다. 이를 근거로 가벌성을 인정할 수 없다.

❖ 사기 (형법 제347조)

甲은 마치 자신이 진정한 예금주인 것처럼 행동함으로써 은행직원을 기망하였다. 이에 은행직원은 甲이 V인 것으로 잘못 인식함으로써 착오를 일으켰다. 그리고 그러한 착오에 기반하여 예금 1천만원을 인출하여 주었으므로 재산적 처분행위가 인정된다.

그러나 통장과 인감을 소지한 자가 동일인 증명까지 하면서 예금청구를 하였다면 금융기관의 착오에 과실이 있다고 하기 어려우므로 그러한 예금지급은 민법 제470조에서 말하는 준점유자에 대한 예금반환으로서 유효하다. 따라서 재산상의 손해가 발생하지 않아 사기가 성립하지 않는다. 사기를 근거로 가벌성을 인정할 수 없다.

❍ 乙에게 돈을 주고 혼자 자수하도록 시킨 행위

❖ 범인 도피 교사 (형법 제151조, 제31조)

甲은 '법정형이 벌금형 이상에 해당되는 죄를 범한 자'로서 행위객체에 해당한다. 그러나 도피하게 한다는 것은 직접적으로 도주하게 하거나 도주가 용이해지도록 하는 것을 의미하므로 공범의 존재를 숨긴 것 정도는 도피에 해당한다고 보기 어렵다. 乙에 대해서는 범인도피를 근거로 가벌성이 인정되지 않는다.

피교사 범죄가 성립하지 아니하므로 교사를 근거로 가벌성이 인정되지 않는다.

○ **결론**

甲의 행위는 일단 상습특수폭행(폭처법 제2조 제2항), 특수강도(제334조 제2항), 특수절도(제331조 제2항), 강도치사(제338조), 공문서위조(제225조)에 해당하고 모두 실체적 경합 관계이다. 또한 예금을 인출한 행위는 하나의 행위로서 주거침입(제319조 제1항), 사문서 위조(제231조), 위조사문서 행사(제234조), 위조 공문서 행사(제229조)에 해당하여 상상적 경합 관계이다.

[사례 58] 실패한 강간

甲과 乙은 공원을 배회하던 중 혼자 걸어가던 여성 A(22세)를 함께 강간하기로 모의하고 A를 으슥한 곳으로 끌고 간 다음 乙이 망을 보고 있는 사이 甲은 A를 세게 밀어 바닥에 넘어뜨리고 A의 위에 올라타 수차례 뺨을 때리면서 옷을 벗기려 하였다. 이에 A는 비명을 지르며 필사적으로 반항하면서 도망하다가 돌부리에 걸려 넘어지면서 발목이 부러지는 상해를 입었고, 그때 공원을 순찰 중이던 경찰관 P1이 A의 비명소리를 듣고 달려왔다. 이를 본 乙은 혼자서 급히 다른 곳으로 도주해 버렸고 甲은 바닥에 떨어져 있던 A의 핸드백을 들고 도주하였다. 그 장면을 목격한 P1이 도주하는 甲을 100여 미터 추적하여 붙잡으려 하자, 甲은 체포를 당하지 않으려고 주먹으로 P1의 얼굴을 세게 때려 P1의 코뼈를 부러뜨리는 상해를 가하였다.

甲은 P1의 추적을 벗어난 다음 다른 곳에 도망가 있던 乙에게 연락하여 자신의 승용차 조수석에 乙을 태우고 운전하여 가던 중 육교 밑에서 도로를 무단횡단하기 위해 갑자기 뛰어든 B를 발견하고 급제동을 하였으나 멈추지 못하고 앞범퍼로 B를 충격하였다. 이로 인해 B는 다리가 부러지는 상해를 입고 도로변에 쓰러졌다. 甲은 B의 상태를 살펴보기 위해 정차하려 하였으나 乙이 "그냥 가자!"라고 말하자 이에 동의하고 정차하지 아니한 채 그대로 운전하여 가버렸다. 다행히 B는 현장을 목격한 행인 C의 도움으로 병원에 후송되어 치료를 받았다.

[문] 甲과 乙의 죄책을 논하시오.

- 사례출처: 제5회(2016년) 변호사시험 형사법 사례형 제1문

❑ 甲의 죄책

○ A를 강간하려 한 행위

❖ 강간 미수 (형법 제297조, 제300조)

甲이 강간에 성공하지 못하였으나 제300조에 미수범 처벌규정이 있

으므로 미수 성립 여부를 검토하여야 할 것이다.

사례를 보면 甲이 강간의 고의를 가지고 있었음은 분명하다. 그리고 피해자 A를 넘어뜨리고 위에 올라타 뺨을 때리며 옷을 벗기려고 하였으므로 강간 구성요건에 해당하는 행위를 이미 실행하였기에 어느 학설에 의하더라도 실행의 착수가 인정된다.

위법성과 책임을 조각할 사유가 없으므로 이 부분 甲의 행위는 강간 미수를 근거로 가벌성이 인정된다.

❖ 특수강간 미수 (성폭력처벌법 제4조 제1항, 제15조)

甲과 乙은 함께 피해자 A를 으슥한 곳으로 끌고 갔으며, 甲이 강간을 시도하는 동안 乙이 망을 봤다. 일반적으로 망은 거리가 어느 정도 떨어진 곳에서 보게 마련이지만, 한 피해자를 번갈아 가며 강간하고자 하는 경우에는 곧바로 교대를 하기 위해서 가까운 위치에서 망을 보는 것이 일반적이다. 이에 따라 甲과 乙은 시간적·공간적 협동관계 속에서 범죄행위를 실행하였다고 평가된다. 따라서 어느 학설에 의하더라도 '합동'에 해당한다. 특수강간 미수로서 가중처벌 대상이다.

❖ 특수강간 치상 (성폭력처벌법 제8조 제1항)

1. 기본범죄 : 성폭력처벌법 제8조 제1항은 기본범죄를 조문형태로 열거하고 있으며 그 중에 제15조가 포함되어 있어서 특수강간이 미수에 그치더라도 중한 결과를 발생시키면 결과적 가중범이 성립되는 유형에 해당한다.

2. 중한 결과 : A의 다리가 부러지는 상해의 결과가 발생하였다. 강간을 시도하는 행위와 강간을 피하고자 도망가다가 다치는 결과 사이의 인과의 진행은 합법칙성의 범주를 벗어나지 않았다. 강간의 위험을 모면하기 위해서 도망하는 경우에는 사력을 다하기 마련이어서 상해 뿐 아니라 사망의 결과도 종종 발생하는 것이기 때문이다. 피해자의 유책한 자기위태화라고 할 수 없으므로 객관적 귀속을 배제할 사유도 없다. 인과관계가 인정된다.

강간을 당할 위험에 처한 사람이 도망하다가 상해를 입을 수 있다는 가능성은 객관적으로 예견 가능하다. 따라서 甲은 그와 같은 가능성을 예견하고 이를 회피하기 위한 조치를 취하였어야 함에도 불구하고 그러한 주의의무를 전혀 이행하지 아니하였다. 과실이 인정된다.

3. 위법성과 책임을 조각할 사유도 없으므로 이 부분 甲의 행위는 특수강간 치상을 근거로 가벌성이 인정된다.

○ A의 핸드백을 가지고 도주한 행위

❖ 절도 (형법 제329조)

甲이 가져간 물건은 핸드백으로서 유체물이므로 재물에 해당하고, A의 소유물이었으므로 甲의 단독소유도 무주물도 아니어서 재물의 타인성도 인정된다. 그리고 비록 A가 핸드백을 그냥 두고 가기는 하였으나 지배의사는 그대로 지속되고 있다고 보아야 하며, 사회적·규범적 판단기준에 의할 경우에 핸드백에서 거리가 멀어졌다고 하더라도 물리적 지배가능성을 인정하여야 한다. 따라서 핸드백의 점유자는 A이었다. 甲은 점유자인 A의 의사에 반하여 그 점유를 배제하고 자신의 점유로 옮겼으므로 절취에 해당한다.

甲은 이와 같은 행위를 확정적 고의를 가지고 하였고 불법영득의사도 있었으며, 위법성과 책임을 조각할 사유가 없으므로 이를 근거로 가벌성이 인정된다.

○ 경찰관 P1의 얼굴을 때린 행위

❖ 준강도 (형법 제335조)

제335조에서 말하는 절도란 '절도행위를 하는 자'를 말한다. 여기서 절도행위가 실행의 착수와 함께 시작된다는 점에서는 다툼이 없다. 그러나 어느 시점까지 '절도행위'로 보아 준강도의 행위상황으로 볼 것인가에 대해서는 견해 대립이 있다.

① 실행의 착수 이후부터 기수 직후까지로 보는 견해
② 실행의 착수 이후부터 종료시까지로 보는 견해
③ 실행의 착수 이후 종료 직후까지로 보는 견해

준강도가 재물의 탈환을 항거하거나 체포를 면탈하고자 폭행 또는 협박하는 범죄라는 점을 감안하면 절도의 실행행위와 시간적·공간적 근접성이 인정되는 범위까지 행위상황으로 인정하는 것이 타당할 것으로 생각된다.

이에 의하면 사례의 경우에 범행현장에서부터 P1이 추적하여 100m 정도 이동하여 드디어 체포하려고 하는 상황이었으므로 절도 실행행위와 시간적·공간적 근접성이 인정된다.

그러한 상황에서 얼굴을 때려 코뼈를 부러뜨렸다. 코뼈를 부러뜨릴 정도의 강력한 폭행이라면 상대방의 반항이 불가능할 정도에 이르렀다고 볼 수 있다. 준강도의 객관적 구성요건이 충족된다.

甲은 이와 같은 행위를 확정적 고의를 가지고 하였고 체포를 면탈할 목적도 있었으며, 위법성과 책임을 조각할 사유가 없으므로 이를 근거로 가벌성이 인정된다.

❖ 강도상해 (형법 제337조)

강도상해의 기본범죄에 준강도가 포함된다는 점에 대해서는 다툼이 없다. 甲의 폭행에 의해서 코뼈가 부러졌으므로 생리적 기능 훼손으로서 상해의 결과에 해당한다. 중한 결과가 발생하였다. 주먹으로 얼굴을 때리는 행위와 코뼈가 부러지는 결과 사이의 인과의 진행은 합법칙성의 범주를 벗어나지 않았으며, 객관적 귀속을 배제할 사유도 없으므로 인과관계가 인정된다.

주먹으로 얼굴을 세게 때리면 코뼈가 부러질 수 있다는 가능성은 충분히 인식 가능하다. 그러한 상태에서 오로지 체포를 면탈하고자 하는 의도로 이를 실행에 옮겼으므로 결과 발생을 용인한 것으로 볼 수 있다. 적어도 미필적 고의는 인정된다.

위법성과 책임을 조각할 사유도 없으므로 이 부분 甲의 행위는 강도상해를 근거로 가벌성이 인정된다.

❖ 공무집행방해 (형법 제136조 제1항)

공무집행방해의 행위객체는 '직무를 집행하는 공무원'인데 여기서 말하는 직무집행은 적법한 직무집행으로 한정된다. 직무집행의 적법성이 인정되려면 권한과 사유가 충족되어야 한다. 앞에서 확인한 것처럼 甲은 절도의 실행행위 이후 시간적·공간적 근접성이 해소되기 이전인 현행범 상태이었다. 따라서 형사소송법 제212조에 따라 누구든지 영장 없이 체포할 수 있는 상황이었다. 다만 사법경찰관리가 현행범을 체포할 때는 형사소송법 제70조 제1항이 정하는 구속의 사유가 인정되어야 한다.

甲은 피해자 A의 핸드백을 훔쳐서 달아나고 있었으므로, 절도의 '죄를 범하였다고 의심할 만한 상당한 이유'가 존재함이 명백하였으며, 도망하고 있었으므로 형사소송법 제70조 제1항 제3호의 요건도 충족한다. 따라서 경찰관 P1의 체포행위는 권한과 사유가 다 인정된다.

체포를 하는 것이 허용되는 상황이었다 하더라도 사법경찰관리가 현행범체포를 하는 경우에는 형사소송법 제213조의2에 따라 형사소송법 제200조의5가 준용되어 '피의사실의 요지, 체포의 이유와 변호인을 선임할 수 있음을' 고지하고 '변명할 기회'를 주어야 한다. 사례에서는 이러한 점에 대하여 언급이 없다. 그러나 甲이 P1의 얼굴을 주먹으로 때린 시점은 체포가 시작되기 직전이었다. 통상 미란다 고지는 체포의 대상을 제압한 이후에 하게 된다. 이 사례의 경우처럼 상대를 제압하기 이전에 미란다 고지를 하려고 한다면 먼저 공격을 당하거나 멀리 도망갈 수가 있기 때문이다. 따라서 甲이 P1에게 폭행을 가할 시점까지 P1은 적법한 직무를 집행하고 있었다고 보아야 한다.

적법한 직무를 집행하던 甲의 얼굴을 때림으로써 신체에 대한 유형력을 행사하였다. 폭행에 해당한다. 甲은 이와 같은 행위를 확정적 고의를 가지고 하였다. 위법성과 책임을 조각할 사유도 없으므로 이 부분 甲의 행위는 공무집행방해를 근거로 가벌성이 인정된다.

○ B를 차로 치고 그냥 간 행위

❖ 도주운전 (특가법 제5조의3 제1항 제2호, 형법 제268조, 도로교통법 제54조 제1항)

1. 도주운전은 진정부작위범이다. 도로교통법 제2조에서 정하는 자동차의 운전자는 도로교통 중에 제268조에서 정하는 업무상 과실치사상의 죄를 범하게 되면 도로교통법 제54조 제1항에 따른 조치를 취하여야 할 작위의무를 가지게 된다.

2. 甲은 도로교통법 제2조 제18호 가목 1)의 승용자동차를 운전하던 중 육교 밑에서 도로를 무단 횡단하려고 갑자기 뛰어드는 B를 발견하고 급제동 하였으나 충격하였다. B는 다리가 부러지는 상해를 당하였다. 甲의 운전행위와 B의 상해라는 결과 사이의 인과의 진행은 합법칙성의 범주를 벗어나지 않았다. 도로를 정상적으로 운전하더라도 갑자기 무단으로 뛰어드는 행인을 충격하여 다치게 할 수 있는 가능성은 얼마든지 존재하기 때문이다. 그런데 육교가 있음에도 이를 이용하지 않고 육교 밑으로 무단 횡단하는 것은 유책한 자기위태화에 해당한다. 만약 甲이 도로교통 규범을 위반하고 있었던 상황이라면 甲이 조성한 직접적 위험의 범주 내에서 발생한 결과로서 결과회피의무가 전적으로 무단 횡단하는 B에게 있다고 보기 어렵겠지만 그러한 경우도 아니다. 따라서 객관적 귀속을 배제하는 것이 타당하다.

3. 인과관계가 인정되지 않기 때문에 B의 부상은 불가항력으로 발생한 결과이어서 이를 근거로 甲의 가벌성을 인정할 수 없다.

○ 소결

甲의 행위는 특수강간 치상(성폭력처벌법 제8조 제1항), 절도(제329

조), 강도상해(제337조) 및 공무집행방해(제136조 제1항)에 해당한다. 이 가운데 강도상해와 공무집행방해는 하나의 행위에 의한 여러 개의 범죄이므로 상상적 경합 관계(제40조)이다.

❑ 乙의 죄책

❍ A를 강간하려 한 행위

❖ 특수강간 치상 (성폭력처벌법 제8조 제1항)

乙은 앞에서 확인한 것처럼 甲과 합동하여 강간하고자 하였던 것이므로 甲과 마찬가지로 특수강간 치상을 근거로 가벌성이 인정된다.

❍ 차에 친 B를 그냥 두고 가자고 한 행위

❖ 도주운전 교사 (특가법 제5조의3 제1항 제2호, 형법 제268조, 도로교통법 제54조 제1항, 제31조)

피교사범죄인 도주운전이 성립하지 않으므로 교사범도 불가벌이다.

❍ 소결

乙의 행위는 특수강간 치상(성폭력처벌법 제8조 제1항)에 해당한다.

[사례 59] 프로포폴

甲과 乙은 서울 소재의 참소식신문사(대표이사 김참말)에서 일하는 사회부 기자들이다. 甲과 乙은 연말 특종을 노리고 의사들의 수면유도제 프로포폴 불법투여실태를 취재하고 있던 중, 다나아 종합병원 원장 A가 유명 연예인들에게 프로포폴을 불법투여한다는 풍문을 듣고 2014. 12. 30. 14:00경 취재를 위해 다나아 종합병원으로 찾아갔다. 그 과정에서 이 사실을 보고받은 대표이사 김참말은 甲과 乙에게 포상금 지급을 약속하면서 격려하였다. 다나아 종합병원에서 甲과 乙은 마침 유명 연예인 B가 진료실에서 병원장 A로부터 프로포폴을 투여받고 있는 것을 우연히 열린 문틈으로 목격하고, 프로포폴 불법투여가 사실이라고 믿게 되었다. 이에 甲과 乙은 보다 상세한 취재를 위해 자신들이 투여장면을 보았다고 말하면서 A와 B에게 인터뷰에 응해달라고 요청하였으나 B는 사생활이라 이야기하지 않겠다고 답변하였고, 병원장 A는 환자의 비밀이라 이야기할 수 없다고 하며 인터뷰를 거절하였다.

이에 甲과 乙은 확실한 증거를 확보할 목적으로 몰래 진료실에 들어가 프로포폴 1병을 가지고 나왔다. 그리고 A와 B로부터 자세한 설명을 듣지는 못했으나 프로포폴을 주사하는 현장을 직접 목격했으므로 더 이상의 조사는 필요 없다고 생각하고, “병원장 A가 거액을 받고 상습적으로 프로포폴을 주사해 주고 있으며, B도 상습적으로 프로포폴을 불법투여받은 것으로 보인다.”라는 내용의 기사를 작성하였고, 이 기사는 다음 날 참소식신문 1면 특종으로 게재되었다. 甲과 乙은 이 기사내용이 사실이라고 굳게 믿었고 A나 B를 비방할 의도 없이 이들의 불법투여사실을 알림으로써 프로포폴의 오·남용을 근절하는 데 일조한다는 생각에서 기사화한 것이었다.

그러나 사실 B는 성형수술을 목적으로 프로포폴 주사를 맞은 것이었고, 병원장 A에 관한 내용도 허위사실로서 다나아 종합병원의 경쟁병원 의사 C가 낸 헛소문에 불과한 것이었다. 기사가 보도된 뒤 많은 사람들이 A와 B를 맹비난하였고 나중에 기사내용을 알게 된 A와 B는 터무니없는 허위기사를 쓴 기자 甲과 乙을 검찰에 고소하였다. 한편 다나아 종합병원 소재지에 있는 보건소 공무원 丙은 참소식신문의 기사를 읽고 유흥비를 마련할 목적으로 병원장 A에게 전화를 걸어 “불법 프로포폴

투여사실 외에 그동안 수집한 비리를 언론에 제보하겠다."라고 말하여 이에 겁을 먹은 A로부터 1,000만 원을 받았다.
[문] 甲과 丙의 죄책을 논하시오. (마약류관리법 위반은 논외로 함)

- 사례출처: 제5회(2016년) 변호사시험 형사법 사례형 제2문

❑ 甲의 죄책

❍ 진료실에 들어가 프로포폴 한 병을 가지고 나온 행위

❖ 주거침입 (형법 제319조 제1항)

병원 자체는 '함부로 타인이 침입하는 것을 방지할 인적·물적 설비'가 갖추어져 있는 곳으로서 관리하는 건조물에 해당하지만, 병원 내의 진료실은 '건축물의 일부로서 사실상 지배·관리하는 구획'으로서 점유하는 방실에 해당한다. 제319조의 행위객체이다.

진료실의 주거권자는 병원의 관리자이다. 甲은 주거권자의 의사에 반하여 진료실에 들어갔으므로 침입에 해당한다. 甲은 이와 같은 행위를 확정적 고의를 가지고 하였다.

프로포폴이 범죄의 증거라고 하더라도 사인이 증거를 압수하는 행위는 허용이 되지 않기 때문에 정당행위를 근거로 위법성이 조각되지 않는다. 책임 조각사유도 없으므로 이 부분 甲의 행위는 주거침입을 근거로 가벌성이 인정된다.

❖ 특수주거침입 (폭처법 제2조 제2항)

甲은 乙과 함께 주거침입 행위를 하였다. 시간적·공간적 협동관계 아래 이루어진 행위로서 '공동'에 해당한다. 이에 따라 폭처법 제2조 제2항에 따라 가중처벌 대상이 된다.

❖ 절도 (형법 제329조)

甲이 가지고 나온 프로포폴은 유체물로서 재물이고, 甲의 단독소유도 무주물도 아니므로 재물의 타인성도 인정된다. 프로포폴을 들고 나올 때 진료실에 아무도 없었지만 사회적·규범적 판단기준에 따라 프로포폴에 대한 물리적 지배가능성과 지배의사가 인정된다. 甲은 점유자인 병원 관계자의 의사에 반하여 점유를 배제하고 자신의 점유로 이를 옮겼으므로 절취에 해당한다.

甲은 이와 같은 행위를 확정적 고의를 가지고 하였으며, 불법영득의사도 가지고 있었다. 증거를 확보하기 위한 사인의 절취 행위는 정당행위를 근거로 위법성이 조각되지 않으며, 책임조각도 되지 않는다. 따라서 이 부분 甲의 행위는 절도를 근거로 가벌성이 인정된다.

❖ 특수절도 (형법 제331조 제2항)

甲은 乙과 함께 절도 행위를 하였다. 시간적·공간적 협동관계 아래 이루어진 행위로서 '합동'에 해당한다. 이에 따라 가중처벌 대상이 된다.

○ 프로포폴 주사에 대한 보도를 한 행위

❖ 명예훼손 (형법 제307조 제2항, 제310조)

1. 구성요건 : 甲은 자신이 취재한 내용을 신문에 보도하였다. 신문에 보도하게 되면 불특정·다수가 인식할 수 있으므로 당연히 '공연성'이 인정된다. 프로포폴을 불법으로 투여하였다는 내용은 '허위의 사실'에 해당한다. 甲은 그것이 사실이라고 주장함으로써 '적시'하였다. 병원에서 프로포폴을 불법으로 투여하였다는 내용은 해당 병원의 사회적 평판을 저하시키기에 충분하다. 따라서 '명예훼손'에 해당한다.

甲은 이와 같은 행위를 확정적 고의를 가지고 하였다.

2. 위법성 : 제310조의 위법성 조각사유가 충족되기 위해서는 우선

사실의 진실성이 있어야 하는데 甲이 적시한 것은 허위의 사실이었다. 따라서 제310조를 근거로 위법성을 조각할 수 없다.

3. 책임 : 그런데 甲은 자신이 보도한 내용이 사실이라고 확신하고 있었다. 위법성 조각사유의 객관적 전제에 대한 착오가 있었던 것이다.

만약 甲이 믿었던 것처럼 다나아 병원에서 프로포필을 불법으로 투여한 것이 사실이라면 제310조의 위법성 조각사유가 성립하기 위한 객관적 전제인 '사실의 진실성'이 인정된다. 병원에서 불법 주사 행위가 이루어지고 있다는 점은 이를 널리 알려 시정시켜야 할 공적 이익이 분명이 존재한다. 사실의 공익성도 인정된다. 나아가 甲에게는 사실의 진실성과 공익성에 대한 확고한 믿음도 있었다. 따라서 제310조에 따라 위법성이 조각될 사안이었다.

이러한 경우를 어떻게 처리할 것인가에 대해서는 법규가 정하는 바가 없어서 학설에 따라 판단할 수밖에 없다. 이에 대하여 다음과 같은 견해 대립이 있다.

① 엄격책임설 : 이러한 착오를 책임영역에서 형법 제16조의 금지착오로 처리해야 한다는 견해

② 소극적 구성요건 요소 이론 : 범죄구성2원론을 취하는 입장으로서 이러한 착오는 소극적 구성요건 요소에 대한 착오이므로 구성요건적 착오에 관한 규정인 제15조 제1항을 직접 적용하자는 견해

③ 유추적용설 : 제한책임설의 일종으로서 구성요건적 착오에 관한 규정인 제15조 제1항을 유추적용하여 고의의 성립을 부정하자는 입장

④ 법효과제한설 : 역시 제한책임설의 일종으로서 유추적용설과 결론은 같지만 공범에 대한 처벌을 가능하도록 하기 위해 구성요건적 착오 규정을 그대로 유추적용하는 것이 아니라 책임고의를 부정함으로써 법효과 측면에서만 구성요건적 착오와 마찬가지로 취급하자는 견해

이 가운데 범죄론 체계나 공범의 종속성과 관련해서 아무런 문제점

이 없는 법효과제한설이 가장 타당하다고 생각한다. 이에 따르면 과실범으로 처벌할 수밖에 없는데 명예훼손죄에 대해서는 과실범 처벌 규정이 없으므로 처벌이 불가능하게 된다.

○ 소결

甲의 행위는 특수주거침입(폭처법 제2조 제2항)과 특수절도(제331조 제2항)에 해당하며 하나의 행위에 의한 두 개의 범죄로서 상상적 경합 관계에 있다.

❑ 丙의 죄책

○ A를 겁먹게 하여 1천만원을 받아 낸 행위

❖ 공갈 (형법 제350조)

협박이란 '시키는 대로 하지 않을 경우에 가해질 해악의 고지'를 말한다. 丙은 A에게 시키는 대로 1천만원을 지급하지 않으면 비리사실을 언론에 제보하겠다고 하였다. 여기서 요구의 내용과 해악의 내용이 모두 정당하면 협박이라고 할 수 없지만 요구의 내용이 정당성이 없다. 협박에 해당한다. 그 협박의 수준은 반항이 불가능할 정도에 이르지 않으므로 강도를 구성하는 요소라고 하기는 어렵다.

丙의 협박에 따라 A는 심리적 압박을 느껴 1천만원을 지급하는 재산적 처분행위를 하였다. 이에 A는 1천만원에 해당하는 재산상의 손해를 당하였고, 丙은 그만큼 재산적 이익을 취득하였다.

丙은 이와 같은 행위를 확정적 고의를 가지고 하였고 불법영득의사도 인정된다. 또한 위법성과 책임을 조각할 사유가 없으므로 공갈을 근거로 가벌성이 인정된다.

[사례 60] 리베이트

○○아파트 조경공사 관련 계약을 추진하던 입주자대표회장 甲은 공사 경험이 전무한 조경업자인 A로부터 적정 공사금액보다 크게 부풀려진 5,000만 원으로 공사를 성사시켜 주면 200만 원을 리베이트로 주겠다는 제안을 받은 후, A에게 "5,000만 원에 조경공사계약을 체결하고 공사대금을 받으면 리베이트로 500만 원을 나에게 돌려주는 것으로 하자."라고 제안하였다. A가 망설이며 甲을 피해다니자, 甲은 A의 오랜 친구인 乙에게 그 사정을 말하였고, 乙은 甲을 도와주기 위해 A와 甲이 다시 한 번 만날 수 있도록 자리를 주선했다. 甲과 단둘이 만난 A는 甲의 설득으로 결국 그 제의를 받아들였다. 甲과 A는 2016. 12. 15. 공사대금 5,000만 원의 조경공사 계약서를 작성하였고, 甲은 이를 스캔하여 자신의 컴퓨터에 저장하였다. 같은 날 甲은 A에게 선급금 1,000만 원을 지급하였고 다음날 A는 100만 원 권 자기앞수표 5장을 甲에게 리베이트로 건네주었다. 甲은 자신의 컴퓨터에 '2016. 12. 16. A로부터 500만 원을 수령함'이라는 내용의 문서파일을 작성하여 저장하였다. 甲은 위 500만 원을 은행에 예금하고 며칠이 지난 뒤 다시 현금 500만 원을 인출하여 그 중 300만 원을 그 돈의 출처를 잘 알고 있는 친구 丙에게 주면서 종이봉투에 잘 보관하라고 부탁하고, 乙에게 전화하여 "도움에 감사하다."라고 말하고 인근 술집으로 나오라고 한 후 밤새 술을 마시며 놀았다. 취기가 오른 乙은 새벽에 택시를 타고 귀가하였으나 甲은 만취하여 의식을 잃은 채 술집 소파에서 잠들어 버렸는데, 술집 사장 丁은 甲의 주머니에서 현금 200만 원을 발견하고 술 값 100만 원을 꺼내 가졌다. 한편 乙은 丙이 300만 원을 보관하고 있다는 사실을 알게 되자 이를 훔쳐 나올 생각으로 늦은 밤 丙의 집에 몰래 들어갔으나 해가 뜰 때까지 丙이 잠들지 않자 丙이 잠들기를 기다리다가 오전 9시경 종이봉투에 담겨 장롱 속에 보관중인 현금 300만 원을 들고 나왔다.

[문] 甲, 乙, 丙, 丁의 죄책을 논하시오.

- 사례출처: 제6회(2017년) 변호사시험 형사법 사례형 제1문

❑ 甲의 죄책

○ 리베이트 5백만원을 받은 행위

❖ 횡령 (형법 제355조 제1항)

甲은 입주자대표회장으로서 입주민들이 납부한 관리비를 관리하고 있었다. 금전이 관리 위탁되어 있었던 것인데 금전의 경우에 횡령의 행위객체가 되는가에 대하여 견해 대립이 있다.

① 부정설 (배임죄설) : 금전 기타 대체물은 물건이 아니라 가치로 파악해야 하기 때문에 횡령죄가 성립되지 않고 배임죄만 성립될 수 있다는 견해

② 긍정설 (횡령죄설) : 금전 기타 대체물도 재물이므로 횡령죄가 성립된다는 견해

금전 기타 대체물이 가치의 성격을 강하게 가지고 있기는 하지만 그렇다고 해서 재물에 속하지 않는다고 하기는 곤란하다. 긍정설이 타당하다.

그런데 문제는 돈을 맡겼는데 그 돈이 수탁자 소유의 돈과 섞였다가 그 원래의 돈은 수탁자가 쓰고 대신 다른 돈으로 반환하면 횡령이 되는가 하는 점이다. 일반적으로는 이 점이 문제가 되지만 아파트 관리비와 같은 경우에는 별도의 통장에 관리되기 때문에 수탁자 소유의 돈과 섞이지 않아서 문제가 되지 않는다.

甲은 입주자대표회장으로서 관리비를 사실상 처분할 수 있는 권능을 가지고 있었다. 따라서 타인의 재물을 보관하는 자에 해당한다.

관리비를 보관하던 甲은 이 가운데 5백만 원을 챙겼는데 그 방법으로 공사비를 과다계상하여 지급하고 초과분을 돌려받는 방식을 사용하였다. 공사와 관련하여 회사자금을 횡령하는 전형적인 수법에 해당한다.

甲은 이와 같은 행위를 확정적 고의를 가지고 하였으며 불법영득의

사도 인정된다. 또한 위법성과 책임을 조각할 사유가 없으므로 횡령을 근거로 가벌성이 인정된다.

❖ 배임 (형법 제355조 제2항)

배임의 행위주체는 '타인의 사무를 처리하는 자'이다. 여기서 사무는 재산상의 사무로 제한되는데, 甲은 입주자대표회장으로서 아파트 입주민의 관리비를 모아서 관리하는 역할을 수행하므로 이는 재산상의 사무에 해당한다. 나아가 사무의 타인성은 특별한 신뢰관계를 바탕으로 타인의 사무를 처리하는 경우에 한하여 인정된다.

타인의 사무의 유형을 ① 재산관리 수탁사무와 ② 재산보전 협력사무의 두 가지로 분류할 때 전자는 타인의 재산을 관리·처분할 수 있는 권한을 위임받고 있는 경우로서 특별한 신뢰관계가 바탕이 된다는 점에 문제가 없다. 입주자대표회장의 업무는 이에 해당한다.

조경공사를 발주하면서 적정 공사금액보다 크게 부풀려서 대금을 책정하는 것은 명백하게 입주자대표회장의 임무에 위배되는 행위이다. 공사대금을 과다 책정하는 대가로 본인 스스로 5백만 원의 리베이트를 받아서 재산상의 이익을 취득하였다.

대신 본인인 아파트 입주자대표회는 과도한 공사대금을 지급함으로써 불필요한 지출을 통해 재산상의 손해를 입게 되었다.

甲은 이와 같은 행위를 확정적 고의를 가지고 하였으며 불법영득의 사도 인정된다. 또한 위법성과 책임을 조각할 사유가 없으므로 배임을 근거로 가벌성이 인정된다.

❖ 업무상 횡령·배임 (형법 제356조)

업무란 '사회생활상의 지위에 기하여 지속적으로 행하는 사무'를 말한다. 입주자대표회장이라는 지위는 지속성이 인정되는 자리이다. 甲은 업무자로서 제356조에 따라 가중처벌 대상이 된다.

○ 소결

甲의 행위는 업무상 횡령·배임(제356조)에 해당한다.

❑ 乙의 죄책

○ 甲과 A의 만남을 주선한 행위

❖ 업무상 횡령·배임 방조 (형법 제356조, 제32조)

업무상 횡령·배임의 행위주체는 ① 업무자와 ② 타인의 재물을 보관하는 자(타인의 사무를 처리하는 자)라는 두 가지 측면의 신분을 가지고 있다. 일단 기본범죄인 횡령·배임은 '타인의 재물을 보관하는 자(타인의 사무를 처리하는 자)'라는 신분이 없으면 성립할 수 없으므로 이는 구성적 신분에 해당한다. 그 다음으로 업무자라는 신분은 가중처벌의 근거가 되므로 가감적 신분에 해당한다.

공범과 신분에 관한 규정인 제33조는 본문에서 구성적 신분에 대하여 신분 없는 공범도 성립된다고 하고 있다. 반면 그 단서에서는 가감적 신분이 없는 공범에 대해서는 가중처벌 하지 않는다고 하고 있다. 여기서 가중처벌 하지 않는다는 의미에 대한 해석상의 견해 대립이 있다. 하지만 가감적 신분이 없는 공범을 가중처벌 하지 않는다는 결론에 대해서는 다툼이 없으므로 논의의 실익이 없다.

乙은 가감적 신분이 없는 공범이 될 가능성만 있으므로 업무상 배임 방조를 근거로 가벌성을 인정할 수 없다.

❖ 횡령·배임 방조 (형법 제355조, 제32조)

피방조범죄는 배임의 구성요건과 위법성을 충족한다. 방조란 '피방조범죄를 촉진하는 것'을 말한다. 촉진이란 ① 피방조범죄의 실행이 가능하게 해주거나, ② 법익침해를 강화해 주거나, ③ 범죄의 실행을 쉽게 해주는 것을 의미한다. 乙은 甲의 제안을 거절하고 피하고 있던 A의 오랜 친구로서 甲과 만남의 자리를 가지도록 설득하여 결국 두 사람 사이에 리베이트 협상이 이루어지도록 도와주었다. 범죄의 실행이 가능하도록 해 주었으므로 방조에 해당한다.

乙은 이와 같은 행위를 확정적 고의를 가지고 하였으며, 위법성과 책임을 조각할 사유가 없으므로 배임 방조를 근거로 가벌성이 인정된다.

❍ 丙의 집에 들어가 3백만 원을 훔쳐 가지고 나온 행위

❖ 주거침입 (형법 제319조 제1항)

乙이 들어간 丙의 집은 丙이 '일상생활을 영위하기 위해서 점거하는 장소'로서 사람의 주거에 해당한다. 乙은 丙의 동의 없이 범행의사를 가지고 들어간 것이므로 주거권자의 의사에 반하여 들어갔음이 명백하다. 침입에 해당한다.

乙은 이와 같은 행위를 확정적 고의를 가지고 하였으며, 위법성과 책임을 조각할 사유가 없으므로 주거침입을 근거로 가벌성이 인정된다.

❖ 절도 (형법 제329조)

乙이 가져간 것은 현금이었다. 이는 유체물로서 재물이고, 乙의 단독소유도 무주물도 아니므로 재물의 타인성도 인정된다. 丙이 잠을 자는 사이에 가져갔는데 잠을 자는 동안이더라도 사회적·규범적 판단기준에 따라 지배의사가 인정된다. 따라서 乙이 가져간 현금은 丙이 점유(사실상의 지배)하고 있던 것이고 점유자인 丙의 의사에 반하여 그 점유를 배제하였으며 자신의 점유로 옮겼으므로 절취에 해당한다. 乙은 이와 같은 행위를 확정적 고의를 가지고 하였으며, 소유자인 것처럼 그 현금을 사용·수익·처분하겠다는 의사를 가지고 있었으므로 불법영득의사도 인정된다. 또한 위법성과 책임을 조각할 사유도 없으므로 절도를 근거로 가벌성이 인정된다.

❖ **야간주거침입절도 (형법 제330조)**

문제는 乙이 丙의 집에 침입할 때는 야간이었지만 현금을 절취할 때는 주간이었기 때문에 '야간'주거침입절도가 성립하는가 하는 점이다. 이에 대하여 견해 대립이 있다.

① 주거침입이 야간에 이루어져야 한다는 견해

② 절취행위가 야간에 이루어져야 한다는 견해

③ 주거침입과 절취행위 모두가 야간이어야 한다는 견해

④ 주거침입이나 절취행위 가운데 한 가지만 야간에 행하여지면 된다는 견해

본죄의 핵심은 야간에 주거침입을 해서 절취행위를 한다는 점이다. 주거침입이 야간에 이루어지면 주간에 주거침입을 하는 경우보다 위험성이 더 높아지기 때문에 가중처벌 하는 것이므로 주거침입이 야간에 이루어져야 야간주거침입 절도가 성립된다고 보는 ①번 견해가 타당하다. 판례도 같은 입장이다.

이에 따르면 乙은 주거침입을 야간에 하였으므로 야간주거침입에 의한 절도를 한 것으로서 가중처벌 대상이 된다.

○ **소결**

乙의 행위는 횡령·배임 방조(제355조 제2항, 제32조)와 야간주거침입절도(제330조)에 해당하며 실체적 경합 관계이다.

❑ **丙의 죄책**

○ **리베이트 가운데 3백만원을 보관한 행위**

❖ **장물 보관 (형법 제362조 제1항)**

장물이란 '재산범죄를 통해서 획득한 재물'을 말한다. 재산범죄를

통해서 획득한 재물이라고 하기 위해서는 행위객체가 재산범죄를 통해서 획득한 상태에서 동일성과 위법성이 유지되어야 한다. 그런데 甲은 횡령한 돈을 은행에 일단 예치하였다가 다시 인출하여 丙에게 맡겼다. 甲이 횡령행위를 통해서 획득한 바로 그 금전이 아니라는 점이 문제의 소지가 있다. 대체된 금전을 장물로 볼 것인가에 대하여 긍정설과 부정설의 견해 대립이 있다.

금전은 본래 사회적으로 가치(결제수단 · 가치척도 · 가치저장)로서의 의미만 가지고 있는 것으로서, 예를 들어 1만 원짜리 지폐가 천 원짜리 지폐 10장으로 대체되었다고 하더라도 재물의 동일성이 사라졌다고 하기가 곤란하다. 대체된 금전을 장물로 보는 긍정설이 타당하다. 따라서 甲이 은행에 예금으로 넣었다가 인출한 3백만 원은 장물이다.

丙은 甲의 '위탁에 따라 장물을 점유'하였다. 장물의 보관에 해당한다. 丙은 이와 같은 행위를 확정적 고의를 가지고 하였으며, 위법성과 책임을 조각할 사유가 없으므로 장물보관을 근거로 가벌성이 인정된다.

❑ 丁의 죄책

❍ 甲의 주머니에서 술값을 챙긴 행위

❖ 절도 (형법 제329조)

술집 사장 丁이 甲의 주머니에서 꺼내 간 금전은 유체물로서 재물이다. 또한 丁의 단독소유도 무주물도 아니므로 재물의 타인성도 인정된다. 비록 甲이 잠들어 있었더라도 사회적 · 규범적 판단기준에 따를 경우 잠재적 지배의사가 인정되므로 甲의 점유가 인정된다. 丁은 점유자의 의사에 반하여 금전 1백만 원의 점유를 배제하고 자신의 점유로 옮겼으므로 그 행위는 절취에 해당한다.

丁은 이와 같은 행위를 확정적 고의를 가지고 하였다. 그런데 丁은

甲에 대하여 술값 청구권을 가지고 있었다. 만약 ① 청구권을 행사할 시기가 이미 도래하였고, ② 청구권에 전혀 결함이 없었다면 불법영득의사를 인정하기 어려울 것이다. 사례에서 술을 먼저 마시자고 한 사람은 분명히 甲이지만 그렇다고 해서 술값에 대한 채무를 당연히 甲이 전적으로 혼자 부담한다고 할 수는 없다. 술값이 1백만 원이라고 하는 점에 대해서도 甲이 동의한 바 없다. 따라서 청구권이 전혀 결함 없는 상태라고 할 수 없다. 따라서 불법영득의사가 인정된다.

잠을 자고 있는 甲의 주머니에서 돈을 임의로 꺼내가지 않더라도 청구권 행사가 불가능하거나 매우 곤란해 질 상황이 아니었으므로 자구행위(제23조)를 근거로 위법성이 조각되지 않는다. 책임을 조각할 사유도 없다. 이에 따라 丁의 행위는 절도를 근거로 가벌성이 인정된다.

[사례 61] 좀도둑

甲, 乙, 丙은 현금자동지급기 부스에서 나오는 사람을 상대로 금원을 빼앗기로 공모한 다음 丙은 범행에 사용할 전자충격기를 구해오기로 하였다. 丙은 전자충격기를 구하여 乙에게 전해 주었으나, 범행에 가담한 것을 후회하고 자신은 그만 두겠다고 말한 뒤 잠적하였다.

이에 甲과 乙은 자신들만으로는 다른 사람의 금원을 빼앗는 것이 어렵다고 판단하여 길가에 주차된 승용차 안에 있는 물건을 훔치기로 계획을 변경하였다. 그리고 A 소유의 자동차를 범행대상으로 삼아 甲은 자동차의 문이 잠겨 있는지를 확인하기 위하여 자동차의 손잡이를 잡아당겨 보고, 乙은 그 옆에서 망을 보았다. 그때 근처에서 두 사람의 행동을 수상히 여기고 이를 지켜보던 경찰관 P가 다가가자 甲과 乙은 각각 도주하였다.

도주하던 乙은 키가 꽂힌 채 주차되어 있던 丁 소유의 오토바이를 발견하고, 이를 타고 간 후 버릴 생각으로 오토바이에 올라타 시동을 걸어 달아나려는 순간 丁에게 발각되었다. 丁은 오토바이를 타고 약 5m 정도 진행하던 乙을 발로 걷어차 바닥에 넘어뜨렸고, 이 과정에서 乙은 전치 3주의 상해를 입었다. 乙은 신고를 받고 출동한 경찰관 P에게 인계되었다.

P는 乙을 인계받아 경찰차에 태운 다음 乙에게 신분증의 제시를 요구하였다. 乙은 얼마 전 길에서 주운 B의 주민등록증 사진이 자신의 용모와 매우 흡사한 것을 기화로 B의 주민등록증을 자신의 신분증인 것처럼 제시하였다. 그리고 P가 신분조회를 하는 틈을 이용하여, 자신이 소지하고 있던 전자충격기로 P에게 충격을 가하여 기절시킨 후 도주하였다.

[문] 甲, 乙, 丙, 丁의 죄책을 논하시오.

• 사례출처: 제6회(2017년) 변호사시험 형사법 사례형 제2문

❑ 甲의 죄책

○ 현금자동지급기 앞에서 금품을 강탈하고자 한 행위

❖ 강도 예비 공동정범 (형법 제333조, 제343조, 제30조)

甲은 乙, 丙과 모의한 일을 시작하기 전에 포기하였다. 실행의 착수에 이르지도 않았음이 분명하다. 하지만 강도에 대해서는 예비 처벌 규정이 있으므로 예비 성립 여부를 검토하여야 한다.

甲이 계획했던 범죄행위는 현금자동지급기에서 현금을 인출해 가지고 나오는 사람을 전기충격기로 기절 시킨 후 돈을 빼앗아 달아나는 것이었다. 반항이 불가능할 정도의 폭행을 수단으로 타인의 재물을 강취하고자 하는 고의와 목적을 가지고 있었다.

甲은 乙, 丙과 함께 범행계획을 모의하였고 이 가운데 乙이 범행도구인 전기충격기를 준비하였다. 준비행위를 분담하였는데 예비의 공동정범이 가능한가에 대하여 긍정설과 부정설의 견해 대립이 있다. 준비행위에 대해서도 기능적 역할분담이 가능하므로 공동정범의 성립을 인정하는 것이 타당하다고 생각한다.

공동정범이 성립하기 위해서는 ① 기능적 역할분담을 함으로써 ② 범행의 전체적 계획실현에 본질적으로 중요한 기여를 하여야 한다. 범행계획을 함께 구상하는 것은 준비행위에 대한 기능적 역할분담이고, 계획이 제대로 입안되어야 범행이 순조롭게 진행될 것이므로 범행의 전체적 계획실현에 본질적으로 중요한 기여라고 할 수 있다. 공동의 실행행위가 인정된다.

범행계획과 범행수단이 세 사람의 협력에 의해서 확보되었으므로 객관적으로 강도 범죄의 실현을 위한 행위임이 명확하고 또 범죄실현에 적합한 것이라고 할 수 있다. 준비행위가 인정된다.

이 부분 甲의 행위는 강도 예비 공동정범을 근거로 가벌성이 인정된다.

❖ 특수강도 예비 공동정범 (형법 제334조 제2항, 제343조, 제30조)

세 사람이 함께 하고자 한 행위는 시간적·공간적 협동관계 아래 강도범행을 저지르는 것이었으므로 특수강도의 예비에 대한 공동정범이 성립된다.

❍ A 소유의 자동차를 털려 한 행위

❖ 절도 미수 (형법 제329조, 제342조)

1. 甲과 乙은 A의 자동차에 있는 물건을 훔치려 하였으나 실패하였다. 그런데 절도에 대해서는 미수범 처벌규정이 있으므로 미수 성립 여부를 검토하여야 한다.

2. 주관적 구성요건 : 승용차 안에 있는 물건은 유체물로서 재물에 해당하고, 그 물건은 甲과 乙의 소유도 무주물도 아니므로 재물의 타인성이 인정된다. 비록 자동차의 주인이 차에 없었더라도 사회적·규범적 판단기준에 따라 물건에 대한 물리적 지배가능성과 지배의사가 인정된다. 甲과 乙은 물건의 주인인 점유자의 의사에 반하여 그 점유를 배제하고 자신들의 점유로 옮기고자 하였다. 또한 훔친 물건을 소유자처럼 사용·수익·처분하고자 하는 의사를 가지고 있었으므로 불법영득의사도 인정된다.

3. 객관적 구성요건 : 사례의 경우에는 실행의 착수 여부가 학설에 따라 결론이 달라질 수 있다. 이에 관한 학설은 다음과 같다.

① 형식적 객관설 : 실행의 착수시기를 '구성요건에 해당하는 행위를 시작했을 때'로 보는 견해

② 실질적 객관설 : 실행의 착수시기를 '실질적으로 구성요건에 해당하는 행위로 볼 수 있는 근접·밀착행위를 시작했을 때'로 보는 견해

③ 주관설 : 실행의 착수시기를 '실행행위에 의해서 범죄의사가 확정적으로 표출된 때'로 보는 견해

④ 절충설 : 실행의 착수시기를 '행위자의 범행 계획에 따른 구성요건 실현행위가 직접 시작된 때'로 보는 견해

절충설이 실행의 착수시기를 부당하게 앞당기지도 않고 또 너무 늦추지도 않아 예비와 미수의 경계를 가장 적절하게 설정해주는 판단기준이라고 생각된다.

甲과 乙의 범행계획은 차 문을 열어보아 잠겨 있지 않은 차를 발견하면, 차 문을 열고, 훔쳐 갈 물건을 발견하여, 그 물건을 가져가는 것이었다. 이 가운데 차 문을 열어보는 단계에서 더 진전시키지 못하고 도주하였다. 차 문을 여는 것과 훔칠 물건을 찾아내는 일이 아직 수행되지 못하였으므로 구성요건 실현행위가 직접 시작된 때라고 할 수 없다.

실행의 착수에 도달하지 못하였으므로 절도 미수를 근거로 가벌성이 인정되지 않는다.

○ 소결

甲의 행위는 특수강도 예비 공동정범(형법 제334조 제2항, 제343조, 제30조)에 해당한다.

❑ 乙의 죄책

○ 현금자동지급기 앞에서 금품을 강탈하고자 한 행위

❖ 특수강도 예비 공동정범 (형법 제334조 제2항, 제343조, 제30조)

앞에서 확인한 것처럼 甲, 乙, 丙 세 사람의 강도 준비행위는 특수강도 예비 공동정범에 해당한다.

○ A 소유의 자동차를 털려 한 행위

앞에서 확인한 것처럼 실행의 착수에 도달하지 못하였으므로 가벌성이 없다.

○ 丁의 오토바이를 타고 5m 달아난 행위

❖ 절도 (형법 제329조)

乙이 타고 간 오토바이는 유체물로서 재물에 해당한다. 또한 乙의 단독소유도 무주물도 아니므로 재물의 타인성도 인정된다. 오토바이의 주인인 丁은 5m 정도 떨어진 곳에 있었지만 사회적·규범적 판단기준에 따라 물건에 대한 물리적 지배가능성과 지배의사가 인정된다.

乙은 점유자인 丁의 의사에 반하여 점유를 배제하고 자신의 점유로 옮겼다. 비록 짧은 거리이기는 하지만 오토바이를 운전해서 달렸으므로 사실상 지배가 인정된다. 이로서 절도가 기수에 도달하였는가에 대해서는 접촉설, 취득설, 이전설, 은닉설 등 견해 대립이 있다. 물건을 자기 지배 아래 두게 되면 이미 점유를 확보하게 되는 것이므로 취득설이 타당하다. 이에 따라 절도 기수가 인정된다.

乙은 이와 같은 행위를 확정적 고의를 가지고 하였고, 오토바이를 사용하고 버리고자 함으로써 불법영득의사도 가지고 있었으며, 위법성과 책임을 조각할 사유가 없으므로 절도를 근거로 가벌성이 인정된다.

❖ 특수절도 (형법 제331조 제2항)

흉기란 '사람의 살상을 목적으로 제작되었고 그 목적을 달성하는데 적합한 물건'을 말한다. 전기충격기는 사람을 기절시키는 것을 목적으로 제작된 것이므로 흉기에 해당한다. 乙은 흉기를 몸에 지니고 있었으므로 어느 학설에 의하더라도 휴대에 해당한다. 가중처벌 대상이다.

○ 타인의 신분증을 경찰관 P에게 제시한 행위

❖ 공문서 부정행사 (형법 제230조)

신분증은 공무소에서 발급하는 문서로서 공문서에 해당한다. 부정행사란 '진정한 공문서를 사용할 권한이 없는 사람이 사용하는 것'을 말한다. 乙이 제시한 신분증은 진정하게 성립된 공문서이고 본인이 아니면 사용할 권한이 없는 것이므로 부정행사에 해당한다. 乙은 이와 같은 행위를 확정적 고의를 가지고 하였으며, 위법성과 책임을 조각할 사유가 없으므로 공문서 부정행사를 근거로 가벌성이 인정된다.

○ 경찰관 P를 기절시키고 도주한 행위

❖ 상해 (형법 제257조, 제21조)

1. 구성요건 : 기절하는 것은 병적 현상으로서 생리적 기능훼손에 해당한다. 전기충격기로 충격을 가하는 행위와 기절하게 된 결과 사이의 인과의 진행은 합법칙성의 범주를 벗어나지 않았다. 전기충격기는 사람을 기절시키도록 생산된 제품이기 때문이다. 객관적 귀속을 배제할 사유도 없으므로 인과관계가 인정된다. 乙은 이와 같은 행위를 확정적 고의를 가지고 하였다.

2. 위법성 : 乙은 P에 의하여 체포되어 경찰차에 감금되었다. 신체의 자유에 대한 침해가 있었으며 이는 개인적 법익으로서 정당방위가 가능하다. 또한 감금되어 있는 상태이었으므로 침해의 현재성도 인정된다.

문제는 침해의 부당성이다. 사법경찰관리가 현행범인을 인도받은 경우에는 형사소송법 제213조의2에 따라 같은 법 제200조의5가 준용된다. 이른바 미란다 고지를 하여야 한다. 그런데 사법경찰관인 P는 피의사실의 요지, 체포의 이유와 변호인을 선임할 수 있음을 말하고 변명할 기회를 주는 조치를 전혀 취하지 않았다. 대신 신분증을 이용하여 신분확인만 하였다. 따라서 적법절차를 준수하지 아니한 불법체포이다. 침해의 부당성도 인정된다.

신체의 자유에 대한 침해에서 벗어나기 위해서 공격자를 기절시키는 것은 공격적 방어로서 방어행위로서의 속성이 인정된다. 하지만 상당성 측면에서 문제가 있다. 전기충격기로 기절시키는 것은 상당히 심각한 신체적 침해에 속한다. 상당성을 초과하였기 때문에 정당방위를 근거로 위법성이 조각되지 않는다.

3. 책임을 조각할 사유도 없으므로 이 부분 乙의 행위는 상해를 근거로 가벌성이 인정된다.

❖ **특수상해 (형법 第258조의2)**

위험한 물건이란 '객관적 성질상 사용하기에 따라 중대한 신체 상해나 사망의 결과를 초래할 수 있는 물건'을 말한다. 전기충격기는 매우 위험한 물건으로서 중대한 신체 상해를 초래하기에 충분한 물건이다. 乙의 행위는 특수상해를 근거로 가중처벌 대상이 된다.

❖ **준강도 (형법 第335조)**

준강도의 행위주체를 '절도행위를 하는 자'로 보아야 한다는 점에 대해서는 다툼이 없다. 여기서 절도행위를 한다는 것을 시간적으로 어느 시점부터 어느 시점까지로 볼 것인가에 대하여 견해의 대립이 있다. 이들 견해는 실행의 착수 시점을 절도행위 상황이 시작되는 시점으로 보자는 점에 대해서는 다툼이 없지만 각각 ① 기수 직후까지로 보자는 입장, ② 종료시까지로 보자는 입장, ③ 종료 직후까지로 보자는 입장 등으로 나누어진다. 현행범 상황이 지속되는 한 절도행위는 계속 이어지는 것이라는 측면에서 종료 직후까지로 보는 견해가 타당하다고 생각한다. 다수설과 판례도 같은 입장이다.

사례의 경우 乙은 범행 현장에서 체포되어 경찰관에게 인계된 직후의 상태이었다. 절도 행위의 종료 직후로서 시간적·공간적 근접성이 인정되는 상황이었다.

그 상황에서 상대방을 기절시켰는데 이는 반항이 절대적으로 불가능하도록 만드는 폭행에 해당한다.

乙은 이와 같은 행위를 확정적 고의를 가지고 하였고 체포를 면탈할 목적도 있었으며, 위법성과 책임을 조각할 사유도 없으므로 준강도를 근거로 가벌성이 인정된다.

❖ 강도상해 (형법 제337조)

강도상해의 행위주체에 준강도가 포함된다는 점에 대해서는 다툼이 없다. 고의로 상해의 결과를 야기하였으므로 강도상해를 근거로 가중처벌 대상이 된다.

❖ 공무집행방해 (형법 제136조)

앞에서 확인한 것처럼 P의 직무집행은 적법하지 않았다. 공무집행방해를 근거로 가벌성이 인정되지 않는다.

○ 소결

乙의 행위는 특수절도(제331조 제2항), 특수상해(제258조의2) 및 강도상해(제337조)에 해당한다. 특수상해와 강도상해는 하나의 행위에 의한 두 개의 범죄이므로 상상적 경합 관계가 된다.

❑ 丙의 죄책

○ 현금자동지급기 앞에서 금품을 강탈하고자 한 행위

❖ 특수강도 예비 공동정범 (형법 제334조 제2항, 제343조, 제30조)

앞에서 확인한 것처럼 甲, 乙, 丙 세 사람의 강도 준비행위는 특수강도 예비 공동정범에 해당한다.

❑ 丁의 죄책

○ 乙을 발로 찬 행위

❖ 상해 (형법 제257조, 제21조)

1. 구성요건 : 전치 3주의 상해 결과가 발생하였으며, 발로 찬 행위

와 상해의 결과 사이의 인과의 진행은 합법칙성의 범주를 벗어나지 않았고, 객관적 귀속을 배제할 이유도 없어서 인과관계가 인정된다. 丁은 이와 같은 행위를 확정적 고의를 가지고 하였다.

2. 위법성 : 丁의 재산권에 대한 현재의 부당한 침해가 있었으며, 자신의 재산을 지키고자 절도범을 발로 차서 넘어뜨리는 것은 공격적 방어로서 방어행위의 속성이 인정된다. 또한 전치 3주 정도의 상해 결과는 상당성 측면에서도 문제가 없다. 丁에게는 방위의사도 명백하였다.

3. 丁의 행위는 상해의 구성요건에 해당하지만 정당방위(제21조)를 근거로 위법성이 조각되어 가벌성이 없다.

[사례 62] 잃어버린 핸드폰

A(여, 26세)는 버스를 타고 남자친구를 만나러 가던 중 깜박 졸다가 휴대폰을 좌석에 둔 채 하차하였다. 그 순간 옆 좌석의 승객 甲(남, 30세)이 휴대폰을 발견하고 이를 전해주기 위해 A를 따라 하차하면서 A를 불렀으나 대답이 없자 뒤에서 A의 어깨를 잡았다. 그때 A를 기다리던 남자친구 乙은 그 장면을 보고 甲을 성폭행범으로 오해하여 A를 구하기 위해 甲을 밀어 넘어뜨렸다.

甲은 좋은 일을 하려다 봉변을 당한 데 대해 억울한 마음이 들어 합의금이라도 두둑이 받아야겠다고 생각하였으나 육안으로 보이는 상처가 없자 스스로 머리를 벽에 부딪쳐 이마에 상처를 낸 다음 국립대학교 병원 소속 의사 B를 찾아가 乙에게 맞아 상해를 입었다고 거짓말하여 B에게서 상해진단서를 발급받았다. 그 후 甲은 위 상해진단서를 乙에게 제시하면서 합의금 500만 원을 요구하였다.

乙은 합의금을 마련하기 위하여 기숙사 룸메이트인 C의 지갑에서 몰래 신용카드(현금카드 겸용)를 꺼내어 편의점 앞에 있는 현금자동지급기로 가서 평소 알고 있던 비밀번호를 입력하여 C의 예금계좌에서 잔고 전액인 300만 원을 인출하고, 200만 원은 현금서비스를 받은 다음 신용카드를 제자리에 가져다 놓았다. 그 후 乙은 인출한 500만 원을 甲에게 합의금으로 건네주었다.

[문] 甲과 乙의 죄책을 논하시오.

- 사례출처: 제7회(2018년) 변호사시험 형사법 사례형 제1문

❑ 甲의 죄책

❍ 상해진단서를 발급받은 행위

❖ 허위진단서 작성 간접정범 (형법 제233조, 제34조)

제233조의 행위주체는 의사 등인데 B는 국립대학교 병원에 근무하

고 있어서 공무원이다. 공무원인 의사가 허위진단서를 작성한 경우 어떠한 범죄가 성립되는가에 대하여 견해 대립이 있다.

① 허위진단서 작성죄만 적용된다는 견해

② 허위공문서 작성죄만 적용된다고 보는 견해

③ 허위진단서 작성죄와 허위공문서 작성죄의 상상적 경합이 된다는 견해

공문서와 진단서를 비교해 볼 때 공문서에 대한 형법적 보호가 더 강하다는 것은 공문서에 대한 공공의 신뢰가 더 두텁게 보호되어야 함을 의미한다. 따라서 의사라는 지위보다는 공무원이라는 지위가 더 특별한 사회적 위치를 가지는 것이고, 그러한 면에서 허위공문서 작성에 형법적 평가의 중점이 놓이는 것이 타당하다.

이에 따라 甲의 행위는 허위진단서 작성 간접정범을 근거로 가벌성이 인정되지 않는다.

❖ 허위공문서 작성 간접정범 (형법 제227조, 제34조)

1. 피이용 행위 : 진단서를 작성한 B는 국립대학 병원에 근무하는 의사로서 공무원이다. 진단서의 작성명의자는 해당 진단서를 발급한 의사이므로 B가 직무상 작성권한이 있는 공무원이다. 행위객체는 행위주체가 직무상 작성하는 문서이다. 진단서가 이에 해당함은 분명하다.

허위 작성이란 '사실이 아닌 내용을 기재하는 행위'를 말한다. 의사가 상해진단서에 기재하는 내용은 병명, 상해일시, 상해의 원인 등이다. 여기서 상해의 원인은 본인 스스로 부딪힌 것인데, 구타에 의한 것이라고 기재하였다면 사실이 아닌 내용이 된다. 단단한 물건에 부딪혀서 상처가 났을 때 그것이 본인 스스로 넘어져서 그렇게 된 것인지, 아니면 누가 넘어뜨려서 그렇게 된 것인지 의사가 보아서 알 수 있는 사항은 아니다. 따라서 환자가 설명한 것을 바탕으로 상해의 원인을 '구타'로 적는 것이 일반적일 것으로 생각된다. 이에 따라 B가 작성한 공문서에

는 허위의 사실이 기재되었다.

그런데 B는 이것이 허위의 사실이라는 점을 몰랐으므로 고의가 인정되지 않는다. 따라서 가벌성이 없다.

2. 이용행위 : 甲은 B에게 상처를 보여주고 그 원인에 대한 거짓말을 함으로써 고의가 없는 B를 이용하였다. 그런데 문제는 허위공문서 작성이 진정 신분범이라는 점이다. 甲은 공무원 신분이 없기 때문에 허위공문서 작성 간접정범이 될 수 없다. 공범과 신분에 관한 제33조 규정은 간접정범에 대해서는 적용되지 않는다.

3. 甲의 행위는 허위공문서 작성 간접정범을 근거로 가벌성이 인정되지 않는다.

○ 합의금을 받아낸 행위

❖ 공갈 (형법 제350조)

협박이란 '시키는 대로 하지 않을 경우에 가해질 해악의 고지'를 말한다. 甲은 乙에게 시키는 대로 5백만원을 지급하지 않으면 고소를 하겠다고 하였다. 여기서 요구의 내용과 해악의 내용이 모두 정당하면 협박이라고 할 수 없지만 요구의 내용이 정당성이 없다. 협박에 해당한다. 그 협박의 수준은 반항이 불가능할 정도에 이르지 않으므로 강도를 구성하는 요소라고 하기는 어렵다.

甲의 협박에 따라 乙은 심리적 압박을 느껴 5백만원을 지급하는 재산적 처분행위를 하였다. 이에 乙은 5백만원에 해당하는 재산상의 손해를 당하였고, 甲은 그만큼 재산적 이익을 취득하였다.

甲은 이와 같은 행위를 확정적 고의를 가지고 하였고 불법영득의사도 인정된다. 또한 위법성과 책임을 조각할 사유가 없으므로 공갈을 근거로 가벌성이 인정된다.

○ 소결 : 甲의 행위는 공갈(제350조)에 해당한다.

❑ 乙의 죄책

○ 甲을 밀어 넘어뜨린 행위

❖ 폭행 (형법 제260조, 제21조)

1. 구성요건 : 乙은 甲의 신체에 대하여 직접적으로 유형력을 행사하였다. 이와 같은 행위는 확정적 고의에 의한 것이었다.

2. 위법성 : 乙은 甲이 A의 성적 자기결정권을 침해하는 것으로 오해하였지만 이는 사실이 아니었다. 따라서 정당방위의 객관적 요건조차 인정되지 않으며 위법성을 조각할 수 없다.

3. 책임 : 성적 자기결정권이 침해되는 상황으로 인식하였지만 그러하지 아니하였으므로 위법성 조각사유의 객관적 전제에 대한 착오가 있었던 것이다.

만약 乙이 믿었던 것처럼 성적 자기결정권에 대한 침해가 진행되었던 것이 사실이라면 정당방위가 성립하기 위한 객관적 전제인 '현재의 부당한 침해'가 인정된다. 치한을 밀어서 넘어뜨리는 것은 방어행위로서의 속성을 가지며, 상당성 측면에서도 문제가 없다. 나아가 乙은 명백한 방위의사를 가지고 있었다. 따라서 제21조에 따라 위법성이 조각될 사안이었다.

이러한 경우를 어떻게 처리할 것인가에 대해서는 법규가 정하는 바가 없어서 학설에 따라 판단할 수밖에 없다. 이에 대하여 다음과 같은 견해 대립이 있다.

① 엄격책임설 : 이러한 착오를 책임영역에서 형법 제16조의 금지착오로 처리해야 한다는 견해

② 소극적 구성요건 요소 이론 : 범죄구성2원론을 취하는 입장으로서 이러한 착오는 소극적 구성요건 요소에 대한 착오이므로 구성요건적 착오에 관한 규정인 제15조 제1항을 직접 적용하자는 견해

③ 유추적용설 : 제한책임설의 일종으로서 구성요건적 착오에 관한

규정인 제15조 제1항을 유추적용하여 고의의 성립을 부정하자는 입장

④ 법효과제한설 : 역시 제한책임설의 일종으로서 유추적용설과 결론은 같지만 공범에 대한 처벌을 가능하도록 하기 위해 구성요건적 착오 규정을 그대로 유추적용하는 것이 아니라 책임고의를 부정함으로써 법효과 측면에서만 구성요건적 착오와 마찬가지로 취급하자는 견해

이 가운데 범죄론 체계나 공범의 종속성과 관련해서 아무런 문제점이 없는 법효과제한설이 가장 타당하다고 생각한다. 이에 따르면 과실범으로 처벌할 수밖에 없는데 폭행에 대해서는 과실범 처벌규정이 없으므로 처벌이 불가능하게 된다.

❍ C의 신용카드로 예금을 인출한 행위

❖ 절도 (형법 제329조)

乙이 인출한 현금은 유체물로서 재물이고, 금융기관의 소유물이므로 재물의 타인성도 인정된다. 현금자동지급기 속의 현금은 관리자가 사실상 지배하는 것으로서 점유자인 관리자의 의사에 반하여 점유를 배제하였는가 하는 점이 문제의 소지가 있다.

乙이 현금을 인출하였다는 것은 신용카드를 기계에 넣고 비밀번호도 입력하였음을 의미한다. 신용카드를 이용하여 현금을 인출한 것이기 때문이다. 이렇게 비록 신용카드 삽입과 비밀번호 입력을 하였더라도 관리자의 의사는 정당한 인출 권한을 가진 사람만 현금을 인출하게 한다는 것이므로 점유자의 의사에 반하여 점유를 배제하고 그 현금을 자신의 점유로 옮긴 것이라고 할 수 있다.

乙은 이와 같은 행위를 확정적 고의를 가지고 하였고, 인출한 현금을 사용・수익・처분하고자 하였기에 불법영득의사도 인정되며, 위법성과 책임을 조각할 사유가 없어서 절도를 근거로 가벌성이 인정된다.

○ C의 신용카드로 현금서비스를 받은 행위

❖ 신용카드 부정사용 (여신전문금융업법 제70조 제1항 제2호)

甲은 도난된 신용카드를 사용하였다. 여전법 위반으로서 형사처벌 대상이 된다.

○ 소결

乙의 행위는 절도(제329조)와 신용카드 부정사용(여전법 제70조 제1항 제2호)에 해당하며 실체적 경합 관계이다.

[사례 63] 약속어음

甲은 X주식회사의 대표이사이고 乙은 사채업자이다. 甲이 乙에게 수억 원 대 내기 골프에 필요한 돈을 빌린 후 변제기에 갚지 않자 乙은 위 채무가 甲이 회사와 무관하게 개인적인 용도로 차용한 것임을 잘 알면서도, 甲에게 위 채무담보목적으로 약속어음을 발행해 줄 것을 요청하였다. 甲이 이를 승낙하여 乙은 위 회사 사무실에서 위 회사 약속어음 용지에 액면금 5억 원, 발행일 등을 기재하고 甲은 수취인을 乙로 기재하고 "X주식회사 대표이사 甲"이라고 새겨진 명판과 법인인감도장을 각각 날인한 후 약속어음을 乙에게 교부하였다. 그런데 위 회사에서 실제로 약속어음금을 지급하거나 손해배상책임을 부담하지는 않았으며 위 약속어음이 제3자에게 유통되지도 아니하였다.

한편, 위 회사 전무이사인 丙은 국립초등학교에 다니는 딸의 담임교사 A가 평소 딸을 많이 혼내는 것에 불만이 있었는데, 위 초등학교 부근을 걸어가다 도로에 인접한 딸의 교실에서 수업을 하고 있는 A를 보고 화가 나 위 교실 창문을 열고 교실 안으로 얼굴을 들이밀어 큰 소리로 "잘 사는 애들만 대접받는 더러운 세상"이라고 외쳤다. A가 제지하는데도 丙은 약 20분간 계속 크게 소리를 내며 소란을 피워 A는 수업을 중단하였고, 학생들은 더 이상 수업을 받지 못하게 되었다.

丙은 2017. 1.경 B와 토지 매매계약을 체결한 후 甲과 명의신탁약정을 체결하고 곧바로 甲 명의로 소유권이전등기를 마친 다음 丙 자신이 위 토지를 담보로 대출을 받았음에도 "甲이 임의로 위 토지에 근저당권을 설정하였다."라며 허위로 甲을 경찰에 고소하였다.

[문] 甲, 乙, 丙의 죄책을 논하시오.

- 사례출처: 제7회(2018년) 변호사시험 형사법 사례형 제2문

❑ 甲의 죄책

○ 내기 골프를 한 행위

❖ 도박 (형법 제246조 제1항)

도박이란 '우연에 의한 승패에 따라 재물이나 재산상의 이익의 귀속을 결정하는 게임'을 말한다. 우연이란 당사자 어느 누구의 의지나 능력에 의해서도 영향을 받지 않고 결과를 예견할 수도 없는 경우를 의미한다. 내기 골프는 운동경기이지만 핸디를 설정하는 등 조치를 취함에 따라 승패가 우연에 의해서 좌우되도록 하기 때문에 도박이라고 할 수 있다. 甲은 이와 같은 행위를 확정적 고의를 가지고 하였다.

제246조 제1항의 단서는 "일시 오락 정도에 불과한 때에는 예외로 한다"고 규정하고 있는데, 수억 원 대 내기 골프는 일시 오락이라고 하기에 너무 액수가 크다. 위법성이 조각되지 않는다.

책임을 조각할 사유도 없으므로 도박을 근거로 가벌성이 인정된다.

○ 개인 채무 담보 목적으로 회사명의로 약속어음을 발행한 행위

❖ 배임 (형법 제355조 제1항)

배임의 행위주체는 '타인의 사무를 처리하는 자'이다. 여기서 사무는 재산상의 사무로 제한되는데, 甲은 회사의 대표이사로서 주식회사의 업무 전체를 관장하는 역할을 수행하였으므로 이는 재산상의 사무에 해당한다. 나아가 사무의 타인성은 특별한 신뢰관계를 바탕으로 타인의 사무를 처리하는 경우에 한하여 인정된다.

타인의 사무의 유형을 ① 재산관리 수탁사무와 ② 재산보전 협력사무의 두 가지로 분류할 때 전자는 타인의 재산을 관리·처분할 수 있는 권한을 위임받고 있는 경우로서 특별한 신뢰관계가 바탕이 된다는 점에 문제가 없다. 대표이사의 업무는 이에 해당한다.

회사의 채무가 아님에도 불구하고 회사가 채무를 부담하는 것으로

약속어음을 발행하는 것은 대표이사의 임무에 위배되는 행위이다. 이를 통해서 甲은 변제기에 채무를 변제하지 않을 수 있었고, 이에 따라 채무이행 연기라는 재산상의 이익을 취하였다.

그런데 상대방인 乙이 대표권 남용 사실을 인지하고 있었기 때문에 이러한 약속어음 발행은 무효이다. 그렇더라도 만약 상대방이 약속어음을 유통시켰다면 제3자 보호 차원에서 회사가 채무를 부담할 위험이 구체화 되므로 재산상 손해가 발생되었다고 보아야 하지만 이 사례의 경우에는 어음이 유통되지도 않았다. 따라서 재산상의 손해를 인정할 수 없다.

본인인 회사에 대한 재산상의 손해가 발생하지 않았으므로 배임을 근거로 가벌성이 인정되지 않는다.

❖ 배임 미수 (형법 제355조 제1항, 제359조)

손해가 발생하지 않았지만 미수범 처벌규정이 있으므로 미수 성립 여부를 판단해 볼 필요가 있다.

미수가 성립하려면 일단 배임에 대한 고의가 인정되어야 한다. 乙이 약속어음을 유통시킬 가능성이 있다고 인식하였는지가 문제이다. 사례에서는 이에 관하여 별다른 설명이 없다. 그렇다면 일반적인 경우로 보아야 하겠다.

사채업자에게서 개인적으로 수억 원을 차용하게 되면 이를 쉽게 변제하기는 힘든 일이다. 따라서 이를 제때 변제하기 어려울 가능성이 있고, 그렇게 되면 채권자가 담보 목적으로 확보한 약속어음을 유통시켜 담보 목적을 충족시킬 수 있다. 이러한 가능성이 인식되는 상황에서 어음을 발행한 것이므로 결과 발생을 용인한 것으로 볼 수 있다. 배임의 미필적 고의가 인정된다.

구성요건에 해당하는 행위를 하였으므로 어느 학설에 의하더라도 실행의 착수가 인정된다. 또한 위법성과 책임을 조각할 사유가 없으므로 甲의 행위는 배임 미수를 근거로 가벌성이 인정된다.

❖ **업무상 배임 미수 (형법 제356조, 제359조)**

甲의 타인의 사무 처리는 업무이므로 업무상 배임 미수가 된다.

○ 명의신탁 약정에 따라 부동산을 수탁한 행위

❖ **명의수탁 (실명등기법 제7조 제2항)**

甲은 丙이 실제로 구매하는 부동산의 소유권을 명의신탁 약정에 따라 자신의 명의로 등기하였다. 확정적 고의에 의한 행위이고 위법성과 책임을 조각할 사유가 없으므로 명의수탁을 근거로 가벌성이 인정된다.

○ 소결

甲의 행위는 도박(제246조 제1항), 업무상 배임 미수(제356조, 제359조) 그리고 명의수탁(실명등기법 제7조 제2항)에 해당하며 실체적 경합 관계이다.

❑ 乙의 죄책

○ 내기 골프를 위한 돈을 빌려 준 행위

❖ **도박 방조 (형법 제246조 제1항, 제32조)**

피방조범죄는 확인한 것처럼 도박이다. 방조란 '피방조범죄를 촉진하는 것'을 말한다. 촉진이란 ① 피방조범죄의 실행이 가능하게 해주거나, ② 법익침해를 강화해 주거나, ③ 범죄의 실행을 쉽게 해주는 것을 의미한다. 乙은 도박 자금을 빌려 줌으로써 비로소 도박이 가능하게 해주었다. 방조에 해당한다.

乙은 이와 같은 행위를 확정적 고의를 가지고 하였으며, 위법성과 책임을 조각할 사유가 없으므로 도박 방조를 근거로 가벌성이 인정된다.

○ 개인 채무 담보 목적으로 회사명의로 약속어음을 발행하도록 요청한 행위

❖ 업무상 배임 교사 (형법 제356조, 제31조)

업무상 배임의 행위주체는 ① 업무자와 ② 타인의 사무를 처리하는 자라는 두 가지 측면의 신분을 가지고 있다. 일단 기본범죄인 배임은 '타인의 사무를 처리하는 자'라는 신분이 없으면 성립할 수 없으므로 이는 구성적 신분에 해당한다. 그 다음으로 업무자라는 신분은 가중처벌의 근거가 되므로 가감적 신분에 해당한다.

공범과 신분에 관한 규정인 제33조는 본문에서 구성적 신분에 대하여 신분 없는 공범도 성립된다고 하고 있다. 반면 그 단서에서는 가감적 신분이 없는 공범에 대해서는 가중처벌 하지 않는다고 하고 있다. 여기서 가중처벌 하지 않는다는 의미에 대한 해석상의 견해 대립이 있다. 하지만 가감적 신분이 없는 공범을 가중처벌 하지 않는다는 결론에 대해서는 다툼이 없으므로 논의의 실익이 없다.

乙은 가감적 신분이 없는 공범이 될 가능성만 있으므로 업무상 배임 교사를 근거로 가벌성을 인정할 수 없다.

❖ 배임 교사 (형법 제355조 제1항, 제31조)

乙의 행위는 배임 교사를 근거로 가벌성이 인정된다.

○ 소결

乙의 행위는 도박 방조(형법 제246조 제1항, 제32조)와 배임 교사(형법 제355조 제1항, 제31조)에 해당하며 실체적 경합 관계이다.

❑ 丙의 죄책

○ 교실 안으로 얼굴을 들이밀고 소리 친 행위

❖ 주거침입 (형법 제319조 제1항)

학교의 교실은 '함부로 타인이 침입하는 것을 방지할 인적·물적 설비'가 갖추어져 있는 곳으로서 관리하는 건조물에 해당한다. 학교 교실의 주거권자는 학교 당국인데 丙은 주거권자의 의사에 반하여 교실에 들어갔다. 들어가는 것은 주거의 평온을 해칠 정도이면 몸의 일부만으로도 충분하다.

丙은 이와 같은 행위를 확정적 고의를 가지고 하였으며, 위법성과 책임을 조각할 사유가 없으므로 주거침입을 근거로 가벌성이 인정된다.

❖ 공무집행방해 (형법 제136조 제1항)

국립초등학교의 교사는 공무원이다. 교사의 수업 진행은 적법한 직무집행에 해당한다. 그런데 크게 소리를 지르는 행위가 폭행에 해당하는가에 대해서는 긍정설과 부정설의 견해 대립이 있다. 소리를 지르는 것은 그 파동이 물리적 고통을 느끼게 할 정도에 이르지 않는 한 유형력 행사라고 보기 어렵다고 생각한다. 부정설이 타당하다. 폭행이 없었으므로 공무집행방해를 근거로 가벌성이 인정되지 않는다.

○ 명의신탁 약정을 하고 부동산을 매수한 행위

❖ 명의신탁 (실명등기법 제7조 제1항 제1호)

丙은 자신이 실제로 구매한 부동산의 소유권을 명의신탁 약정에 따라 명의수탁자인 甲의 명의로 등기하였다. 확정적 고의에 의한 행위이고 위법성과 책임을 조각할 사유가 없으므로 명의신탁을 근거로 가벌성이 인정된다.

○ **허위 신고를 한 행위**

❖ **무고 (형법 제156조)**

제156조의 공무소 또는 공무원은 형사처분 또는 징계처분과 관련되는 공무소 또는 공무원을 의미한다. 경찰은 형사처분에 관련되는 공무소이다. 허위의 사실이란 '객관적 진실에 반하는 것으로서 형사처분 또는 징계처분의 원인이 될 수 있는 사실'을 말한다.

甲이 임의로 근저당권을 설정한 바 없으므로 그렇게 하였다고 하는 것은 객관적 진실에 반하는 사실이다. 그리고 임의로 근저당권을 설정하였다고 한다면 명의신탁 약정이 있었음을 의미한다. 따라서 형사처분의 원인이 될 수 있는 사실에 해당한다.

丙은 이와 같은 행위를 확정적 고의를 가지고 하였으며, 형사처분을 받게 할 목적도 인정된다. 위법성과 책임을 조각할 사유가 없으므로 무고를 근거로 가벌성이 인정된다.

○ **소결**

丙의 행위는 주거침입 (형법 제319조 제1항), 명의신탁 (실명등기법 제7조 제1항 제1호), 무고 (형법 제156조)에 해당하며 실체적 경합 관계이다.

김성천 (金聖天)

중앙대학교 법과대학 법학과 졸업
중앙대학교 대학원 석사과정 졸업
독일 빌레펠트대학 박사과정 졸업
(법학박사 / Dr. juris)
위덕대학교 법학과 교수
금융감독원 제재심의위원
사법시험 · 행정고시 · 입법고시 출제위원
한국형사법학회 · 한국비교형사법학회 · 한국성폭력상담소 이사
중앙법학회 회장
현재 중앙대학교 법학전문대학원 교수
E-mail : sckim230@gmail.com

형법종합연습

초판 발행 : 2010년 2월 18일
제2판 발행 : 2018년 12월 31일
지은이 : 김성천
표지디자인 : 김한비

펴낸이 : 강도구
펴낸 곳 : 도서출판 **소진**
(e-mail : rots-k1@hanmail.net)
등록 : 2009년 8월 7일
주소 : 서울시 서대문구 홍은동 361-21
전화 : 02-395-2387

ISBN 978-89-963043-7-1 값 22,000원